'여성'의 자아

관계 - 속 - 자아

※ 이 도서의 국립중앙도서관 출판예정도서목록(CIP)은 서지정보유통지원시스템 홈페이지
(http://seoji.nl.go.kr)와 국가자료공동목록시스템(http://www.nl.go.kr/kolisnet)에서
이용하실 수 있습니다. CIP제어번호: CIP2018028784(양장), CIP2018028783(반양장)

'여성'의 자아

| 관계-속-자아

Women's Growth in Connection

:

Writings from the Stone Center

주디스 조던 | 알렉산드라 캐플런 | 진 베이커 밀러 | 아이린 스타이버 | 재닛 서리 지음 홍상희 | 이주연 옮김 김민예숙 감수

한울
아카데미

Women's Growth in Connection

Writings from the Stone Center

by Judith V. Jordan, Alexandra G. Kaplan, Jean Baker Miller, Irene P. Stiver, Janet L. Surrey

서 문

이 책에서 제시하는 개념들은 여성들의 경험을 좀 더 정확하게 반영하는 여성 발달에 대한 관점을 구체화해온 저자들이 수년 동안 발전시켜온 것이다. 처음에 우리는 여성에 관련된 임상 이슈들을 탐색하기 위해 모였다. 우리는 수년 동안 슈퍼비전supervision을 받고 전통적인 임상 환경에서 상담하며, 상담에서 개별적으로 해왔던 일들이 동료들이나 책에서 이상적인 심리치료라고 제안하는 내용과 잘 맞지 않는다는 것을 깨닫게 되었다. 우리는 임상적 딜레마들을 함께 논의하면서 에너지가 솟고 신이 났다. 전통적인 정신역동 훈련에 대해 점점 더 기탄없이 비판하기 시작했다.

"남근 선망"과 같은 명백한 오해뿐만 아니라, 남성적 문화에 의해 영감을 얻은 여성 발달 이론이 만연해 있어 우리도 모르는 사이에 작용하고 있는 점 때문에 어려움도 겪었다. 이러한 이론에 의해 여성들에게 결함이 있다는 설명이 끊임없이 이어졌다. 건강과 성숙을 가리키는 지표로서 분리, 자율성, 숙달, 독립성, 자기충족을 얻기 위한 능력이 커지는 것을 신봉하는 "인간 발달" 이론에서 여성들을 너무 정서적이고, 너무 의존적이며, 명확한 경계가 부족하다고 끊임없이 묘사되었다.

우리는 서로를 지지하고 격려하며 이러한 메시지를 다른 사람들과 나누기 시작했다. 정신건강 전문가 회의에서 시작되어, 진 베이커 밀러Jean Baker Miller

가 웰즐리대학교 스톤센터의 초대 책임자로 임명된 후 시작한 스톤센터 콜로키움colloquium에서 절정을 이루었다.

이 책 속의 개념들은 집단 내의 대화 과정을 키워나가는 과정에서 발달했으며, 그러한 과정에 대한 피드백이 되었다. 이러한 개념들의 출처가 항상 분명한 것은 아니다. 어떤 면에서, 이 책의 저자들이 던지고 있는 질문은 우리가 탐색하고 있는 바로 그 관점을 반영하고 있다. 개인적인 방식으로 생각을 정리하고, 개인적인 노력과 시간, 때로는 "고뇌"를 각 장의 완성을 위해 쏟아부었지만, 개념이 만들어지고 작업이 확장된 것은 집단 작업 덕분이었다.

밀러가 『새로운 여성심리학을 향하여Toward a new psychology of women』 2판 서문에서 언급한 것처럼, "때때로, 우리의 개념들은 우리 사이의 상호작용에서 흘러나온다. 그렇기에, 어떤 개념이 어떤 한 사람에게 '속해 있다'고 말하는 것은 부적절할 수 있다. 그 개념은 상호 교환 안에서 확장되고 변형된다. 따라서 그 개념은 처음과 다르며, 진정 모든 사람의 창조물인 것이다. 다른 측면에서 우리는 모두 똑같이 생각하지 않으며, 이러한 차이점을 존중하기 위해 애쓰고 있다"(Miller, 1987: xxiii). 특히 이 책 전체에 걸쳐 약간의 차이가 있는 표현들을 통해 재현되는 핵심 개념들은 진정한 공동 창조물이다. 어떤 경우에는 이 집단적 출처를 확인할 수 있으나, 다른 경우에는 그렇지 않다. 핵심 개념들의 일부는 다른 여성 집단에서 발전시킨 개념들과 유사하다. 이러한 연결성 역시 인식하려고 노력해왔다. 근본적인 지점에 대한 다양한 견해가 한 장에서부터 다른 장에 이르기까지 제시될 것이다. 비록 10년 동안 작업해왔음에도, 개념 또는 정의를 아직 쉽게 구체화하지 못하고 있다. 그러므로 각 장에 걸쳐 나타나는 개념들의 유동성은 이러한 개념들에 이르는 일종의 생각을 대변하고 있다. 우리는 여전히 질문하고, 갈고 닦고 있으며, 성장하고 있다. …… 바로 관계 속에서! 또한, 비록 우리 그룹 안에서만 작업을 해왔지만, 고립된 상태에서 진행된 것이 아니며 다른 여성 집단에서도 비슷한 방향을 따라 작업하고 있다는 것을 강조하는 것이 중요하다.

이 책의 각 장은 "진행 중인 작업"이며, 진화하고 있고 항상 변화하고 있는 여성의 발달 패턴의 그림 중 첫 부분의 일부이다. 이 책의 논문들은 우리 중 일부가 처음에 "관계-속-자아 이론", 또는 발달에 관한 "스톤센터 모델"이라고 불렀던 것에 대한 초기 원리를 보여준다. 우리는 이제 일반적인 "심리학적 이해를 향한 관계적 접근"의 일부로서 관계-속-자아 이론이 더 나은 것이라고 생각한다. 이것은 우리 작업의 핵심 개념 ─ 여성들의 관계적 자아감, 여성 발달의 관계적 경로, 그리고 관계 안에서의 공감과 반응성의 중요성 ─ 이 다른 여성들의 작업에서도 핵심적인 개념이라는 것을 나타내는데, 심리학 이론과 여성 발달에 관한 캐럴 길리건Carol Gilligan의 저작, 그녀의 동료들이 수년간 발전시켜온 접근에서 가장 현저하게 드러난다.

이러한 생각에 관해 "확정"되었거나 최종적인 것은 없다. 심지어 "관계 속에서의 성장Women's Growth in Connection"이라는 이 책의 원제목도 이제 나타나고 있는 것, 즉 여성 발달에 관한 이러한 개념들의 변화하는 특성을 전하려는 시도를 보여주는ㅇ 것이다. 이 책은 "답"이 아니라 우리의 질문, 즉 우리의 모든 "진실"에 대한 연구에 함께하자고 독자들을 초대하기 위해 출판되었다. 이 책의 논문들은 이러한 관점의 기본 틀을 전달하기 위해 선택된 것이다. 우리는 좀 더 구체화된 후속 연구들과, 소수자 및 레즈비언 여성들이 우리가 연구한 것을 수정하고 발전해나가기를 고대한다.

차 례

머리말

이 책은 여성들의 의미 체계, 가치, 열정, 경험의 조직화, 세상에서 존재하는 양식에 대한 도발적인 생각의 표본을 만들기 위한 것이다. 우리는 여성들의 삶을 조직하는 요인이 "관계적 성장"이라고 생각하며, 이를 다양한 방식으로 설명하려고 노력해왔다. 제1부에서는 몇 가지 초기 원리들을 제시했으며, 제2부에서는 이 원리들을 일에 대한 억압, 우울, 섭식 장애, 상담적 함의 등과 같은 주제들에 적용했다.

기존의 이론들을 재검토하는 데 초기 작업의 많은 부분을 할애했다. 기존 이론에서 유용한 부분을 다듬어내고, 여성의 삶을 더욱 잘 드러낼 수 있는 개념과 모델을 개발하기 위해, 기존 이론 중 버려야 할 부분을 많이 찾아내지는 않았다. 우리뿐만 아니라 다른 여성들이 핵심적으로 비판하는 부분 중 하나는 기존 발달 이론들이 공통적으로 분리, 숙달 및 개인적 독립 영역의 수준이 높아지는 단계를 통해 발달한다는 내용을 담고 있다는 것이다. 기존 이론들은 "분리된 자아", 즉 자발적이고 자족적으로 자제할 수 있는 독립된 개체를 강조한다. 개인주의에 대한 서구의 편견, 그리고 도전에 맞서는 "론 레인저Lone Ranger"(미국 서부시대를 배경으로 한 가공의 영웅 캐릭터 — 옮긴이)의 윤리가 자아에 관한 대다수 심리학 이론의 기반이 되고 있다.

본능적 추동을 최우선으로 여기고, 관계는 추동에 비해 부차적인 것이라고 암시하고 있는 프로이트S. Freud의 이론은 근본적인 관계성이나 여성 고유의 심리 발달을 이해하는 데 별로 도움이 되지 않는다. 대상관계 이론은 관계의 중요성을 조금은 인식하고 있다. 그러나 추동(타인은 추동의 "대상"이다)이라는 용어를 계속 사용하며, 관심과 사랑의 핵심에는 파괴적 충동에 대한 죄책감이 있다고 여겨진다(Klein, 1975; Winnicott, 1963; 조던이 집필한 이 책의 17장). 페어베언W. R. D. Fairbairn(1946)과 건트립H. Guntrip(1973)은 클라인D. Klein과 위니컷D. Winnicott보다는 미국에서 덜 읽히고 있지만, 확실히 프로이트의 추동 모델과는 훨씬 거리가 멀다.

설리번H. S. Sullivan은 자신의 대인 관계 정신의학 모델에서 기존의 발달 이론과 상담 이론을 다음과 같이 급진적으로 재구조화했다. "성격은 사람이 살아가고 존재하는 가운데 있는 복잡한 대인 관계로부터 결코 분리될 수 없다"(Sullivan, 1953: 10). 설리번의 이론 체계는 추동 이론에 사로잡힌 전통 이론과는 달랐다. 그러나 그의 이론은 비록 자아가 "반영적인 평가"로 구성되어 있다고 여기지만, 여전히 "자아"의 종료점에 초점을 맞추고 있으며, 관계의 상호성이 특징적으로 드러나지 않는다.

코헛H. Kohut은 분석 장면에서 공감을 강조했고, 이는 상담에서 관계에 대한 관심을 재개하는 결과로 이어졌다. 자기대상이 전 생애 동안 필요하다는 그의 개념은 독립적이고 내적으로 구조화된 성인(Kohut, 1983)이 되어야 한다는 압박을 감소시켰다. 그러나 자기애적 균형을 유지하기 위해 자기대상을 활용한다는 코헛의 자아에 대한 설명은 관계가 필요에 의해 결정된다는 것을 암시한다. 그뿐만 아니라 상호성, 충분한 접촉, 연결이라는 개념도 보여주지 않는다.

심리 분석가이자 유아 연구가인 다니엘 스턴Daniel Stern은 유아가 관계에서 수동적이고 의존적인 존재라는 일반적인 이미지를 바꾸었고, 궁극적으로 독립과 숙달에 대한 눈부신 기여를 했다(Stern, 1986). 스턴은 엄마-유아의 상호관계에 대한 미시적인 분석에서 유아가 적극적인 관심을 가지고 관계에 관여한다고 설명했다. 그는 타인을 "대상"이라고 지칭하지 않았으며, 초기 유아기부터 자기-타인 경험을 설명할 수 있는 용어를 제공하기 시작했다.

몇몇 여성주의 이론가들과 작가들은 우리가 기존 이론에 의문을 제기하고 재검토 하는 데 놀라운 원동력을 제시하고 있다. 진 베이커 밀러Jean Baker Miller 는 『새로운 여성심리학을 향하여』(1976)에서 여성에 대한 결핍 모델에서 여성의 강점을 인식하고 거기에 이름을 붙이며 가치를 부여하는 관점으로 이동할 수 있도록 했다. 여성에 대한 이러한 새로운 이해의 중심에는 공감적 관계 맺기가 있다. 우리는 초기의 "관계-속-자아 모델"로부터 관계적 발달의 중요성을 찾는 것으로 관점을 옮기고 있다. 비록 단어에 하이픈으로 수식어를 붙여 표현을 바꾸었지만, 우리는 "자아"에 대한 새로운 이론을 정립하는 것에 의문을 던지면서 신중하게 접근하고 있다.

진 베이커 밀러의 저서에 있는 기본적인 개념들을 정교화할 때, 다른 여성들의 저술에서 영향을 받았다. 낸시 초도로우N. Chodorow(1978)는 대상관계 이론을 통해 어떻게 여성이 엄마가 되는지 분석했고, 오이디푸스 콤플렉스에 대한 전통적인 설명과 그 밖의 정신분석적 개념으로부터 여성이 해방될 수 있도록 했다. 그러나 초도로우의 분석은 관계를 욕구 만족과 좌절보다 부차적인 것으로 이해하기 때문에, 어떤 면에서는 대상관계의 기원에 충실하다고 할 수 있다.

무엇보다, 여성의 발달에 관한 캐럴 길리건Carol Gilligan의 연구는 발달 모델을 재구조화하고, 여성과 소녀의 목소리를 새로운 심리학의 중심으로 가지고 들어왔다는 점에서 중요하다(Gilligan, 1977, 1982). 여성의 자아감에서 관계가 중심적인 역할을 한다고 분석한 길리건은 관계와 관련된 기본적인 경험들이, 여성이 관계에서의 갈등이나 위기에 접근하는 방식에 매우 깊은 영향을 준다는 것을 보여주었다. 길리건은 여성과 남성의 목소리에 주의 깊게 귀 기울이면서, 반응적인 관계가 여성의 심리적 실재에 강력한 결정 요소로서 기본적인 것임을 알게 되었다. 그녀의 연구를 통해 많은 사람이 자신과 타인의 이야기를 더 충분히 듣게 되었으며, 전에는 쫓아버리거나, 오해하거나, 들으려 하지 않았던 이야기의 가치를 인정하게 되었다. 길리건과 동료들은 여성의 목소리와 이전의 심리학 이론 사이의의 불일치에 대해 구체화하면서, 자아와 도덕성 발달에 대한 경우와 마찬가지로 여성의(그리고 남성의) 발달을 분리와 자율성이라는 기준으로 측정할 때 발생할 수 있는 오해를 쉽게 발견했다. 길리건과 동료들은 여성뿐만 아니라 소녀에 대한 연구(Gilligan, Rogers and Brown, 1989; Gilligan, Lyons and Hanmer, 1989; Gilligan, 1990)에 착수했다. 이들은 심리 과정을 이해하기 위해 없어서는 안 될 부분으로서 여성과 소녀의 목소리와 언어에 지속적으로 관심을 기울였다. 이들의 연구는 여성 발달에 대한 이해와 관계의 심리학의 발전에 매우 중요한 부분이 되었다.

유사하게, 벨런키M. F. Belenky 등은 인식에 대한 다른 방식을 묘사했는데, 이것은 여성들이 인식하는, 특히 '연결되어 있는 인식'이라는, 특별하고도 다른 방식에 대한 우리의 이해를 확장시켰다(M. F. Belenky et al., 1986). 에이드리엔 리치Adrienne Rich의 연구를 통해 우리는 이성애에 대한 문화적인 강제력에 관심을 갖게 되었다(Rich, 1983). 앞으로 가장 우선적인 과제 중 하나는 계급, 인종, 연령, 민족, 성적 취향에 기반을 둔 여성들의 경험을 구체적으로 이해하는 것이다. 우리는 여기에서 인용할 수 있는 것보다 더 많은 여성으로부터 배우고 있다.

우리가 봉착한 가장 큰 난제들은 언어를 사용하는 것과 소통하고자 하는 바를 가장 적절히 표현할 수 있는 언어를 찾고자 하는 시도와 관련된다. 이 책을 다시 읽을 때 더 이상 편안하지 않은 언어들을 발견하곤 하지만, 생각의 진화를 보여주기 위해 때때로 낡고 불편한 표현들을 사용해야만 했다.

이 책의 저자들은 임상가, 임상 슈퍼바이저, 교사들이다. 우리는 많은 사람의 인생을 깊이 있게 들여다보았지만, 생각의 기본적인 바탕을 형성하는 데 활용된 이러한 자료들은 전통적인 의미의 연구에서 말하는 자료가 아니다. 그러나 이론을 정립하는 데 임상적 자료들을 핵심으로 삼는 오랜 전통이 존재하며, 우리 연구도 이와 같은 방법을 출발점으로 활용했다.

여성의 심리 발달에 대해 새롭게 이해하게 될 때, "정신병리학"을 새롭게 정의하게 될 것이다. 그리고 이것은 결과적으로 새로운 상담으로 이어질 것이다. 우리의 생각은 상담이라는 맥락에서 처음 생겨났지만, 이제야 상담에서 이러한 관점이 담고 있는 의미에 대해 명확하게 설명하기 시작했다. 우리는 전통적인 상담에서부터 갈라져 나온 방식, 우리가 공감을 사용하는 방식, 상담에서 상호성이 차지하는 위치, 그리고 이제야 관심의 대상이 되기 시작한 더 많은 요소를 살펴보고 있다.

제1부와 제2부는 여성의 관계적 발달에 대한 이론적 설명에서 시작해 이러한 관점을 적용하는 것으로 이어진다. 대다수의 장은 원래 웰즐리대학교 스톤센터의 연구 논문이고, 몇몇 논문들은 다른 곳에서 출판되었다. 모든 장은 우리 연구의 초기 특징들을 잘 보여준다.

진 베이커 밀러의 저서 『새로운 여성심리학을 향하여』가 이 책에 가장 의미있는 영향을 미쳤다는 점을 감안할 때, 그녀가 쓴 "여성의 자아감 발달"이라는 장으로 이 책을 시작하는 것이 적절할 것이다. 이 장에서 밀러는 서구 심리학의 자아 개념에서 분리와 개별화가 강조되고 있는 반면, 인간의 상호연결이 가진 복잡함은 무시되고 있다고 설명한다.

"여성과 공감: 심리 발달과 상담에 대한 함의"는 한 주제가 진화해가는 예를 보여준다. 이 논문은 스톤센터의 콜로키움에서 세 명의 저자가 처음으로 발표했다. 이 논문에서 기본적인 이론을 다루었고 깊이 있는 탐구를 해나갈 수 있는 길이 제시되었으나, 소개되었던 많은 개념이 그 후 변하거나 발전했다. 다른 논문들도 사정이 비슷하기 때문에, 독자들이 이러한 개념이 발달한 역사에 대해 알 수 있도록 맨 처음 발표한 날짜를 포함했다.

재닛 서리Janet L. Surrey는 "관계-속-자아: 여성 발달에 관한 이론"에서 관계를 통한 성장이라는 관계적 관점을 강조했고, 관계적 발달의 초기 모델로서 어머니-딸 관계의 양방향적 과정에 대해 기술했다. 이 논문에서 맨 처음으로 이러한 관점에 대해 "관계-속-자아"라는 이름을 붙였는데 이것이 적절한지에 대해 의견이 엇갈리고 있음에도 이 용어를 고수했다.

"공감과 자아 경계"에서 주디스 조던Judith V. Jordan은 관계적 능력의 발달과 여성의 자아감에 핵심적이고 복잡한 인지 및 정서 과정인 공감을 탐구했다. 조던은 "자기공감"을 유용한 치료적 구성 개념으로 소개한다. "상호성의 의미"에서는 분리된 자아의 심리학에서 관계적 자아로의 전환을 상호주관성에 대한 논의에서 심화시켰다. 아울러 관계의 상호성에서 불균형이 야기하는 파괴적인 결과에 대해 탐구했다.

아이린 스타이버Irene P. Stiver의 "오이디푸스 콤플렉스를 넘어서: 어머니와 딸"에서는 전통적인 오이디푸스 콤플렉스가 여성에게 적용하는 것이 부적절하고 어머니와 딸 사이의 강한 유대와 갈등의 복잡함을 설명하지 못하는 점에 대해 지적한다. 관계적 모델은 이처럼 일견 상충되는 것처럼 보이는 관찰들을 통합해내기 위한 맥락을 제공한다.

"후기 청소년기 여성의 자아 발달"에서 알렉산드라 캐플런Alexandra G. Kaplan, 로나 클라인Rona Klein 그리고 낸시 글리슨Nancy Gleason은 관계적 관점을 활용하여 후기 청소년기 여성들의 발달에서 유대가 멀어지거나 느슨해지는 것이 아니라 관계의 변화와 갈등을 겪는 특징을 보인다고 설명했다. 자신이 변할지라도 타인이 자신을 알아주고 가치 있게 여겨주었으면 하는 청소년의 소망으로 인해 부모와의 차이나 불화가 갑자기 터져 나올 수 있다. 이러한 과정이 진행되면, 더 성숙한 상호적 이해와 상호적 권력강화에 대한 느낌을 갖게 된다.

제2부에서는 관계적 모델을 특정한 삶의 문제와 더 좁은 범위인 상담에 적용했다. 여성의 관계에서 의존이 갖는 의미와 남성의 관계에서 의존의 의미에 관한 아이린 스타이버의 초기 논문에서, 관계적 용어로서 "의존"은 오랫동안 여성적인 특성으로 동일시되었기 때문에 경멸의 대상이 되었다고 지적했다. 여성과 남성은 서로에게 기대고 싶은 욕구로 고심하지만, 이는 다른 삶의 경험과 문화적 기대에서 나오는 것이다.

"관계와 권력강화"에서 재닛 서리는 심리적 권력강화는 서로 공감하고 권력을 강화하는 관계 속에서 상호작용으로 나온다고 설명하는데, 이 모델을 임상적·정치적으로 적용하는 방안에 대해서도 연구했다.

"여성의 분노와 남성의 분노"에서 진 베이커 밀러는, 분노는 우리가 아는 것처럼 문화에 의해 "구성되는" 것이지 내재적인 "추동"에 기인하는 것은 아니라고 설명한다. 여성이 분노를 표현하는 데에는 제약이 있으며, 이는 남성에게 가해지는 제약과 다르다. 이처럼 "여성성"에 대한 문화적 개념 때문에 여성이 분노를 표현하는 것을 병리적 특징으로 여기게 된다. 그다음 장인 "여성과 권력"에서는 "권력으로 타인을 통제하는 것"과 "권력강화" 사이의 차이를 추적한다. 진 베이커 밀러는 타인의 권력을 강화한다는 것이 권력에 대해 일반적으로 인정되고 있는 개념화와 정의에 들어맞지 않는다고 언급한다. 더 나아가 여성들이 자신의 이익과 관심사를 위해 권력을 사용하려고 고민할 때, 다수의 여성은 여성적 정체감과 어울릴 수 없는 특징인 파괴와 이기심을 떠올린다.

""관계-속-자아": 여성의 우울증에 대한 함의"에서 알렉산드라 캐플런은 여성에게 우울증 유병률이 높은 것은 우울의 주요 역동이 여성에게 강요되는 심리 발달의 핵심적 특징과 중복되는 것과 관련이 있다고 가정했다. 구체적으로 설명하자면, 관계적 관점은 좌절을 경험하거나 왜곡당할 때 여성들이 느끼는 관계에 대한 책임감이 주요 우울장애의 특징인 상실에 대한 취약성, 행동이나 주장의 억제, 분노의 억제, 낮은 자존감을 야기할 수 있다는 것을 강조한다.

"일 영역에서 여성들이 억압하는 것"에서 스타이버는 여성에게 일은 정체성과 자존감의 중요한 원천임에도, 현대 사회에서 여성의 삶 안으로 쉽게 통합되지 않는다는 점을 지적했다. 일과 관련한 여성의 경험은 남성의 경험과는 양적·질적으로 다르다. 대부분의 직업 환경은 일에서 성공하는 것에 대해 우리 문화권이 정의하는 것은 남성의 모델을 반영하며, 보통 여성적 가치라고 불리는 자질과 일치하지 않는다. 여성은 종종 자신의 기준과 신념에 대한 확신이 필요하다.

서리의 "여성의 발달을 반영하는 섭식 패턴"에 대한 연구는 여성의 관계에 대한 열망과, "관계-속-자아"를 폄하하고 병리화하며 오해하는 사회문화적 맥락 속에서 여성들 사이에 널리 퍼진 섭식 패턴, 다이어트, 신체 이미지와 관련된 장애에 관한 것이다.

"여성을 위한 여성 혹은 남성 상담자: 새로운 이론"에서 캐플런은 치료적 이익은 긍정적인 상담자-내담자 관계에서 기인한다고 설명하는 상담 연구에 대해 논의한다. 여성들의 관계적 자아 구조는 여성들을 정서적 관계, 무엇보다도 상호 강화하는 관계를 조율하게 하는데, 이는 긍정적 상담 관계 안에 있는 두 가지 핵심 요소이다. 남성들은 그들이 받아온 양육으로 인해 관계적인 틀 안에서 임상 작업을 하기에는 아직 준비가 덜 되어 있을지도 모른다.

"돌봄의 의미: 상담 모델의 재구성"에서 스타이버는 상담에 관해 연구했다. 이 장에서는 "객관성", "중립성", "거리 두기"를 강조하는 전통적 의미에서의 상담 모델을 탐색했다. 전통적 의미의 상담 모델은 감정적이지 않고 사무적인 태도를 강조하기 때문에 여성보다 남성에게 더 우호적인 방식을 반영하고 있다. 다양한 상담 전략들이 상담에서 거리 두기에 기여하고 있음에도, 여성을 남성보다 더 피해자화하는 방식에 특히 중점을 두고 진단에 사용하는 공식적·비공식적 언어들을 조사했다.

조던은 "공감, 상호적 관계 그리고 상담에서의 변화: 관계적 모델의 임상적 함의"에서 상담에서 관계적 관점에 관한 연구를 이어간다. 조던은 특히 상담이 발전하는 데 공감과 상호적 발달이 핵심이라는 점을 지적하며 상담에서 관계적 발달을 적용하는 것에 관한 잠정적 윤곽을 제시했다.

이 책은 여전히 발전하고 있는 연구의 모음집과 같다. 출판된 순서와 관계없이 주제에 따라 논문들을 묶었지만, 읽으면서 독자들은 개념들이 점차 발전해왔다는 것을 알게 될 것이다. 독자들도 자신과의 대화를 통해 우리 연구에 동참하기를 바란다. 그리고 저자들이 서로에게 관여해온 것과 유사한 방식으로, 발견하고 재구조화하는 우리의 여정에 동참하기를 바란다.

우리는 또한 이러한 관점을 활용해 남성을 더욱 잘 이해하고자 하는 작업에 관해 생각하기 시작했다. 우리가 제안하는, "자아"에 대한 심리학에서 관계를 중요시하는 심리학으로 전환하는 것이 여성에게만 적용되는 것이 아니라는 것을 알고 있다. 이는 우리의 연구를 모두를 위한 것으로 다시 생각해볼 필요가 있다는 것을 의미한다. 더 나아가 레즈비언, 소수 인종 및 민족의 여성, 그 외 주변화된 집단과 같이 이 연구에서 적절하게 대표되지 않은 집단에도 우리의 생각을 적용해나갈 필요가 있다.

다른 문화적 제도와 마찬가지로 심리학 이론은, 백인 중산층의 이성애자인 "전형적인 남성"이 자기 자신의 현실뿐 아니라 인간의 현실을 정의한다는 검증되지 않은 가정 속에서 더 큰 서구의 가부장제 문화를 반영한다. 이처럼 "인간 발달"에 대해 현존하는 가부장적 편견에 대한 비판이 없다면, "전형적인 남성"의 경험이 "진실"로서 구체화되고 그 외 다른 사람들의 경험은 가부장제의 독재에 순응하지 않는 것이라고 왜곡하게 된다.

마찬가지로, 백인 중산층이자 교육받은 여성인 저자 다섯 명이 여성의 발달에 대한 관점이라고 제시한 내용은 명백히 우리 삶의 경험과 연구 및 함께 연구한 사람들의 특성에 의해 제한된 것임을 알고 있다. 우리가 더 광범위한 경험을 가지고 시작했더라면 더 복잡하고 더 포괄적인 관점을 가지게 되었을 것이다. 관계에서 권력강화에 대한 관점을 다듬기 위해 지배적인 문화에 의해 주변화된 사람들의 관계 패턴을 결합하는 것은 매우 중요하다. 그때서야 비로소 모든 여성을 위해 말할 수 있을 것이다. 우리는 인간의 삶이 정교한 맥락을 바탕으로 하고 있음을 알기 때문에, 다른 이론가들이 마치 하나의 목소리만 존재하는 것처럼 인간에게는 하나의 현실만 가능한 것처럼 말하면서 범했던 오류를 반복하고 싶지 않다. 우리는 현재 모델을 만들면서 처한 제약에 관해 유감을 느끼며, 생각을 발전시키는 데 더 많은 소수자 여성들과 레즈비언 여성들을 포함하기 위한 조치를 취하고 있다. 우리는 다른 "현실들"과 관점을 가르쳐줄 수 있는 사람들과 더 많은 대화를 나누며 우리의 이해를 확장시켜나가기 위해 노력할 것이다.

PART 1

발달적 관점

여성의 자아감 발달

진 베이커 밀러

자아self 개념은 심리학 이론에서 중요하게 여겨져 왔다. 그 이유는 자아가 서구 사상에서 핵심적인 개념으로 존재해왔기 때문일 것이다. 많은 저자가 자아를 다양하게 정의하고 있지만, "자아" 개념의 핵심은 "좋은 삶", 정의, 자유와 같은 광범위한 주제에 대한 서구적 개념의 역사적 발달에 근거를 두고 있는 것 같다. 실제로 이는 매슬로우A. Maslow의 자기실현적 특징에서와 같이 인간의 기본 동기나 최상의 존재 형태에 관한 설명의 근거와 연결되어 있는 듯하다.

"자아" 개념은 지금까지 이어지고 있지만, 여성의 경험에 잘 들어맞지는 않는 것 같다. 문학비평가 캐럴린 헤이브런Carolyn Heilbrun(1979), 심리학자인 캐럴 길리건Carol Gilligan(1982)과 같은 몇몇 저자들은 최근에 이 점을 지적하고 있다. 그렇다면 다음과 같은 의문이 떠오른다. 남성에게만 자아가 있고, 여성에게는 자아가 없는가? 여성들과 작업하는 과정에서 이 질문은 우리를 매우 혼란스럽게 하지만, 바로 이러한 혼란 자체를 연구함으로써 오랫동안 유지되어온 의심할 여지가 없는 가정을 검증해볼 수 있을 것이다. 에릭 에릭슨Erik Erikson(1950)

부터 다니엘 레빈슨Daniel Levinson(1978)까지, 현대 미국의 초기 심리 발달 이론 가들과 전 생애 심리 발달 이론가들은 발달을 타인이라는 모체로부터 자신을 분리시키는 과정이라고 보는 경향이 있다. 레빈슨의 표현을 따르자면 발달은 "자기 자신이 되어가는 것"이다. 이들이 주장하는 바에 따르면, 아마도 자아 발달은 타인으로부터 일련의 필수적인 분리를 이루어내면서 독립된 개인이라는 내적 감각을 획득하는 과정에서 겪는, 연속적인 고통스러운 위기를 거쳐 성취하는 것이라고 생각할 수 있다. 모든 여성이 아는 바와 같이 소수의 남성들만이 그런 자급자족을 할 수 있다. 이러한 남성들은 보통 부인, 정부, 어머니, 딸, 비서, 보모 등 여성으로부터 지원을 받는다(그뿐만 아니라 사회경제적 위계에서 자신보다 낮은 위치를 차지하고 있는 남성으로부터도 지원을 받는다). 그러므로 이 모델에 남성들의 경험만이라도 정확하게 반영되었는지 의심해봐야 할 것이다. 그러나 이 모델의 목표는 모두에게 적용되고 있으며, 정신 건강의 필수요건으로 여겨지고 있다.

프로이트S. Freud부터 시작해 에릭슨을 비롯한 다른 이론가들처럼 여성들을 보편적인 모델에 맞추려고 노력해온 대부분의 현대 이론가들은 더 분명한 어려움을 겪어왔다. 몇몇 이론가들은 아예 시도조차도 하지 않았다. 예를 들어 에릭슨의 발달 단계에서, 기본적인 신뢰를 발달시키는 것을 목표로 하는 첫 번째 단계 이후 초기 성인기까지 각 단계의 목표는 분리와 자아 발달이 증가한 형태를 보인다. 필자는 이 지점에서 각 목표를 획득하는 과정을 말하는 것이 아니라(비록 그것이 아래에서 논의될 내용과 긴밀하게 관련된 것이기는 하지만), 그 목표 그 자체를 말하고 있는 것이다. 타인과 감정적인 유대를 형성할 수 있는 능력이나 사람들 사이에서 서로 주고받는 데 기여하는 능력, 자신의 자아뿐만 아니라 타인의 자아를 성장시키는 역할을 할 수 있는 능력을 발달시키는 것 등이 목표가 아니라는 것을 지적하고자 하는 것이다. 개인이 "친밀감"의 단계에 도달하면, 비록 이전의 발달 단계에서 친밀감과는 매우 다른 목표를 획득하기 위해 노력해왔음에도, 당연히 타인과 가까운 관계를 맺을 수 있을 것이라고 간주된다.

　남성이 친밀한 관계를 맺는 데 무능력하다고 개탄하는 대부분의 최근 저술은 여성운동에서 비롯되었다. 그러나 남성들도 똑같은 내용을 지적한다. 대부분의 현대 문학, 철학 및 다른 종류의 논평은 남성들이 공동체 의식이 결여되어 있다는 것을 보여주며, 타인과의 소통 가능성마저 없다고 설명하고 있다.

　이와 같이, 널리 받아들여지는 모델로는 남성에게 일어나고 있는 일을 잘 설명하지 못할 수 있다. 게다가 이러한 모델들이 요구하는 조건들을 모두 달성하는 것이 가능하다고 하더라도, 모델들의 가치에 대해 의문을 품을 수 있다. 필자가 설명할 내용처럼 이 두 가지 의문은 연관되어 있다. 그러나 기존의 모델들은 무엇이 **발생해야만** 하는가에 대한 처방을 제시했기 때문에 매우 강력하다. 기존의 모델들은 남성에게 영향을 준다. 정신건강 전문가들의 결정에도 영향을 미친다. 여성에게는 과거에 한 가지 방식으로 적대적인 영향을 미쳤다. 하지만 이제 여성들이 기존의 모델들에 "평등한 접근"을 추구하려고 하자 다른 방식으로 적대적인 영향을 미치고 있다. 그러므로 기존 모델들을 주의 깊게 연구할 필요가 있다. 활용할 수 있는 유일한 모델이라는 이유로 무조건 그 모델을 받아들여서는 안 되는 것이다.

출발점

우리가 여성들의 경험을 기존의 모델들에 대입할 때 어떤 의문이 생기게 될까? 우리는 에릭슨의 이론을 출발 지점으로 삼되, 이를 철저하게 검토하지 않고 여성 발달의 여러 특징 중 몇 가지를 이해하기 위한 틀로 활용하고자 한다.

　에릭슨은 생의 첫 단계에서 중요한 목표는 유아가 기본적 신뢰감을 발달시키는 것이라고 했다. 그러나 다른 중요한 차원도 포함된다. 생의 초기 단계에서조차 모든 유아는 주ᶳ 양육자 — 주 양육자는 오늘날까지도 대부분 여성이다 —

와 닮아가며 비슷하게 행동하기 시작하는데, 이는 소녀들에게 훨씬 더 장려된다. 이것은 성별로만 묘사할 수 있는 정적인 표상으로서 주 양육자와 동일시한다는 것이 아니라 주 양육자가 **실제로** 하고 있는 것과 동일시한다는 의미이다. 유아들은, 필자가 "관계-속-존재"라고 부르는 존재의 일종으로서 자신에 대한 내적 표상을 발달시키기 시작한다고 생각한다. 이것은 사람들 **사이에서** 일어나는 일을 반영하는 "자아"감의 시작이다. 유아는 상대방의 감정을 선택한다. 즉, 유아는 "나는 내 안에서 무슨 일이 벌어지고 있는지 알 뿐만 아니라 상대방이 어떤지 느낄 수 있다"는 초기의 느낌을 갖게 되는 것이다. 이것은 우리 사이의 정서적인 영역에서 무슨 일이 벌어지고 있는지 "알고 있다는 것 ", 즉 느끼고 있다는 것을 포함하는 것이므로 더 복잡하다. 어린이는 상대방이 편안함을 느낄 때, 더 정확하게 설명하자면 상대방과 자신이 더 큰 안녕으로 향하고 있는 정서적 관계를 맺고 있을 때 편안한 느낌을 경험한다. 다시 말해, 유아와 성인 사이의 정서적 장에서 일어나는 상호작용이 "더 나은" 일상을 발전시키는 것을 향해 가고 있을 때 편안함을 느낄 수 있다.[1] 이런 의미에서, 유아는 관계에 적극적으로 영향을 미치면서, 좋든 나쁘든 자신과 상대방의 정서적인 상호작용을 변화시킬 수 있는 존재로서 내적 감각을 발달시키기 시작한다.

말러M. Mahler(1975)와 대상관계 이론 등에서 도출된 바와 같이, 초기 자아의 정신 구조는 유아의 첫 단계의 정신 구조에 대해 통상적으로 사용하는 **융합**이나 **병합**과 같은 표현으로 설명되는 것보다 훨씬 복잡하다. 유아와 양육자의 상호작용에 대한 새로운 연구들도 그런 용어가 부적절하다고 설명한다(예를 들면, Stern, 1980; Stechler and Kaplan, 1980; Klein, 1976). 이러한 연구들은 그런 구성 개념들이 자아와 "타인"에 대한 복잡한 내적 표상, 더 정확하게 말하면 유아가 최초 단계부터 만들 것 같은 내적인 자기-타인 관계 패턴을 적절하게 설명할

---

1   멜라니 클라인M. Klein, 해리 스택 설리번H. S. Sullivan과 같은 여러 이론가들이 이러한 논점을 형성했다. 그러나 이들이 강조하는 내용은 다르다.

수 있을 것 같지는 않다고 설명한다. 이 분야에서 자아감에 대해 설명할 때, 우리는 내적 정신 표상을 설명하기 위해 "인간에 의해 형성된" 구조를 언급해왔다. 이는 태어났을 때부터 내적 표상은 타인의 자아와 적극적으로 주고받는 자아에 관한 것이라는 점을 의미한다. 게다가 이러한 상호작용의 핵심적인 특징은 바로 사람들이 유아에게 주의를 기울인다는 — 가장 중요하게는 유아의 존재 핵심에 주의를 기울이는 것인데, 이것은 유아의 감정에 주의를 기울인다는 것을 의미한다 — 것이며, 유아도 같은 방식으로, 즉 타인의 감정에 반응한다는 것이다. 자아에 대한 최초의 정신적 표상은 타인의 돌봄을 받고 나서 타인의 감정을 돌보기 시작하는 것이 핵심인(이는 정서적인 것이다) 자아에 관한 것이다. 자신에 대한 내적 이미지에는 타인의 감정과 자신의 감정이 상호작용할 때 타인의 감정을 느끼고, 거기에 따라 **행동하는 것**이 포함된다. 초기에 형성되는 자아 개념은 타인에 의해 돌봄을 받는 정적이고 홀로 떨어진 자아(이는 남성적인 느낌을 아주 강렬하게 풍긴다)라기보다는, 역동적인 상호작용과 뗄 수 없는 자아이다. 그리고 상호작용의 핵심에는 서로의 정신적 상태와 감정에 주의를 기울이는 것이 있다.

유아는 이러한 초기의 "자아가 상호작용하는 느낌"을 성별에 상관없이 느끼지만, 아이가 태어났을 때부터 양육자가 가지고 있는 문화적으로 형성된 성별에 대한 신념이 여기에서 중요한 역할을 한다. 몇몇 연구들의 제언(예를 들면 Rubin et al, 1974; Block, 1978)에 따르면, 이러한 신념은 비록 아버지가 더 강하긴 하지만, 당연히 여성 양육자에게도 내면화되어 있다. 소녀들은 "타인이 느끼는 것처럼 느끼는" 능력을 발달시키고 타인에 "대해 알기" 위한 연습을 하도록 독려를 받는다. 소년들은 이러한 능력을 발달시키고 연습하지 못하도록 체계적으로 방해를 받고 기회를 박탈당하게 된다(이는 전체적인 사회 구조와 우리의 사고방식을 형성하는 데 결과적으로 해로운 영향을 미친다고 생각한다).

사람은 상호작용 경험으로부터 자아감, 즉 자기에 대한 내적 표상을 발달시킨다. 아울러, 두 사람 또는 그 이상의 사람들 사이의 관계 속에서 무슨 일이 진행되고 있는지 관심을 기울이고 반응을 보이면서 자아감을 발달시킨다.

많은 연구에서 소녀들은 양육자와 동성이기 때문에 내적 자아감을 발달시키지 못한다고 설명하는 경향이 있다. 즉, 소년들은 여성인 양육자로부터 분리될 수 있기 때문에 자아감을 발달시킬 수 있다는 것이다. 이는 정말 믿기 어려운 생각이다. 우선, 양육자와 유아 사이의 복잡한 상호작용을 모두 무시하고 있다. 마치 엄마와 딸이 동성이기 때문에 어떤 상호작용도 일어나지 않는 것처럼 보는 것이다. 소녀와 여성에 대해 실로 놀라울 정도로 부정적인 발상이다.

둘째, 이러한 연구 문헌에서는 상호작용에서 특별히 중요한 특성인, 상대에게 관심을 가지고 반응을 보이는 것을 전반적으로 무시하고 있다. 상대에게 관심을 가지고 반응하는 것은 "양육"이라고 부르는 것의 핵심 특성이며, 모든 지속적인 심리적 성장의 기반이기도 하다. 다시 말해, 성장이란 타인과 감정적으로 분리되지 않고 연결되었을 때 가능한 것이다. 현대 이론들은 오늘날 사회에서 발생하고 있는 매우 다른 종류의 상호작용과 반대로, 이러한 과정이 초기 자아를 형성하는 기초가 될 수 있다는 가능성을 무시한다. 진정한 양육에 관한 개념은 유아가 타인에게 매몰당하고 융합되고 병합되는 것을 느끼도록 하는 어떠한 것도 배제한다. 매몰, 융합과 같은 단어들은 양육에서 **왜곡**이 일어났을 때 관찰할 수 있는 현상을 묘사하는 것일 수는 있지만, 유아의 전형적인 자아감을 특징지을 때 사용하는 표현은 아닐 것이다.

셋째, 현대의 개념들은 자아감을 가질 수 있는 유일한 가능성이 필자가 설명해온 과정을 핵심으로 할 수 있다는 점을 무시하는 경향이 있다. 위에서 설명한 바와 같이, 소년들은 이러한 과정을 거치지 않도록 초기 발달단계부터 장려받는다. 소녀들에게는 이러한 과정이 장려되지만, 초기부터 그리고 이후 이어지는 각 발달 단계에서 복잡함이 더해진다.

재닛 서리Janet L. Surrey는 소녀들의 이러한 초기 정신적 표상을 더 **포괄하는** 자아감이라고 설명할 수 있으며, 이는 소년들이 매우 어릴 때부터 경계와 한계가 있는 자아를 형성하도록 격려를 받는 것과 대조를 이룬다고 했다. 또한 서리는 현대의 좀 더 선형적인 모델과 비교하여, 어머니뿐만 아니라 아이 안에서도 공감이 지속적으로 성장하며 발생하는 "진동"이 있는, "진동하는" 자아감이라는 용어를 제안한다(서리가 집필한 이 책 3장; 조던, 서리, 캐플런이 집필한 이 책 2장을 볼 것). 여기에는 많은 함의점이 있다. 우선 삶에서 이후에 발생하는 어떤 사건들을 다른 모델에서는 자아의 가치를 손상하는 것으로 이해하지만, 여기에서는 만족스럽고 동기부여가 되며 권력강화가 되는 것으로 볼 수 있다. 예를 들어, "타인을 더 이해한다는 느낌"은 그 사람의 자아가 위협을 받는 것이 아니라 강화되는 느낌이라는 것을 의미한다. 이는 그 사람이 자아의 일부분을 상실하는 것처럼 느끼는 것이 아니다. 그 대신 소녀들과 여성들에게 "자신들이 원하는 방식대로 일이 이루어지고 있다"는 느낌을 주는 방식이기 때문에, 더 기쁘고 효율적이라는 느낌에 가까워지는 것이다. 관계 속에서 존재하며 타인의 감정을 알아차리고 "사람들 간의 상호작용"에 주의를 기울이는 것이 존재와 행동의 "자연스러운" 방식으로 수용된다. 그것은 고립되거나 위협적인 것이 아니라는 것을 배우고, 당연한 것으로 받아들이게 된다. 더욱 중요한 점은, 그것을 원하게 된다는 것이다. 이는 비난 혹은 자신의 자아 발전과 같은 어떤 목적을 위한 수단이 아니라 **목표**가 된다. 그러므로 **동기**를 형성하게 된다.

우리는 이러한 전반적인 경험을 매우 "이질적"이라고 생각해왔는데, 그 이유는 우리의 문화적 전통이 다른 방향만을 강조했기 때문이다. 지배적이고 공식적인 문화에서 타인의 경험이나 사람들과의 관계에 집중하는 것은 인생의 **필요조건**이 아니다. 그러한 일들은 엄마와 유아 사이의 이상하고 알 수 없는 세계에 속한 것으로 치부되어왔으며 오해를 받아왔다. 종종 이러한 점을 언급하려고 하면 정신과 의사들은 "아, 무슨 말인지 알겠어요. 맞아요. 여성들이 더 이타적이죠"라고 한다. 그러나 그것은 필자가 말하고자 하는 바가 아니다. 그러한 반응은 내 설명을 과거의 분류 기준에 끼워 넣으려는 것이며, 다른 방식으로 발달한 자아의 일부분을 "희생"하는 것을 뜻한다. 필자가 논의하는 일종의 상호작용은 희생에 관한 것이 아니다. 그것은 실제로 일어나고 있는 일에 대해 더 좋게 느끼고, 만족하고, 잘 알게 되는 것이다. 이것이 비록 지배적인 문화에서는 사라졌지만, 기본적인 인간의 필수요건에 더 가깝다고 생각한다.

또 다른 함의는 자존감이나 자기가치감과 연관되어 있다. 소녀들의 자존감은 자신이 관계의 일부이며 그 관계를 돌보고 있다는 느낌에 바탕을 두고 있다. 이것은 일반적으로 설명하는 자존감의 요인이나 흔히 사용하는 척도로 측정할 수 있는 것과는 매우 다르다. 자신이 관계의 일부이며 그 관계를 돌보고 있다는 느낌에 바탕을 둔 자존감이나 자긍심에서 파생된 결과는 역량이나 효능감과 관련된다. 소녀와 여성은 종종 정서적 유대를 맺고, 여기에 밀접해지고 기여를 하게 될 때 효능감을 갖게 된다. 이것은 단독적이고 타인에 대항하는 행동에 기반을 둔 효능감이나 권력감과는 매우 다르다. 이러한 효능감은 그다음에 이어지는 단계와 모든 연령대에서 더욱 잘 발달할 수 있지만 관계에 기반을 두고 성장한다.

친교성 내부의 주도성

다음 연령 단계로 빨리 넘어가기 위해, 사춘기까지 각 단계들에 대해 간단히 설명하려 한다. 에릭슨은 아동기의 두 번째 단계의 목표를 자율성이라고 했다. 다른 학자들은 분리나 개별화라고 설명하기도 한다. 그 대신에 필자는 이 시기를 아동이 "행위를 하는" 능력과 가능성 및 활용할 수 있는 신체적·정신적 자원을 더 많이 갖게 되는 시기라고 설명하고자 한다. 아동은 또한 모든 사건에 대한 "관점"을 넓혀간다. 말하자면, 사물을 보는 법에 대한 감각이 발달한다. 그러나 분리가 심화되는 것도 아니고 그럴 필요도 없다. 대신에 **관계 속에서** 새로운 형태와 "이해"가 생겨난다. 주요한 사람들과 관계를 유지하는 것은 여전히 삶에서 가장 중요한 일이다.

우리는 이것을 "친교에서의 주도성"이라 부르는 단계와 같은 것으로 생각해볼 수 있을 것이다. 이 표현은 데이비드 베이캔D. Bakan(1966)의 용어를 차용한 것이지만, 그가 정의한 것과는 다른 의미를 가진다. 필자는 "주도성"이라는 단어를 활용해, 적극적이고 자신이 가진 자원을 모두 사용한다는 의미를 지니지만, 공격성이라는 의미는 함축하고 있지 않은 단어를 찾았다. 공격성은 다른 종류의 큰 주제이며, 여기에서는 발전시킬 수는 없는 개념이다(밀러가 집필한 이 책 10장을 볼 것). 여기에서 "행한다"는 것은 과거에 설명해왔던 것과 내용상 다르다. 어린 소녀들에게는 종종 그것이 엄마가 하는 것을 모델로 삼아 따라할 수 있도록 행한다는 것을 뜻한다(조던, 서리, 캐플런이 집필한 이 책의 2장; 서리가 집필한 이 책의 3장을 볼 것). 엄마는 어린 자녀들과 있을 때, 비록 완전히 그러는 것은 아니지만, 여전히 아이들의 감정에 주의를 기울이고 아이들이 모델로 삼아 따라할 수 있도록 "행하는 것"이다. 그러므로 행동은 또다시 다른 특성을 띠게 된다. 어린 소녀에게 행동이란 권력을 더 많이 쓰고, 자신이 "하고 싶은" 것이 무엇이며 그것을 어떻게 할 것인지에 관해 더 많은 "선택권"을 갖게 되고, 자신이 할 수 있는 것을 더 강하게 주장하면서, 관계 안에서 타인을 위해 무엇을 하는 것이다.

내적 자아표상 안에서 소녀는 분리감을 발달시키는 것이 아니라, 자신의 "견해들"을 실행에 옮길 수 있는 더 큰 능력과 이 능력에 대한 감각을 더욱 발달시키게 된다. 즉, 소녀는 더 큰 행동 범위에 대한 감각을 갖게 되지만, 여전히 타인의 자아와 맺고 있는 관계 속에서 행동하는 자아에 대한 내적 표상을 가지고 있다. 더 큰 행동 범위란 분리와 동일한 것이 아니다. 이것은 자아감에 대한 내적 형태의 **변화**를 필요로 하는 것이지 분리를 필요로 하지 않는다.

어린 소녀는 **오로지** 관계 **속에서** 행동하고 느끼는 것을 통해 더 크지만 훨씬 분명해진 자아감을 갖게 된다. 이러한 행동과 느낌은 타인의 그것과 필연적으로 다르다. 이것들은 명백하게 동일하지 않다. 핵심은 어린 소녀가 타인의 감정을 조율한다는 것이다. 다른 사람의 느낌에 의해 자신의 느낌이 영향을 받는 것처럼, 자신의 느낌도 타인의 느낌에 영향을 미친다. 어린 소녀는 넓은 범위의 감정을 느끼고 행동하는데, 어린 소녀의 감정과 행동은 때에 따라 달라지고 영향력의 정도도 다르지만 관계적인 맥락 안에서 발생한다.

물론 관계의 특성은 유아기와는 다르다. 새로운 특성들이 생겨난다. 하지만 "분리된" 자아감으로 이어지지 않는다. 타인과의 더 복잡한 관계 속에서 더 복잡해진 자아감으로 연결되는 것이다.

인간의 상호작용을 "가까운"이나 "먼(예를 들면, 분리된)"과 같은 척도처럼 지리적이거나 공간적인 용어로 설명하는 개념은 의문의 여지가 있다. 각자가 가진 욕구의 본질과 관련하여 중요한 것은 상호작용의 질 — "개념화할 수 있는 감정들"의 상호작용, 타인에게 선행을 하거나 악행을 하는 것 — 이다. 성장하고 있는 아동은 이전에 할 수 있던 것보다 더 많은 것을 할 수 있는 잠재력을 지닌다. 이러한 잠재력을 알아보고 지지해주는 양육자는 더 멀어지지 않는다. 양육자가 한 방향으로 **더 보살피게 되고** — 즉, **더욱 관계가 깊어지게 되고** — 아동 또한 그렇게 된다.

아동기

오이디푸스 발달 단계라는 개념을 활용해 다음 단계로 넘어가보면, 프로이트를 시작으로 하여 아동기를 설명한 여러 학자들이 이 단계에 있는 소녀들에 대해 설명하는 데 어려움을 겪은 이유가 어쩌면 소녀들에게는 이 단계가 존재하지 않기 때문은 아닌가 하는 의문을 가져볼 수 있다. 무엇인가를, 특히 관계를 "단절하는" 것 같은 주요 위기는 없다. 그리고 협박하고 지배하는 남성 인물인 "공격자와 동일시하는" 목표를 달성할 필요가 없다(몇몇 이론은 모든 사회, 문화와 사상이 오이디푸스기 동안 공격적인 아버지와 동일시하면서 형성된다고 생각한다. 사회가 여기에 근거하여 형성될 필요가 없다는 가능성에 대해 생각해보는 것은 흥미로운 일이다.). 그러나 이 시기에 자신의 에너지를 이제 남성의 안녕과 성장 및 발달을 위해 사용해야 한다는 더 강력한 메시지가 소녀들에게 등장한다.(이 메시지는 실제로는 더 일찍 등장해서 이후까지 이어지게 된다). 그럼에도 어머니나 다른 여성들과의 관계는 지속된다. 어머니에서 아버지로 향하게 되는 뚜렷한 전환은 아마도 특수한 가족 조건으로 인해 발생하는 것 같은데, 어머니가 직접 이러한 존재 방식을 격려하고 모델이 될 때 특히 그렇다. 서구 문화는 어머니가 남성의 우월한 중요성과 권력을 옹호해야만 한다고 지시해왔다. 이러한 영향력은 소녀의 자아감과 어머니와의 관계에 깊은 영향을 미치고, 여러 방식으로 어머니와 소녀의 관계를 복잡하게 만들기 시작한다. 그러나 어머니나 다른 여성들과의 관계는 덜 분명하고 덜 중요하게 보임에도 불구하고, 지속된다. 가족 안에서 어머니와 아버지가 미치는 영향력의 정도에는 민족, 인종, 역사적 변인들이 있지만, 일반적으로 볼 때 아버지가 더 큰 영향력과 가치 및 권력을 갖고 어머니는 낮은 지위를 갖는 것이 심리적으로 영향을 미치는 것 같다.

프로이트가 잠재기라고 설명한 시기, 혹은 에릭슨이 "근면성"이 목표가 된다고 설명한 시기에는, 소녀들이 그다지 잠재력을 가지고 있지 않다는 증거가 늘고 있다. 프로이트가 맨 처음 섹슈얼리티라는 용어를 사용했을 때 그가 의미했던 바에 따라 섹슈얼리티에 관해 논의해보자면, 소녀들은 더 숨기는 것만을 배우는 것 같다. 그러나 관계에 관해 논의해보자면, 이 시기야말로 소녀들이 집중적으로 관계를 맺게 되고 특히 다른 소녀들과의 관계에 몰입하게 된다. 많은 소녀가 남성들과 소년들에 대해 큰 관심을 갖고 있지만, 소년들은 소녀들에게 관심이 없거나 적극적으로 괴롭히고 못된 행동을 한다. 소년들은 밖에서 "근면성"을 배우는데, 이에 대해 사람들은 "게임의 규칙과 진행 방법을 배우는 것"이라고 설명해왔다(Gilligan, 1982). 이러한 규칙의 대부분은 전쟁 게임과 매우 비슷한 것 같다. 루리아 Z. Luria(1981)는 이 시기에 관한 연구에서, 초등학교 운동장에서 일어나는 사건을 설명했다. 소년들은 어떻게 '호전적이게' 되고, 남을 이길 수 있는지를 배울 뿐만 아니라, 어떻게 남을 속이고 빠져나가는지도 배우게 된다고 루리아는 논의했다. 루리아가 소녀들에게 무엇을 하고 있는지 물으면, 그들은 종종 "아무것도 안 해요"라고 대답했다. 소녀들은 운동장 주변을 "그저 이야기하며" 돌아다닌다. 소녀들은 무슨 이야기를 하고 있는 것일까? 그들은 가족에게 생긴 일과 그것을 해결하는 방법에 대해 이야기한다. 가족 이야기를 하면서 소녀들은 당연히 서로 깊은 감정적 교감을 하게 된다. 서리(이 책 3장)는 이 시기에 소녀들이 맺는 관계에서 발생하는 방대한 심리적 발달은 심리학 연구에서 주로 무시되어왔던 영역 중 하나라고 지적했다.

청소년기

청소년기는 한 개인의 능력이 방대하게 성장하는 시기라고 여겨진다. 전통적으로, 심리학자들은 몇 가지 방식으로 능력을 **구분한다**. 예를 들면, 성적 능력, 공격 능력 — 이것은 필자가 현재 주도력(행동을 할 수 있는 능력)이라고 지칭하는 것이다 — 우주를 거대하게 확장시킬 수 있는 형식적 사고의 발달과 함께 성장하는 인지 능력 등이다. 그러나 여전히 많은 연구가 이 시기의 소녀들이 확장하기보다는 "움츠러들기" 시작한다고 설명한다. 클라라 톰슨Clara Thompson(1942)은 이미 오래전부터 여기에 주목했다. 톰슨은 소년들에게는 청소년기가 마음을 터놓는 시기라고 여겨지지만, 소녀들에게는 마음의 문을 닫는 시기라고 했다. 프로이트 역시 다른 용어로 여기에 대해 언급했다. 프로이트는 소녀들이 이 시기에 자신, 자신의 몸, 심리 구조의 중심 토대로부터 나오는 인생의 모든 힘을 적극적으로 활용하지 않는 방법을 배워야 한다고 생각했다. 프로이트에게 이 힘은 당연히 성적 추동으로부터 파생된 것을 의미한다. 그 대신 이 힘을 타인을 위해, 즉 우선은 남성을 위해, 다음에는 아이를 기르는 것을 통해 다음 세대에 봉사하기 위해 사용해야 한다는 것이다. 즉, 소녀들은 남성에게 복종하고 아이를 위해 자신을 "희생"하는 등 소극적이고 피학적으로 심리적 문제를 해결해야만 한다.

프로이트의 관찰은 그 당시의 현실, 그리고 지금도 일어나고 있는 현실을 반영했을 가능성이 높다. 다시 말해, 섹슈얼리티에 관해 여전히 대부분의 소녀는 성적 인식, 감각, 충동을 스스로 불러일으켜서는 안 되며 남성에 의해 이루어져야 한다고 배운다. 그러므로 소녀들은 여전히 육체적·성적 자극을 나쁘고 악하고 더러운 것 등으로 경험하는 경향이 있다. 이 말은 소녀들이 자신에 대한 초기 내적 표상에서 일어나고 있는 것들 중 일부분은 몇 가지 문제가 되는 부분을 포함하고 있다는 뜻이다. 그중 하나는 신체적이고 성적인 경험을 포함한다. 이러한 상황은 수동적이고 복종하는 태도로 신체적이고 성적인 경험을 다루려는 시도로 이어진다. 소녀는 신체적이고 성적인 느낌에 대한 자신의 인식을 수용할 수 없다는 강한 메시지를 받는다. 그 느낌에는 나쁘거나 악하다는 암시가 더해진다. 이러한 느낌은 수치스럽고 잘못된 자아의 일부분이 된다. 소녀는 자신의 이러한 부분을 다른 사람들과의 관계에 반영하기 위한 방법을 찾지만 어려움에 봉착한다. 소녀는 여전히 타인과의 관계에서 이런 욕망들을 실행하고자 하지만, 반대에 부딪히게 된다. 이러한 상황에서, "타인을 위하기"라는 해결책이 이미 준비된 답을 제공하는 것처럼 보인다. 문제는, 이 해결법이 자신 — 즉, 심리 구조의 모든 측면에서의 자아감 — 을 관계로부터 멀어지게 만든다는 것이다.

이성애 관계에서 소녀나 젊은 여성이 자신의 지각력을 활용하고 욕망에 따라 소년들과 성적인 경험을 하게 된다면 갈등에 처하게 될 것이다. 이런 이야기에도 불구하고 소녀가 자신의 섹슈얼리티에 따라 행동하려 한다면, 미래의 남성 파트너와 갈등을 겪을 것이다. 또한 자아감의 어떤 요소들과 내적 갈등을 겪게 될 것이다. 내적 갈등 중 하나는 소녀가 타인에게 맞춰야만 한다고 — 그리고 스스로도 그것을 원한다고 — 말하는 부분이다. 이러한 부분은, 타인들이 그녀의 인식과 욕망을 관계로부터 배제하려 한다면 갈등으로 이어질 것이다. 또 다른 내적 갈등은 소녀가 섹슈얼리티를 내적 자아감 중 수용할 수 없는 측면으로 받아들여, 결국 자신의 많은 부분을 관계에서 배제하게 되는 것이다.

"주도성", 즉 소녀가 자신의 힘을 인식하고 여러 방면으로 사용하는 능력과 관련하여 유사한 역동이 존재한다. 여성들은 그런 행동을 해서는 안 되며, 그러한 행동은 잘못되고 수치스러운 것이라는 생각을 받아들인다. 소녀는 지금까지 관계에서 많은 것을 배우고 행동해왔다. 그러나 사회적 영향으로 인해, 정도의 차이는 있지만 자신의 힘을 충분히 자유롭게 사용해서는 안 된다는 인식을 갖게 된다. 소녀는 청소년기에 이러한 메시지를 훨씬 더 강력하게 받아들인다.

그러므로 적극적인 행위의 주체로서 소녀의 자아감은 관계 내에서 혹은 관계를 위해 행동한다는 맥락에서 볼 때 타인의 필요나 욕망에 따라야만 하는 존재라는 자아감으로 인해 어느 정도 변형된다. 소녀는 청소년기에 그렇게 행동하도록 하는 훨씬 더 강한 압력을 경험한다. 지금까지 발달한 소녀의 자아감은 그녀가 직면한 외적 압력과 심각한 갈등에 처하게 된다.

문제는 소녀가 이러한 갈등에 대처하는 방식이다. 섹슈얼리티와 마찬가지로, 소녀들이 겉으로 드러나는 행동뿐 아니라 내적 자아감의 변화에서도 주로 관계를 선택하는 경향이 있다고 생각한다. 그녀는 무엇보다 "관계-속-존재"가 되기를 원하는 자아를 유지하고 싶어 할 것이다. 그러나 좀 더 적극적으로 "관계 속에서 의미 있는 존재"가 될 수 있는 자신과는 멀어지기 시작할 것이다. 만일 어느 정도 이런 일을 겪어야만 한다면 지금까지 그래왔듯이 어느 하나를 포기해야 할 때, 대부분의 소녀는 자신이 관계에서 주도성과 섹슈얼리티를 펼칠 수 있다는 감각을 더 많이 잃어버리게 될 것이다.

몇 가지를 다시 설명하자면, 소녀들은 청소년기에 두 가지 매우 중요한 욕구를 충족시키고자 한다. 즉, 성적인 능력을 포함한 자신의 모든 능력을 발휘하고자 하지만, 그것은 "관계-속-존재"라는 위대한 욕망을 충족시킬 수 있는 맥락에서 그렇게 되기를 바라는 것이다. 이러한 소망은 어린 시절 내내 발달한다. 상대방이 이러한 방식으로 자신과 관계 맺기를 바란다. 소년들도 마음 깊은 곳에서는 똑같은 욕구를 가지고 있다고 생각한다. 그러나 그는 "자기 자신"

을 발달시키려는 생각과 독립적인 정체감에 훨씬 더 많이 사로잡혀 있다. 문화적인 영향으로 인해 소년들은 그렇게 되어야 한다는 매우 커다란 압박을 받는다. 계속 그래왔지만, 청소년기에는 더 강력해진다. 소년은 소녀가 자신에게 적응해야 한다는 생각을 받아들인다. 소년은 자신이 원래는 자신과 타인 사이에서 타인에 대한 일차적인 책임과 관계에 집중하고 싶다는 욕구를 가진 관계-속-소년이라는 감각을 계속 발달시켜 나가도록 격려받지 못한다.

소녀들은 소년들에게 주어진 것과 다른 **종류**의 정체성을 추구한다. 소녀들은 "관계-속-존재"를 추구한다. 이 말은 복잡한 관계 속에서 복잡한 방식으로 자아를 발달시키고자 한다는 뜻이다.

여성들이 추구하는 "관계-속-존재" 모델은 현재의 조건에서는 획득하기 어렵다. 이 모델은 매우 가치 있으며 현실, 즉 인간이 처한 조건에 더 가깝다. 그러나 현 상황에서 관계는 여성들이 충분히 인식하고 행동하는 것을 억압해온 오래된 방식의 관계를 의미하는 경향이 있다. 이는 분명히 역사적인 패턴이다. 대다수 여성의 현실도 여전히 그러하다. 심지어 여성들은 이후의 생애 단계에서도 계속 분투한다. 다만 더 많은 요인 때문에 상황이 복잡해진다.

임상적 함의

실용적인 함의는 많다. 여성들은 관계에 대해 더 많이 이야기하는데, 이러한 모습은 의존적이라고 오인되어왔다. 여성들이 하는 말을 주의 깊게 듣는 것은 매우 중요하다. 그들의 이야기는 의존적**이거나** 독립적이기를 원한다는 것이 아니라, 타인과 관계 맺기를 원하고 정말로 타인을 이해하기를 원한다는 내용인 경우가 많다. 타인의 감정을 이해하고, 타인에게 기여할 수 있기를 바라며, 나와 타인 모두 관계 안에 존재할 수 있는 **본질적** 관계를 원하는 것이다(스타이버가 집필한 이 책 8장; 서리가 집필한 이 책 3장; 조던, 서리, 캐플런이 집필한 이 책 2장을 볼 것). 약 여섯 명의 타인을 돌보고 있는(그리고 돌봄을 통해 심리적으로 성장해나가고 있는) 여성들을 의존적이라고 묘사하는 것을 종종 들은 적이 있다. 때때로 그들은 경제적 종속이나 사회적 종속과 같이 실질적인 종속의 요소를 포함하는 틀 속에서 그럴 때가 있다. 종종 그들의 파트너가 기대하거나 요구하기 때문에 상대방의 심리적인 틀을 받아들여야만 할 때가 있다. 그러나 그런 측면은 종속적인 조건(Miller, 1976)으로 더욱 잘 설명할 수 있으며, 그러한 조건은 여전히 사회적으로 존재한다. 이렇게 구분하는 것이 중요하다.

여성들이 억압을 당하고 구속되는 것은 관계 그 자체 때문이 아니다. 중요한 것은 관계의 **특성**이다. 사실 여성들에게 관계가 중요하다는 것을 인식하지 못한다면 여성이 성장하고 발전할 수 있는 길을 찾도록 도울 수 없다. 어떤 심리학자들은 "독립성"이나 "분리"를 격려하는 오류를 범하지만, 그것들은 많은 여성이 원하는 것이 아니다. 과거 정신건강 전문가들은 복종과 의존을 격려하기도 했다. 여기에서 중요한 점은 구성 개념의 기준이 부적절하고 잘못되었다는 것이다.

D와의 상담을 짧게 언급하는 것이 이러한 점을 설명하는 데 도움이 될 것이다. 23세 여성 D는 13세부터 극도로 우울하고 자신이 가치가 없다고 느껴왔다. 그녀는 아주 지적이고 깊이 있는 사고를 할 수 있었으며, 매우 뛰어난 외모를 지니고 있었다. D는 문제의 원인이 무엇인지 알 수 없었고, 증상이 시작된 구체적인 사건을 생각해낼 수가 없었다. 그녀는 아버지를 매우 괜찮은 사람으로 생각하고 있었다. 아버지는 밝고 유머가 있었고, 그녀는 아버지를 좋아했다. 대조적으로 그녀는 어머니를 매우 까다롭고 쉽게 동요하며 "비명를 지르는" 사람이어서 남들이 본보기로 삼고 싶어 하지 않고, 심지어 가깝게 지내고 싶어 하지도 않는다고 생각했다. 부모에 대한 이러한 묘사는 상담자들이 빈번하게 들을 수 있는 내용이다.

비록 D가 먼저 이야기하지는 않았지만, 13세 때 시작된 그녀의 문제와 관련이 있어 보이는 한 가지가 있었다. 아버지와의 관계에서 주요 부분은, 그녀가 아버지의 주된 관심사로 보이는 미식축구를 따라다닌 것에 집중되어 있었다. 그녀가 12~13세쯤 되었을 때부터 아버지는 더 이상 그녀가 자신을 따라다니거나, 자신 또는 그녀의 남동생이나 이웃의 소년들과 함께 미식축구를 하는 것을 허락하지 않았다. 이런 일은 흔히 일어나는 일이다.

D는 각각 자기보다 두 살, 네 살 어린 남동생 둘에게 헌신했다고 느꼈다. 어린 시절부터 그녀는 그들에게 동정심을 갖고 있었고, 그들을 이해한다고 느끼며 많이 보살펴주었다.

그러나 13세부터 상황이 달라졌다. 많은 소년이 D를 쫓아다니기 시작했다. 일부는 직접적인 성적 접근을 시도했다. 일부는 그녀가 자신들에게 귀 기울이고, 자신들을 이해하고 반응을 보이며, 공감하고 도와주기를 바랐고, 그녀는 실제로 그렇게 했다. 그러나 어떤 소년도 그녀와의 관계에서 그녀의 감정과 염려에 관심을 보이지 않았다. 상담에 왔을 때 그녀는 자신에게 귀 기울일 수 있는 능력이 많이 손상되어 있었다.

나는 상담에서 나타난 몇몇 특징을 매우 간략한 방식으로 강조해 설명하고자 한다. D는 자신의 삶 속에 해롭고 결핍된 것들이 있음에도 불구하고 성장해왔다고 이해하게 되었다. 그녀는 타인의 성장을 돕는 방식으로 관계를 맺어왔다. 그녀는 기쁜 마음으로 기꺼이 이런 행동을 해왔지만, 그로 인해 자신에 대한 가치감이나 확신을 별로 느끼지 못했다. 아무도 그녀를 충분히 인정해주지 않았고, 확신을 심어주지 않았다. 그러므로 그녀는 자신이 가질 수 있었고 당연히 가져야 했던 자존감의 근거가 매우 결여되어 있었다. 또한 거의 대부분의 사람들이 그녀가 자신의 욕구를 인식하고 느낄 때 그걸 알아주고 반응을 보이는 방식으로 보답하지 않았다.

상담이 어느 정도 진행된 후에야 그녀는 자신이 아버지와 남동생들을 지원해왔으며 그것을 자신의 일이라고 생각해왔다는 것을 알게 되었다. 가장 중요한 것은 그녀가 그러한 점을 어머니도 평생 매달려왔던 "인생의 과업"으로 생각하고 있었다는 것이다. 예를 들어, 그녀의 표현에 따르면 어머니가 "화를 내며 거칠게 말하는" 중요한 이유가 아버지를 "지지하고", 더 가치 있는 남동생들을 돕기 위해서라는 것을 그녀는 이해할 수 있었다. 아버지는 그 자신의 표현에 의하면 일에 대해 불안을 느끼는 사람이기 때문에 그가 "성공"할 수 있도록 돕기 위해 많은 노력을 들여야 했다. 어머니는 그런 일을 하려고 노력해온 것이다. 그러나 어머니가 보인 대부분의 행동은 불가능한 것을 성취해야 한다는 의무감이 들 때 도움을 요청하는 외침이었고, 불가능한 것을 성취해야 한다는 것에 대한 "저항"이었다. 상담 후반기에 D는 어머니를 자신과 같은 일을 하려고 한 사람으로 인식하면서 유대감을 느끼게 되었다. 그 두 여성은 자신들이 한 일의 가치를 거의 느끼지 못했다. 이와 동시에 그녀의 어머니는 자신을 가치 있게 느낄 수 없었던 것처럼, 자신의 딸도 가치 있는 사람으로 여길 수가 없었던 것이다.

이러한 점을 인식하게 된 후, D는 어머니의 방식이 그녀에게는 도움이 되지 않았다는 것을 알게 되었음에도, 어머니에 대한 분노를 변화시킬 수 있었다. 또한, 이후에 그녀는 아버지가 자신의 관심사를 듣거나 그녀에게 반응할 수 있는 사람이 아니며, 그럴 준비도 전혀 되어 있지 않았다는 것을 알게 되었다. 그녀는 아버지와 그런 종류의 상호작용을 하고 싶다고 생각하게 된 후에야 이 점을 인식할 수 있었다. 아버지와 대화하며 이러한 욕구를 드러내려고 노력했을 때, 그녀는 아버지가 그런 방식으로 관계를 맺을 능력이 없다는 것을 알게 되었다. 그것은 미식축구와는 다른 것이었다.

D는 자신의 분노를 직면했다. 그녀는 아버지와 어머니에 대해 각각 다른 이유로 매우 화가 나 있었다. 시간이 걸렸지만, 그녀는 자신이 타인의 성장에 실제로 얼마나 기여해왔는지 알게 되면서 자신의 분노를 허용할 수 있게 되었다. 즉, 그녀는 자신을 분노를 가진 사람으로 볼 수 있기 전에 자신이 가치가 있는 사람이라는 것을 먼저 느껴야 했던 것이다(밀러가 집필한 이 책 10장을 볼 것). D는 자신의 분노를 이해하고 분노의 방향을 재설정하면서 자신에 대한 가치감을 더욱 느낄 수 있었다. 정말 중요한 점은, 만일 그녀가 자신만의 인식, 기대,

희망, 욕망, 판단, 즉 자신에게 없다고 생각했던 자아감을 느끼지 못했다면, 그녀는 크게 분노하지도 못했을 것임을 알게 된 것이다. 진짜 자아가 침범당했기 때문에 그녀는 화가 난 것이었다. 다른 사람들, 특히 여성들처럼 그녀도 처음에는 자아감이 전혀 없다고 말했었다. 그러나 그녀는 그것을 발견했고, 이를 토대로 자아를 형성해나갈 수 있었다.

가장 큰 문제는 여전히 남아 있다. 그녀는 어떻게 자신이 원하는 관계-속-존재라는 자아를 형성하고, 어떻게 자신의 인식과 욕구, 그뿐 아니라 자신의 가장 가치 있는 부분을 인정할 수 있게 될 것이며, 어떻게 그녀와 같은 방식으로 관계를 맺을 수 있는 사람들을 찾을 수 있을 것인가? 여전히 그녀는 인간으로서 철저히 파괴된 느낌이 드는 상황에 처해 있으며, 이는 비단 남성과의 관계에서만 겪게 되는 것도 아니다. 그녀가 우리 모두에게 익숙한 상황을 겪고 있다고 생각한다.

더 풍부한 모델들

위의 사례를 일반화해보자면, 지금까지 설명한 내용에서 알 수 있듯 자아 발달 모델은 우리가 여성들을 잘 이해하고 도울 수 있는 토대가 되지 못했다. 많은 여성이 타당한 이유로 이 모델의 전망이 위협적이라고 인식하고 있다. 필자는 그러한 인식이 관계를 박탈당할 것이라는, 밑바닥에 있는 공포를 반영하고 있다고 생각한다. 대조적으로 남성의 공포는 다른 방식으로 드러난다. 실제 대부분의 남성은 자아 발달이라는 과제가 삶에서 반드시 추구해야 하는 바람직할 뿐만 아니라 근본적이기도 한 의미라고 여긴다. 더 나아가 여성들을 이해하려는 노력은 "자아" 모델을 인간의 필수요건과 가능성의 범위를 더욱 충분히 아우르는 것으로 확장시킬 수 있는 길을 열고 있다.

D의 경우 관계에서 문제를 겪고 있었고, 기본적으로 타인에게 이로움을 주

는 관계를 위해 삶의 많은 부분을 보내고 있다는 점에서 특히 그러했다. 그러나 그러한 관계가 지니는 가치와 그 관계 속에서 그녀의 가치가 간과되면서, D는 자신의 힘과 더불어 더 큰 힘을 느낄 수 있는 잠재력의 중요한 원천을 박탈당했다.

필자가 설명한 특징들은 뛰어난 성취를 이룬 여성과 주부의 역할을 하지 않는 여성에게서도 발견할 수 있다. 남성들을 위한 것과 유사한 종류의 자아감을 발전시키고자 하는 소규모의 여성 집단이 오늘날 존재한다. 그러나 그들조차도 같은 주제에 대해 이야기한다. 그들은 직업적으로 성공해야 한다는 압박을 많이 받고 있는, 상대적으로 혜택을 받은 여성들이다. 그들은 서로 도움을 주는 관계라는 맥락 속에 살면서 일하고 싶은 욕구가 남성의 규범과 충돌을 일으키게 된다는 것을 종종 발견한다. 그 여성들은 남성의 규범이 더 좋다고 믿고 자신 안의 관계에 대한 욕구는 무시하라는 압력을 받는다.

다른 심리학 분야에서 중요한 증거가 나타나고 있다. 특히 발달심리학에서 길리건의 연구(Gilligan, 1982)는 여성들의 자아감과 도덕성은 타인에 대한 책임과 돌봄과 포함이라는 주제를 중심에 두고 있다고 설명한다. 길리건의 연구는 맥락에 대한 뛰어난 평가를 내재하고 있으며, 사람들이 맺는 관계가 얼마나 복잡한지 이해하지 못하도록 방해하는 추상적 개념을 정립하는 것을 집요하게 거부하고 있다. 이전에는 여성들이 맺고 있는 포괄적인 맥락과 심리적 유대로 인해 여성들은 결핍이 있거나 발달 수준이 낮은 존재라고 여겨왔다. 이러한 특성은 하버드대학교의 여학생들처럼 많은 것을 성취한 집단에서도 발견할 수 있다. 맥클레랜드D. McClland(1979)는 다른 연구에서 여성들은 권력을 타인을 돌보는 힘이라고 정의하는 경향이 있으며, 이는 남성들이 권력을 정의하는 것과는 매우 다르다는 것을 발견했다.

예술가들은 이러한 이야기를 오래전부터 해왔다. 『데이비드 카퍼필드David Copperfield』, 『젊은 예술가의 초상Portrait of the Artist as Young Man』과 같은 많은 문학 작품에서, 남성이 자신의 자아를 찾고 있다는 점은 매우 흥미롭다. 조지 엘리엇George Eliot의 『미들마치Middlemarch』나 샬럿 브론테Charlotte Bronte의 『빌레트 Villette』에서처럼, 여성들은 자신의 욕망을 표현하지만, 타인과 깊은 관계를 맺거나 흔히 타인을 높여주는 것을 원하는 방식으로 표현하는 경향이 있다.

전반적으로 "자아" 개념은 그것이 우리에게 생겨나면서부터 타인과 심리적으로 분리하는 느낌에 이르는 일련의 복잡한 과정을 고무해왔다. 이로부터 자신의 신체를 포함해 타인과 자연에 대한 지배권을 추구하게 되었다. 필자가 설명하고자 애써온 일종의 상호 연결에 대한 **신념**이 없다면 이러한 상황은 불가피한 것 같다. 분리된 자아라는 정의는 타인과 일상적으로 정서적인 유대를 맺는 것 같은 복잡한 특수성에 주의를 기울일 필요가 있는 삶의 영역을 오로지 인류의 절반에만 부여해왔기 때문에 생각할 수 있었던 것이 아닐까? 이 말은 인류의 절반이 우선적으로 타인의 발달에 참여하고 이를 양육하는 데 주의를 기울이고 심지어 단순하게 타인이 물질적인 삶을 유지하게 하는 데 집중한다는 것을 뜻한다. 이와 동시에, 여성에게 위임된 이 영역은 열등한 것으로 여겨져 왔다. 이 영역은 우리의 인식 속에서 성장, 만족, 권력강화의 원천으로 포함되지 못했다. 그래서 진정한 내적 동기와 발달의 근원으로 여겨지지 못하고 있지만, 실제로는 근원이 되는 것이다.

또 다른 방식으로 설명하자면, 현실에서 여성의 실질적인 실천과 이에 수반되는 복잡한 과정들은 문화나 지식, 이론, 공공 정책 등의 기초로 여겨지거나 설명되지 않는다. 그것들은 비현실적이고 이상적으로 들리지만, 실제로 존재하고 있다. 날마다 벌어지고 있는 것이다. 그렇지 않다면 우리들은 삶을 영위하거나 성장할 수 없을 것이다. 그러나 그러한 면들은 현실에 대한 공식적인 정의에서 배제되어왔다.

근본적인 질문은 아마도 '타인과 자연의 성장과 돌봄에 대해 동시에 책임감을 요구하는 맥락 안에서 우리의 자원, 즉 주도성, 지적 능력, 권력을 자유롭게 충분히 사용할 수 있는 가능성을 인식하기 어렵게 된 것은 우리의 전통 때문인가?'일 것이다. 우리는 그런 책임감이 현재 정의하고 있는 것과 같은 분리된

"자아"를 발달시키고 난 **뒤에** 성장할 것이라고 기대할 수 없다. 여성의 표현으로 여성에 대한 더 적절한 연구를 하는 것은 여성을 이해하는 데 도움이 될 뿐만 아니라 전 인류의 발전을 위한 **필요조건**을 더욱 깊게 이해할 수 있는 단서를 제공해줄 것이라고 믿는다. 이와 동시에 방대하며 아직 개발되지 않은 인류의 능력이 실현되도록 해줄 것이라고 생각한다. 그러나 우리의 전체 사상 체계와 분류, 우리의 눈과 귀는 이러한 활동을 제거하는 방식으로 훈련되어왔다.

우리는 인간의 천성과 발달에 대해 한 가지 함의를 가지는 모델로만 연구해왔다. 그러나 그보다 더 풍부한 모델도 있다. 예술가와 시인을 통해, 그리고 우리들의 희망과 꿈속에서 그것들을 보기 위한 노력은 늘 존재했다. 지금은 심리학 영역에서 그것을 배울 수 있을 것이다.[2]

---

2   이 논문의 초판은 1981년 10월, 스톤센터 개관 컨퍼런스에서 발표한 것이다.

여성과 공감

심리 발달과 상담에 대한 함의

주디스 조던·재닛 서리·알렉산드라 캐플런

대상관계 이론과 자기심리학에서 설명하는 것처럼, 공감은 일시적으로 무너진 자아 경계와 퇴행적인 공생적 융합을 포함하는 정서적·직관적 과정이다. 이 공감적 유대의 특성은 유아와 엄마의 공감적 연결과 유사하다. 양쪽 모두의 맥락에서 볼 때, 공감에는 신비스럽고 숨겨진 특성들이 있는 것 같고, 일시적으로 좀 더 성숙하게 기능하지 못하는 것과 연관이 있는 것 같다.

이 글의 목적은 여성 발달에 대한 새로운 이론을 바탕으로 공감 경험을 다른 방식으로 설명해보는 것이다. 우리의 개념은 정서적 과정과 정체성 상실 사이의 연관에 대해 도전하고 있다. 우리는 공감이 정서적 기능 **그리고** 인지적 기능 모두를 포함하며, 공감을 퇴행, 공생, 자아 경계의 융합과 결부시키는 이론이 설명하는 것보다 훨씬 더 복잡하고 발달적으로 뛰어난 상호적 과정이라고 제안한다.

진행 중인 이 논문의 방향에 따라, 진화하고 있는 이 개념을 공유하고자 한다. 주디스 조던Judith V. Jordan은 공감 개념을 다시 살펴보기 시작했다. 조던의 연구는 다른 저자들이 자신의 연구 주제를 확장하도록 자극했고, 재닛 서리는 일차적인 심리 발달 모델로서 어머니와 딸의 관계를, 알렉산드라 캐플런Alexandra G. Kaplan은 상담 과정을 연구했다. 따라서 이 논문은 공감에 덧붙여 이러한 주요 주제에 관한 명확한 설명을 제시할 것이다.

어떤 부분에 관해서는, 심지어는 몇 가지 근본적인 가정도 모두가 동의하는 것은 아니다. 이러한 차이들 때문에 용어를 넓은 의미로 사용할 것이다. 우리는 연구하는 현상들을 더 적절하게 설명할 수 있는 용어들을 찾기 위해 노력하고 있다.

우리에게 차이가 있다는 것은 우리가 지속적으로 상호 교환을 하고 있음을 부분적으로 보여주는 것이다. 우리는 그 과정에서 끊임없이 나눈 대화의 특징을 파악하고, 이를 통해 이 논문이 의도하고 있는 바를 더 발전시키고자 한다.

공감, 그리고 어머니와 딸의 관계

주디스 조던

대부분의 임상 및 발달 이론은 지연할 수 있는 능력, 객관성 그리고 확고한 자아 경계를 강조하는 자아 강도라는 개념을 반영하고 있다. 개인화, 분리, 객관성은 일반적으로 성숙과 발달 정도가 향상했다는 지표로 간주된다(Gilligan, 1977). 사실 이러한 특징들은 전형적으로 남성적인 환경에서는 잠재적으로 적응적인 것일 수 있지만, 전형적으로 여성적인 환경에서는 꼭 그렇다고 볼 수는 없다. '평균적으로 예상할 수 있는 환경'이란 여성과 남성에게 다르게 보일 수 있으며, 성별에 따라 다른 대인 관계와 다른 적응력을 요구한다(Carson, 1971). 데이비드 베이캔의 용어로(Bakan, 1966), 우리 사회는 **친교적** 윤리(다른 유기체와 하나가 되거나 접촉 또는 연합할 수 있는 특징)를 무시하고 **주도적** 윤리(자기 보호적, 자기 주장적, 개인적, 성취를 추구하는 특징)를 과하게 강조하는 경향이 있다. 자아와 관련된 모든 행동은 타인에게 이 행동이 어떤 영향을 미치게 될지 고려한다는 점에서, 공감에 관한 연구는 개인에게서 주도적 특징과 친교적 특징이 상대적으로 얼마나 발달한 상태인지 탐색해볼 수 있는 방법을 제공할 수 있을 것이다.

공감

셰이퍼R. Schafer(1959)는 공감을 '일시적으로 타인의 심리 상태를 공유하고 이해하는 내적 경험'이라고 정의한다. 공감은 종종 알 수 없고 전염성이 있으며 원시적인 현상으로 해석되기도 하고, 모호하고 알 수 없는 주관적 상태라고 일축되기도 한다. 그러나 공감은 높은 수준의 심리 발달과 자아 강도를 필요로 하는 복잡한 과정이다(실제로 그 두 가지를 알아보기 위한 좋은 지표이며, 공감을 자아 강도의 지표로 사용한 흥미로운 발달 연구도 있다.). 공감하기 위해 인간은 타인과의 유사성과 차이를 알아볼 수 있는 감각뿐만 아니라 잘 분화된 자아감을 가지고 있어야 한다.

공감은 정서적인 저항을 내려놓고 인지적으로 구성하는 과정을 늘 포함하며, 공감하기 위해서는 자아 경계가 유연해야 한다. 경험상, 공감은 타인의 언어적·비언어적인 공감적 단서를 인식할 수 있는 인간관계에 대한 기본 능력과 동기에서 시작한다. 그 뒤를 이어, 인식한 정서적 단서가 마치 내 것인 듯 여겨지는 정서적 각성을 받아들이고 타인의 감정 상태와 일시적으로 동일시하게 된다. 마지막으로, 방금 어떤 일이 일어났는지 이해할 수 있는 분리된 자아감을 되찾는 해소 단계가 이어진다. 효과적으로 공감하기 위해서는 정서와 인지가 그리고 주관과 객관이 균형을 이루어야 한다. 자아 경계의 유연성이 중요한 데, 자아 경계의 유연성은 타인의 입장이 되어보거나 타인의 시각을 통해 보려고 시도하는 특성, 즉 "마치 ~처럼"을 포함하고 있기 때문이다. 자아와 타인의 구별이 흐려지면서 자아와 타인의 표상이 일시적으로 겹치게 되는 것이다. 자아 경계의 이완이나 재구조화가 잘되지 않으면 공감도 어려워진다.

적절하게 공감하기 위해 정서와 인지가 균형을 이루어야 한다는 점을 고려할 때, 남녀의 공감 능력에서 강점과 약점의 패턴이 다를 것이라고 예상해볼 수 있을 것이다. 한편, 자아 경계가 너무 확고하다면 타인의 정서적 상태는 나의 자아에 별다른 영향을 주지 못할 것이다. 이런 경우에는 타인을 이해하기 위한 어떤 시도도 결국은 상황을 재구조화하기 위해 거리를 두고 지적으로 노력하는 것이거나 자신의 마음 상태를 타인에게 투사하는 것밖에 되지 않는다. 반면, 자아 경계가 너무 약하다면 자기와 타인을 구별하기 어려울 것이며, 걷잡을 수 없는 융합으로 이어지거나 타인을 자아의 자기애적 확장으로써 이용하게 될 것이다. 두 경우 모두에서 이해하고 이해받는 진정한 느낌, 즉 인간관계의 필수 요소를 경험할 수 없다.

남녀 차이

일반적으로 여성이 남성보다 더 공감적이라고 알려져 있다(Hoffman, 1977). 남성들은 감정에 굴복하고 타인과 일시적으로 함께하는 필수적인 단계를 어려워하는 편인데, 그것이 수동성, 객관성 상실, 통제력 상실을 암시하기 때문이다. 이 때문에 일반적으로 남성은 공감적인 반응을 잘 보이지 않는 것일 수도 있다. 그러나 공감과 관련해 여성들은 대체로 자아감을 회복하고 경험을 인지적으로 구조화하는 데서 어려움을 겪는다. 그뿐 아니라 여성들은 자신에게 공감적 태도를 취하지 못한다(이는 필자가 자기공감이라고 부르는 것이고, 셰이퍼가 "심리 내적 공감"이라고 칭한 것이다). 많은 여성은 신뢰할 만한 자기공감을 발달시키기 어려운데, 이는 여성들이 타인의 요구에 먼저 주의를 기울이도록 조건화 되었고, 심지어 자신의 주의를 자기에게 기울이는 것에 대해 종종 죄책감을 느끼기 때문이다.

임상 사례를 통해 이러한 어려움에 대한 해결 방안을 찾아볼 수 있을 것이다. 상담에서 만난 지적이고 창조적인 예술가는 남편이 직장에서 돌아오면 그날 자신이 얼마나 힘들었고 무엇을 해냈는지 상관없이, 남편이 피곤하다는 것에 공감하며 자기 일로 남편을 걱정시키지 않으려고 한다는 이야기를 했다. 그녀는 남편이 자기 일과를 그녀에게 이야기하기 좋아한다는 것을 알기 때문에 남편이 자신에게 이야기하도록 격려했다. 그러나 남편은 자기에게 같은 것을 해주지 않았기 때문에 이후에 그녀는 분노를 느꼈다. 그녀는 또한 남편이 그녀의 일이나 감정을 가치 없는 것으로 생각하기 때문일 것이라고 생각하고 두려움을 느꼈다. 그녀가 남편에게 보인 공감적인 반응은 배려이며 중요한 일이었지만, 흔히 그러하듯 그녀는 자신의 내적 상태에 관해 남편만큼 존중받지 못한다는 느낌을 갖기 시작했다. 그녀는 너무나 남편의 정서적 상태에 조율되어 있었기 때문에 때때로 자신이 남편에게 반응하지 않을 수 있는 선택권을 가지고 있다는 것을 깨닫지 못하곤 했다. 그의 고통은 곧 그녀의 고통이다. 공감은 자신의 경험에 가치를 두는 것을 희생시키고 늘 타인을 우선시하게 한다. 상담자는 이러한 사람들(흔히 여성들)이 타인뿐만 아니라 자신에게 공감적 태도를 갖도록 돕는 데 중요한 역할을 할 수 있다.

사회화

여성과 남성이 사회화하는 성역할은 성별에 따라 공감의 특성이 다르게 발전하는 데 분명히 중요한 역할을 한다. 의식적·무의식적인 성역할 사회화의 기준을 들여다보면, 여성들에게는 어머니 노릇을 하고 양육을 하는 데 최대한으로 적응할 수 있는 특성을 권장하는 반면, 남성들이 그와 같은 특성을 갖는 것에 대해서는 선별적이고 적극적으로 방해한다. 위니콧D. Winnicott(1971)이 설명한 것처럼 "충분히 좋은 어머니", "유아를 반영해주는 어머니", "유아의 필요에 거의 완벽히 적응할 준비가 되어 있는 어머니"인 것이다. 모성은 타인에게 주의 깊게 자신을 조율하고, 미묘하며 명료하지 않은 유아의 내적 상태에 민감하게 공감하는 것에 달려 있다. 이러한 능력을 강화시키는 특성들은 여성에게서 발달되기 쉽다. 따라서 타인과 가까이 있으면서 타인의 감정 상태에 주의를 기울이도록 소녀들을 격려한다. 그뿐만 아니라, 소녀들은 중요한 정서 표현을 할 수 있는데, 그 표현이 비공격적이고 친사회적인 경우에만 그러하다. 소녀들은 자신에 대한 다른 사람들의 반응을 예민하게 지각하는 능력을 발달시키도록 요구받는다.

반면, 소년들의 경우 감정을 배제한 일터에서 훌륭한 군인이나 효율적인 경쟁자가 되도록 사회화되기 때문에 공감이 잘 발달된 경우 매우 부적응적으로 보일 것이다. 소년들은 과업에 대한 개인적인 "숙달"을 추구하고, 타인에게 의지하는 것, 두려움, 혼자서 행동할 능력이 없다는 내용을 담고 있는 감정은 억제하라고 독려받는다. 남성들에게는 자율성이나 자립심과 같은 특성들이 가치 있게 여겨지며 권장된다.

초기 아동기의 동일시

여성의 공감 발달의 기본 요인 중 하나는 초기 어머니-딸 관계의 특성이다. 초도로우N. Chodorow(1978)는 대상관계 이론을 바탕으로 소녀들은 어머니라는 인물과 동일시하는 특성과 모녀 관계에서 초기 애착을 격려하는 사회적 가치로 인해 자기-타인 경계가 유연해질 것이라고 추측했다. 반면에 소년들은 어머니와의 초기의 동일시를 줄이도록 사회적 지지를 받는데, 이로 인해 자기와 타인 간의 경직된 분화를 이루어가게 된다.

유아를 반영해주고 이를 통해 자기에 대한 느낌을 발달시키는 모델로 어머니를 본다면, 어머니-딸의 관계와 어머니-아들의 관계 사이에 차이가 있다는 것을 바로 발견할 수 있다. 필자 역시 이러한 차이에 대해 생각해볼 것이다. 어머니는 딸과 더 동일시한다(동일시는 부분적으로는 신체적 유사성을 바탕으로 하며, 문화적 규준이 이를 뒷받침한다). 그리고 아마도 아들보다는 딸에게 더 직접적으로 감정적인 공감을 할 것이다. 게다가 어머니는 딸에게 자신과 정서적으로 더 많이 연결되었다고 느끼도록 격려하는 것을 더 편하게 느낄 수도 있다. 이러한 차이는 유아보다는 3~4세의 여아와 남아에게서 더 두드러질 가능성이 높지만, 어느 정도의 차이는 그 이전부터 있었을 것이다. 모스H. Moss(1967)는 이러한 반영이 어머니-아들, 어머니-딸 관계에서 다르게 진화한다는 개념을 뒷받침하는 연구를 수행했다. 그는 초기 어머니-유아의 상호작용을 각각 3주 차와 3개월 차에 관찰했는데, 어머니가 남아보다 여아를 더 많이 따라했으며 여아가 어머니의 돌봄에 더 많은 반응을 보였다. 알려진 것처럼 여아가 신경학적으로 더 성숙했기 때문에 이와 같은 반응에서 차이가 있을 수도 있다. 그러나 이것은 관련된 유아 연구들을 충분히 검토하지 않은 상황에서 하는 설명이다. 또한 초기 성차에 대한 연구들에서 어머니-유아의 상호작용에 대한 상충되는 결과를 발견할 수 있다.

남아에 대해 어머니가 이해하고 있는 것은 더 '지적'이면서 덜 즉시적이다. 게다가 남아의 경우 어머니의 반영과 확신에 의존하는 경험은 어떤 점에서는 의문의 여지가 있다. 이는 남아는 자신과 어머니가 다른 점을 인식하지만 결과적으로 이를 중요하게 생각하지 않기 때문이다. 반영되는 경험에서의 차이로 인해 남아는 연결되어 있다는 느낌과 타인을 감정적으로 이해하는 감각이 떨어질 수도 있다.

어린 시절에 성역할 차이를 형성하는 요인들은 매우 복잡하다. 일차적으로 어머니가 딸과 신체적·성적 유사성을 인식하면서 자신과 딸의 전반적인 유사성을 가정하는 것은 어머니와 딸의 상호작용 방식을 근본적으로 형성한다. 그러나 사회는 어머니에게 강력한 영향을 미치며, 아들을 '어머니 자신처럼' 여기지 못하게 하도록 압력을 행사한다. 특히 감정을 표현하고 관리하는 데 있어 아들을 아버지처럼, 남자처럼 길러야 한다는 명백한 기대가 있다. 아버지들은 특히 아들이 감정 표현을 할 때 '남성다운' 방식으로 표현하도록 신경을 쓰며, 이를 단호하게 격려한다. 더욱이 초기의 어머니-유아의 관계에 뿌리를 둔 공감은 성별에 따라 발달 과정에서 주요한 변화를 겪는다. 아들은 아버지를 닮도록 격려를 받고, 관계적 민감성(예를 들면, 타인으로 인해 슬픔을 느끼거나 상처를 받았을 때 혹은 타인이 고통을 느낄 때 자신도 고통을 느끼고 우는 것)을 억압하도록 적극적으로 격려받으며, '강인함'에 대한 또래의 기준을 받아들이도록 배운다. 이러한 면들로 인해 관계 단절이 확대되고 공감적 반응이 줄어들게 된다.

충격적인 점은 공감의 성차에서 중요한 점은 타인의 정서적 상태에 반응을 보일 때 남성들이 대리로 느끼는 감정적 각성의 크기가 훨씬 작다는 것이다 (Hoffman, 1977). 다시 말해, 남성과 여성은 타인의 정서 상태에 주의를 기울이도록 동기화되면, 다른 감정을 알아차리고 여기에 이름을 붙이는 것은 똑같이 잘한다고 할 수 있다. 동기의 차이는 일반적으로 연구에서 간과되고 있으나, 실제로는 중요하다. 즉, 여성들은 전형적으로 타인의 감정에 더 주의를 기울이도록 동기화된다. 이러한 차이점은 연구 참여자들에게 정서적인 신호에 집중하라고 지시하는 연구 환경에서는 잘 드러나지 않는다. 그럼에도, 이러한 연구들은 여성들은 타인의 느낌에 더 감정적으로 맞춰주고 반응을 보이며, 타인에게 더 많은 느낌을 기울인다고 설명한다. 유아/아동과 어머니의 상호작용에서 아이도 어머니를 반영해줄 것이다. 어머니는 남성적인 차이를 재현하는 아들에 비해 딸을 자신을 더 가깝게 반영을 해주는 존재로 경험한다. 초도로우는 어머니가 종종 딸을 자신이 확장된 존재로, 아들은 분리된 대상으로 경험한다고 설명했다.(Chodorow, 1978). 초도로우는 딸과 아들에게 각각 미칠 수 있는 병리학적 결과를 지적한다. 예를 들어 어머니가 딸에게는 자기애적 투사를 하거나, 더 흔하게는 딸에게 '거짓 공감'을 하며(결과적으로는 투사가 될 것이다), 아들에게는 유혹적인 행동을 하는 것이다. 또한 초기의 상호작용으로 인해 딸은 더 직접적으로 감정적인 수준에서 연결되어 있으며 이해받는다는 느낌을 받고, 아들은 관계가 멀고 직접적이지 못하다는 느낌을 받을 수 있다.

성역할 동일시

성역할 동일시는 남아와 여아에게서 다르게 나타난다. 초기에 타인에 대한 감각을 희미하게 경험한 것을 바탕으로 남아와 여아들은 주 양육자, 즉 어머니와 일차적으로 동일시를 형성한다. 그러나 인지적 발달이 진행되면서, 남아는 어머니와 자신이 다르다는 것을 점차 인식하게 된다. 인지적인 수준에서 '자신은 남아'이며, 아버지가 남자라는 것을 인식하게 되면서 남아는 동일시의 대상을 아버지로 바꿀 필요가 생긴다(Chodorow, 1978). 아버지의 신체적·심리적 부재로 인해 아버지와의 동일시는 추상적이고 역할을 규정하는 요소들이 매개한다. 남아는 타인의 역할을 받아들이는 데 있어 세심함이 떨어지고, 정서적으로 덜 구체적이며 일반화되어 있을 것이다. 그러한 발달 과정으로 인해 남아들은 공감할 수 있는 존재가 되기 힘들어지고 즉시적이고 정서적으로 대인 관계를 맺는 능력이 부족하게 될 것이다. 반면 여아는 강렬한 감정을 맥락으로 동일시가 발생하면서 어머니와의 관계가 즉각적이고 특별한 것이 될 수 있다. 결과적으로, 남아와 여아는 각기 다른 개인적 상호작용 방식을 발달시키게 된다. 길리건이 인용한 10세 아이들의 놀이 행동에 관한 연구들이 성차에 주목하는 점은 흥미롭다(Gilligan, 1977). 소년들은 더 큰 집단을 형성하는 경향이 있으며, 공식적인 규칙을 만들고, 논쟁이 있을 때 판결을 내리는 데 관여하고, '일반화된 타인'과 관계하듯 관계를 맺었다. 소녀들의 놀이는 둘이 짝을 이루는 경우가 더 많고, 사적이며 협동적이었다. 소녀들 사이에서 논쟁이 생기면, 관계를 유지하는 것이 게임 자체보다 훨씬 중요하기 때문에 게임은 끝이 났다.

요약

동성의 양육자는 공감의 질이 발달하는 데 큰 영향을 미친다. 우리 문화에서 어머니와 딸의 초기 애착과 동일시의 특별한 특징은 대인 관계의 특성뿐만 아니라 여성의 자아가 정의되는 방식에 깊이 영향을 미친다. 여아는 더 빈번하게 어머니가 반영을 해주고, 서로 동일시하며, 더 정확하게 공감받기 때문에, 관계를 맺고 있으며 더 직접적으로 정서적인 이해를 받는다는 느낌이 강해질 수 있다. 게다가 그러한 상호관계 패턴은 공감 기술 발달을 강화시킬 것이다. 연구 자료들은 여성들이 남성들에 비해 더 공감적인 경향이 있으나, 자기공감에 있어서만은 예외라는 것을 보여준다. 정확한 공감은 정서적인 민감성과 반응, 유연한 자아 경계, 명확히 이해할 수 있는 인지적 능력을 바탕으로 하기 때문에 자아 강도와 발달의 중요한 지표일 수도 있다(비록 간과되는 부분이기는 하지만). 이런 과정의 핵심은 매우 중요하지만, 지금까지 상대적으로 적은 관심을 받고 있다. 불행히도 전통적인 자아 강도 개념은 분리, 객관성, 자율성을 과장해서 강조해왔다. 여아와 여성의 심리 발달에 관한 주의 깊은 연구를 통해 공감의 과정을 더 잘 이해하게 될 것이며, 궁극적으로 정서와 인지, 자기와 타인, '주도성'과 '친교성'의 중요하고도 필수적인 상호작용에 대한 인식을 넓히는 기회가 될 것이다.

이상으로 공감 경험과 공감의 중요성을 설명한 코헛H. Kohut(1978)의 어구를 인용하며 마치고자 한다. 그는 '공감이란 인간관계의 근본적인 방식', '타인에게서 자신을 인식하는 것', '인간의 감응을 수용하고 확인하고 이해하는 것', '필수적인 인간의 유사성에 공명하는 것', '우리가 알고서 소중히 여겨온 인간의 삶을 유지시켜주는 심리적 자양분'이라고 했다.

여성의 관계적 자아

임상적 함의

재닛 서리

조던은 인간 발달에서 공감이 매우 중요하다는 것을 보여주는 강력한 설명을 해주었다. 그녀는 인간 발달의 기저에서 때로는 발달을 방해하거나 막을 수도 있는 복잡한 발달 과정에 대해 설명하면서 문제를 제기하고 있다. 필자는 성인 여성의 관계, 정서적 친밀성, 경계의 유연성(이는 모두 공감 발달에 중요하다.)의 초기 전조들을 확립해 어머니와 딸 관계의 중요성에 대한 조던의 논의를 이어가고자 한다. 게다가 관계를 위한 능력에 근거를 둔 자아 발달에 대한 새로운 모델의 몇 가지 측면을 제안할 것인데, 이 모델은 여성의 핵심적인 자아 구조를 '관계-속-자아'라고 정의하고 그 기원을 어머니와 딸의 관계로 본다. 여성의 발달을 이러한 방식으로 설명함으로써 여성 심리에 대한 현실적인 이론을 만들어가는 데 기여할 수 있을 것이라고 생각한다. 이러한 이론은 우리 자신의 삶을 이해하고 설명하는 데 진정으로 관련이 있어야 하고, 여성을 위한 교사와 임상가인 우리들에게 실질적인 도움을 줄 수 있어야 하며, 무엇보다도 남성과 여성 모두의 발달을 포괄적으로 이해할 수 있도록 의미 있는 기여를 해야 할 것이다.

실제로 여성을 이해하기 위해서뿐만 아니라 양성을 위한 심리학을 이해하기 위한 새로운 차원을 더하기 위해서도 여성의 발달을 설명하는 작업은 대단히 중요하다. 진 베이커 밀러Jean Baker Miller(1976)가 지적한 바와 같이, 미국 문화에서 여성은 인간의 어떤 측면들을 '지니는 자'들이다. 예를 들어 정서성, 취약성 그리고 무엇보다도 타인의 발달과 성장을 격려하는 것과 같은 특성을 지니고 있다. 여성의 경험을 설명할 때에야 비로소 우리는 전반적인 인간 발달의 그림을 그려볼 수 있을 것이다. 더 나아가 여성은 개인으로서뿐만 아니라 남성의, 남성에 의한, 남성을 위한 현재의 발달 이론('남근 중심적인 모델'이라고 부를 수 있는)을 확장시키는 데 기여하기 위해서도 캐럴 길리건(Gilligan, 1982)이 자신의 '목소리'라고 부른 것을 찾을 필요가 있다. 프로이트, 에릭슨, 설리번H. S. Sullivan, 콜버그L. Kohlberg, 피아제J. Piaget와 같이 여성의 발달이 남성의 발달과 같거나, 이를 반영한다고 보는 이론은 진 베이커 밀러의 설명에 의하면 여성 심리에 대한 '결핍' 모델이다. 다시 말해, 남성 모델을 사용하여 여성을 남근이나 '분리된' 자아감과 같은 중요한 것이 결핍된 존재로 정의하고 있는 것이다. 그러므로 우리의 이론 작업은 이러한 부정적인 동일시를 재검토하고 여성 발달의 더 고유하고 핵심적인 면을 밝히게 될 것이다.

인간 발달에 대한 새로운 시각

현대 이론이 자아 발달을 정의한 방법을 살펴보자. 인간 발달의 근간으로서 '분리와 개별화'에 관한 전체 개념은 인간이 다른 사람들과 차이점을 형성하고 이와 연결된 자아감이나 개성을 형성하기 위해서는 우선 관계로부터 단절되어야 한다는 점을 암시한다. 남성 발달 과정은 초기 아동기에 어머니와 단절하고 구분을 짓는 것으로 정의된다. 에릭슨의 설명에 따르면 생애 주기에서 훨씬 후반부에 이르러서야 '유능하게 숙련'되기 위해 친밀성과 생식성이 '과제'가 된다고 한다. 그러므로 친밀성, 공감, 관계를 자율성, 주도성, 자기 결정에 위협이 되는 것으로 경험할 수 있다. 현대의 심리분석과 발달 문헌들에서는 '대상' 관계와 공감의 중요성에 대한 새로운 관심을 엿볼 수 있다. 그러나 이처럼 새로운 이론을 적용할 때에도 여성들이 자아 발달을 조직하고 발전시키는 데 관계의 중요성을 생각하는 것은 대단히 중요하다.

분리-개별화 모델의 한계를 넘어 이해하기 위해 새로운 구성 개념인 '관계-분화'를 제안하고자 한다. 이 발달 과정을 설명하는 데 적절한 표현을 찾는 일이 어렵기 때문에 우리는 이를 찾기 위한 논의를 해왔다. 차이라는 표현을 사용하여 발달의 목표가 차이와 분리라는 것을 주장하는 것은 아니다. 오히려 인간의 유대와 애착이라는 맥락 속에서 복잡성, 구조, 표현의 수준이 증가하는 것을 아우르는 역동적인 과정이라고 설명하고 싶다. 그러한 과정은 초기 아동기의 관계에서부터 이후의 발달까지를 그 기원으로 할 필요가 있다.

어머니와 딸 관계의 경험

'관계-속-자아' 모델을 논의하기 위해 어머니와 딸의 관계에 대한 조던의 설명을 다시 살펴보자. 어머니와 딸의 동일시 과정은 대단히 중요하다. 쉽고 유동적인 상호적 동일시는 어머니와 아들 관계에서 수용되는 것과는 의미 있는 차이가 있는 것 같다(문화에 따라 수용할 수 있는 것이 달라진다는 점을 고려하는 것이 중요하다). 감정 상태와 동일시에 근거한 연결은 시간이 지나면서 어머니와 딸이 서로의 감정에 깊이 반응을 보이는 상호 호혜적인 과정으로 발전해나간다. 둘 다 상대의 안녕을 '돌보고', '상대의 안녕에 반응을 보이며', '상대의 안녕에 주의를 기울이는 데' 노력을 들인다. 이와 같은 상호 민감성과 돌봄을 통해 어머니들은 소녀인 딸들에게 '어머니 역할'이나 '돌보기'를 실천하도록 가르친다. '어머니 역할'은 전통적인 '일방적' 어머니 역할만을 뜻하는 것은 아니며, 타인에게 주의를 기울이고 정서적 반응을 보이는 것이 자신의 내적이고 지속적인 경험이 되는 것을 뜻한다. 우연히도, 더 많이 연구하게 될 중요한 주제는 '어머니 역할'에 대한 전체 개념을 구성하는 것이 바로 무엇인가에 관한 것이다. 유아의 감정 상태와 필요에 즉각 반응하는 방식으로 결합할 수 있는 '충분히 좋은 어머니'에 대한 위니콧(1965)의 개념을 주의 깊게 비평하고 탐색할 필요가 있으며, '어머니 역할을 위한 행동'과 관련된 놀라운 복잡성과 기술에 더 많은 주의를 기울일 필요가 있다(Ruddick, 1980). 적어도, 어머니와 딸의 초기 관계 안에서 — 비록 생애 주기를 따라 성장해 가겠지만 — 여성이 관계 맺기에 능력이 있고 여기에서 기쁨을 느끼는 것에 대한 전조, 즉 타인과 공감할 수 있는 능력과 감정 상태를 통한 연결감, 자신뿐만 아니라 타인의 필요와 '현실'을 인식하는 것과 관련된 복잡한 인지적 조작에 근거한 **활동성**과 **활력**과 같은 것들을 목격하기 시작할 수 있다고 할 것이다.

역량, 주도성, 결단력과 같은 자아 발달의 중요한 다른 면들을 축소하려는 것이 아니다. 여성들에게 이러한 능력들이 중요한 관계라는 맥락 안에서 발달한다는 것을 설명하는 것이다. 아마도 여성들은 삶의 모든 과정에서 관계에 대한 욕구를 기본적으로 지니고 있으며, 건강하고 역동적인 관계는 심리적 성장에 동기를 부여하고 이를 이루어나갈 수 있도록 도울 것이다.

우리는 여성의 관계적 자아 구조에 대한 초기 발달적 전조를 설명했고, 생애 주기에서 공감 능력이 계발되는 과정을 추적하기 위한 예비 모델을 간단히 묘사했다. 먼저, 우리는 여성이 관계라는 맥락 속에서 고양되고 강화된 개인적 정체감을 경험한다고 생각한다. 둘째, 초기의 정서적 민감성은 우리가 이후에 공감이라고 부르는 복잡한 인지적·정서적 상호작용으로 발전해나간다고 생각한다. 셋째, 이후에 '이해하고', '이해받는' 감정의 기반이 되는 동일시를 할 수 있는 관계와 능력이 자기 수용을 위해 중요하고, 개인보다 더 큰 집단이나 네트워크의 일부로서 존재한다는 느낌을 갖는 데 근본적이라고 생각한다.

코헛(Kohut, 1971)은 부모에게서 자식으로 향하는 일방적인 현상에서 공감의 중요성을 강조했다. 필자는 이를 이해하는 것이 이해받는 것만큼 중요하게 여겨지는 양방향적인 상호적 모델로 확장시키고 있다. 우리 모두는 타인에게 이해받고 '인정받고' 싶어 한다. 여성이 생애 전반에서 걸쳐 타인을 '이해'하고 싶어 한다는 것도 똑같이 중요하다. 여성은 타인을 이해하고 싶다는 욕구가 스스로 동기를 부여하는 데 필수적인 것이라 여기고 이를 원한다. 필자는 여기에서 좀 더 일반적이고 전형적인 형태의 자아 발달에 관해 설명하고 있다. 이후에 이러한 모델에 기반을 둔 발달에서 발견할 수 있는 문제점에 대해 우리의 문화적 맥락 안에서 논의하고자 한다.

새로운 이론의 요소들

이제 자아 발달에 관한 관계-분화 이론이 어떤 것인지 잠시 생각해보자. (1) 중요한 관계는 생애 주기를 따라 심리 내적인 형태가 방식이 아니라 실제로 진화하는 것으로 본다. 우리가 아는 바와 같이 가장 힘든 발달 과업 중 하나가 부모, 특히 어머니와의 관계에서 심리적으로 성인이 되는 것이다. (2) 우리는 각 개인의 발달과 성장에서 인내하고 숙고하며 서로 적응하는 것을 통해 관계를 유지하는 능력을 설명해야만 한다. 이런 시스템을 통해 '아이'와 '어른'이라는 인간의 실제를 인식하고, 아마도 욕구가 많거나 적은 시기 및 그 욕구의 형태를 인식함으로써 다양한 방향으로 이루어지는 발달적 움직임을 타당한 것으로 인정할 수 있을 것이다. 모든 결실을 맺는 관계들은 이 순환적이고 다측면적인 움직임에 맞춰져야 하고, 이것은 우리 안에서 일어나는 그러한 움직임을 수용하기 위한 중요한 기반이다. (3) 개인의 욕구나 맥락에 따라 타인에게 가까이 다가가거나 거리를 둘 수 있는 능력을 설명해야 할 것이다. (4) 더 넓고 다양하게 이루어지는 새로운 동일시 및 확장되는 관계 네트워크, 즉 아버지와의 관계, 삼각관계, 사춘기 이전과 사춘기의 우정, 성관계, 결혼, 어머니 역할과 가족 네트워크, 사제 관계, 역할 모델, 일하는 여성 집단 외에도 다양한 참조 집단 등의 추가적인 관계를 형성해가는 능력을 탐색할 것이다. 그러므로 이와 같은 여성 중심적인 이론에서는 구체적인 관계와 관계 네트워크를 통한 정체성 발달을 추적한다. 이러한 이론에서는 특히 중요한 발달 시점에 인지적·정서적 내적 능력의 발달을 촉진하는 적절한 관계 네트워크의 유용성뿐만 아니라 성장에 필수적인 이러한 능력의 특성도 연구할 필요가 있다. 1960년대와 1970년대 여성운동을 촉진한 의식향상집단의 출현이 매우 중요하다는 생각이 든다.

(5) 관계적 능력의 발달에서 발생할 수 있는 잠재적인 능력과 다양한 변화들에 대해 조사해야 할 것이다. 우리의 새로운 이론은 '고정된' 상태나 발달적인 '어려움들', 혹은 일차원적이고 목적이 없는 발달 목표들에 대해 설명하는 것이 아니다.

낸시 초도로우의 유명한 책 『모성의 재생산The Reproduction of Mothering』(1978) 에서 초도로우는 어머니 역할에서 필요한 능력 발달에 대해 논의했다. 그녀는 여성 발달의 이러한 면들에 대해 강조했다. 그러나 그녀는 여전히 여성들에게서 성인기까지 더 오래 지속되고, 여성이 더 투과적이고 덜 분명한 자아 경계를 갖도록 하는 '전前 오이디푸스적 발달'에 대해 설명한다. 새로운 모델과 새로운 언어, 그리고 더 유연하고 포괄적인 자아 경계를 가짐으로써 여성에게 발생하는 득과 실을 더 넓게 볼 수 있는 새로운 비전이 필요하다고 생각한다. 아마도 여성에게 '오이디푸스 콤플렉스의 해소'는 없을지도 모른다. 우리가 던져야 할 진짜 질문은 아마도 다음과 같은 것일 수도 있다. '어머니와의 관계를 단절하고 남성과 여성의 차이를 확신하는 것(오이디푸스 콤플렉스를 해소한다는 것으로 상징되는)을 건강한 발달의 근간으로 상정하는 건강한 남성의 발달 이론의 함의는 무엇인가?'

임상 경험으로부터 배우기

앞에서 개요를 구상한 모델의 많은 부분은 상담자로서 우리의 경험을 배경으로 개발되었다. 임상 자료들을 통해 '정상적인 발달'을 보여주는 발달 문제들에 접근할 수 있었다. 지금 필자는 '정상적 발달'이 여성에게 혹은 어떤 인간에게 무엇을 뜻하는지 모른다. 분명히, 모든 인간이 건강하게 자라는 것을 방해하는 외부 환경이 있다. 여성의 경우, 우리 문화에서 권력 관계에 내재되어 있는 뿌리 깊은 방해물이 무엇인지 감지할 수 있다. 이를 염두에 두고, 어떤 임상 자료를 활용하여 '관계-속-자아' 모델이 여성 발달에서 어떤 공통적인 문제를 이해하는 데 어떻게 유용할지 설명하고자 한다.

임상에서 우리는 자신의 요구와 인식을 구체화하고 이를 기반으로 행동하는 데 어려움을 느끼는 성인 여성들을 많이 만난다. 우리는 기본적인 양자 관계의 맥락으로부터 벗어나 자기 결정에 의한 동기를 갖는 데 필수적인 자아감을 경험하지 못하고, 중요한 관계를 실제로 잃거나 잃었다고 인식하면서 심각하게 불안해하고 우울해하는 여성들을 만난다. 관계-속-자아 모델은 상실, 분리, 고립에 직면했을 때 실존적인 불안과 혼란 및 우울을 겪는 것에 대해 이해할 수 있도록 도와줄 것이다. 임상 사례를 인용해보도록 하겠다.

자신을 돌보지 못하는 어려움

페니Penny는 32세이며 혼자 사는 사회복지사이다. 그녀는 똑똑하고, 열렬한 여성주의자이며 정신장애가 있는 아동을 위해 유능하게 일한다. 그녀는 힘이 넘치고 자신감 있어 보이며 내담자들의 욕구를 위해 공격적으로 주장할 수 있었다. 그녀는 자신을 직장과 매우 강렬하게 동일시하고 있었으며 전문적인 지위, 더 나은 근무 여건, 월급 인상 등을 위한 압력을 행사하고자 활동적으로 동료들을 조직하고 목소리를 냈다. 그러나 개인적인 삶에서 그녀는 자신의 이익을 위해 행동하는 데 극도의 어려움을 겪고 있었다. 은행 잔고는 늘 부족했고, 전화 사용료를 내지 않아 전화가 끊긴 상태였으며, 전문적인 글을 쓰는 것이 어려웠다. 그녀는 밤이 되면 자신의 일을 잘 해내지 못할까 봐 혼자 집에서 두려움에 떨며 매우 불안을 느꼈고 우울증과 낮은 자존감에 대처하기 위해 습관적으로 마리화나를 피우기 시작했다. 상담을 통해 그녀는 타인의 욕구를 위할 때나, 집단에 속해 있을 때에는 자신의 능력을 활용할 수 있지만, 자기 자신을 위해 행동하는 것은 고통스러울 정도로 어렵다는 것을 이해하게 되었다. 자아가 확장되었을 때는 더 기능적이 되었지만, 경계가 좁아져 자신만의 욕구에 초점을 맞춰야 할 때에는 어려움을 겪었다. 이를 이해하게 되면서 적어도 자신의 불안, 수치심, 마비감에 대한 혼란을 이해하게 되었고 개인적인 삶에 대해 어느 정도 통제감이 향상되었다. 또한 상담에서 페니는 자신의 긍정적인 능력에 대해 지속적으로 타당화를 경험하면서 자신의 힘을 인식하고 스스로를 위해 사용할 수 있게 되었다. 페니는 상담 중에 종종 공허하고 우울해 보이는 경향이 있었고, 기능을 매우 잘하는 삶 속에 숨겨진 모습들에 대해 인식하고 가치부여를 할 수 있도록 도움이 필요했다.

분리에서 겪는 문제

임상에서 흔히 등장하는 두 번째 문제는 여성이 다른 남자나 여자와 맺고 있는 만족스럽지 못하고 파괴적인 관계를 중단하거나 멀리할 때 겪는 어려움과 관련되어 있다. 이러한 문제들은 종종 마조히즘masochism이나 낮은 자존감보다 어린 시절 '어머니 역할'을 하는 사람으로서 자신을 정의하는 것과 관련된 문제로 인식할 때 더 잘 이해할 수 있다. 우리가 이야기한 것과 같이, 심지어 어린 시절 어머니와 딸의 관계에서조차 어머니는 딸에게 '어머니 역할'을 하는 행동을 허용하거나, 때로는 공감과 양육을 기대하면서 '어머니 역할'을 가르치게 될 것이다. 그러므로 딸이 자신의 어머니와 어머니 역할을 하면서 맺는 관계가 기본적으로 자기를 정의하는 데 중요하다. 어머니는 자신이 생각하는 '좋은' 어머니 역할을 보여주는 딸의 자질과 동일시하고 이러한 자질을 강화한다. 어머니는 자신이 긍정적으로 생각하는 자질인 부드러움, 타인에 대한 염려, 비공격성 등을 미묘하게 강화시킨다. 이와 동시에 그녀는 스스로 평가절하하는 특성들을 딸에게서 발견하고 불안해할 수 있다. 그러므로 딸은 어머니가 딸을 무의식적으로 '좋은', 혹은 '나쁜' 어머니로 동일시하는 것에 깊은 영향을 받고, 무의식적 동일시의 과정에서 자기 어머니의 성격을 받아들이게 되는 것이다.

　필자의 내담자 중 한 명은 자신의 어린 딸이 인형을 가지고 노는 것을 어떻게 보고 있는지 말해주었다. 내담자는 자신을 '자유로운' 사람이라고 생각하고 딸이 '의사' 역할을 하는 것을 좋아했음에도, 딸이 인형에게 '좋은' 엄마 역할을 할 때 대단히 기뻐했고 딸이 '나쁜' 엄마 역할을 할 때, 즉 사랑하지 않고, 관심을 기울이지 않고, 처벌을 할 때 끔찍할 정도로 위협을 느꼈다. 이것은 이 어머니가 딸이 자신과 다르고, 더 주장적이고 스스로 결정할 줄 아는 여성으로 자라기를 의식적으로 바라게 될 때, 강력한 메시지가 될 것이다. 이 어머니는 자신의 직업적인 삶에서 그런 방식으로 살 수도 있지만, 딸과의 관계에서는 일차적으로 어머니이다. 딸의 기본적인 자아감은 사춘기 이전의 일차적 양육자와 동일시하며 형성되고, 어머니 자신이 가진 어머니로서의 특성 중 가치 있게 생각하거나 폄하하는 것들이 강력하고도 무의식적인 방식으로 딸에게 전달된다. 상호 동일시의 과정을 통해 딸은 '어머니', 즉 타인을 돌보는 사람이 되는 방법을 배우게 된다. 아마도 이것이 지속적으로 '타인을 돌보는 사람'이라는 주요한 정체감을 느끼고 '나쁜' 엄마로 행동하는 것에 대해 '나쁘다'라고 깊게 느끼게 되는 이유를 설명할 수 있을 것이다. 그러므로 스스로 강화하고 결정하는 행동은 여성들에게 부정적인 '나쁜 엄마'라는 내사introject를 불러일으킬 수 있으며, 성인이 된 후에도 자신의 욕구를 위해 행동하게 될 때 '이기적'이라는 느낌을 불러일으킬 수 있다.

여성이 흔히 겪는 어려움은, 필자가 '어머니와 딸의 관계에서 벗어나기'라고 부르는 맥락에서 이해할 수 있다. 딸이 어머니와 기본적으로 맺는 관계는 어머니와 아이의 초기 관계에서 더 복잡하고 분명해진 관계 패턴으로 충분히 발전하지 못할 수도 있다. 상호 돌봄과 동일시는 대체로 여성이 느끼는 핵심적 구조로서 무의식적으로 남아 있으며, 그와 같은 강렬한 대인 관계의 형태에서 벗어난 행동을 할 때 큰 문제가 될 수 있다. 그런 경우에 자신이 치러야 하는 대가가 무엇이든 간에 그녀는 타인에게 상처를 주는 방식으로 행동하기가 매우 어렵게 된다. 이는 종종 자기파괴적으로 행동하거나 만족스럽지 못한 관계에서 벗어나는 데 어려움을 느끼는 이유를 설명해준다. 즉, 그들은 '타인을 저버리는 행위를 하는 주체'가 되는 것을 견딜 수 없게 되고, 타인의 감정에 대해 지속적으로 전적인 책임을 느끼는 것이다.

또 다른 내담자인 메리앤Maryanne은 38세의 혼자 사는 여성이며, 자신의 상사였던 기혼 남성과 10년 동안 관계를 맺고 있었다. 그 관계가 매우 해롭고 고통스러웠는데도, 메리앤은 그와 헤어지려고 할 때마다 끔찍한 외로움을 느꼈고, 그를 버린다는 것에 죄책감을 느끼고 행동으로 옮길 수가 없었다. 메리앤의 어머니는 자신을 학대하는 알코올 중독자 남편과 불행한 결혼 생활을 유지했고, 메리앤은 어머니가 순교자 역할을 했다는 것을 너무 잘 알고 있으면서도 왜 자신이 어머니와 같은 삶을 살고 있는지 이해할 수 없었다. 이 때문에 그녀는 자신의 행동에 대해 혼란스러워했다. 우리가 상황에 대해 자세히 탐색했을 때, 그녀는 자신이 의식적으로 경멸했던 어머니의 특성과 매우 동일시하고 있다는 것을 알게 되었다. 그 결과로, 그녀는 큰 대가를 치르면서도 타인을 힘들게 할지도 모른다고 생각하는 자신의 행동을 용납하지 않게 된 것이다. 흥미롭게도, 그녀의 어머니는 지속적으로 피해자로서의 딸의 모습을 동정하고 딸과 동일시했지만, 딸이 이 파괴적인 관계에 공모자 역할을 하는 것에 대해서는 아무 말도 하지 않았다.

변화를 위한 비용

'어머니와 딸 관계에서 벗어나기'에 관련되는 또 다른 문제는 분화 과정이 복잡하다는 것이다. 소녀는 의식적으로 분화 과정을 경험한다. 즉, 공격적이고 파괴적인 행동을 엄마에게 하는 것처럼 새롭게 자기 이미지를 정의하고 만들어 나가게 된다. 어머니로부터 그렇게 분화하는 것은 딸에게 외롭고 지지받지 못하며 버려졌다는 느낌을 갖게 할 수 있다. 어머니와 딸 관계의 특성은 분화의 모든 과정에서 문제를 야기할 수 있다. 여성은 종종 상담에서 매우 깊고 무의식적인 동일시를 덮어버릴 정도의 강력하고 의식적인 탈동일시를 하는 모습을 보이기도 한다. 다시 임상 사례를 통해 설명하도록 하겠다.

캐런Karen은 30세의 혼자 사는 여성으로, 필자와 3년 동안 상담을 하고 있었다. 그녀는 둘째이고, 남자 형제만 네 명이 있는 외동딸이었다. 그녀의 아버지와 남자 형제들은 모두 많은 성취를 이루었다. 그녀는 어린 시절 매우 뒤처졌기 때문에 학습장애가 있는 것으로 생각될 정도였다. 그녀의 엄마는 충분히 교육받지 못했지만, 아들들이 교육받는 것에 대해서는 중요하게 생각했다. 캐런은 고등학교를 가까스로 졸업하고, 지역 전문대학에서 준학사 학위를 받았다. 그녀는 혼자서 사업을 시작하여 꽤 성공적으로 해나갔다. 그녀를 처음 만났을 때, 그녀는 경영전문대학원에 진학하기를 원했다. 심리검사를 해보니 그녀의 지능은 138이었다. 그녀의 가족들이 그녀를 멍청하다고 생각한 것과는 너무나 다른 결과였던 것이다. 캐런은 또한 무력한 사람으로 대우받았다. 그녀의 어머니는 자신이 자식들에게 필요한 존재라는 느낌을 유지하기 위해 캐런을 스스로 사고하지 못하는 사람으로 대하고 아기처럼 취급했다.

상담을 받으며 캐런은 학교에 가게 되었고, 현재 유명한 경영전문대학원에서 공부하고 있다. 그럼에도 그녀는 성공으로 인한 기쁨에 수반되는 엄청난 불안을 겪고 있다. 최근에 어머니가 불치병에 걸리고 어머니의 임종을 보는 꿈을 반복해서 자주 꾸기 시작했다. 어떤 의미에서 이 꿈들은 자신을 잘못 대우하고 자기애적으로 이용한 어머니에 대한 분노와 이에 따르는 죄책감을 반영한다. 그녀가 느끼는 불안은, 한편으로는 자신이 어머니의 시각으로 보던 자신과 다른 사람이라는 것뿐만 아니라, 엄마와 자신이 다르다는 것에 대해 느끼는 감정일 것이다.

캐런의 성장과 자족적이고 스스로 결정하는 방식은, 어머니로 하여금 자기-동일시의 기본적인 부분을 잃게 만들었다. 그녀의 어머니는 의존적인 딸을 돌보면서 일차적으로 자신이 가치 있다고 느꼈기 때문에, 캐런은 새로운 정체성을 확립했을 때 어머니를 파괴했다고 느꼈다. 좀 더 이론적으로 설명하면, 내사된 사춘기 이전의 모녀 관계가 불안해진 것이다.

이것이 여성들이 겪고 있는 보편적인 문제라고 생각한다. 이는 여성을 위한 자기계발과 인생에서의 변화에 대해 많은 논의가 이루어지고 있는 이 역사적 시점에서 특히 그렇다. 이 역동적 과정은 삶의 변화를 경험하고 있는 여성들에게 종종 강력하면서도 혼란스러운 것이다. 이러한 역동들은 여성들에게 죄책감, 불안, 우울을 불러일으키는데, 초기의 어머니와 딸 관계의 강한 유대가 갖고 있는 힘을 인식하면서 이것들을 탐색해야 한다.

새로운 모델의 필요성

필자가 제안한 것과 같은 새로운 발달 모델은 일상적인 심리 문제를 이해하고 여성의 성장을 강화하는 구조를 만들고 촉진할 수 있는 생각을 발전시키는 데 도움을 줄 것이다. 또한 우리 자신과 여성 상담자로서의 일을 탐색하도록 지원할 것이며, 치료적 관계의 구조에 대한 새로운 설명을 제공할 것이다.

상담 관계에서 공감적 의사소통

알렉산드라 캐플런

상담을 성공으로 이끄는 것이 무엇인지에 관한 질문을 논의할 때, 상담을 전혀 하지 않는 것보다 어떠한 종류든 상담을 하는 것이 더 도움이 되는지에 관한 진지한 논쟁이 최근에 이루어졌다는 점을 기억해야만 할 것이다. 최근에서야 상담의 가치를 보여주는 결과들이 수용되고 있으며, '상담이 **왜** 효과가 있는가?'라고 질문이 바뀌고 있다. 연구자의 이론적 지향, 자료의 출처(내담자, 상담자, 외부 관찰자 등), "성공"에 대한 정의 등에 따라 상담 결과에 관한 연구 결과에 매우 큰 차이가 있다. 그러나 다양한 결과에도 합의된 내용이 있으며, 그 내용은 임상적인 글을 바탕으로 이해하는 경우인지 상담효과 연구를 통해 얻은 결과인지를 불문하고 지지되는 것 같다. 합의된 사항을 간단히 설명하자면, 상담으로 인한 효과가 문서화할 수 있는 수준일 때, 그 효과는 내담자-상담자 관계의 직접적 결과물이라는 것이다. 예를 들어, 건트립H. Guntrip(1973)은 "진정한 치료적 요인은 돌봄과 정확한 이해를 결합한 좋은 개인적 관계다"라고 했다. 마찬가지로 버긴A. E. Bergin과 램버트M. J. Lambert, 덴트J. K. Dent, 거먼A. S. Gurman, 올린스키D. E. Orlinsky와 하워드K. I. Howard는 내담자와 상담자가 맺는 관계의 질이 다른 어떤 임상 기술이나 특정한 기법보다 상담 결과와 더 밀접하게 관련이 있다는 결론을 내렸다(Bergin and Lambert, 1978; Dent, 1978; Gurman, 1977; Orlinsky and Howard, 1978).

이러한 합의가 지니고 있는 함의에 대해서는 아직까지는 거의 탐색된 바가 없지만, 그럼에도 매우 중요한 인식이라고 할 수 있다. 그 내용은 모든 상담 훈련이나 임상 기법이나 상담 접근에서 '어떤 방식으로, 누구와 상담의 관계적 요인이 강화되는가?'라는 질문을 던져야 한다는 것을 의미한다.

상담자로서 여성과 남성

이 질문에는 많은 의미가 내포되어 있는데, 여기에서 다루고자 하는 한 가지는 다음과 같다. 구체적으로 관계 문제를 논의할 때, 상담을 촉진하는 관계적 특징과 관련해, 우리 문화권의 여성과 남성은 다르게 길러진다. 주디스 조던과 재닛 서리는 여성들이 오랫동안 대인 관계를 위한 공간이나 공감적 이해의 미묘한 차이를 날마다 경험하면서 관계에 집중하는 삶을 살아간다는 것을 분명하게 설명했다. 반면, 남성은 관계에 그만큼 집중하지 않는다. 이는 그 자체로 여성이 남성보다 상담자로서 '우위'에 있다는 것을 뜻하는 것은 아니다. 남성들은 자신의 역할이 갖고 있는 권위적 요소를 상담 경험과 훈련에 가져온다. 그들은 보통 능력과 자신감을 가지며, 이를 남용하지 않고 잘 사용할 때 상담 시간 관리를 촉진할 수 있다. 이는 밀러(Miller, 1976)가 논의한 것처럼, 남성들이 자신의 능력을 직접적으로 활용하는 것에 대해 더 편안함을 느낀다는 점을 보여준다. 그러나 여성들이 상담에서 어느 정도는 관계적 요소에 더 편안함을 느끼고 능숙하기 때문에, 남성에 비해 상담자로서 더 잘 기능할 수 있다고 생각하는 것은 논리적인 가정으로 보인다. 사실, 이러한 내용이 일부 연구에서 다루어졌다. 예를 들어 올린스키와 하워드(Orlinsky and Howard, 1980)는 여성 내담자와 여성 및 남성 상담자의 상담 성과에 관한 연구에서, 내담자는 일반적으로 여성 상담자와 상담할 때 결과가 더 좋았지만, 그 차이는 현저하지 않다는 것을 발견했다. 그러나 상담자의 경험 수준을 살펴보았을 때, 그 경험은 여성 상담자의 결과와는 관련이 없었던 반면 남성 상담자의 결과와는 관련이 높았다. 즉, 매우 경험이 많은 남성 상담자는 여성 상담자만큼 잘했지만, 경험이 적은 남성 상담자의 경우에는 그렇지 않은 남성 상담자에 비해 내담자가 악화되고 향상되지 않았다고 평가하는 비율이 두 배나 높았다. 올린스키와 하워드는 이러한 관계에서의 기술들이 여성들의 경우에는 삶 전체를 통해 스며든 반면, 남성들은 경험을 통해 발달시켜나가게 된다는 차이점을 고려했다.

그렇다면, 여성에게서 더 많이 발달한 공감 양식의 특성은 무엇이며, 상담 작업을 촉진하는 것으로 보이는 공감 양식의 특성은 무엇인가? 현대 문헌들 속에는 상담에서의 공감 특성에 관한 다양한 의견이 있다. 그 다양한 의견의 중심에는 한 가지 기본적인 질문, 즉 '공감적인 관계를 맺기 위해 상담자와 내담자는 어떻게 관계를 맺어야 하는가?'가 있다. 에렌버그(1974)는 '친밀한 경계' ― "융합하지 않거나 상담자와 내담자의 분리와 온전한 상태를 침범하지 않으면서 최대한 접촉하는 것" ― 를 유지하면서 작업할 때 발생하는 치료적 이익에 대해 논의했다. 그러나 설스H. Searles(1975)나 지오바치니P. L. Giovacchini(1976) 같은 저자들은 상담에서 진정으로 공감적 상호작용을 위해서는 일시적으로 자아 경계를 넘어서야만 한다 — 즉, 상담자와 내담자 사이의 공생적 융합이 있어야 한다 — 고 했다.

자아와 공감

공감적 관계를 맺기 위한 유대의 이상적인 정도에 관한 논쟁은 전통적인 발달 이론에서 그 유래를 찾을 수 있다. 서리는 이에 관해 다음과 같이 설명했다. 자아는 자기와 타자의 분화를 통해 관계로부터 **멀어지고**, 자아 경계가 더 단단해지며, 분리할 수 있는 능력이 생기면서 진화하고 성숙한다. 다시 말하자면, 한 쪽 끝에는 융합과 통합이, 반대쪽 끝에는 분리와 분화가 있는 연속선이 있다는 것이다(그리고 어느 쪽이 더 좋은지 우리는 알고 있다). 그러므로 그러한 모델에서 상담을 생각할 때, 상담자와 내담자가 가까워지면 가까워질수록 융합에는 더 가까워지고, 분리에서는 더 멀어지게 된다.

　그러나 그러한 모델이 상담 과정 또는 어디에서든 공감을 이해하는 데 적절하지 않다고 생각한다.

공감의 이중적 특성

조던이 제기했던 중요한 지점, 즉 공감에는 정서와 인지라는 두 가지 요인이 있다는 내용으로 돌아가고자 한다. 정서적 요인은 정서적으로 연결되었다는 느낌, 즉 타인의 감정을 충분히 받아들이고 보유할 수 있는 능력으로 구성된다. 인지적 요인은 개인의 필수적인 자아감과 거기에 바탕을 두고 행동을 할 수 있는 능력으로 이루어진다. 위에서 설명한 '과거의 모델'에서는 정서적 요인과 인지적 요인이 함께 바뀌며, 둘 다 융합되거나 분리된다고 설명한다.

필자는 공감의 정서적 요인과 인지적인 요인이 함께 바뀌지 **않을 뿐만 아니**라, 효과적으로 공감하기 위해서는 **그럴 수도 없다**고 생각한다. 이는 효과적인 공감을 할 수 없는 조건이기 때문이다. 두 가지는 분리되어 있지만 공존한다.

정서적 요인

정서적 요인에 대해 생각해보자. 강렬한 접촉과 두 사람 사이에 **감정**이 깊게 연결되는 것, 즉 상호 침투는 바로 정서적 차원에서 이루어진다. 이것을 말로 표현하는 것은 쉽지 않다. 그래서 우리 중 세 명의 저자가 만나 진정으로 공감하는 순간을 구별할 수 있는 단서를 설명하기 위한 계획을 세웠다. 이 단서들은 부분적으로 생리적인 특성을 지니고 있다. 몸의 자세, 눈물이 고인 눈, 긴장한 근육은 내담자의 상태를 무의식적으로 반영한다. 이러한 것들을 통해 우리는 내담자의 감정 상태에 대해 본능적으로 느끼게 된다. 또 다른 특성은 상담자가 내담자의 감정 상태를 받아서, 이를 상담자 자신의 것으로 바꾸게 되는 공감의 연결적인 면이다. 예를 들어, 내담자가 꿈을 설명할 때, 꿈속의 사람이 걸어 다니는 방이라는 꿈 이미지를 설명한다면 일시적으로 그것은 상담자가 유년 시절에 살던 방이 되기도 하고, 꿈을 꾼 이, 즉 내담자가 불러일으키는 감정의 장소가 되기도 한다.

정서와 관련하여 우리는 강렬함과 상호 연결감에 대해 말할 수 있을 것이다. 그러나 독자들은 필자가 **공생적 융합**, **매몰**, **통합**과 같은 단어를 사용하지 않는다는 것을 알아차리게 될 것이다. 그와 같은 표현들이 부적절하다고 생각하는데, 감정이 상호 침투된다는 것을 의미할 뿐만 아니라 정체성을 잃는다는 의미도 내포하고 있기 때문이다. 정서뿐만 아니라 자아 경계도 그러한 용어들과 관련된다.

인지적 요인

앞에서 설명한 입장에 따르면, 공감의 인지적 요인에는 정서적 과정과는 다른, 필수적으로 상충되는 면이 있다. 특히 감정의 상호 침투가 있는 경우에도 정체성은 분화되어 있다. 상담자는 전반적으로 자신을 독립된 존재로 보는 시각을 결코 잃지 않으면서 정서적으로 상대방과 연결되어 있다.

상담자가 정서적으로 깊이 연결되어 있으면서도, 반드시 해야만 하는 복잡한 임상적 판단을 할 수 있는 것은 자아감을 유지할 수 있는 능력 덕분이다. 예를 들어, 내담자 반응의 원천은 무엇인가? 그 반응은 상담에서 다른 역동과 어떻게 연결되는가? 개입해야 하는 시점은 지금인가? 그렇다면 어떻게 해야 하는가? 정서적 경험과 더불어 이러한 종류의 인지적 부분을 통합하는 자아로 인해 상담자는 내담자와 공유하는 감정이 정말로 공감적 반응을 반영하는 것인지 아니면 내담자의 반응에 대한 방어적이고 역전이적인 반응인지를 평가할수 있게 된다(내담자로 인해 일어나는 모든 감정이 공감적 감정인 것은 아니다!). 완전히 융합된 감정적 상황에서는 상담자가 내담자와 거리를 두고 자신의 반응을 이렇게 처리하는 것이 불가능할 것이다.

정서와 인지: 동시에 발생하지만 상충되는가?

이 시점에서 일견 상충되는 것으로 보이는 경험이 실제로는 공존할 수 있는지 의문을 갖는 것이 타당할 것이다. 우리가 정서적으로 연결되어 있는 동시에 인지적으로는 분리되어 있는 것이 가능할까? 이를 이해하기 위한 하나의 모델을 로덴버그A. Rothenberg(1979)의 창의성에 관한 연구에서 발견할 수 있다. 그는 매우 창조적인 시인과 과학자를 인터뷰하여 그들이 창의성을 떠올리는 과정을 식별하고자 했다. 이제까지는 창조적인 상태를 기초적인 정서와 인지 처리 과정이 정신분열증에 가까울 정도로 퇴화되고 연합이 느슨해지는 특징을 보이는 것으로 설명해왔다. 그러나 로덴버그는 이와 정반대되는 내용을 발견했다. 창의성은 복잡한 인지적 공식으로 이루어져 있는데, 그중 일부를 그가 밝혀냈다. 특히 흥미로운 부분은 그가 '야누스적 사고(두 개의 머리를 가지고 있으나 서로 반대 방향을 바라보고 있었던 신화적 인물의 이름을 따서 만들어진 단어)'라고 부른 것에서 찾아볼 수 있다. 로덴버그의 설명에 따르면 야누스적 사고란 동등하게 영향을 미치거나 실제로는 정반대인 개념이나 대조적인 개념을 동시에 활용하는 것을 말한다. 이 개념은 필자가 생각하는 공감의 모습을 잘 보여준다. 상담자는 모두 내담자와 친밀하여 연결되어 있으며, 그 연결감을 잃지 않으면서 자신의 개별성과도 접촉할 수 있는 것이다.

이제 한 단계 더 나아가 보도록 하겠다. 야누스적 사고에 관한 로덴버그의 모델로 공감을 적절하게 설명할 수 있다면, 공감을 창조적인 과정으로 생각할 수 있을까? 이러한 개념은 공감을 융합과 통합, 즉 퇴화나 다소 마법적이고 신비스러운 과정을 의미하는 단어로 묘사하는 것과 대조적으로 생각할 때, 중요한 함의를 지닌다. 이와 같은 대비는 우연한 현상이 아니다. 인식과 이론에 대한 기본적인 차이를 반영하는 것이다. 여성이, 보기에는 상충되는 위치에 있는 것들이 공존하는 것을 포함해서 인생 전반을 통해 공감을 배운다는 것을 고려할 때, 그러한 공존은 경험이 적은 남성에게 더 어려울 것이고 우리가 공감이라고 부르는 것에서 상충적인 것을 공존시키기 어려울 것이다. 대상관계 이론의 경우 공감적 과정에서 '융합'과 '분리'의 필요에 대해 설명하더라도, 대부분의 저자는 여기에 순차적으로 접근해 일시적인 '융합 후 분리'라고 설명한다. 그러나 분리감이 정서적 연결감과 **동시에 일어나지** 않는다면, 효과적인 상담에 필수적인 요소인 정서적 경험에 의해 형성되는 인지적 통제를 잃게 될 것이다. 다시 말하면, 인지적 통제를 유지하지 못하면, 정서적 친밀감을 경험하는 과정은 일시적으로 개인의 판단과 자아감을 손상시킨다. 이러한 면이 남성 상담자와 여성 내담자의 성적 관계가 발생하는 원인 중 한 가지가(유일한 원인이 아니

라) 아닐까 생각한다. 즉, 남성 상담자가 여성 내담자와 정서적으로 연결되려고 하는 과정에서, 자신의 정서적 반응에 압도될 수 있다. 그리고 충분히 분리되지 못하고 자신이 느낌을 처리하는 정서적 영역에서 연습이 부족하다 보니 이것을 지속적으로 관찰하기보다는 행동으로 표출하게 되는 것이다.

공감적 이해와 어머니 역할

이제 우리는 여성이 상담에서 공감적인 관계를 맺을 수 있는 준비를 시키는 경험이 가지고 있는 측면들을 더 자세히 살펴볼 것이다. 서리와 조던이 강조한 것처럼, 여성이 준비하는 가장 핵심적인 역할은 돌보는 것이다. 우리는 그것이 어머니와 딸 사이에서 어떻게 발전해나가는지 들었다. 그러나 더 나아가서, 우리가 이처럼 매우 사회화된 과정들을 통해, 우리 사회에서는 여성들이 돌보는 일과 관계적인 일을 가정에서나 직장에서 더 일반적으로 하게 된다는 점을 고려해야 한다고 생각한다. 부모 노릇을 포함한 돌봄의 강도 — 특히 유아를 돌보는 것 — 와 상담의 강도가 비슷하기 때문에 두 과정의 유사점을 생각해볼 수 있다.

　상담자로서 공감적 이해를 하는 것과, 어머니로서 그런 역할을 하는 것이 비슷하다는 설명이 새로운 개념은 아니다. 어머니 역할과 상담에서 의사소통 양식이 직접적인 연관이 있다는 점에 관해서는 상담에 관한 많은 저술이 훌륭하게 설명하고 있다. 예를 들어 위니콧은 어머니와 상담자가 만드는 '버텨주는 환경'의 근본적인 특성 사이에 있는 직접적인 유사점을 묘사했다(Winnicott, 1965). 모델A. H. Modell(1976)은 이러한 입장을 다음과 같이 정교하게 설명했다.

　　상담자의 기법에는 어머니가 버텨주는 이상적인 환경을 떠올리게 하는 실질적인
　　요인들이 있다. 상담자는 지속적이고 신뢰할 수 있으며, 그(원문 그대로 씀)는 내

담자의 정서에 반응하고 내담자를 수용한다. 그의 판단은 덜 비판적이고 더 인자하다. 그는 거기에서 자신보다는 내담자의 요구를 위해 존재한다. 그는 복수하지 않는다. 때때로 그는 내담자의 내적인 심리적 현실을 내담자 자신보다 더 잘 파악하고 있으며, 혼란스러워 갈피를 잡지 못하는 것을 명확하게 해준다(Modell, 1976: 261).

케스텐버그J. S. Kestenberg와 뷜테A. Buelte는 어린 시절의 '버텨주는 환경'의 특성들과 유사한 상담의 특성들을 알아보았다. 이들은 반영하기를 통해 공감을 비언어적으로 표현하는 데 비슷한 점이 있다고 지적했다. 반영 안에 담겨진 미소, 한숨 또는 숨쉬기 속도와 같은 것을 유아나 내담자에게 되돌려준다는 것이다. 마찬가지로 그들은 어머니와 상담자가 공간을 형성함으로써 즉, 유아나 내담자의 신체 자세를 알아차리고 거기에 맞춰주면서 비언어적으로 공감을 표현할 수도 있다는 점을 지적했다(Kestenberg and Buelte, 1977).

이상적인 상담자나 어머니 역할에 대한 다소 이상적인 심상과는 별개로, 이러한 두 가지 설명은 양쪽 상황에서 공감적 의사소통의 공통적 특성에서 필수요인을 생생하게 그려낸다. 결과적으로 그들은 상담에서의 공감과 어머니 역할에서의 공감의 관계를 이해하기 위한 유용한 시작점을 만들어낸다. 그러나 어머니가 공감하는 방식을 더 자세히 들여다보면(대상관계 이론에 따라서), 상담에서 공감을 개념화할 때 명백히 드러났던 것과 똑같은 문제가 발생한다.

위니콧은 치료적 공감을 형성하는 데 '통합'과 '융합'에 대해 이야기한 것과 마찬가지로, 어머니와 유아가 통합되는 기본적인 상태에 대해서도 이야기하고 있다. 위니콧은 "유아와 어머니의 돌봄은 하나의 단위를 이룬다"고 했다. 초기 단계에서 유아와 어머니의 양육은 서로에게 속해 있으며 구분되지 않는다. 이처럼 통합되는 시기에 어머니는 유아가 어떻게 느끼고 무엇이 필요한지 알기 위한 수단으로 아이와 동일시하면서 유아를 이해하기 위해 공감한다. 이처럼 어머니가 아이를 요구를 충분히 이해하는 과정에 대해 케스텐버그와 뷜테는

'공감할 때의 퇴행'이라고 이야기했다.

상담에서 공감에 대한 논의와 같이 **퇴행**, **통합**, **융합**, **공생**과 같은 용어들은 강렬한 정서적 유대감과 공존하는 어머니의 성숙한 자아감을 잘못 표현하고 있으며, 그 과정에서 함께 만들어지고 처리되는 결정의 복잡함을 축소시킨다고 생각한다.

그러므로 우리들도 친밀한 애착 관계가 지닌 공존하면서도 상충되는 것처럼 보이는 특성을 가지고 있다. 물론 그 상황에서 분화도 함께 이루어진다. 그리고 이와 같은 구별을 인식을 하지 못하는 이론은 어머니 역할을 복잡한 지적·정서적 과정이 부족한 유아적이면서도 마법과 같은 것으로 취급해버린다. 여성들은 분명히 어머니 역할이 요구하는 공감적 특성을 배운다. 이 특성은 정서적 친밀성을 창조적으로 통합하는 것과 매우 높은 수준의 인지적 활동을 필요로 한다.

요컨대, 상담에서의 공감은 내담자의 성장을 성공적으로 촉진하기 위한 필수적 요소이다. 그러나 공감은 어떤 사람들이 다른 사람들에 비해 "그냥 어쩌다 보니" 지니게 된 알 수 없는 특성은 결코 아니다. 그것은 관계와 오랜 시간 속에서, 발달 과정에서, 또한 상담자의 경우 훈련을 받고 상담을 해나가는 과정에서 학습하는 특성인 것이다.[1]

---

1   이 논문은 1981년 12월, 스톤센터 콜로키움에서 발표한 것이다.

관계-속-자아

여성 발달에 관한 이론

재닛 서리

지난 2년 동안 스톤센터 콜로키움에서, 우리는 여성과 권력, 공감, 일, 분노, 근친 성폭력, 섭식 패턴과 같은 다양한 주제를 포함하는 여성 심리 발달의 중요한 측면에 관해 논의해왔다. 많은 논문에서 여성이 현재의 정신분석과 발달 이론이 설명하는 것과 다른 방식으로 '자아'를 경험할 수 있다는 견해를 다루어왔다. '관계-속-자아'라는 개념은 우리가 이러한 다양한 주제를 이해하는 데 중요한 역할을 해왔으며, 혁신적인 프로그램과 치료적 개입을 제안하는 데 유용한 것으로 증명되어왔다. '관계-속-자아'의 핵심 구성 개념에 더 구체적으로 초점을 맞추고, 현재 이 개념을 탐구하고 있는 연구를 반영할 것이며, 그 이상의 측면들을 상세히 설명하고자 한다. 이러한 작업들이 더 깊은 논의를 위한 토대가 되기를 바란다. 스톤센터에 소속된 우리들과 올해의 콜로키움 발표자들은 독자 여러분이 일련의 콜로키움에서 우리의 이론적 정립을 탐구하고 발전시키고 비판하는 데 참여하기를 바란다.

자아는 아동과 성인의 발달을 묘사하는 현대 심리학 이론에서 중요한 개념이다. 인간 발달의 구조 원리로서 자아의 본질에 대한 연구는 심리학적·철학적·영적 연구의 근본적인 측면이었다. 이러한 광범위한 문헌들을 개괄하려는 시도는 이 논문의 범위를 벗어나는 것이기에, 당면 목적을 위해 자아가 개인의 경험구조를 설명하고 그녀 혹은 그가 하는 행동의 목적과 지향성을 규명하는 실체가 어떻게 구성되어 있는지 설명하는 데 유용한 구성 개념이라고 정의하고자 한다.

최근에 몇몇 저자들은 자아를 경험하고 구성하는 데 중요한 성적 차이가 있다는 것을 제시해왔다. 『새로운 여성심리학을 향하여』의 중심 주제는 "여성의 자아감은 소속감과 관계를 만들고 유지할 수 있는 것을 중심으로 만들어지게 된다"는 것이다(Miller, 1976: 83). 밀러는 여성의 독특한 경험을 설명하기 위한 새로운 언어와 개념을 발전시킬 필요가 있다고 논의하고 있으며, 남성 발달의 원리들을 인간 발달의 보편적 원리로 채택할 때 발생하는 문제점들을 지적한다. 캐럴 길리건(Gilligan, 1982)은 더 나아가 여성이 "우리 자신을 우리 자신에게" 설명하기 위해 자신의 목소리를 발견하는 것이 중요하다는 것에 대해 글을 써왔으며, 타인과의 애착에 관한 여성의 경험은 자아 개념, 도덕성, 그리고 관계에 대한 통찰력을 확장시킨다는 것을 지적해왔다. 여성 발달의 본질을 탐구하는 것은 인간 발달에 관한 이해를 발전시키는 단계의 하나이다. 서구 사회에서 여성은 인간의 경험 중 특정한 측면의 "전달자"였으며(Miller, 1976), 인간 발달에 대한 완전한 이해는 여성과 남성의 경험을 모두 철저히 밝힘으로써 이루어질 수 있다.

관계-속-자아라는 우리의 개념은 여성에게 자아의 주된 경험은 관계적이라는 것, 즉 자아는 중요한 관계의 맥락 속에서 구조화되고 발달한다는 인식을 포함한다. 이 기본적인 가정을 이해하기 위해서는, 남성(종종 인간으로 일반화되는) 발달에 관한 현재의 몇 가지 가정을 대조해보는 것이 도움이 된다. 일반적으로 발달 이론은 개인들이 뚜렷하고 분리된 정체성을 형성하기 위해 아동 발달의 초기 단계에서는 어머니와 분리(Mahler, 1975), 청소년기에는 가족과 분리

(Erikson, 1963), 성인기에는 교사, 멘토와 분리(Levinon, 1978)하는 것이 중요하다고 강조한다. 자율성, 자립, 독립성, 자기실현, 자기 자신의 꿈과 운명, 그리고 성취에 "귀 기울이고 따르는 것"에 높은 가치를 둔다. 성인기의 친밀감과 생산성(에릭슨의 용어에서)은 자아정체감의 "종결" 이후에야 나타나는 것이 가능하다. 에릭슨의 이론적 구조에서 관계의 "신뢰감"은 유아기 초기에 형성되며 청소년기가 끝날 때까지는 중요한 과제로 다시 나타나지 않는다. 그 대신, 우리의 이론은 비록 그 중심적 역할이 "숨겨져 있고" 인정받지는 못하지만, 여성에게는 다른 ― 그리고 관계적인 ― 경로가 주요하고 연속적이라는 것을 제시한다.

개별화에 관한 가치관은 우리의 문화적 전형일 뿐만 아니라 임상 이론과 실습에도 널리 퍼져 있다. 심리학 이론에서 관계의 개념과 이에 관한 설명은 던져버려야 할 것처럼 보이고, 대부분 현재의 이론은 나르시시즘과 인간의 분리라는 기본적인 전제로부터 "대상관계" 모델을 발전시키는 문제와 씨름하고 있다. 관계-속-자아 개념은 자아 경험과 발달을 위한 기본 토대를 분리에서 관계로 옮기는 중요한 전환을 포함한다. 더 나아가, 발달의 기본 목표 ― 즉, 관계를 맺기 위한 수용력과 관계 능력을 발달시키는 것 ― 로서 관계를 제시하고 있다. 관계-속-자아 모델은 자아의 다른 측면들(예를 들어 창조성, 자율성, 자기주장)이 이러한 주요 맥락 안에서 발달한다고 가정한다. 즉, 자아 발달의 다른 측면들은 관계의 맥락에서 나타나며, 자아 발달을 위해 관계를 분리하거나 희생하고자 하는 타고난 욕구는 없다는 것이다. 이와 같은 이론은 우리가 자아 발달을 이해하려면 관계의 발달에 관한 적절한 설명을 발전시켜야만 한다는 것을 뜻한다.

자아 발달의 결정적 특징인 공감

자아의 초기 발달에 관한 최근 이론들은 공감의 중요성을 강조해왔다(Kohut,

1971; Winnicott, 1971). 그러나 타인과의 유대에 대한 관심은 여성 생애의 전 단계에서 두드러진다. 연구와 임상 관찰은 대부분의 여성이 관계성, 정서적 친밀성, 그리고 정서적 탄력성에서 대부분의 남성보다 더 뛰어난 능력을 가지고 있다는 것을 보여준다. 여성에게 공감 능력이 더 발달되었다는 점이 끊임없이 발견되고 있다는 것을 고려할 때, 공감 능력을 여성의 관계 경험에서 중심적인 구조화 개념으로 간주할 수 있다. 공감 능력의 발달에 관해 논의하기 전에, 관계에 대한 우리의 정의가 상호 공감의 경험을 포함한다는 것을 강조하고 싶다. 관계를 맺는 능력은 두 사람 혹은 관련된 모든 사람 안에 공감 능력이 발달하는 것에 달린 것처럼 보인다. 코헛은 아동의 초기 자아 발달에서 부모의 공감과 반영이 중요하다는 것을 강조해왔다(Kohut, 1971). 그러나 공감을 가르치고 학습하는 주제에 관해서는 관심을 거의 두지 않았다. 자라나는 아동에게 공감을 촉진하는 환경을 제공할 줄 아는 "충분히 좋은 어머니"(Winnicott, 1971)는 유아의 탄생과 함께 갑자기 나타나지 않는다. 어머니 역할을 위한 복합적인 능력을 성장하는 아동의 변화에 반응하기 위해 사용하려면 인식하지 못한 많은 양의 학습이 이루어져야만 한다(Miller, 1976). 공감 능력의 발달은 세심하게 학습되고 정성을 들여 이루어져야 한다. 현재, 우리는 공감 능력 발달의 출발점을 배울 수 있는 가장 좋은 영역이 초기의 어머니와 딸의 관계 안에 있다고 가정한다. 조던(이 책의 2장을 보라)은 이것을 고려해 공감 개념을 재검토해왔다. 조던은 다른 사람의 내면 상태를 경험하고 이해하고 이에 반응하는 능력이 높은 수준의 심리 발달과 학습에 달려 있는 매우 복잡한 과정이라는 것을 보여주고 있다. 정확한 공감은 정서적 각성과 인지 구조의 균형을 포함한다. 그것은 반응의 기초로서 경험에 관한 인지적 동화를 형성하기 위해 다른 사람과 일체감을 형성할 수 있는 능력을 필요로 한다. 이 능력은 관계 속에서 연습하고, 모방하고, 피드백하는 것을 필요로 하는 매우 발달된 정서·인지 작용이다.

코헛은 발달 과정에 있는 아이들이 초기 부모의 역할을 하는 인물들로부터 공감받는 경험이 매우 중요하다는 것을 강조해왔고, 또한 재구성적 치료에서 공감의 역할을 설명해왔다(Kohut, 1971). 그러나 코헛은 공감 능력의 출발점에 대해 설명하지 않는다. 그는 그것을(많은 것에 의해서) 매우 주관적이고 직관적인, 아마도 선천적인 현상일 것이라고 설명한 채 남겨두었다.

그러나 관계적 자아 개념은 공감 능력의 성장이 여성 발달에서 매우 중요하다는 공감의 정의에 크게 의존하고 있다(조던이 집필한 이 책의 2장). 관계-속-자아 이론은 초기 어머니와 딸의 관계에서 시작하는 여성의 공감 능력 발달을 설명하기 위한 발달 모델의 밑그림을 그리기 시작했다. 그 전제는 상호 공감적인 관계를 증진시키는 것을 목표로 하는 관계 안에서의 실행을 통해 자아가 발달하고 구조화된다는 것이다. 그러나 중요한 것은 관계-속-자아의 발달에서 중요하게 여기는 다른 핵심 구성 요소들이 포함된 맥락 속에서 공감의 정의를 확장하는 것이다.

관계의 모델로서 모녀 관계

관계-속-자아 모델은 발달 경로를 가정한다. 우리는 관계의 가장 초기 모델로서 모녀 관계를 탐구할 수 있다. 즉, 핵심적 자아 구조의 기초가 형성되는 데는 공감적 발달이 필요하다. 여기에서 제시하는 모델은 초기 아동기의 혈연으로 맺어진 모녀 관계에만 해당되는 것은 아니다. 여기서 제시하는 모델은 이 관계에만 제한되지 않는다. 실제로, 우리는 유익한 관계라면 여기서 제시하는 기본적인 요소들을 최소한 어느 정도는 포함한다고 믿는다. 그러나 우리는 아마도 가장 "이론적인" 예에 제일 근접한 관계로서 이 모녀 관계를 활용할 것이다. 프로이트가 인식한 것처럼, 여성 심리의 이러한 측면은, 비록 최근에 더 많은 주의가 집중되었다 할지라도(Chodorow, 1978), 잘 이해받지 못했다. 모녀 관계는 아동기에, 만일 관계의 맥락에 지속적으로 접근이 가능하다면 일생 동안, 의미 있는 타인과 맺는 중요한 관계를 통해 발달할 수 있는 과정의 초기만을 대변한다.

여기서는 모녀 관계의 세 가지 결정적인 구성 측면에 초점을 맞출 것이다. 첫 번째는 어머니와 연결되고자 하는 여아의 지속적인 관심과 정서적 열망이다. 모든 아동은 삶의 초기에 만나는 성인에게 깊이 매료된다. 사람에 대한 관심과 흥미는 아동들의 현실을 구성하는 주요한 부분이다. 하지만 부모, 특히 어머니의 감정 상태를 탐험하는 데 쏟는 관심은 아마도 여아들에게서 더 강화되는 것 같다. 내담자 중 한 명은 세 살짜리 딸이 "엄마, 느낌이 어때요?"라고 자주 물어본다고 했다. 그녀는 매우 심사숙고해서 이 질문에 대답하려고 하며, 또한 상담 과정에서 딸이 왜 물어보는지 탐색하려 했다고 말했다. 그녀는 다섯 살짜리 아들과는 이러한 상호작용을 거의 회상할 수 없었다며 당황했다. 감정 상태에 대한 초기의 주의집중과 정서적 공유에 대한 어머니의 편안한 대응과 관심은 공감 능력의 출발점이고 관계 발달에 관한 실천을 시작하는 지점이 되는 감정을 통해 타인에게 향하고 타인에게 조율하기 위해 "귀 기울여 듣는 것을 배우기"에 관한 기본 감각을 형성하는 것 같다. 필자의 한 남성 동료는 아동기의 경험이 "내 자신의 흥미를 좇는 데 주의를 붙들어 매기 위해 어머니의 목소리를 듣지 않고 쫓아버리는 것을 배우는 것"이었다고 묘사했다. 남아들에게 "분리"는, 때로 어머니의 감정 상태 또는 욕구에 의해 속박당하거나 "통제당하지" 않기 위해, 단순히 육체적으로뿐만 아니라 정서적으로도 단절한다는 것을 뜻한다.

여아들은 심리적으로 "함께 존재한다는 것"을 자기 강화로 경험하는 반면, 남아들은 간섭을 받고 포로가 되고, 위협을 받는 것으로 경험하는 것 같다. "함께 있는 것"은 상대에 의해 "이해받는 것" 그리고 "이해를 받는다고 느끼는 것"과, "상대를 이해하는 것"과 상대가 "이해받는 느낌"을 갖도록 하는 것을 의미하는데, 이것은 상호적인 공감의 경험이다. 대개 이러한 개방적인 연결감은 어머니와 딸 사이에서 허용되고 권장된다. 이것이 "상대방의 눈을 통해 보는" 과정의 출발점인 것 같다. 우리는 임상 장면에서 이러한 과정을 분화시키거나 발달시키는 데 부분적으로 실패하는 것으로 볼 수 있는데, 이러한 과정에서 여아들은 "누구의 감정이 누구의 것인지"에 관해 분명하게 느끼지 못할 수 있고 상대방의 감정을 자신의 것처럼 경험하는 경향성을 보일 수 있는데, 그 여아가 적절한 탐색과 설명의 기회를 갖지 못했다면 특히 더 그렇게 된다. 그러나 이러한 기회들을 활용할 수 있을 때는 감정을 설명하고 탐색하는 과정을 통해 "상대방과 자기를 알기" 시작한다.

아동의 감정에 귀 기울이고 반응하며, 공감하거나 "반영"하는 어머니의 능력은 위니콧, 코헛과 다른 사람들이 잘 설명해왔다(Winnicott, 1971; Kohut, 1971). 그것은 또한 자아 발달 경험의 초기로 제시되어왔다. 여기서 우리는 여아가 어머니와 맺는 개방적인 관계와 어머니가 딸과 맺는 개방적인 관계를 관계-속-자아의 발달을 위한 초기 단계로서 설명한다. 관계의 두 번째 핵심적 측면은 정서 연결을 기반으로 발달하는 아동의 상호 공감 능력이 증대되는 것이다. 어머니가 개인적인 학습과 탐구에 관해 아들보다 딸에게 정서적으로 더 쉽게 개방하는 것은 딸이 이러한 방식에 대해 일체감을 갖도록 하는 것과 아울러, 딸로 하여금 정서적으로 더 연결되어 있고, 이해받고 있으며, 잘 알아준다고 느끼게 하는 것 같다. 이러한 연결감은 뒤 이은 구별과 설명 과정에 필요한 구조를 형성한다. 여기서 핵심 요인은 상호적으로 공유하는 과정이 상호 이해와 연결감을 촉진한다는 것이다. 남아들에게 있어서, 차이에 관한 자기주장을 통해 초기에 정서적으로 분리하고 정체성을 형성하라고 강조하는 것은 단절과 탈동일시가 관계에 대한 기본 입장이 되도록 촉진한다. 여아들은 심리적 연결을 통해 자아감을 성장시킬 수 있을 것이라는 기대를 발달시키며, 경험을 서로 공유하는 것이 심리적 성장으로 이어질 것이라고 기대한다.

다시 말해, 어머니들은 상호 공감 과정이 자신들이 관계를 맺는 태도를 보완할 수 있기 때문에 이 과정을 통해 자신의 자기 인식을 강화할 수 있다는 것을 잘 아는 것 같다. 어머니들은 성장하는 딸과 관계를 맺어가는 지속적인 경험 속에서 자기 인식을 매우 깊게 한다고 자주 보고한다. 어머니들은 유아기와 전 생애를 걸쳐 관계적 연결감을 통해 자신과 자신의 딸들에 대해 함께 배운다는 것을 보고한다. 필자는 딸이 상담을 받기 시작한 후에 마침내 자신도 상담을 받게 된 어머니들이 많다는 것에 감명을 받았다.

마지막 핵심적 발달 요소는 이 마지막 예와 관련된 것인데, 이것은 "상호적 권력강화"라고 부를 수 있다. 공유된 이해에 기반을 둔 정서적·인지적 연결은 시간이 지나면서 어머니와 딸 모두가 서로의 감정 상태에 훨씬 민감해지는 상호적인 과정으로 발전한다. "누군가를 엄마처럼 다독거릴" 때, 딸의 어머니에 대한 인식과 동일시를 통해, 그리고 이해받고 돌보는 것에 대한 어머니의 관심을 통해, 딸뿐만 아니라 어머니도 상대방의 행복과 발달을 돌보고, 반응하고, 주의를 기울이도록 동기를 부여받게 된다. 게다가 어머니와 딸은 서로를 돌보고 서로의 관계를 돌본다. 이것은 상호적으로 권력을 강화하려는 동기가 부여된 역동, 즉 애초부터 실제 관계를 북돋는 힘이다. 소녀들에게 자신의 공감 능력이 발달하고 있다는 것을 확인하는 경험은 중요한 것이 된다. 그러므로 어머니들은 특정한 발달 기간에 어떤 수준이든 적절한 이해와 지지를 받고 있다고 딸들이 잘 느끼게 함으로써 딸의 권력이 강화되도록 돕는다. 사실, "충분히 좋은" 딸이 되는 것을 배우는 부분은 "충분히 좋은" 어머니가 되거나 자기 어머니에게, 그리고 나중에는 다른 중요한 사람에게 "공감적으로 연결되어 있는 사람"이 되도록 배우는 것을 포함한다. 이렇게 계속 진행되는 과정을 통해 "어머니 노릇 하기"와 "관계적 돌봄"을 경험하고 연습하게 한다.

타인의 욕구와 감정을 어떻게 인식하고 반응하며, 어떻게 이것에 연결되는지를 아는 것에 관련된 긍정적인 감각을 발달시키는 것은 여성의 자아 발달의 중요한 측면이다. 상호적으로 권력이 강화된다는 느낌은 어머니와 딸 모두가 서로에게 반응하는 데 효과적이고 동기가 부여되었다는 느낌을 갖게 한다. 어머니와 딸은 각각 자기 자신뿐만 아니라 상대의 능력에 기쁨을 느낄 수 있다. 그러므로 어머니와 딸은 각각 관계 안에서 권력이 강화될 수 있고, 이러한 자신감은 다른 관계로 전이되기 시작한다. "관계를 맺는 사람"으로서 이러한 권력강화는 일반적으로 행동할 때의 권력강화로, 즉 "관계를 맺고 있는 존재"로서 행동할 때의 권력강화로 이어진다. 그러므로 이러한 상호적 민감성, 돌봄, 그리고 권력강화를 통해, 어머니들은 이미 "어머니 노릇 하기, 돌보기, 관계를 맺는 훈련"을 여자아이들에게 가르치고 있는 것이다. 물론 일차원적인 어머니 역할처럼 전통적으로 어머니 역할이라고 간주되어왔던 것을 말하는 것이 아니라, 고유하게 진행되는 개인 경험의 측면으로서, 타인에 대한 친절과 책임이라는 맥락 안에서 수행하는 모든 일상 활동 방식, 즉 소위 관계-속-자아를 말하고 있는 것이다. 우리는 초기 어머니-딸의 관계가 삶의 주기에 따라 성장할 때, 그것이 관계 속에서의 학습, 즐거움, 그리고 자기 강화에 대해 여성이 가지고 있는 양식의 전조를 형성한다고 가정할 수 있다.

이러한 상호 의존을 보는 또 다른 방법은 상호 의존을 상호적인 자아존중감의 근원으로 보는 것이다. 좋은 관계는 어머니와 딸 모두에게 매우 가치 있는 것이며 여성의 자기가치감에 근본적인 구성 요소가 된다. 이것은 또한 인생 주기를 통틀어서 다른 관계를 통해 계속 진화한다. 그러므로 자아존중감은 정서적 공유, 개방성과 연관되어 있으며, 이해와 존중을 받고 있다는 느낌과 연결되어 있다. 특히 분리를 이상적인 것이라고 강조하고 관계에 대한 욕구를 확인하는 것을 왜곡하고 숨기는 문화 안에서, 이러한 느낌을 완전히 느낀다는 것은 거의 불가능할 것이다. 여성에게 죄책감과 수치심은 종종 상호 공감에서 실패하는 경험과 관련되어 있다. 즉, 만일 여성이 상호 공감의 방식으로 어머니와 맺는, 또는 나중에는 다른 사람들과 맺는 관계에 참여할 수 없다고 느낀다면, 그들은 괴로워한다. 그러나 만일 성장을 촉진하는 다른 상황을 활용할 수 있게 된다면, 이러한 실패는 더 나은 관계를 성장시키기 위한 도전이 된다. 자아존중감은 상대를 "충분히 잘" 이해하고 돌보는 것과 서로의 행복에 대해 서로 관심을 갖고 있다는 느낌과 복잡하게 연결되어 있다. 비록 종종 무시되지만, 이것은 여성의 자아존중감에서 핵심 요인이다. 이것은 남성의 자아존중감에 관련된 요소로 언급되는 일이 거의 없다. 따라서 자아존중감에 관한 극소수의 임상 또는 연구 지수들만이 이 중요한 측면을 다루고 있다. 모녀 관계의 차원은 임상적으로 문제가 있거나 부정적인 용어로 취급되어왔기 때문에 판단을 보류하고 내재하는 구조를 명쾌하게 이해하는 것이 어려웠다. 관계를 성장시키도록 촉진하는 구조보다는 임상적 문제에 초점을 맞추는 것이 더 쉬운 것 같다.

강조하고 싶은 또 다른 중요한 측면은 적절한 공감의 발달이 자기와 타인 사이의 차이점에 관해 서로 확인하는 복잡한 과정을 포함한다는 것이다. 그것은 또한 변화하는 욕구를 가지고 있으며 새롭게 발전하는 능력이 있는 개인으로서 타인을 인식하는 것을 포함한다. 초기 모녀 관계 안에서, 딸은 어느 때나 상황 혹은 개인의 필요에 따라 어머니 역할(혹은 "돌봄을 제공하는 사람", "경청하는 사람", 또는 "주변을 감싸고 있는 사람"이라고 말할 수 있을 것이다)뿐만 아니라 딸의 역할(혹은 "돌봄을 받는 사람", "말하는 사람", 혹은 "중심인물")을 맡도록 장려된다. 우리는 이것을 "변동하는 모녀 관계의 무의식적 수용"이라고 불러왔다.

이러한 과정을 통해, 상대방을 "이해"하는 것을 배우고 상대가 "자신을 이해하도록" 하는 능력은 자신이 가지고 있는 자기이해를 강조하고 상대와 자신 안에서 성장을 촉진한다. 그러므로 상호적인 "돌봄"은 학습의 기본 측면이다. 게다가, 상호적인 돌봄은 새롭게 이해한 것에 반응하는 데 활력을 주고 동기를 부여하는 것과 직접적으로 연관되어 있는데, 이것은 권력강화의 기초가 된다. 문제가 있는 상황에서는 모녀 양쪽 모두 서로를 향해 책임감을 느끼고 과잉보호하는 느낌을 과도하게 갖게 될 수 있다. 그러나 이 모델은 건강한 정도의 상호 의존과 역할 유연성은 여성의 발달에 필수적이라는 것을 시사한다. 이러한 상호 의존의 역동은 관계적 상황에 대한 욕구가 일어날 때 한 사람의 관점에서 다른 사람의 관점으로 이동하는 능력을 여성이 개발하도록 한다. 이것은 좀 더 일반적으로 "진동하는 자아 구조"로 규정할 수 있다. 만일 공감이 타인이 "전경"이 되도록 "배경"이 되는 능력을 의미하는 것이라면, 상호 공감은 관계의 발달과 학습에 기본이 되는, 전경과 배경이 교체되고 변동하는 경험을 포함한다. 학습은 이러한 교체와 변동을 통해 일어난다는 것에 주목하는 일은 매우 중요하다.

여성의 핵심적 자아의 기본 요소는 다음과 같이 요약할 수 있다. (1) 정서적 연결 및 타인과 공감하는 능력의 토대를 형성하는 타인에게 관심을 갖고 주의를 기울이기. (2) 자신과 타인을 발달시키는 경험을 공유하는 상호적 정서 과정에 대해 기대하기. (3) 권력강화와 자기 인식의 성장에 자극을 주는 상호적 민감성과 책임의 과정으로 상호작용과 관계를 기대하기. 그러므로 자아는 고립되고 분리된, 자율적인 개인일 때보다는 관계 속에서 발달한다. 우리는 쌍방향의 상호작용 모델이 중요하다는 것을 강조하는데, 이 모델에서는 이해하는 것만큼 이해받는 것이 중요하고, 권력을 강화시키는 것뿐만 아니라 권력강화를 받는 것도 중요하다.

다른 방식으로 말하면, 우리 모두는 아마도 타인에 의해 이해받고 "인식된다"고 느끼고 싶은 욕구를 느낀다는 것이다. 아직까지 중요하게 여겨지지 않지만, 여성은 모두 일생을 통해 상대방을 "이해"하고 싶은 욕구를 느낀다. 즉, 정말로 이 욕구를 자신의 성장과 발달의 필수적인 부분, 자기가치감과 행동력의 필수적인 부분으로서 열망한다는 것이다.

그러므로 붙임표를 사용하며 만든 관계-속-자아라는 표현은 관계를 통해 이루어지는 발달의 진화적인 과정을 내포한다. 이러한 표현은 정적인 자아구조와 구분하기 위해, 개방성, 유용성, 그리고 변화를 내포하는 경험적 과정으로 설명하기 위해 쓰이고 있다.

아마도 이것은 4차원 공간과 상대성 이론이 3차원 공간과 뉴턴 물리학으로부터 진화한 것과 유사할 것이다. 우리가 설명하는 성차가 때때로 감지하기 어렵고 개인적·문화적으로 다양한 차이가 있다 하더라도, 타인과의 상호작용이라는 영역에서 매우 큰 결과로 이어질 수 있다는 관점을 유지하는 것은 중요하다.

관계-속-자아라는 개념은 어떤 식으로든 여성의 이타주의 또는 관계적 능력을 이상화하지 않는다. 사실 여성들이 맞닥뜨리는 문제를 진실로 이해하기 위해서는, 문화 속의 이러한 발달의 변화가 매우 정교해질 필요가 있다. 이 이론은 여성의 구체적인 강점에 집중하고 이를 계발해나감으로써 여성의 발달을 촉진하기 위한 임상적·교육적·사회적 전략을 건설적으로 발전시켜가기 위해 우리 경험에 더 잘 들어맞는 모델을 만들고, 더 적절하며 현실적인 자아 이미지를 창조하고자 하는 시도로 만들어졌다.

발달 경로

관계적 발달 경로를 설명하는 적절한 용어를 찾는 것은 어려운 일이며, 우리는 분리-개별화라는 개념의 반대로서 "관계-분화" 구조를 사용해왔다. 분화라고 말할 때, 우리는 다름이나 분리를 발달적 목표로 제안한다는 뜻은 아니다. 여기에서 분화라는 단어는 오히려 발생학적 발달에 가까운 과정을 설명하는 데 쓰인다. 분화라는 말을 통해 우리는 인간관계의 맥락 안에서 심화되고 있는 복잡함, 선택, 유동성, 그리고 명확성을 포함하는 과정을 말하고 있는 것이다. 이 새로운 모델이 강조하는 것은 성장의 방향이 개별화 또는 자율성, 초기 정서적 유대의 파괴 정도를 더욱 크게 하는 쪽이 아니라, 관련된 두 사람 혹은 모든 사람이 연결감을 유지하고 타인의 성장과 함께 촉진, 적응, 그리고 변화하는 것을 유지하는 관계 안에서 성장하는 과정을 향한다는 것이다. 이는 양육에 내재되어 있는 기본 모델이지만, 우리는 이것을 관계 안에서 상호작용하는, 성장의 더 일반적인 역동을 포함하는 것으로 확장시키고 있다. 그것은 분리를 통해서가 아니라 개인의 발달에서 일어나는 관계적 경험을 다른 부분과 훨씬 더 깊이 관련시키고 확장하는 것을 통해 이루어진다. 예를 들어, 청소년기 여성은 반드시 부모로부터 "독립"하는 것을 원하는 것이 아니라, 자신의 발달적 변화를 확인하고 발전시킬 수 있고 우선시할 수 있는 새로운 관계를 허용하는 방법으로 관계의 내용과 형식을 변화시키기를 원한다. 만일 관계를 유지할 뿐만 아니라 변화시키고자 하는 이 중요한 욕구가 존중받지 못한다면, 딸과 어머니 모두는 수치심을 느낄 것이고 자기가치감은 낮아질 것이다. 수많은 사회적·임상적 설명으로 인해 어머니와 딸은 그들이 원하거나 필요로 하는 것이 아닐 때에도 "분리될 수 없는" 관계라고 느끼게 된다. 관계 안에서 변화하고 움직일 수 있는 능력은 관계를 맺고 있는 모든 사람이 분명히 가지고 있는, 변화하거나 성장하고자 하는 욕구에 대한 의지에 따른 것이다. 즉, 아동의 의지에 따른 것만이 아니다. 이 성장은 상호적인 것이기 때문에 그 과정을 "이끌거나", "가르치는" 사람이 누구인지 아는 것이 때로 어렵다.

그런 점에서 인간 종을 다른 동물들과 구분하는 것은 젊은이들이 부모로부터 완전하게 분리되는 것보다, 인생의 주기를 넘어서는 세대의 상호 연결인 것같다. 모녀 관계는 서로를 돌보면서 각 세대의 이러한 주기적 연관을 대변하는 것으로 여겨졌다(예를 들면, 신화 속의 데메테르Demeter와 페르세포네Persephone). 관계의 연속은 명백히 상호적인 성장, 희생, 그리고 관련된 모든 사람이 가지고 있는 변화·진화하는 욕구에 대한 민감성을 필요로 한다. 예를 들면, 청소년기의 문제는 변화에서 부모가 겪는 어려움만큼이나 청소년 자신과 관련이 있다.

현 시점에서 이러한 발달 경로를 설명하기 위해 제안하고 싶은 한 가지 추가 개념은 "관계-진정성"이다. 이것은 관계 안에서 정서적으로 "실재하고", 연결되어 있고, 생생하며, 명확하고 목적이 있다는 느낌을 갖기 위해 계속 맞닥뜨리는 도전을 설명한다. 그것은 위험, 갈등, 분노와 다른 어려운 감정을 포함하는 영향력의 전체적인 범위에 대한 표현, 오래된 이미지, 관계의 폐쇄성과 거리, 그리고 관계의 패턴에 대해 도전하려는 의지를 필요로 한다. 이것은 자신이 어떤 사람인지 알려지고 인식되고자 하는 욕구와 지속적인 진정성을 가지고 타인을 알고 이해하고자 하는 욕구인 성장 에너지를 제공하는 관계에서의 도전이다.

관계의 정의

마지막으로, 특히 애착과 같은 다른 보편적인 용어들과 구별되는, 관계에 관한 유용한 정의를 제시하고자 한다. 관계라는 말에서 말하고자 하는 것은 정서적이고 인지적인 상호주관성의 경험이다. 즉, 상대방 또는 타인의 끊임없는 존재에 대한 계속적이고 본질적인 내면의 자각과 민감도, 그리고 상호성에 대한 기대이다. 우리는 이 "주체관계 이론"을 "대상관계 이론"과 구별해서 말하고 있는데, 대상관계 이론에서는 분리된 자아구조에 기반을 두고 있는 "대상"을 끊임없는 실재에 관한 포괄적·개인적 구조를 가진 주체로서 경험할 수 없게 할 것이다. 이 관계의 정의는 "자아 경계의 확장"과 같은 다른 개념들과도 다르고, 상대에 대한 욕구와 만족이 자기 자신에 대한 것만큼 중요한(설리번과 프로이트가 정의한) "분리되어 있지만 동등한 공존"과 같은 "상호성"과도 다르다. 또한 관계 안에 있는 것은 단 하나의 자기보다 큰 단위와 동일시하는 능력과 이 새로운 단위를 돌보려는 동기부여가 된 느낌을 포함한다. 이것은 "분리된 자아" 이론이 가지고 있는 실제적인 문제이다. 즉, 어떻게 분리된 자아들이 상호작용하고 공존하는가에 관한 문제이다. "애착"은 "대상"이 있다는 것과 행복감, 안전감, 그리고 욕구 충족감이 관련되는 정서적 연결의 상태를 내포한다. "분리"는 애착을 "내면화"하는 과정과 상대 또는 관계에 대한 "욕구"를 감소시키는 과정을 포함한다. 우리의 관계에 관한 정의는 끊임없는 신체적 혹은 정서적 접촉을 내포하지도 않고, 계약으로 보증되는 외부적으로 정의된 관계의 패턴을 내포하거나 또는 아동이 성장함에 따라 관계의 중요성이 감소되는 것을 내포하지도 않는다. 이 발달상의 분화를 살펴보는 한 가지 방법은 유아가 관계의 양에 영향을 미치는 자신의 성격을 형성하는 동안 관계를 맺는 데 덜 유연해지고 처음에 관계를 맺는 방법에서 더 제한적이 된다고 말하는 것이다. 예를 들어, 유아는 신체적으로 너무 오랜 기간은 홀로 있을 수 없다. 그러나 유아는 관계를 맺는 데 훨씬 큰 범위와 유연성을 갖는 쪽으로 성장한다. 돌보는 사람은 유아가 애착하는 "대상"이면서 또한 관계에 바로 영향을 미치기 시작하고 그것의 경로를 결정하는 그녀 혹은 그 자신의 특성을 가지고 있는 주체이다. **양쪽 모두**는 관계 **때문에** 그들이 변하는 만큼 더욱 사람으로 정의되어갈 것이다. 최적의 경우, 그들 양쪽은 더욱 연결된 상태를 향해 성장해간다. 즉, 분리가 아닌 관계를 향해 성장한다. 더 나은 연결됨은 더 많은 유연성과 더 넓은 범위, 모든 개인과 관계 그 자체를 위한 선택을 의미한다.

우리의 관계에 관한 정의는 관계의 상호작용 과정과 시간과 공간을 넘는 "정서적-인지적 대화"의 연속 과정을 통해 자신과 타인에 대해 알아가는 느낌을 내포한다. 그것은 개인보다 큰 단위의 부분으로서 세상에 존재하는 방식 ─ 그러한 세상에서 "전체"는 부분의 합보다 더 큰 것으로서 경험된다 ─ 을 덧붙여 암시한다. 관계 또는 새로운 관계의 단위(예를 들어 커플, 가족, 우정, 네트워크, 또는 작업 집단)는 개인을 넘어서는 독특한 존재를 갖게 되고, 관심을 받고, 돌봄을 받으며 양육된다. 이 모델 안에서 자아는 관계 안에서 활력과 강화를 얻는다. 그리고 자아는 관계로 인해 축소되거나 위협을 받지 않는다. 그러므로 계속되는 상호주관적 관계의 과정은 끊임없는 신체적 연결이 아니라 끊임없는 심리적 연결을 명백하게 포함한다. 상대가 정서적-인지적으로 존재하는 것이 개인의 "자기 존재"의 기본 구성 요소를 형성한다고 강조하는 것은 중요하다. 관계의 과정과 대화 ─ 상호작용, 상호 연결, 그리고 반응할 준비 ─ 는 심리적 수준에서 유지된다. 이 연결감은 어머니와 아동의 관계에서 기본적 측면이다. 예를 들어, 어머니들은 때때로 아이를 돌볼 때 그들과 남편 사이의 주된 차이로 이 연결감을 보고한다. 비록 남성이 아이를 돌보는데 매우 헌신적이라고 할지라도, 끊임없는 인식의 연속성을 경험하는 것은 바로 여성이다. 여기서 모든 실제 관계의 구성 요소로서 이러한 연속성 경험 ─ 자기의 일부분으로서 상대방을 수용하는 것 ─ 을 가정한다.

이 모델 안에서 의사소통은 논쟁이라기보다는 상호작용이고 대화가 된다. 한 특별한 커플을 상담하면서 그들이 의사소통 과정을 묘사하는 데 남성과 여성 사이의 차이를 보고 충격을 받았다. 그녀가 자신의 욕구와 인식에 대해 말할 때, 그녀는 그가 적극적으로 듣고 그녀의 생각이 더 집중되고 명료화된 단계로 발전할 수 있도록 참여하기를 원했다. 그는 논쟁할 준비를 하고 있었다. "그녀와 논쟁하고 토론할 때, 나는 그녀를 자신이 느끼는 것이 무엇인지 알고 자기 입장에 관해 효과적으로 논쟁할 수 있는 동등한 사람으로 대하기 때문입니다." 그녀는 그의 입장이 자신의 생각을 소통하도록 촉진하기보다 당황과 혼란, 그리고 단절감을 낳는다는 것을 알았다. 그녀는 자신이 느끼는 것이 그에게 도움이 되는지 그에게 물어보곤 했다. 그녀는 자신이 일시적으로 "자신의 상황에서 벗어나" 당시 그의 생각의 흐름을 "함께 따라가"고 있다고 생각했고, 그에게도 그것을 요구했다. 그들 각자에게는 상대방의 관계 모델을 이해하는 것이 무척 어려웠다.

관계적 발달 경로는 관계와 주체성이 동시적으로 발달한다는 것을 제시한다. 아동을 양육하는 데 있어 이러한 관계의 발달 방향은 초기의 정서적 반응성으로부터 의식적인 성인의 책임감으로 이동하는 것으로 설명할 수 있다. 길리건이 제안한 바에 따르면(Gilligan, 1982), 여성에게 관계의 윤리성은 어떤 도덕적 선택과 관련된 모든 사람의 이익을 성숙하고 사려 깊게 고려하는 것을 발달시키는 것을 포함한다. "반응/능력"이라는 새로운 개념과 용어가 "주도성" 혹은 "자율성"보다 여성의 자아 발달과 행동 형태 그리고 권력강화에 더 적절하게 적용되는 것 같다.

돌보는 관계에서 고려, 돌봄 그리고 권력강화의 관계로 이동하는, 즉 모녀 관계에 관한 초기의 정의로부터 좀 더 총체적이고 유연한 성인의 관계 형태를 향해 움직이는 여성 발달의 전망이 이 모델에 내재되어 있다. 발달 경로는 외부에 "실재"하는 관계뿐만 아니라 관계에 관한 내면의 느낌도 포함한다. "자기 자신의 어머니가 되는" 능력, 즉 자기 자신과 세심하게 귀 기울이고, 돌보는 관계가 되는 것을 내면화하는 것(조던이 자기공감이라 부르는 것(이 책의 2장)에서 볼 수 있는 것처럼)은 고립이 아니라 관계 안에서 만들어진다. 상담에서 우리 작업의 대부분은 여성 내담자가 자신의 경험을 알게 하고 경험을 그녀 자신의 관계의 맥락으로 가져오도록 돕는 관계적 과정을 포함한다. 이것은 또한 여성이 새로운 모델을 추구하고 새로운 형태의 관계, 네트워크, 그리고 공동체를 탐험하도록 격려하는 것을 의미한다. 새롭고 다양한 관계 형태(혈연관계의 모녀 한 쌍 또는 아주 가까운 가족을 넘어서는)의 발달은, 특히 직장과 더 큰 사회적·경제적·정치적 현장과 같은 영역에서 여성의 완전한 발달에 필수적이다. 게다가, 관계적 성장을 중요하게 여기고 관계적 성장의 모범이 되어주는 여성의 존재는 이러한 영역에 새로운 활력과 구조를 가져다줄 수 있다.

필자는 임상 장면에서 이 모델의 유용성을 보여주는 것으로 결론을 내리고자 한다. 앞에서 이루어진 논의를 간결하게 예증하기 위해 이러한 예들은 성인 여성의 모녀 관계에 주로 초점을 맞출 것이다. 중요한 역할을 하는 다른 모든 관계를 자세히 열거하지는 않을 것이다.

관계적 자아: 성장의 단계

5년간 상담해왔던 33세의 여성(그녀를 엘리자베스Elizabeth라고 하겠다)은 원래는 직업을 선택하는 데 도움을 받고자 찾아왔다. 당시 엘리자베스는 20년 연상인 상사와 매우 부모 같은 느낌의 성적 관계로 얽혀 있었다. 엘리자베스는 그의 행정직 부하 직원이었다. 그녀는 자신이 지적으로 매우 부족하다고 느끼고 있었고, 대학을 졸업하지 않았다. 상담에서 첫 2년 동안 그녀가 대학으로 돌아가 일류 경영대학원에 들어가는 것에 관한 작업을 했다. 이 성취에는 엘리자베스가 가지고 있는 자아 이미지를 어머니가 그녀에 대해 가지고 있던 의존적이고 지적으로 제한되어 있던 이미지와는 아주 다른 것으로 변화시키는 것도 포함되었다. 이런 내면화된 자아 이미지를 버리는 것은 불안을 야기했는데, 이는 그것이 어머니를 버리는 것처럼 느껴졌기 때문이었다. 실제로 그것은 어머니와의 관계에서 일시적인 혼란을 초래했다. 어머니가 딸이 엄청나게 성장하고 사업 영역에서 성공한 것을 심리적으로 수용하지 못했기 때문이다.

여기서 우리는 자아와 자아 이미지에서 생기는 중요한 변화들이 어머니와의 내적 관계와 외적 관계 모두가 변해야 한다는 필요성을 어떻게 만들어내는지 볼 수 있다. 이 사례에서 엘리자베스는 상담의 첫 단계 동안 겪게 된 변화를 위해 관계 안에서 자신의 주요한 자아감에 집중해야 했다. 이 시기에, 성장을 위해 허용되는 주된 관계는 상담자와의 관계였고, 그녀의 발달은 이 새로운 관계 상황 속에서 진행되었다. 나아가 엘리자베스는 대학원의 여성 친구들과 상호적으로 공감하고 지지하는 관계를 발전시키기 시작했다. 그녀가 인생에서 여성들과 건강하고 성장에 도움이 되는 동료관계를 맺은 것은 처음이었다. 이 관계들의 발달을 격려하고 엘리자베스가 동료들과 관계를 맺는 능력을 기르도록 상담에서 많은 시간을 보냈다.

대학원을 졸업하면서, 엘리자베스는 그녀가 갖게 된 새로운 자기 인식에 적응하고 이를 격려할 수 없었던 옛 애인과의 관계를 끝냈다. 그녀는 직장에서 빠르게 성공했고 경력을 발전시키는 데 강렬하게 집중했다. 그리고 표면적으로는 "심각하고 헌신적인 관계"를 바라지 않는 남자와 성적 관계를 맺게 되었다. 이것은 관계의 발달에 관한 새로운 단계를 시작하는 것이었다. 엘리자베스는 자아가 둘로 분리되는 것을 경험하기 시작했다. 첫 번째 자아는 단호하고 활동적이며 일에서 자신만만했는데, 거기서 엘리자베스는 동료들 및 고객들과의 업무 관계에서 엄청난 만족감을 느꼈다. 엘리자베스는 집에 돌아와 연인과 있게 될 때면, 자신이 약하고, 수동적이고, 멍청하고, 유치하며 지속적인 애착과 안도를 원하는 "또 다른 사람"이 되는 것을 느꼈다. 엘리자베스는 그 관계를 끝내기 위해 계속 노력했으나, 관계를 끝내고 다시 그 관계 속으로 말려들어가는 일을 반복하고 있었다. 이 상담 시기 동안, 우리는 관계-속-자아의 새로운 이미지와 모델들을 발달시키는 작업을 다시 했다.

이 새로운 관계가 어머니와의 이전 관계를 다시 경험하는 공포를 불러일으킨다는 것이 드러났다. 이 패턴은 성적인 관계를 가진 두 사람 간의 강력한 친밀감에 의해 재발되었다. 그녀는 어릴 적 어머니와의 사이에서 가능했던 것을 넘어서는 양자 관계의 새로운 형태를 성장시키고 발전시키기 위해 상담자에게 관계적 맥락과 지원을 원했다. 엘리자베스는 이 강렬한 성적 관계에 더욱 발달된 관계의 기술들을 적용하는 방법을 힘겹게 배워나갔고, 이제는 더욱 성숙한 방식으로 자신의 관계적 자아의 이러한 측면들을 개선할 수 있게 되었다. 그녀는 자신의 관계적 욕구에 적절하게 가치를 부여하고 행동할 수 있다. 이것은 관계에서 더 많은 약속과 상호관계를 원하는 자신의 욕구에 대한 명백하고, 안정적이며, 개방적이고, 활동적인 설명을 의미했다. 이것은 감정에 대한 지속적인 통제 속에 있고자 하는 자신의 욕구를 포기하는 것이자, 좌절을 받아들이고 극복하는 방법을 배우는 것이며, 서로가 받아들일 만한 타협에 이를 때까지 협상하는 것이다. 두 사람 모두 관계에 대해 만족하게 되었고, 부부가 되었다.

친밀한 이성애 관계 안에서 스스로를 재정립하는 이 기간에 엘리자베스는 어머니와의 관계에서 변화를 경험했다. 어머니는 최근에 딸이 갖게 된 새로운 직업적 지위를 굉장한 자부심을 가지고 받아들이게 되었고, 지금 엘리자베스가 남편과의 관계를 발전시키는 것에 대해 논의하면서 도움을 주고 있다. 엘리자베스는 이 영역에서 어머니에게서 배울 수 있을 것이라 느끼게 되었고, 어머니 또한 딸과의 상호작용을 통해 자신의 결혼 생활을 변화시키기 위해 노력하기 시작했다. 관계 속에서 서로가 지금처럼 즐거웠던 적이 없었고, 두 사람 모두 결혼 관계에서 굉장한 만족을 느끼고 있다. 엘리자베스가 남편과 새로운 관계를 형성할 만큼 성장하는 동안 어머니와의 관계에서 보인 동일한 성장과 상호작용에 주목하는 것이 중요하다.

이렇게 후퇴했다 전진하는 전환 과정이 종종 있는데, 이때 현재의 관계 속에서 새롭게 배운 것은 다른 가능한 관계, 그리고 더 오래된 부모 자식 관계 혹은 형제자매 관계(성인기에 형성한 자아 이미지를 유지하는 데 방해가 되는)의 성장으로 이어진다. 우리가 주목해야 할 것은 상담 관계 안에서 출현하는 새로운 자아 이미지에 기반을 둔 새로운 관계 안에서의 발달을 격려하는 것이 중요하다는 것이다. 내면의 발달은 관계의 성장을 통해 드러나는 것이므로, 관계적 학습과 전환 과정에 집중하는 것에 초점을 맞추게 된다.

관계 속에서의 성장을 촉진하기: 새로운 자아 이미지 허용하기

이 모델로 작업한 또 다른 사례는 여성 내담자가 상담자와 맺은 — 그러나 그리 배타적이지는 않은 — 관계를 포함한 새로운 관계들로부터 파생된 새로운 자아 이미지를 수용하도록 돕는 것을 포함하고 있다. 35세의 아주 매력적이고 활력 이 넘치며 씩씩한 미혼 여성인 주디스Judith는 원래 그녀가 필사적으로 원하는 것이라 여겼던 남성과의 "좋은 관계"를 발전시키지 못해서 상담을 시작했다. 그녀는 좋은 여성·남성 친구들과 폭넓게 교제했고, 직업으로 플루트flute를 연 주하고, 어린아이들에게 음악으로 가르치고 있으며, 에너지가 넘치고 독립적 임에도, 자신의 "이기심"("그녀의 방식으로 좋아하는 것"으로 정의되는)과 "섹슈얼 리티" 때문에 극도의 우울감과 죄책감을 느끼고 있었다. 그녀는 남자가 그녀와 결혼하고 싶어 하도록 하기 위해서는 그녀가 덜 이기적이고 덜 독립적이고 덜 감정적일 필요가 있다는 것을 강조한 남부 출신의 장로교도인 어머니가 보내 온 편지를 내게 보여주었다. 매우 화가 나고 반항심이 느껴짐에도, 주디스는 마음 깊은 곳에서 어머니가 옳다고 느꼈다. 비록 주디스가 남성과의 안정된 관 계를 지속하지 못하게 될지라도, 그녀가 자신의 삶을 즐기고 있다는 것을 인정 할 수 있도록 돕는 데 엄청나게 많은 상담 시간을 할애했다. 그녀는 자신에 대 해 좋게 느끼고 있다는 것을 인정하거나 자신의 삶을 수용하는 것은 결혼할 수 있는 가능성을 영원히 상실한다는 것으로 느꼈다. 그녀는 자신에 대한 긍정적 인 감정을 표현했던 상담 회기 다음에 말 그대로 엄청난 불안감을 느꼈다.

주디스는 자신과 마찬가지로 새로운 삶의 방식을 만들기 위해 노력하고 있 는 여성들과의 관계를 발전시키기 위해 적극적으로 노력하는 데 상담의 일부 를 할애했다. 그녀의 음악가 친구들을 포함해서, 그녀가 동일시할 수 있는 연상의 여성을 찾아보라고 격려했다. 이 특정한 사례에서, 주디스의 어머니는 변화하는 딸의 자아 이미지를 수용하거나 그에 맞춰 변화할 수 없었다. 우리는 상담에서 어머니에 대한 단절감, 절망, 그리고 분노에 관해 작업했고, 주디스는 이 상실감 때문에 많은 불안, 슬픔, 그리고 비탄을 경험했다. 그러나 주디스가 마침내 인생을 즐기고 있다고 선언할 수 있게 되고 독신으로 살 수도 있을 것이라는 가능성을 수용하게 되었을 때, 그녀는 곧 관계를 맺고 있는 남성과 열정적인 관계를 발전시켰다. 이제 관계적 발달의 새로운 단계가 시작된 것이다.[1]

---

1   이 논문은 1983년 11월 스톤센터 콜로키움에서 발표한 것이다.

공감과 자아 경계

주디스 조던

발달 및 임상 이론은 어머니로부터 더 분리되며, 경계에 대한 감각과 자기통제 감이 늘고, 자아를 행동과 의도의 기원으로 보게 되며, 논리적이고 추상적인 사고가 증가하는 것을 초기 발달의 이정표로 삼는 방식으로 자율적이고 개별화된 자아 발달을 강조해왔다. 편견을 담고 있으며, 다음과 같은 내용이 이러한 편견에 영향을 미쳤다. (1) 구분 가능하고 분리된 실체들이 측정 가능한 방식으로 움직인다는 개념을 강조하는 뉴턴 물리학을 심리학의 과학적 모델로 삼은 것. (2) 서구 민주주의 국가에서 강조되는 개인의 존엄성과 자유. (3) 무력하고 의존적인 유아를 자족적이고 독립적으로 성장시키는 것을 중요하게 생각하는 문화(일본 문화에서 처음부터 독립적인 유아가 의존하는 방향으로 나아가야 한다고 보는 것과는 매우 다르다). (4) 내적 충동이나 외적 요구로 인한 공격으로부터 자아가 스스로를 보호할 필요가 있다고 보는 병리학에 대한 이해에서 시작된 정신에 대한 연구. 프로이트는 "살아 있는 유기체에게는 자극으로부터 보호하는 것이 자극을 수용하는 것보다 더 중요한 기능이다"라고 말했다(Freud,

1920: 27). 전통적 정신분석 이론은 개인이 미분화되어 있는 단계, 따라서 밀착되어 있고 공생하는 단계로부터 개별화되고 분리된 단계로 성장해나가는 것으로 보았다. 말러의 분리-개별화 이론은 개별화되고 분리된 자아의 정상 발달에 대한 가정을 구체적으로 설명하고 있다(Mahler, Pine and Berman, 1975). 정신분열증에 대한 초기 연구는 정신증 수준으로 보상작용이 상실되면 자아와 타인의 경계가 병리학적으로 붕괴된다고 강조하면서, 더 건강하고 성숙한 기능 방식은 자아와 타인의 더 많은 분리를 기준으로 예측할 수 있다는 개념을 강화시켰다(Freeman, Cameron and Mackhie, 1958). 랜디스B. Landis는 자아 경계에 대한 연구를 검토한 후 "대부분의 논의에서 더 단단한 경계, 심지어 극단적으로 투과되지 않은 경우를 긍정적이고 적응적이라고 보며, 보통 '열려 있고', '약한' 경계를 심각한 결함의 증거로 간주한다"라고 지적했다(Landis, 1970: 17).

조지 클라인George Klein은 여러 자아 이론에서 불균형을 지적해낸 첫 분석심리 이론가 중 한 명이다(Klein, 1976). 그는 다음과 같이 자아에 대한 두 가지 주요 경로를 설정했다. "하나는 자율적 단위로, 행위와 결정의 소재로 타인을 상정하는 것과 구분된다. 두 번째 측면은 개인의 자율적 행동을 초월하는 단위의 필수적 부분으로 해석되는 자아이다. '우리'라는 정체성도 역시 자아의 일부이다. 다른 생물학적 '기관'이나 '부분'처럼, 유기체는 … 그 자신을 초월하는 실체로부터 분리되어 있으면서도 그 일부라는 것을 반드시 느껴야 한다"(Klein, 1976: 178). 최근에 체계 이론가들은 "서로 관계가 형성된 채 상호작용하는 일련의 단위들"이라는 개념을 발달에 적용하고 있다(Miller, 1978: 16). 스턴Daniel Stern은 "타인과 함께하는 자아"를 언급했고, 스테츨러G. Stechler와 캐플런S. Kaplan은 친화적 경향과 자율적 경향의 공존에 대한 글을 썼으며, 폴랙W. Pollack은 아이들과 그 부모에게서 "우리라는 의식"에 대한 연구를 했고, 코헛, 밀러, 서리는 여성에게는 "관계적 자아"가 중요하다고 상정했다(Stern, 1980; Stechler and Kaplan, 1980; Pollack, 1982; Kohut, 1982; Miller,1976; Surrey, 1983). 부수적으로 뉴턴 물리학은 흐름, 파동, 상호 연결을 강조하는 "새로운 물리학"과 양자 이론에 밀려나게 되었다. 우리는 정적인 구조와 공간에 분리된 채 존재하면서, 구분되어 있고 경계가 있는 물체를 강조하는 대신 과정, 관계, 상호작용에 대해 더 평가하는 상황을 보고 있는 것이다. 발달과 임상 이론에서는 자아가 관계로부터 멀어지고 독립하면서 성장하기보다 대인 관계를 통해 발달한다는 점을 더 많이 강조하는 현상에 이러한 것들을 반영하고 있다. 하지만 관계와 관련된 주제들은 너무나 빈번하게도 '융합된, 공생적인, 미분화된'과 같은 퇴행적 표현으로 설명되는데, 이는 강렬한 대인 관계는 보다 더 원시적인 기능으로 이동하는 것을 포함한다는 점을 암시한다. 관계와 친밀성에서 더 복잡하고 분화된 패턴이 발달한다는 것을 인정하지 않으면, 자아에서 관계적 측면은 적절하게 이해되지 못하고 가치절하될 것이다.

공감 연구가 재미 있고 의미가 있다는 것을 알게 된 것은 바로 이러한 발달에 대한 편견 덕분이다. 공감은 '우리라는 의식'과 관련되며, 분리되고 단절된 자아를 초월하는 자아의 측면을 이해하는 데 핵심적이다. 사실, 누군가 타인과의 기본적인 연결감과 유사성을 경험하게 되는 것은 바로 그 과정을 통해 가능한 것이다. 하인즈 코헛은 공감을 "인간관계의 근본적인 양식이자 타인 안에서 자기를 인식하는 것이며, 인간의 울림을 수용하고, 확인하고 이해하는 것이다"라고 설명했다(Kohut, 1978: 704~705). 공감이 없다면 친밀성도 없고, 관계 속에서의 분리라는 역설을 이해하기 어려울 것이다.

공감을 알 수 없고 전염병 같으며 원시적인 현상으로 이해하거나 모호하고 알 수 없는 주관적 상태로 치부하는 이유 중 하나는 아마도 자율적이지 못한 기능을 퇴행적인 것으로 보기 때문이거나, 단지 관계적 자아의 발달적 진행에 주의를 덜 기울이기 때문일 것이다. 그러나 공감은 높은 수준의 자아 발달과 자아 강도를 기반으로 하는 복잡한 과정이며, 그 둘을 설명할 수 있는 좋은 지표가 될 수도 있을 것이다. 코헛은 공감을 "간접적인 자기성찰"이라했고, 셰이퍼는 공감을 생성하는 것은 "타인의 심리 상태를 순간적으로 공유하고 이해하는 내적 경험"이라 했다(Kohut, 1959; Schafer, 1595: 345). 셰이퍼는 이러한 앎이

"상당 부분을 자신의 정서 상태를 기억하고 거기에 응답하는 것을 근거로 한다"는 점을 강조한다. 이러한 표현은 정서와 인지의 통합을 강조하고 있다. 그린슨R. Greenson(1960: 418)은 "정서적인 앎"이라고 했고, 플리스R. Fliess(1942: 213)는 "동일시 시도하기"라고 했다.

필자가 이해한 바에 의하면 공감에는 실제 몇 가지 요소가 있다. 공감하기 위해서는 타인과의 공통점뿐만 아니라 차이점을 알아보고 여기에 민감해야 할 뿐만 아니라 잘 분화된 자아 감각이 있어야만 한다. 공감을 하려면 항상 감정과 활동적인 인지적 구조화에 전적으로 기대야 한다. 공감이 일어나기 위해서는 자아 경계가 유연해야만 하는 것이다. 경험에 의하면, 자신의 감정적인 각성에 굴복할 때 타인의 정서적인 신호(언어적이든 비언어적이든)를 인지하게 되는데, 이를 가능하게 하는 대인 관계와 관련된 일반적인 동기와 함께 공감이 시작된다. 여기에는 타인의 상태와 일시적으로 동일시하는 과정에서 정서의 원천이 타인이라는 것을 알아차리는 것이 포함된다. 마지막 해소 시기에는 정서가 사라지면서 자신의 자아가 분리되었다고 느끼게 된다. 상담에서는 이 마지막 단계를 통해 내담자가 자신의 내적 세계를 이해할 수 있도록 돕는다.

효과적으로 공감하기 위해서는 정서와 인지가, 주관과 객관이, 능동과 수동이 각각 균형을 이루어야만 한다. 타인의 입장이 되거나, 타인의 시각으로 보는 등 "마치 ~처럼"이라는 자세로 시도해보는 특징이 있기 때문에 유연한 자아 경계가 중요하다. 자기와 타인의 구분이 경험적으로 흐려지기 때문에 일시적으로 자아와 타인 표상이 겹쳐지게 된다.

피아제의 동화와 조절 원리에서 공감 과정에서 발생하는 일을 개념화할 수 있는 한 가지 방법을 발견할 수 있다(Piaget, 1952). 공감에서는 자기의 이미지를 타인의 이미지에 맞춰 조절했다가 타인의 이미지를 자기의 이미지에 동화시키는 과정이 빠르게 반복되며 발생할 수 있다. 피아제의 모델에서와 같이, 이 두 과정은 균형을 향해 나아가지만 결코 정적인 상태에 도달하지 못한다. 자기와 타인의 표상이 일시적으로 합치되었다가 분리되기 때문에 균형은 변화한다.

동화가 주로 이루어질 때에는 자아 경계가 너무 경직되어서 타인의 정서 상태가 어떤 영향력을 갖지 못하게 하고, 그로 인해 타인의 내적 상태를 알기 어렵고 자신의 정서 상태를 타인에게 투사하고 있다는 것을 이해하지 못하게 된다. 반면에 자아표상이 유동적이고 구체적이지 못하다면, 조절 쪽에 치우쳐서 불균형이 생기며, 타인의 경험 속에서 자신을 잃고, 경험을 정확하게 관찰하거나 구조화하는 데 어려움을 느끼게 될 것이다. 적절하게 구체화되고 상대적으로 지속적인 자아표상이나 자아 이미지가 없다면 일시적인 동일시가 자아의 항상성에 위협이 될 수도 있을 것이다. 반면, '우리'라는 것을 느끼지 못하고 타인의 감정에 동참하지 못하는 자아 이미지는 공감 과정을 자아감을 위협하는 것으로 느끼게 할 수도 있다. 공감은 자아 구분을 상실하는 퇴행적인 경험이 될 것이다.

자아표상은 포괄적인 것이 아니라 구체적인 정서적 경험과 밀접하게 관련되어 있기 때문에 어떤 정서와 관련된 자아 경계가 타인에 비해 더 경직되어 있거나 느슨할 수 있다. 마찬가지로 공감적 조율은 다른 경험보다 어떤 구체적인 경우와 관련하여 매우 발달될 수도 있다. 정서적 해리가 있을 때나 정서적 알아차림이 잘 발달하지 못했을 때, 타인의 어떤 정서에 대해 간접적인 정서적 각성을 느끼거나 이에 대한 인지적 평가를 할 수 있는 능력이 덜 발달할 수 있다. 그러므로 공감을 전반적인 기능으로 설명하는 것은 정확하지 않다. 공감적 조율에 영향을 주는 일반적인 요인들이 있을 수 있지만(예를 들면, 대인 관계적 동기적 소인, 다양한 정서적 각성에 대한 편안함, 자아 경계의 유연성), 개인에 따라 타인의 다양한 내적 상태에 다른 공감적 반응을 보일 것이다. 예를 들어, 상담에서 만난 한 여성은 남편의 심리 상태에 관해 전반적으로 매우 공감했다. 그러나 그녀는 자신의 분노를 알아차리지 못하도록 자라왔기 때문에, 반동형성reaction formation을 사용하여 자신의 분노를 알아차리지 못하는 사람이 되었다. 마찬가지로 남편이 화가 났을 때, 그녀는 자신에게 화를 내는 것이 아님에도 남편에게 반응을 보이지 않았고 그의 내적 상태를 이해하지 못하고 거리를 두었다. 이는 마치 이 여성이 공격 충동에 대한 방어를 발전시켰기 때문에 분노에 대해 전반적으로 공감적 접근을 하지 못하는 것 같이 보였다. 아내는 눈물을 보이거나 특히 감정적인 상태가 되었을 때 남편이 그냥 자신의 감정을 알아주고 함께 있어주기를 바라는 반면, 남편은 불편해하면서 그 상황을 바꾸기위해 무엇인가를 하거나 아내가 무엇인가 하길 바란다는 이야기를 부부 상담에서 흔히 듣는다. 아마도 남편은 자신의 눈물이나 슬픔을 못 견디기 때문에 아내가 이러한 감정을 느낄 때 공감하기 어려워하는 것 같다.

공감의 발달 과정에 대한 연구에서 흥미로운 질문은 위의 예시와 같은 맥락에서 생겨난다. 부분적으로는 개인이 성숙해지면서 정서적 조율이 더 복잡해지고 분화되지만, 공감적 반응의 어떤 측면들은 제한되고 사라질 수도 있다. 맥린P. MacLean(1958)은 원시적인 공감 반응이 변연계에서 발생하는 신경학적 근거를 두고 있다고 설명했다. 심너M. D. Simner(1971)와 새기A. Sagi와 호프만M. L. Hoffman은 태어난 지 하루 이틀 된 유아가 다른 유아가 괴로워하며 울 때 같이 우는데, 이는 우리가 이해하는 공감과는 조금은 다른, 아마도 진짜 공감의 전조로 볼 수 있는 것이라고 했다(Sagi and Hoffman, 1976). 호프만은 아이들이 2~3세 되었을 때 타인이 자신과 다른 내적 상태를 지니고 있을 수도 있다는 감각을 발달시키며, 타인에게서 어떤 정서를 인지할 수 있다고 했다(Hoffman, 1987). 피아제는 개념적 역할을 할 수 있고 자기중심성이 줄어드는 것이 약 7~8세쯤이라고 했다(Piaget, 1928). 디먼드R. Dymond, 휴스A. Hughes와 라베V. Raabe는 사회적인 통찰이나 타인이라는 역할을 하는 능력인 공감이 7세부터 11세까지 발달한다고 했다. 또한, 더 큰 아이들은 "어떤 감정은 인식하고 수용해도 '안전'한지, 어떤 감정은 '방어'해야 하는지 의식하게 된다"고 했다(Dymond, A. Hughes and Raabe, 1952: 206). 이는 공감 능력에서 성차가 두드러지는 지점이기도 하다. 호프만은 남녀 똑같이 타인의 정서적 경험을 인식하고 거기에 이름을 붙일 수 있지만(인지적 알아차림), 여성들이 일반적으로 타인의 정서에 자기도 같은 경험을 하는 듯이 느끼는 정서적 반응을 더 보인다는 연구들을 검토했다(Hoffman,

1977). 여성들은 타인의 입장에서 생각하는 경향이 더 있다. 그렇지만 여성들이 타인과 융합을 더 많이 한다는 뜻은 아니다. 왜냐하면 여성들은 타인의 내적 상태가 자신과 다른 경우에도 타인의 내적 상태를 알 수 있는 능력이 있기 때문이다. 취학 아동들에게서 이미 보이는 이러한 성차는, 남성들은 정서적으로 각성되었을 때 "그냥 느껴보기"보다 행동하고 감정을 억누르도록 배우고, 여성들은 특히 심리적 어려움이나 취약한 감정과 연관된 정서적 각성의 허용 범위가 더 넓어지면서 청소년기에 더 커진다. 렌로우P. Lenrow(1965)는 심리적 어려움이 있을 때 눈물을 보이는 아이들은 용감하고 울지 않는 아이들에 비해 타인에게 공감 반응을 더 적절하게 보인다는 것을 발견했다. 이는 다양한 정서적 각성을 느끼고 자신의 감정을 견딜 수 있는 사람이 타인에게 정서적인 공감을 보일 수 있는 잠재력이 많다는 것을 보여준다. 자아에 적절한 감정을 제한한다면, 공감적 반응도 제한될 것이고, 타인의 내적 상태에 대해 즉각적인 공감적 반응을 보이기 어려울 것이다.

"자아" 대신 자아표상과 관련하여 생각해보면 자아 경계를 단일한 현상으로 생각하는 것이 잘못되었다는 것을 분명히 알 수 있다. 그러므로 공감을 퇴행적인 융합이라고 설명하는 것은, 공감하는 개인은 뚜렷한 자아를 광범위하게 잃어버리는 것을 경험하며 이는 자아를 분리되고 자족적으로 경험하는 일반적인 기능에 역행한다고 암시한다. 심지어 이를 "일시적인 동일시"라고 수정하여 설명하는 것(Schafer, 1959)은 일시적으로 완전히 굴복하는 것을 암시한다. 아니면 올든C. Olden이 설명한 것처럼, 공감을 하게 되면 "주체는 타인의 자아를 위해 자신의 자아를 일시적으로 포기한다"(Olden, 1953: 112~113). 이는 일시적으로 제한적이고 가역적인 공감의 특징을 지적하며, 자아를 구분되고 자율적이라고 보거나 혹은 융합되고 내재되어 있다고 보는 오류를 영속시키고 있다. 감정적으로 연결되어 있고 정서적으로 결합되어 있다는 느낌을 가지면서 동시에 인지적으로 자신의 분리를 인식하는 것은 불가능한 것일까?(Kaplan, 1983) 그렇게 할 수 있다면, 다른 자아표상들이 자아의 전반적인 형태에 기여하면서 공존하고 재빨리 활성화될 수 있다. 클라인은 자아가 계속성·응집성·통합성을 제공하는 구조적 기능을 한다고 지적한다(Klein, 1976). 엄마를 향해 다가가거나 멀어지면서 신체적인 행위로 분리를 표현하는 세 살짜리에게 자율성과 연결의 동기는 상호 배타적인 것처럼 보일 수도 있다. 두 가지 동기를 모두 갖는다는 것은 자아의 계속성·응집성·통합성을 위협하는 것일 수도 있다. 특히 성인에게는 두 가지 기능이 양립하기 어려우며 갈등을 만들어내는 경우가 있을 수도 있다. 그러나 두 가지는 공존할 수 있다. 분명한 경계와 중요한 타인으로부터의 구분을 인식하는 특징을 지닌 자아표상은 자기와 타인이 여러 측면에서 중복되는 자아표상들과 함께 존재할 수 있다. 자아표상은 동화와 조절을 통해 형성되는 도식이다. 예를 들어, 활동적이고 형성하는 기능뿐만 아니라 반응적이고 스스로 수정할 수 있는 특징을 지닌다. 분리와 포함 사이의 균형은 항상 변화한다. 우리는 어느 한 면만을 관찰할 수도 있지만, 전체적인 과정을 통해 자기정의self definition와 알아차림의 지속적인 특징을 가장 잘 이해할 수 있다.

 개인이 타인과 연결되어 있으면 분리되지 못하고 융합되어 있으면 자율적이지 못하다고 설명하는 것과 같이, 정서적 각성을 효율적인 인지적 기능이 상실된 것으로 보면서 개인을 감정적 혹은 이성적인 양극 중 하나라고 보는 경향이 존재한다. 타인과 정서적으로 함께하는 경험인 공감은 더 원시적인 양식으로 기능하거나 타인을 이해하는 것이라고 여겨지고 있다. 공감에 대한 몇몇 구체적인 예에서 공감 과정이 복잡하다는 것이 드러난다. 첫 번째 예시는 13개월 아이와 24개월 아이에게 이유식을 주는 두 엄마를 비교하는 내용이다. 첫 번째 엄마는 아이 옆에 앉아 시리얼을 우유에 섞으면서 텔레비전을 보고 있었다. 그녀는 아이와 눈 맞춤을 거의 하지 않고 음식을 떠서 아이에게 먹였다. 엄마가 아이에게 한 스푼을 떠 주었을 때 아이의 입에 음식이 아직 가득 남아 있는 경우도 있었고, 아이가 한 입을 다 먹고 시간이 흐른 후에 다음 스푼을 떠 주기도 했다. 엄마는 아이의 반응에 정서적인 반응을 거의 보이지 않았다. 엄마는 아이에게 맞춰 자신을 조절하지 않았고, 공감하지 않은 것이다. 두 번째 엄마는 아이와 마주보고 앉아서 눈도 맞추고 종종 신체적인 접촉도 했다. 아이에게 한 스푼을 떠먹일 때 엄마는 고개를 살짝 들어 올리고 아이가 입을 벌릴 때 같이 혹은 그보다 조금 일찍 입을 벌렸다. 음식물이 아이 입에서 흘러나오면 엄마는 아이 입에 다시 넣어주면서 자기 입을 또 벌렸다. 이러한 모습은 운동모방으로 볼 수 있으며, 엄마는 무의식적으로 아이의 얼굴 움직임을 따라하거나 반영하는 방식으로 관계를 맺고 있다는 신호를 아이에게 보내는 복잡한 상호작용 과정에 참여하고 있는 것이다. 엄마는 자신이 먹는 게 아니라는 것을 잘 알고 있지만, 먹고 있는 아이와 동일시를 경험하고 있는 것이다. 그녀는 인지적·정서적·운동적으로 각성되어 있고, 어느 정도 경계가 겹치는 수준에서 아이와 상호작용하고 있는 것이다. 그녀는 아이와 분리되어 있으면서 연결되어 있다는 것을 동시에 알아차리고 있다. 아이와 동일시하면서 부분적으로 아이의 특별한 요구에 더 맞춰서 자신을 조절하는 것이다. 그렇다면 이 경우에 자기-타인 표상이 더 많이 겹치고 동일시가 더 이루어지기 때문에 타인과 분리되어 있는 상태라는 것에 대해 더 분명하고 날카롭게 인식할 수 있게 된다. 이것이 바로 공감의 역설이다. 개인이 타인에 대해 더 분명하고 분화된 이미지를 발전시키고 더 정확하고 구체적인 방식으로 반응하는 과정에서 퇴행적인 융합이 낳게 되는 결과와는 정반대의 상황이 벌어지게 된다.

상담에서 공감의 순간을 더 자세히 연구하면 공감 과정의 정서적 특징과 자기-타인 표상의 특징에 대해 더 알게 될 것이다. 한 내담자는 고등학교 시절 첫 졸업 파티에 가기 위해 준비했던 경험을 설명해주었다. 그녀가 설명한 대로 그녀와 함께 기대와 흥분, 그리고 약간의 불안감을 느낄 수 있었다. 그녀가 어떤 드레스를 입었는지, 데이트 상대의 이름은 무엇인지 등 상세한 내용을 듣고 있었지만, 사춘기 시절 느꼈던 흥분에 대한 그녀의 이미지는 내가 처음 하이힐을 신고, 처음으로 립스틱을 발랐던 기억과 경계가 흐려졌다. 마음속에서 내가 하이힐을 신고 내려왔던 계단을 그녀가 걸어 내려오는 것이 보였다. 나와 그녀의 경험 사이를 오가는 진동이 발생했다. 그다음 그녀는 핑크색 드레스를 입고 있다가 내가 입었던 녹색 드레스를 입고 있었다. 그 과정에서 나는 내 정서 상태를 관찰하고 있었고, 그 과정에 대해 인식하고 있었다. 나는 인지적으로 누가 누구인지를 혼동하지 않았으며, 그녀의 감정과 함께 있으면서 그것을 나누고 이해하고 있었다. 나는 공상에 잠겨 있는 것이 아니었으며, 내가 탐색한 이미지들은 내 자신의 기억과 그 내담자와 작업하면서 시간을 들여 형성해온 이미지가 변형되면서 혼합된 것이었다. 나는 그녀 얼굴에서 나타나는 광채에 민감했고 그녀가 취한 자세에서 드러나는 기대를 알아챌 수 있었다. 나는 다시 피아제 모델을 활용해 내담자의 이야기를 내 기억과 해석으로 동화시키는 과정을 거쳤다. 그러나 나의 상념 때문에 그녀의 이미지나 정서가 왜곡되는 지점에 대해 나는 끊임없이 알아차리고 있었으며 내 정서와 생각을 그녀에게 맞추고 동화시켰다. 내가 이 과정에서 내 정서뿐만 아니라 사고에 주의를 기울였다는 점은 중요하다. 비공식적 연구에서 상담자들은 상담 중 뿌리칠 수 없는 자신의 정서적 각성("나는 울 것 같았어요", "나는 학대하는 아버지에 대한 설명을 들으면서 '제발 그만 해'라고 외치고 싶은 충동을 느꼈어요") 때문에 공감을 가장 민감하게 알아차릴 수 있었다고 설명했다. 정서적 각성이 필연적으로 인지적 혼란을 야기한다고 가정하는 것은 통합적 기능에 대한 능력을 과소평가하는 것이다. 마찬가지로 조지 클라인의 용어인, "우리라는 의식"이라는 경험이 반드시 "나라는 의식"을 경험하는 것을 방해한다는 가정은 기능을 잘못 양극화시킨 것이다. 그러한 이분법은 자아 경험에 내재적으로 지속되는 조정과 긴장을 인식하기보다는 경계를 지나치게 구체화하고 단순화시키게 된다.

우리는 공감을 위한 능력이 이와 관련된 정서적 경험에 따라 다소 다를 수 있다는 가능성에 대해 언급했다. 예를 들어, 어떤 사람이 슬픔에는 매우 공감을 잘하지만, 분노는 공감하지 못할 수 있고, 자긍심에 대해서는 잘 공감하면서 수치심에 대해서는 못할 수도 있다. 공감적 조율은 절대적인 능력이라기보다 상대적이라는 것을 인식하면서 공감 능력에서 생길 수 있는 광범위한 문제에 대해 생각해보자. 지난 10년 동안 공감에 다시 관심을 갖게 되면서 우리는 기본적으로 상담자의 공감 능력에 주목하거나 이해를 위한 정신분석의 방법으로 공감에 관심을 가졌다(Kohut, 1959). 그러나 우리가 상담에서 만나는 사람들에게서 발견할 수 있는 공감의 특징에 대해 설명하는 것도 매우 중요하다. 여기에서 자아 경계에 대해 생각해봄으로써 공감을 더 풍부하게 이해할 수 있다.

R씨는 아내의 설득으로 상담에 온 35세의 건축가였다. 그는 결혼 생활과 직장에서 행복하지 않다는 이야기를 희미하게나마 했다. 처음에 그는 잘 만들어진 조각상 같이 매우 매력적이고 건장해 보였다. 그러나 소년같이 멋진 그의 모습에서 생생함은 잘 느껴지지 않았다. 눈을 잘 마주치지 않았으며, 목소리에 변화가 없었다. 그는 감정 변화 없이 매우 오랫동안 생각에 잠겼다. R씨는 나이 많은 부모님을 둔 외동아이였다. 어머니는 우울했고, 아버지는 집착이 심한 편이었다. 그는 아무도 감정 표현을 잘하지 않고, 감정을 이야기하지 않는 고립되고 답답한 가정환경에서 자랐다. R씨는 누구와도 가까운 사이라고 느껴본 적이 없었다. 상담에서 그는 분노하거나 슬퍼하지 않았다. 그는 그냥 느끼지 않았다. 주변 사람들에 대해 말하면서 R씨는 내면에서 타인을 어떻게 경험했는지 거의 인식하지 못했다. 사실, 그는 종종 아내의 감정적 반응에 당황하곤 했다. R씨는 다양한 정서에 대해 잘 알지 못했으며, 다른 사람이 자신의 감정에 대해 이야기를 할 때면 이를 이해할 수 있는 내적 준거가 없었다. 게다가 그는 자기정의가 매우 제한되어 있었다. 개인 상담 외에도 가족 상담을 하면서 그는 자신이 타인과 어떻게 다른지, 특히 강렬한 감정을 표현할 때 어떤 차이가 있는지 설명하는 데 많은 시간을 들였다. 결혼 생활에서 그는 어떤 영향도 주지 못한다는 불평을 종종 아내로부터 들어왔다. 상담 초기에 R씨는 자신의 고립감에 대해 별로 불행해하지 않았지만, 2년째가 되자 그는 자신의 깊은 외로움에 대해 말하기 시작했다. 때로는 어린 시절 느꼈던 슬픔에 대해 울부짖었다. 그는 타인의 감정을 다소 이해한다고 표현하기도 했다. 눈 맞춤도 더 잘되었다. 그의 가족 상담 상담자는 비록 그가 여전히 타인의 말을 경청하는 것을 어려워하기 때문에 다른 가족들이 좌절감을 느끼고 있긴 하지만, R씨는 타인

에게 더 귀 기울이게 되었고, 다른 사람들의 감정을 더 정확하게 이해할 수 있게 되었다고 전해주었다. 우리는 이 남성이 자아 경계가 과도하게 경직되어 있고, 고립된 개인의 정서를 잘 견디지 못한다는 것을 발견했다. 공감을 잘 못하는 사람들은 원래 공감적인 연결을 느끼기 위해 필수적인 정서적 흐름을 허용할 정도로 자아 경계를 느슨하게 하지 못한다.

공감을 잘하지 못하는 또 다른 이유는 타인의 감정에 과도하게 자극을 받기 때문이다. 이러한 경우 자아 경계는 극도로 침투에 약하며, 타인의 정서에 반응을 할 때 분리된 자아감이 줄어들 수도 있다. S씨는 이혼의 위기를 맞고 있었으며, 우울하고 불안해서 상담에 온 30세 가정주부였다. 남편이 그녀의 10년 지기 친구와 연애를 하고 있다는 사실이 그녀의 이혼 문제를 더 복잡하게 만들고 있었다. 이전에 그녀는 그 친구의 약혼자가 죽고 난 후 "그녀의 고통과 외로움이 너무나 느껴졌기 때문에" 남편이 그녀를 만나는 것을 지지했었다. 남편과 친구를 잃고 매우 화가 났지만, S씨는 남편이 집을 떠났기 때문에 자신의 욕구와 상태에 대해 더 알아차리게 되었다는 것을 인식하게 되었다. 그녀는 남편이 아이들을 보러 집에 올 때면 그들의 관계에서 필시 일어났었던 일에 대해 알아차릴 수 있다는 점을 설명했다.

"그가 내 옆에 있을 때 나는 점점 더 작아져요. 그의 요구와 감정이 방안을 가득 채우는 것 같아요. 나는 그가 모든 것에 대해 어떻게 생각하는지 알고 있어요. 그는 점점 더 커지고, 나는 그의 감정과 생각들을 느끼기 시작해요. 나는 나 자신을 잃고 더 작아져요. 나는 내 자신이나 내 감정에 따를 수 없어요. 친구와 함께 있을 때에도 마찬가지에요. 나는 그녀의 생각과 감정만 알아차릴 뿐이에요. 그 둘은 모두 이기적이고, 나는 내가 무슨 생각을 하는지 어떤 마음인지 모르겠어요. 나는 평생 타인의 감정을 돌봤기 때문에 내 감정은 잘 모르겠어요."

이 모습은 자아 경계가 심각하게 손상되고 정신적으로 장애가 있는 여성의 모습이 아니다. 타인의 어려움에 매우 민감하다 보니 자신을 위해 행동하지 못하고 있는, 자아 경계가 매우 투과적이지만 상대적으로 잘 기능하고 있는 여성이다. R씨가 처음에는 인지적으로 정교하게 노력을 했지만 타인의 내적 상태를 잘 인식하지 못하고 그로 인해 고립감을 덜 느꼈던 반면, S씨는 타인의 괴로운 정서를 드러내는 단서에 강력하게 반응할 수밖에 없었다. 그녀는 경계가 있다는 느낌을 지속시킬 수 없었고, 자신이 타인의 정서 상태에 매우 취약하다는 것을 경험할 때 자아감이 움츠러드는 모습을 생생하게 말로 표현했다. 두 경우 모두 자아 경계와 관련된 거짓 공감이라고 부를 수 있을 것이다. R씨는 지나치게 경직된 경계를 가지고 있고 타인의 영향력을 두려워하기 때문에 공감적 조율이 어렵고, S씨는 자아 경계 때문에 자신을 위해 행동할 수 있도록 스스로를 돕지 못한다는 점에서 자신을 적절하게 보호하지 못했기 때문이다. 때로는 S씨의 자아 경계의 투과성이 적응적이지 못했지만, 그녀는 상담에서 타인의 정서적 어려움에 대한 자신의 반응을 더 통제할 수 있게 되었다. 이 과정에서 그녀가 다른 사람들과의 관계에서 생기 있고 따뜻한 민감성을 지니고 있으며 타인에게 진심 어린 관심을 보인다는 점에 주목해야 할 것이다. 그녀는 많은 친구들이 이해받고 싶거나 날카로운 충고를 받고자 할 때 의지하는 사람이었다. 상담에서 그녀가 경험한 한 가지 변화는 자신을 향한 공감이 증가한 것이다.

자기공감은 문제가 있는 구성 개념이다. 셰이퍼는 "심리 내적 공감"(Schafer, 1964: 294), 코헛은 "스스로 공감하는 능력, 예를 들어, 우리 과거의 정신 구조를 활용하여"(Kohut, 1959: 467), 블랭크G. Blanck와 블랭크R. Blanck는 "회고적인 자기공감"(Blanck and Blanck, 1974: 251)이라고 언급했다. 셰이퍼가 자아를 "주체"(알고 있는 자, 행위자), "객체", "위치"라는 세 가지 요소를 활용해 내린 정의를 따르거나, 자아를 관찰하는 자아와 경험하는 자아로 구분하는 관습을 생각한다면, 이 구성 요소는 어느 정도 유용할 수도 있다. 관찰하고, 종종 판단하는 자아는 대상으로서 자아의 어떤 면과 공감적으로 접촉할 수 있을 것이다. 이것은 어느 시기에는 내적 상태를 수용할 수 없었기 때문에 충분히 통합하지 못한 기억의 형태를 하고 있을 수도 있다. 그 상태의 정서를 이해하기 위해 관찰할 수 있고 견딜 수 있게 되면 자아표상에 지속적인 구조적 변화를 야기할 수 있는 일종의 심리 내적 공감을 하게 된다. 자아 경계에 일시적으로 변화가 생기고 궁극적으로는 약간의 조절을 하게 되는 타인에 대한 공감과는 달리, 심리 내적 공감에서는 객체와 관찰하는 자아로서의 자아표상에 지속적인 변화가 생길 기회가 더 많다. 경험을 진지하게 받아들이면서 판단을 내리지 않고 개방적인 동기적·태도적 상태를 지니며 정서적·인지적 이해를 위해 준비하는 자세는 문제 있는 자아 이미지에 대한 내적 경험을 변화시키는 데 중요한 역할을 할 것이다. 상담자로서 이러한 자기공감의 경험을 보면서 종종 감동을 받는다.

매우 비판적이고 처벌적인 태도를 지니고 있으며, 그녀에게 경멸하는 말을 하던 아버지와 매우 동일시하고 있었던 한 내담자는 학교에 가는 첫날, 자신에 대해 매우 비판적인 말을 했다. 그 내용은 부모로부터의 내사를 거절하는 데에서 비롯된 것 같이 보였다. "나는 아주 역겨운 아이였어요. 모두가 나한테 주목하기를 바랐지요. 아빠가 그렇게 화를 내신 건 당연한 일이에요." 치료적 개입으로 그녀가 새로운, 그리고 아마도 무서운 세상의 한 부분으로 나아갈 때 자신이 특별해지기를 바랐을 것이라고 말해주는 것은 효과가 없을 것 같았다. 자기 비난은 멈출 수 없을 정도로 이어졌다. 그러나 이후 상담에서 똑같은 사건에 관해 이 여성은 울음을 터뜨리며 다음과 같이 말했다. "갑자기 어린 내 모습이 보여요, 너무 두렵고 불확실한 모습을 하고 있어요. 내 마음이 그녀를 향하네요. 내가, 그 어린 소녀가 보이고, 그 마음속에서 무슨 일이 벌어지고 있는지 알 수 있어요. 이제 그녀가 느꼈던 고통을 느낄 수 있어요. 이제는 느낄 수 있어요. 전에는 느낄 수 없었는데. 왜 그렇게 행동했는지도 알겠어요." 이것은 그녀가 어떤 자아표상에 관해 더 수용하게 되고 덜 가혹해지는 부분이지만, 단순히 이 설명만으로 충분하지 않다. 그녀는 기억 속에서 단절되어 있었던 감정에 접촉한 것이라고 할 수 있다. 그 감정은 객체로서의 자아와 이 교환으로 인해 수정된 경험하는 자아 모두와 관련된 것이다. 또한 비판적인 아빠와 동일시하던 모습은 자신에 대해 덜 처벌적이고 덜 가혹한 방향으로 변했다. 셰이퍼가 지적한 것과 같이, 이는 "주의 깊은 자아 기능일 뿐만 아니라, 자비롭고 사랑스러운 초자아의 일면"(Schafer, 1964: 294)이다.

필자가 만난 또 다른 여성은 여러 방면에서 공감이 매우 발달한 사람이었다. 그녀는 우울했고 집을 떠나는 것을 두려워했으며 사회적 장면에서 자신감이 없어서 상담에 왔다. 맨 처음 그녀는 다소 위축되어 있었고, 사람들과 나눌 흥밋거리가 없다고 느꼈다. 그러나 그녀의 대인 관계를 탐색해가면서 그녀가 실은 친구들 및 남편과 매우 가깝다는 점이 분명해졌다. 남편과의 관계에 대한 설명을 들으면서, 특히 그녀는 남편의 말을 경청하고, 그의 생각과 감정에 대해 판단하지 않으며 그의 감정의 많은 부분을 이해하는 방식으로 남편의 내적 세계에 매우 잘 조율하고 있었다. 그녀는 친구들에게도 똑같이 반응하고 있었으며, 그들은 그녀가 경청해주고 이해해주며 통찰을 제공해주는 것에 대해 매우 감사해하는 것처럼 보였다. 그러나 이러한 기술을 자신에게 적용하는 능력(이렇게 부를 수 있다면)은 결여되어 있었다. 상담에 오기 전까지 그녀는 자신의 내적 경험을 흥미를 느끼고 관심을 가져야 할 중요한 대상으로 생각하지 않는 것 같이 보였다. 그녀는 가혹한 내사의 영향을 받아 자신의 어떤 정서적인 경험들은 이해하지 못하고 비난했다. 이후 그녀는 타인과 자신에 대한 태도의 차이를 다음과 같이 설명했다. "나는 때때로 사람들을 양치기처럼 돌봐요. 사람들의 고통을 보고 알아차리며 주목합니다. 그들이 무엇이 잘못되었거나 하면 지적하기 때문에 그들을 완전히 수용하는 것은 아니지만, 그들의 입장에서 이해합니다. 그러나 나 자신에 대해서는 채찍을 들고 사자를 길들이는 조련사 같았어요." 상담 과정에서 그녀는 자신의 풍부한 공감 능력을 친구들뿐만 아니라 자기 자신을 돌보는 데 사용하게 되는 것을 포함하여 중요한 변화를 경험했다. 그녀의 우울은 매우 호전되었다. 그녀는 대학원으로 돌아갔고, 사람들은 그녀에 대해 자신감 있고, 사회적 장면에서 편안함을 느끼는 사람이라고 했다.

이러한 점들은 캐럴 길리건이 여성들에게서 책임감과 돌봄의 윤리를 지적한 연구 및 이론과 연결되어 있다. 이것과 관련해 중요하지만 종종 어려운 요인은 타인뿐만 아니라 자신을 돌보기 위해 책임감을 느끼고 돌보는 능력을 활용하는 것이다. 여기에는 한 번은 외적 실재와 타인의 요구에 맞춰 조절하는 방식으로 자아표상을 변형하고, 다음에는 자신의 기존 도식에 맞추기 위해 외부의 것들을 동화시키는 방식으로 내부 변형과 외부 변형의 조화를 이루는 것이 포함된다.

공감 연구가 상대적으로 부족하기 때문에 어려움이 있지만, 최근 샌더L. Sander, 호프만, 데모스V. Demos(1982), 스턴D. Stern 등의 연구를 통해 우리가 이전에 알고 있었던 것보다 어머니와 유아의 초기 관계가 훨씬 더 복잡하다는 점이 알려지고 있다(Sander, 1980; Hoffman, 1977, 1978; Stern, 1980). 이와 동시에 코헛은 분석적 상황에서 공감을 강조해 임상가들 사이에서 공감에 대한 흥미를 다시 불러일으켰다. 최근의 유아 연구에서는 유아를 혼란스럽고 체계적이지 못한 상태라고 생각하고 내·외적 자극 간섭의 수동적인 수혜자로 보던 과거의 이미지를 떨쳐버리고 있다(Stern, 1980; Sander, 1980). 또한 환자와 '정상' 성인들에 대한 임상적 관찰을 통해 자율적이고 분리된 자아라는 낡은 개념은 후성적 목록, 즉 발달 단계 목록에는 존재할지 모르지만 현실에는 없다는 것을 설명하고 있다. 유아들에게서 자율적이며 초기부터 경험을 적극적으로 구조화하는 모습과 초기의 분화를 입증하는 증거들이 발견되었고, 성인에게서는 지속적인 자기대상에 대한 요구와 "나라는 의식"뿐만 아니라 "우리라는 의식"과 관련해 자아를 정의하는 모습을 발견했다. 그리고 우리는 전 생애 동안 일관된 분리감과 의미 있는 관계를 모두 아우르는 신생 구조인 새로운 자아 모델의 구성 개념을 개발하려고 한다. 융합에서 분리로, 추동에 의한 지배에서 이차적 과정으로, 미분화에서 분화로 이동한다는 과거의 개념은 현재 의문의 대상이 되고 있다. 기존 이론의 주요한 문제점은 연결과 관계가 발달하는 과정에 대한 정교한 설명이 빠져 있다는 것이다. 친밀성과 자기-타인 결합을 개념화하기 위해 엄마와 유아의 융합된 관계나 이성애적 성기 결합과 같은 의문의 여지가 많은 모델을 활용하는 경향이 있다. 명백하게도, 스턴이 "타인과 함께하는 자아"라고 부른 경험의 광범위하고 풍부한 배열들은 위 모델에 반영되어 있지 않다. 특히 여성의 발달을 이해하는 데 이러한 모델은 안타깝게도 부족하며 심지어 왜곡되어 있다는 것이 지적되었다. 공감과 관계 발달에 대해 조심스럽게 탐색해보면 이 모델이 남녀 모두의 자아 경험을 왜곡하고 있다는 것을 모두 알게 될 것이라고 생각한다. 우리는 관계와 분리가 상호 양립할 수 없는 것처럼 두 개념을 대립적으로 배치하고서 관계-속-자아라는 맥락에서 자율성이라는 기능이 복잡하게 진화한다는 것을 이해하지 못하고 있다. 인지와 정서 과정의 균형에 따라 달라질 수 있으며, 자아와 타인 표상이 중복되는 것을 포함하는 공감 연구는 분리되어 있으면서 관계 구조의 일부분이기도 한 자아를 아우르는 발달 모델을 설계하는 데 중요하다.

배쉬M. Basch는 "현실은 관계를 가능하게 하는 요인들이 아니라 관계 자체다"라고 했고, "인간을 가장 잘 연구할 수 있는 방법은 그가 적극적으로 참여하는 관계로서 언제나 설명할 수 있는 어떤 활동으로 보는 것이다"(Basch, 1983: 52~53)라고 했다. 연구자들과 임상가들 모두 관계 안에서의 자아의 복잡성에 대한 관심이 커지고 있다는 것을 알아야 한다. 여기에 자아 경계가 어떻게 형성되고 유지되며 변형되는지 이해하는 데 필수적인 내용이 포함되어 있을 것이다. 코헛이 "인간의 핵심적인 유사성의 공명"이라고 설명한 공감은 일관성 있는 분리와 의미 있는 연결이라는 구조로서 신생 자아의 성장에 매우 중요하다(Kohut, 1978: 713).

요약하자면, 이 장에서는 연결과 관계의 발달 과정을 탐색할 수 있는 새로운 자아 모델이 필요하다는 것을 지적했다. 공감은 복잡한 인지적·정서적 과정으로 설명할 수 있으며, 관계 속의 분리라는 역설을 이해하기 위한 중요한 부분이다. 피아제의 동화와 조절 모델을 활용해 공감적 조율에서 자아 경계의 유연성이 중요하다는 점을 논의했다. 자기와 타인 이미지의 중첩을 포함하는 자아표상을 자기와 타인이 완벽하게 분리되는 것으로 설명하기는 어렵다. 자아 경계와 공감의 발달 개요뿐만 아니라, 내담자들이 겪는 공감에 대한 문제들은 지나치게 경직된 자아 경계나 과도하게 투과적인 경계와 연결되어 있다는 점을 설명했다. 자기공감은 유용한 치료적 구성 요소라고 설명할 수 있을 것이다.[1]

---

1   이 논문은 1984년 1월 스톤센터 콜로키움에서 발표한 것이다.

상호성의 의미

주디스 조던

거의 대부분의 심리 및 임상 이론은 어떤 방식으로든 개인의 발달에서 관계가 중요하다는 점을 인정하고 있다. 그러나 많은 이론에서 생애 초기에, 특히 어머니-유아 관계를 포함한 관계의 중요성에 대해 잘 언급하지 않으며 자율성, 분리, 독립을 성숙의 특징으로 본다. 개인은 맥락에서 벗어나 자족하는 존재로 연구되고 있다. 개인을 더 독립적으로 만드는 구조를 내면화하는 것이 발달의 바람직한 목표로 간주된다.

이러한 모델의 한계를 연구한 내용에 따르면, 이 모델은 여성 발달에 대한 이해를 가로막기 때문에 새로운 관점이 떠오르고 있다고 한다(Miller, 1976; Gilligan, 1982; 웰즐리대학교 스톤센터의 연구). 새로운 접근에서는 관계로부터 벗어나고 떠나려는 움직임으로 발달을 이해하는 대신, 발달이 관계를 통해 그리고 관계를 향해 성장하는 것이라고 가정한다. 사람들이 관계에서 무엇을 추구하고, 왜 어떤 관계는 기쁨과 의미를 주는 반면 어떤 관계는 괴롭고 파괴적인지 그 이유를 이해하기 위해 여러 종류의 관계에 대한 설명이 중요해지고 있다. 사람들은 종종 관계에서의 상호성을 삶의 목표로 여기고 있으며, 특히 연애 관계에서 그러하다고 말한다. 관계에서 상호성을 경험하지 못해 상담을 받으러 오는 경우도 빈번하다. 관계적 상호성은 삶에 목적과 의미를 주며, 이것이 빠진 경우 자아존중감에 부정적 영향을 미친다. 심리 내적 요인을 보는 전통적 심리치료 모델은 "나"를 중심으로 하는 일인 시스템으로서 중요한 통찰을 제공한다. 하지만 관계 및 맥락 그리고 상호작용의 질과 인생의 상호주관적 특성이 갖는 중요성을 이해할 때 상담에서 만나는 사람들을 더 폭넓게 이해할 수 있다.

상호 간의 상호주관성

상호적 관계란 무슨 뜻인가? 사전적 정의에 의하면 상호성은 "각자가 상대방에 의해 소유 및 향유되고 수행되는 것, 호혜적인"(Oxford English Dictionary, 1984), 또는 "서로 상대에 대해 친밀성으로 특징지을 수 있는 같은 감정을 지니는 것"(Webster's Ninth New Collegiate Dictionary, 1984)이라고 한다. 상호적 교환에서 개인은 상대에게 영향을 주고, 영향을 받는다. 또한 자신을 상대에게까지 확장시키고 타인의 영향력을 받아들인다. 영향과 정서적 접근성 및 타인의 상태에 대한 반응과 영향력이 지속적으로 변하는 것에 대해 개방적이다. 타인을 수용할 뿐만 아니라, 타인에게 적극적으로 다가간다.

성숙한 상호성에서 중요한 것은 타인의 주관적인 경험에 대해 특별하게 알아차리면서 그 사람의 전체성에 대해 인정하는 것이다. 따라서 상대는 단지 내 욕구를 돌봐주고 내 투사와 전이의 대상이 되며 본능적 충동을 방출할 수 있는 대상이 되기 위해 존재하는 것이 아니다. 나와는 다르면서도 복잡한 사람인 타인에 대해 공감과 적극적인 관심을 통해, 처음에는 타인의 차이를 허용하고, 궁극적으로는 그 차이와 고유성을 자아내는 특성을 가치 있게 여기고 격려하게 되는 능력을 개발한다.

공감과 관심이 양방향으로 오갈 때, 자아에 대해 강한 확신과 역설적으로 더 큰 관계적 단위의 일부로서 자아감을 갖는 자아초월이 있는 것이다. 상호작용은 분리감을 느슨하게 해준다. 타인의 안녕이 자신의 것만큼 소중해지기 때문이다. 이는 자아의 구분이 흐려지거나 구별을 잃는 것을 뜻하는 융합과는 다르다.

넓은 의미에서 이 주제는 상호 간의 상호주관성이라고 해야 할 수도 있을 것이다. 인지적·정서적 수준에서 타인의 주관적인 내적 경험에 관심을 갖고, 거기에 조율하고 응답한다는 의미에서 그렇다. 이러한 종류의 상호성을 위한 기본적인 수단은 공감적 조율과 타인의 순간적인 심리 상태를 공유하고 이해할 수 있는 능력이다(Schafer, 1959). 그것은 개인의 자아 경계가 잠시 변형되는 과정으로, 그 자체로 자아의 변화가 가능하게 된다. 그렇다면 어떤 의미에서 공감은 상호 성장과 영향의 기회를 내포하고 있는 것이다.

개인이 공감을 통해 타인의 내적 상태에 대해 알게 된다는 의미에서 상호 공감에 의존할 때(서리가 집필한 이 책 3장), 상호적 상호주관성 역시 관계의 다른 측면들을 포함하게 된다. 공감은 타인을 정서적·인지적으로 이해하는 경험이다. 상호주관성에는 개인이 자신의 준거 기준으로 타인의 의미 체계를 이해하고자 하는 동기와 타인의 내적 세계에 대한 지속적 관심의 개념이 포함되어 있다. 상호주관성은 공감이 가장 잘 일어날 수 있는 관계에 대한 준거 기준으로 생각할 수 있다. 타인과의 상호작용에서 핵심은 그 사람의 주관성을 "유지"하는 것이다. 서리(이 책의 3장)는 심리 발달과 관계에서의 핵심이 상호주관성임을 지적했다. 상호주관성이라는 개념에서는 개인이 자신의 주관적 준거 기준을 활용해 타인을 이해한다는 점이 강조된다. 관계에서 각 개인들의 "상호주관적 태도"가 중요하다는 개념이 바로 이 지점에서 전개된다(그러므로 "상호적 상호주관성"이 된다).

상호적 상호주관성 모델을 통해 관계의 각 당사자들에게 다음과 같은 내용을 제시하게 된다. (1) 공감을 통해 타인의 주관성을 인지적·정서적으로 알아차리고 반응하는 것에 대한 흥미(서리가 집필한 이 책의 3장; Atwood and Stolorow, 1984). (2) 자신의 욕구를 알리고 생각과 감정을 공유해 상대가 자신의 주관적 세계에 접근할 수 있도록 자신의 내적 상태를 타인에게 드러낼 수 있는 의지와 능력(자기개방, 타인에게 "개방하기"). (3) 타인의 경험을 간과하면서 자신의 만족을 위해 의식적이거나 무의식적으로 타인을 조종하지 않고, 자신의 욕구를 인식할 수 있는 능력. (4) 타인의 성장에 대해 알고 존중하며 성장을 강화하는 과정에 가치를 두기. (5) 상호작용 속에서 서로가 변화에 개방적인 상호작용 패턴을 정착하기. 이는 "네가 내 등을 긁어주면 나도 네 등을 긁어줄게"와 같은 단순한 균형이 아니라, 자신과 타인을 위한 교환에 투자하는 것이다. 관계를 맺는 과정은 본질적으로 가치가 있는 것이다.

기존 이론

심리학 이론에서 명시적으로 상호성에 대해 다루는 경우는 거의 없는데, 그 이유 중 하나는 발달을 초기의 의존적인 상태에서 자율적인 상태로 진행하는 과정이라고 보기 때문이다. 대부분의 서양 심리학 이론에서는 내적 구조가 성장하면서 타고난 본능의 힘과 분리 및 개별화를 달성하는 것을 강조해왔다. 상호성은 많은 이론가가 외면하거나 병리적인 것으로 본 지속적인 상호 의존성을 뜻한다. 고전적인 프로이트 이론은 관계를 기본적 추동(배고픔이나 성교 같은)을 만족시키는 데서 파생되거나 부차적인 것으로 보았다. 그러므로 초기에 관계를 맺지 못하고 자기애적으로 경계가 만들어진 유아는 자신의 기본적인 추동을 만족시켜주는 엄마를 향해 에너지 집중(애착)을 발달시키게 된다(Freud, 1959).

설리번은 본능/추동 모델에서 벗어나서 "성격은 개인이 살아가고 존재하고 있는 복잡한 관계와 결코 무관하지 않다"라고 명시적으로 설명했다(Sullivan, 1953: 22). 그럼에도 그는 일방향적 그림을 유지하는 경향을 보였다. 이는 자아가 "반영적 평가"(Sullivan, 1953: 22)로 이루어진다는 점은 생각했으나, 자아가 타인에게 미치는 영향에 대해서는 생각하지 않았기 때문이었다.

영국의 대상관계 이론가들은 심리 발달에서 관계가 차지하는 중요성에 대한 인식을 넓게 확장시켰지만 타인을 추동의 "대상"으로 생각하는 프로이트식 모델을 지속시켰다. 따라서 프로이트 이론을 설명하는 데 사용된 언어들을 사용해 결국 대상관계 이론이 수정하고자 했던 생물학적 결정론을 바탕으로 한 일방향적 모델을 떠받들게 된다. 대상관계 이론가들의 작업보다 더 앞서 멜라니 클라인Melanie Klein은 "대상관계는 정서적 삶의 핵심이다"라고 주장했다 (Klein, 1952: 3). 사랑하는 대상에게 보상을 하려는 것에 대한 클라인의 개념은 상호성의 시작을 시사한다. 클라인은 "사랑하는 대상을 구하고, 고쳐서 회복시키려는 시도는 우울한 상태에서는 절망과 짝을 이루려고 하며 — 왜냐하면 자아는 이러한 복구를 할 수 있는 능력이 있는지 의심하기 때문에 — 모든 승화와 전체 자아 발달에서 결정적인 요소를 결정한다"고 언급했다. 그녀는 "아이는 엄마의 사랑과 관심에 대해 직접적으로, 그리고 자발적으로 사랑과 감사의 감정을 떠올리게 된다"(Klein, 1953: 65)고 했다. 위니콧도 "유아와 어머니의 돌봄은 하나의 단위를 이룬다. 유아에게 이런 경험은 유일하다"(Winnicott, 1965: 39)고 했으며, 이 설명은 빈번히 인용된다.

위니콧의 논문 「관심 능력의 발달The Development of the Capacity for Concern」은 유아가 엄마를, 욕구를 채울 수 있는 "부분-대상"에서, 이 부분-대상이 "환경으로서 엄마", 혹은 "정서적인 것을 주는 엄마"와 섞여 있는 것으로 보게 되는 과정을 추적하고 있다. "관심이 아이의 능력 범위 안에 머물도록 하는 것에 기여할 수 있는 기회가 된다"(Winnicott, 1963: 171). 이러한 설명은 어머니와 일방향적인 돌봄에 대한 아기의 결핍에만 관심을 두기보다는 유아와 아이의 일부분을 대하는 적극적이고 관심 어린 태도가 중요하다는 것을 암시한다. 그러나 클라인과 위니콧의 이론 모두 여전히 파괴와 공격에 대한 죄의식, 욕구 충족으로 인한 쾌락이 관계를 형성하는 공격-리비도 충동 모델에 기준을 두고 있다.

페어베언W. R. D. Fairbairn은 발달을 전적으로 관계적 성장이라고 설명한다. 그는 "자연적인 대상과의 관계를 떼어 놓고서는 개별 유기체의 본질에 대해 제대로 이해할 수 없는데, 그 이유는 진정한 본질은 바로 이러한 대상과의 관계에서 드러나기 때문이다"(Fairbairn, 1946: 39)라고 설명했다. 그는 우리가 의존에서 독립으로 나아가는 것이 아니라, "유아적 의존"에서 "성숙한 의존"으로 나아간다고 설명했다. "성숙한 의존은 소유보다는 교환을 주로 강조한다." 또한 성숙한 의존은 "개별화된 개인이 가지고 있는 개별화된 대상과 협동적인 관계를 맺을 수 있는 능력"(Fairbairn, 1946: 145)이라는 특징이 있다. 건트립은 상호성에 대해 가장 분명하게 인정했다. 그는 이렇게 썼다. "그러나 개인적 대상관계는 필연적으로 양면성이 있으며, 개인적이기 때문에 상호적이다. 그리고 단순한 상호 적응의 문제가 아니라 상호적인 인식, 의사소통, 공유 그리고 각자가 타인을 위한 존재가 되는 것의 문제이다"(Guntrip, 1973: 111).

최근 코헛은 공감이 중요하고 자기대상이 계속 필요하다는 인식하에서 관계의 중심적 역할이 평생 중요하다는 점을 지적해왔다(Kohut, 1984). 그러나 자기대상 관계는 지금까지 설명해온 내용으로 보았을 때 상호성을 지닌다고 보기 어렵다. 자기대상 관계는 개인의 자기애적 요구를 채우며 환상 속에 있는 자아 통제의 영향력 아래 있는 것 같다. 자기대상은 자아 구조를 대신해 자아존중감을 조절하고 자아응집력을 보장하기 위해 작동한다. 이 공식은 대상으로부터 독립하거나 자율성을 획득하는 것이 발달의 일차적 종착점이라고 강조하지 않는다는 점에서 전통적인 정신분석적 사상과 중요한 결별을 하지만, 여전히 일방향적이다. 즉, 자기대상은 자아 유지기능을 위해 자아가 활용하는 것이다.

이 모델은 분리되어 있는 주관적인 존재인 타인에 대해 관심을 갖는 것은 포함하지 않고 있다. 코헛은 둘이나 그 이상의 관계에서 상호주관성이 가능하다는 점을 고려하지 않았다. 또한 타인을 위해 자기대상이 되는 경험에 대해 언급하지도 않았다. 자기대상 관계에서 양측은 모두 상호작용에 의해 영향을 주고받는다. 타인으로부터 자기대상 기능의 수혜를 받는 사람이 되는 "자기"에 대해서만 이해하려고 할 때, 우리는 전체 과정 중 많은 부분을 놓치게 된다. 아마도 코헛이 공감적 반향을 일으키기 위해 전생애에 걸쳐 타인에게 의존하는 것에 대해 **자기대상**이라는 용어를 계속 사용하지 않은 것이 그의 이론에 결함을 만든 것 같다. 자기대상의 지속적인 필요성에 관해 코헛이 인식한 것은 일생을 통한 공감적 관계에 대한 좀 더 일반적인 필요성이었을 수도 있다. 이러한 필요는 원형적 대상관계에 대한 필요와 구분해야 할 것이다. 후자는 초기 공감적 대상의 심각한 결핍으로부터 파생되기 때문이다.

다니엘 스턴은 특히 **대상**이라는 용어에 대해 에너지 넘치는 가정을 받아들이지 않았다. 초기 어머니와 유아 관계에 대한 연구에서 그는 "타인과 존재하기"에 대한 몇 가지 양식에 관해 창조적으로 설명했다. (1) "각자의 행동이 파트너의 부족한 부분을 보완하는 "자기-타인 보완", 즉 한 사람이 어떤 행위를 하고 다른 사람이 이를 수용하는" 것(예를 들어 엄마-유아의 포옹, 종알거림과 상호 간의 경청; Stern, 1983: 7). (2) "공유하고 조율하는 정신적 상태", 그 상태에서 "유사한 내적·외적 경험을 공유하거나 경험의 공통점에 대한 감각이 있는 것"(함께 소리내기, 동시에 모방하는 사건, 정서적 전파, 공감). (3) "상태가 바뀌는" 사건이며, "전통적으로 정신분석에서 주로 설명해온 경험으로, 소위 배고픈 아기에게 젖을 줌으로써 배고픈 상태에서 잠자는 상태로 바뀌도록 하는 것"(Stern, 1983: 78).

최근 유아에 관한 연구는 자기와 타인을 구별하는 양식은 탄생 시점부터 존재한다고 설명한다. 원시적인 융합 개념은 이와 같은 초기 단계에 관해 정확한 설명을 제공하지 못할 수도 있다. 눈 맞춤을 시작하고 시선을 회피하면서 눈 맞춤을 끝내는 것 같은, 유아가 엄마와 서로 조절하는 데 적극적으로 참여하는 초기 형태가 있다. 샌더는 3개월에서 6개월에 이르는 유아를 대상으로 한 연구에서 "호혜적 교환의 조절"에 엄마와 유아 양쪽이 참여한다는 점을 설명했다(Sander, 1964). 스턴은 또한 타인과 함께하는 자아는 "자기와 타인을 수동적으로 차별화하지 못하는 것이 아니라, 적극적으로 이루어지는 정신적 행위"라고 설명한다(Stern, 1986).

공감에 대한 전조는 상호적 상호주관성 발달에 필수적이다. 태어난 지 3일 된 유아를 대상으로 한 연구가 이어지고 있으며, 아이를 대상으로 한 공감 연구도 매우 많다. 케이건J. Kagan은 유아가 타인의 주관적인 경험을 충분히 인식하지 못할 수도 있다는 점을 언급하면서, 2세 정도 되는 아이들은 "자신이 이전에 한 경험을 바탕으로 다른 사람의 심리적 상태를 유추할 수 있다"고 설명했다(Kagan, 1981: 132). 그러나 자아는 3세 이후에 주체로 설명된다. 즉, 그 전에는 타인의 주관성에 대해 총체적으로 인식하는 것이 어려운 것 같다.

관계적 자아

양육자의(보통 어머니의) 공감적 태도를 내사하고, 어머니의 상호 공감적 반응이 발달함에 따라 이후의 관계에서 상호성을 위한 능력이 향상된다. 여성의 자아에 관한 진화한 이론에서는 — 잠정적으로 관계-속-자아라고 하며, 웰즐리대학교 스톤센터의 밀러(이 책의 1장), 서리(이 책의 3장), 조던(이 책의 4장), 스타이버(이 책의 8장), 캐플런(이 책의 12장)이 발전시켰다 — 여성의 자아 경험이 관계와 매우 밀접하게 연관되어 있다고 설명한다. 발달은 관계로부터 분리 또는 철수하는 것보다 관계에서의 분화와(서리가 집필한 이 책의 3장) 정교화를 통해 진행된다. 관계적 맥락에서 생겨난 것과 그 안에서 통합된 것은 여성의 삶에서 지속적인 변증법을 형성한다. 동성의 양육자는 어린 소녀의 관계 및 유대감을 강화시킨다. 모녀 관계에서 발생하는 동일시의 특성과 유연한 자아 경계의 형성으로 인해 여성들은 공감적인 민감성이 향상된다(조던, 서리, 캐플런이 집필한 이 책의 2장;

조던이 집필한 이 책의 4장; 서리가 집필한 이 책의 3장). 여성들이 관계와 "우리라는 의식"에 더 많이 투자하고 공감적 조율을 더 많이 하며, 관계에 기준을 둔 정체성을 더 많이 형성하는 것과 같은 성차가 분명히 존재하는 것 같이 보인다. 그러나 관계와 상호작용을 강조하는 이 이론은 남성을 이해하기 위해서도 유용할 것이다. 그러나 관계를 주요한 가치가 있는 것으로 여기지 않고 문화적으로 관계에 투자하지 않는 분위기 속에서 이러한 발달 경로에 관한 연구는 양성 모두의 경우 간과되었다. 이는 론 레인저Lone Ranger 신화로 정형화될 수 있는 매우 개인주의적인 미국 문화가 가진 주도적인 윤리의 일부이다.

받고 의존하고 사랑받고자 하는 욕구는 심리학 문헌에서 잘 다뤄지고 있다. 그러나 대부분의 관계적 교환과 성장은 일방향 모델에서 간과되고 있다. 대부분의 저명한 이론에서 결핍을 느끼는 유아에 대한 모델이 너무 강력하기 때문에 덜 상호적인 관계, 즉 욕구 충족을 위한 관계가 발달 이론에서 주축이 되고 있다. 오르가즘을 목표로 하는 성기 우위의 성관계 모델도 "상태 변형"이라는 욕구 충족을 관계의 핵심으로 삼는 유사한 편견에 입각하고 있다.

트레바르썬C. Trevarthen(1979)은 생득적이면서 발달하는 "기본적인 상호주관성"이 있다고 설명했다. 거기에 덧붙여 관계에서의 상호성으로부터 얻는 본질적인 쾌락이 있다고 말하고 싶다. 이러한 기쁨은 포옹, 옹알이, 미소, 감탄의 말들이 오가는 어머니와 유아의 상호작용 속에 존재하는 초기의 자발성과 즐거움으로부터 발달하는 것일 수도 있다. 이러한 교환에 참여하는 어머니와 유아는 이와 같은 참여를 확장시켜나가고자 하며, 상호작용 가운데서 진정한 기쁨이 자라나고 성장해나간다. 어머니와 유아 사이에는 특히 조절과 관련하여 비대칭을 이루지만, 태어났을 때부터 상호 조절(예를 들어, 시선 회피나 빨기)이 이루어지는 사건들이 일어난다. 생애 초기에는 공감적 조율이 어머니로부터 아이에게 전해지는 것을 보게 되지만, 설리번은 유아가 어머니한테 공감적 반응을 보인다고 설명한다(Sullivan, 1953). 필자는 초기 공감에 대해 확신을 심어준 어머니-자녀 관찰 연구에서 목격한 사건을 생생하게 기억하고 있다. 한 어머니가 놀이방 문에 손이 끼어서 고통스러워하고 있었다. 그녀의 18개월짜리 딸은 이전에 자신을 편안하게 해주었던 캐릭터 인형을 들고 엄마한테 가서 옆에 가까이 섰고, 엄마를 걱정스러운 눈으로 바라보면서 장난감을 엄마의 뺨에 문질러주었다. 엄마가 웃으면서 괜찮다고 말하자 아이의 얼굴이 밝아졌다.

전반적으로 상호적인 관계에서조차 모든 상호작용이 상호적인 것은 아니다. 그러나 상호성에 대한 욕구가 충족되었다고 느낄 수 있도록 중요한 부분에서 충분히 상호적이어야 할 필요는 있다. 우리가 상호적인 관계의 책임이라고 부를 수 있는 것(서리가 집필한 이 책 3장에서 "관계를 돌보는 것"을 언급한 내용)은 그러한 관계를 유지하는 데 중요하다. 관계 속의 모든 사람은 개인뿐만 아니라 관계를 돌보기 위해 주의를 기울이고 노력을 쏟아야만 한다.

상호성에서의 성차

상호성에서 핵심적인 면은 타인에게 영향을 미치고, 우리의 행동·감정·사고가 타인에게 영향을 미친다는 것을 이해하며, 타인이 우리에게 미치는 영향에 개방적으로 대하는 것이다. 이러한 영향이 전달되었다는 것을 알 수 있는 한 가지 분명한 방법은 정서 반응이다. 우리는 타인의 감정에 영향을 받았다는 것을 느낄 수 있다. 행동이나 사고가 변하는 것 또한 영향력이 발생되는 또 다른 방법이다. 일반적으로 남성과 여성은 이러한 변화와 관련해 주의를 기울이는 신호에서 차이가 있는 것 같다. 여성들은 타인의 감정 변화에 더 조율하는 반면, 남성은 행동이나 사고의 변화에 더 민첩하게 반응할 것이다. 이러한 차이는 여성-남성 관계에서 갈등의 원인이 되기도 한다. 한 가지 예로 고통스러운 감정을 다루는 방법에서 차이가 난다는 것을 들 수 있다. 여성은 힘든 감정을 느낄 때 남성이 곁에 있으면서 이를 알아주고 함께 봐주기를 바라는 반면, 남성은 "고통을 주는 감정"을 변화시키거나 제거하기 위해 어떤 행동에 돌입하려하는 모습을 보인다(하임 지놋Haim Ginott이 청소년 부모들에게 "무엇인가를 하려 하기보다는 그냥 거기에 있어주어라"라고 조언한 것이 떠오른다).

　남성은 의견에 대한 적절한 입장을 취하는데 있어 실제로 신체적으로 드러나는 움직임이나 변화에 더욱 주의를 기울이는 반면, 여성은 내면적 행위, 즉 미묘하게 또는 말로 표현하는 것을 통해 전달되는 감정의 변화에 더 초점을 맞추는 것 같다. 젤라 루리아Zella Luria(1981)는 잠재기 연령의 아이들의 놀이 행동을 대상으로 한 연구에서 이러한 내용을 뒷받침하고 있다. 소년들은 활동적이고 구조화되어 있으며, 종종 경쟁적인 규칙과 목표가 있는 놀이에 참여한다. 반면 소녀들은 집단을 만들어서 "그냥 이야기를 하고", 서로의 감정에 집중한다. 구조화된 운동 경기에서 소년들은 말 그대로 무엇인가를, 보통 공이나 사람을 한 곳에서 다른 곳으로 옮기기 위해 반복해서 훈련을 받는다. 보통 경쟁적이고 공격적인 분위기 속에서 이러한 목표를 달성했을 때 그들은 쾌락을 경험한다. 무엇을 획득했다고 생각하는 것이다. 여성과 남성은 의사소통이나 의미를 전달하는 수단이 다르기 때문에 그들이 상호적 교환을 하기 위해 함께할 때 종종 문제가 발생할 수 있다. 여성들은 종종 타인이 자신의 감정에 조율해주고 민감하기를 원하는 반면 남성들은 행동에 더 중점을 두는 경향이 있기 때문이다. 커플을 위한 목표에는 "타인과 함께 존재하는" 방법을 명료화하고 확장하며 구분해나가는 것이 포함되어야 할지도 모른다. 이러한 차이를 인식하지 못하면 이는 권력 투쟁이나 통제를 위한 싸움이 되어버릴 수 있다. 사람들은 오해받았다고 느끼거나, 자신의 특별한 감정이 폄하되고 무시되었다고 느끼게 된다. 남녀 관계에서는 특히 지배와 복종에 관련된 고정관념으로 가득 찬 기대를 하기 때문에 관계를 맺는 두 사람이 아무리 상호성을 원하는 경우라 할지라도 이를 정착시키기가 어렵다. 종종 상호성은 상호 공감과 돌봄을 훌륭하게 유지할 수 있는 여성 사이의 관계에서 더 쉽게 이룰 수 있다.

　상호 공감은 두 사람이 서로에게 흥미를 가지고 정서적으로 교류하며 타인의 전체성에 대해 인지적으로 인식하면서 관계를 맺을 때 일어날 수 있다. 그

의도는 이해받게 된다. 어떤 상호 공감에서는 타인과의 유사성에 대한 인식이 포함되지만, 타인과의 차이에 대한 인식 또한 대단히 중요하다. 타인과의 차이점에 다가갈 때 관계가 성장할 수 있으며, 자기와 타인을 인정하는 강력한 느낌을 가질 수 있다. 성장이 이루어지는 이유는 내가 당신의 경험을 이해하기 위해 나를 확장시킬 때, 무엇인가 새롭게 이해할 수 있고 그것이 내 안에서 자라나기 때문이다. 피아제의 용어로 나는 당신의 경험에 동화됨으로써 우리의 상호작용에 의해 변한 것이다. 나는 당신의 경험에 의해 감동받았다. 이러한 인정은 공감을 받은 사람이 자신의 차이점이나 고유성을 수용받았다고 느끼기 때문에 생겨나게 된다. 이는 단순하게 정적인 반영 과정이 아니라, 쌍방이 모두 광범위하게 성장하는 것이다. 서로를 탐색하고 알아가는 과정 – 당신은 누구인가? 나는 누구인가? 우리는 누구인가? – 에서 새로운 자기정의가 이루어진다. 자아의 새로운 면이 표현되고 쌍방은 서로에게 그러한 기회를 제공한다. 이것은 관계를 통한 성장인 것이다.

섹슈얼리티에 관해서는 상호성에서의 실패뿐만 아니라 그 의미 또한 예민하게 경험할 수 있다. 해소라는 과정으로 그리고 만족을 추구하는 충동적 압력으로 섹슈얼리티를 이해하는 것은 매우 제한적인 시각에서 비롯된 것이다. 만일 이것이 섹슈얼리티를 향한 기본적인 동기라면, 사람들은 자위를 가장 선호하게 될 것이다. 그러나 실은 섹슈얼리티에 강렬함과 깊이, 풍부함과 인간적인 의미를 부여하는 것은 바로 성적 만남에서의 상호주관성과 상호성이다. 육체적인 상호작용과 고양된 감정, 타인에게 반응을 보이는 것에 대한 관심, 자신의 행동이 타인에게 미치는 영향에 대한 이해, 그리고 타인의 영향에 대한 개방적 태도 가운데 그러한 강렬함과 기쁨 및 성장을 위한 기회가 주어지는 것이다. 섹슈얼리티가 단지 오르가즘 해소를 위한 기계적인 만남이 되고, 자아의 수행이나 자아의 자기애적 수행이 되며, 한 사람이 다른 사람을 지배하는 방식이 될 때, 이는 세상에서 가장 외롭고 답답한 경험이 될 것이다. 성적 만남에는 절묘한 조율을 표현할 수 있는 풍부한 잠재성과 자기와 타인의 균형에 주의를 기울일 수 있는 가능성이 있기 때문에 위와 같은 경우에 끔찍한 외로움을 느끼게 되는 것이다. 단순하게 성적 긴장을 해소하는 것과 성숙하고 충분한 성적 상호작용을 구분할 수 있는 기준은 바로 상호작용과 교환, 타인의 내적 경험에 대한 민감성, 타인을 기쁘게 하고 자신이 행복해지고자 하는 소망, 자신의 기쁨과 취약함을 드러내 보여주는 것이다.

피상적 기준을 가지고 활동적으로 성을 즐기는 한 내담자(그녀와 남편은 오르가즘을 느끼는 성교를 자주 했다)는 관계에서 소외감을 강렬하게 느낀다고 했다. 그녀는 남편을 기계적으로 "숙련된 애인"으로 보고 있었다. 그녀는 남편이 그녀의 육체적인 흥분에만 주의를 기울이고 있으며, 그녀의 오르가즘에만 관심을 보이며 이를 자신의 성적 능력의 증거로 여긴다고 느꼈다. 그녀는 남편이 자기 자신의 쾌락에만 주의를 기울이는 것은 아니라는 사실을 알고 있었지만, 그가 그녀의 내적 상태와 그들이 주고받는다는 것을 충분히 경험하고 있는지에 관심을 갖고 있다는 느낌은 없었다. 그녀는 그에게 어떤 물건이나 대상이 된 것처럼 느껴졌다. 그녀는 또한 그도 스스로를 대상으로 여기고 있으며, 두 사람 모두가 폄하되는 느낌을 받았다. 이는 그녀를 슬프게 했다. 이처럼 둘 다 생리적인 흥분과 해소를 경험하고 있음에도, 그녀는 상호작용에서 전체성을 더 느끼기 위해 상호주관적인 조율과 상호성을 매우 갈망했다.

상호성에서의 불균형

상호성의 불균형은 여러 다양한 원인으로부터 발생하며, 일차적인 관계에서 불균형을 겪는 경우 상당한 고통을 경험하게 된다. 경직된 경계(자기개방과 타인이 자신에게 미치는 정서적인 영향을 불편해하는 것)는 관계에서 상호성을 이루는 데 주된 장애물이 된다. 이러한 경우에 양자 관계에 있는 사람 중 한 명은 아마도 "벽으로 막혀 있고" 관계가 단절되었다고 느낄 것이다. 이러한 내용은 커플 중 여성이 주로 이야기하는 불평이다. 남성은 감정을 느끼지 못하고 여성에게 정서적으로 반응하지 않으며, 자신의 희망이나 두려움을 말하지도 않고, 어떤 경우에 가장 취약하다고 느끼는지 드러내지 않으며, 상대 여성이나 자신의 내적 세계에 대해 어떤 관심을 가지고 있는지 거의 표현하지 않는다. 남성은 강렬한 감정에 대해 깊은 두려움을 느끼고, 그 자신의 감정과 타인에 관해 스스로 정의하기에 더 수동적이고 노출된 상태가 된 것에 관해 큰 불안을 느낀다. 이러한 위치는 상호성의 모델 안에서는 전혀 수동적인 것이 아니다.

자존감을 강화하기 위해 타인을 이용하는 자기애 성향의 사람은 상호적인 관계를 맺지 못한다. 타인은 그가 관심을 가지고 돌봐주는 전체적인 대상으로서 존재하는 것이 아니다. 이러한 자기애적 관계의 목표는 타인의 요구로부터 자유로워지고, 자족적이고 보호받는 과장된 상태를 성취하는 것이다. 이러한 개인은 발달 과정에서 자존감뿐만 아니라 상호적 관계를 형성하는 데도 상처를 입었기 때문에 인생의 깊은 상호 의존적인 특성을 알지 못한다(강박적으로 자신과 자신의 성적·남성적 능력을 확인하기 위해 타인을 이용한 돈 후안Don Juan이 그러한 예이다).

우울도 상호성 능력을 훼손한다. 잦은 무력감을 느낄 뿐만 아니라 회복과 치유를 위해 자기 속으로 철회하는 것은 타인의 돌봄과 봉사를 원하는 퇴행적 소망을 낳는다. 모든 관계에서 종종 증가되는 요구들을 견딜 수 있는 방법을 계발해야만 하지만, 한층 더 심해지는 요구들은 지속적인 상호성에 지장을 준다. 우울한 사람들은 타인의 내적 세계에 대한 흥미가 떨어지고, 타인을 보살피는 것은 물론 타인의 요구에 주의를 기울일 수 있는 능력이 매우 부족하기 때문에 괴로워한다. 분노를 수반하는 우울을 느낄 경우에는 타인으로부터 받는 것도 어려워한다.

우울한 사람은 자신이 이기심에서 벗어날 수 있는 능력이 없다고 생각하며 고통스러워한다. "이기적인 몰두"라는 자기비난 때문에 더 우울해지게 된다. 이럴 때에는 "자기 밖으로 나와서 다른 사람들에 대해 생각해보라"와 같은 오래된 조언이 실제로 도움이 된다. 그러나 우울로 인해 마비된 사람들에게 이러한 권고는 비난으로 들릴 수도 있고, 이룰 수 없는 의무 사항이 하나 더 늘어난 것으로 느껴질 수도 있다. 종종 타인에게 관심을 갖고, 헌신하고, 타인에게 다가가는 것에 흥미를 느낄 때 우울한 감정을 줄일 수 있다. 도덕적 강요에 의한 것이 아니라 타인에게 줄 수 있는 가치 있는 것을 자신이 가지고 있다는 잠정적 느낌을 바탕으로 위와 같은 행동을 할 때(궁극적으로 이러한 느낌을 강화시키게 될 때) 더욱 그러하다. 우울한 사람은 이러한 우울한 자기몰두 기간이 결국은 좀 더 상호적인 관계를 다시 맺는 것에 이를 수 있다는 것을 볼 수 있는 장기적인 관점을 발달시키면 매우 도움이 될 것이다. 이것은 어린아이 같은 의존과 타인에게 줄 수 있는 능력이 없다고 느끼는 무력감에서 벗어날 수 없다는 공포를 개선시키는 데 도움이 될 것이다.

다른 종류의 불균형 또한 상호성을 방해할 수 있다. 불균형은 커플 중 한 명이 상대에게 최대로 맞춰주고 헌신하면서 자신은 어떤 보상을 바라지 않을 때 발생할 수 있다. 이러한 패턴을 만드는 데에는 두 사람 모두 기여하지만, 사회적인 압력도 이러한 경향을 더 부추긴다. 한 사람은 자기희생적이고, 나머지는 이기적이라고 설명하게 될 것이다. 자기를 희생하는 위치에 따른 필연적인 결과는 자기를 폄하하고, 자기보다 더 강하고 가치 있어 보이는 타인에 대해 분노하는 것이다.

한 임상 사례가 이러한 문제를 잘 보여준다. 한 젊은 예술가가 우울하고 사람들을 만나면 "할 말도 없으며", 출근하기 위해 집을 나서는 것이 점점 힘들어진다는 이유로 상담에 왔다. 첫 회기에서 그녀는 자신의 결혼 생활은 "대단히 좋기 때문에" 상담에서 다룰 필요가 없다고 말했다. 그러나 남편과의 관계를 설명할수록 부부 관계가 균형이 맞지 않으며 이것이 그녀에게 파괴적 영향을 미친다는 것을 알게 되었다. 그녀는 남편의 모든 요구를 들어주고 심지어 남편의 요구를 민감하게 예측하는 등 엄청난 노력을 기울이고 있었다. 그녀는 남편의 일정에 맞춰 자기 일정을 조정했고, 매일 저녁 남편에게 저녁을 챙겨주기 위해 중요한 저녁 수업도 포기했다. 사회적 상황에서, 그녀는 남편의 옆에 조용히 서서, 자신은 남에게 보이지 않는 것처럼 느끼며 다른 사람들이 남편을 호의적인 시선으로 볼 수 있도록 남편이 더 주목받을 수 있는 방법을 찾곤 했다. 남편과 단 둘이 있을 때면, 그녀는 남편이 자신의 내면을 정리할 수 있도록 돕는 데 많은 시간을 들였다. 이와 동시에 그녀는 남편이 그녀에 대한 관심을 거의 표현하지 않으며, 사회적 상황에서 그녀의 존재를 알아차리지 못하는 경향이 있다고 느꼈다. 또한 그녀는 남편이 그녀가 성관계를 원하는지에는 관심이 없고 단지 자신의 성욕을 위해서만 성관계를 하는 경향이 있다는 느낌을 받았다. 이러한 관계에서는 상호성의 수준이 매우 낮으며, 이 여성의 자아존중감은 그녀가 주목받지 못하고 중요한 사람이 되지 못하며 타인에게 인정받지 못하는 것과 관련되어 있었다. 그녀는 남편이 자신을 존경하지 않는다고 느꼈다. 그리고 점점 자신이 가치가 없다고 느끼게 되었다. 결혼 전에 그녀는 자기가 능력 있고 자기주장이 강한 사람이라고 생각했다. 상담에서 그녀는 상호성을 바라고 있다는 것을 인식하게 되면서 기존의 관계 패턴에 도전하기 시작했다. 그녀와 남편은 견딜 수 없는 상호성의 결여, 즉 그녀가 연결감을 느끼지 못하고 투명인간 취급을 받는 상태로부터 벗어나기 위해 부부 상담을 받았다.

또 다른 내담자는 50대 여성으로 다정하고 표현을 잘하는 사람이었으며, 헤어진 연인과의 관계에 대해 다음과 같이 이야기했다. "그가 원하는 것, 그가 감당할 수 있을 정도의 친밀감, 내가 그를 정서적으로나 신체적으로 지나치게 요구하는 것은 아닌지 늘 신경 쓰고 맞춰온 것 같아요. 그는 절대 그런 방식으로 나에게 관심을 쏟지 않았어요. 그리고 내가 무엇을 원하는지 말하려 하면 그는 지루해하는 것 같았어요. 내가 더 크게 이야기하면 그는 바가지를 긁는다고 말했어요. 그에게 맞추고 헌신한 것을 후회하지는 않아요. 내가 원해서 한 것이니까요. 기분도 좋고요. 하지만 나에게 돌아오는 게 없다는 점이 괴로워요. 나는 그를 너무나 원하는 가치 없는 사람인 것 같아요. 그는 더 중요하고 힘 있는 사람처럼 보여요."

여성들은 종종 이러한 불균형을 수용하고 일방적으로 양육을 하면서 자신이 이용당하고 폄하된다는 느낌을 받는다. 임상가들은 빈번하게 이러한 패턴을 여성의 "마조히즘"이라고 진단하며, 이는 관계적 맥락에 주목하지 않는 심리학의 한계를 극적으로 보여준다. 분명히 두 사람 모두 이 문제에 기여하고 있다. 이 여성은 관계에서 경험하는 고통을 즐기는 것이 아니라, 자신을 "관계의 수호자"라고 느끼고 있다. 그녀는 관계를 맺고 있다는 느낌을 유지하기 위해서는 더 많은 노력을 들여야 한다고 느꼈던 것이다. 그녀의 남편은 그러한 요구를 느끼지 않는다. 결과적으로 그녀는 종종 자신의 자존감을 대가로 치르면서 수많은 타협을 해왔다. 그녀는 상담을 받으면서 파트너로부터 벗어나 자신의 내면에 관심을 가져도 된다는 점을 비로소 인식하기 시작했다.

한 사람이 다른 사람에게 영향력을 행사하고 그를 지배하기 위한 개인적인 투자를 하게 되는 권력의 역동은 분명히 상호성을 방해한다. 사실 개인적 권력과 영향력을 행사하고자 하는 동기는 여기서 제시하는 상호성의 개념과 직접적으로 충돌한다. 만일 누군가가 타인에 대한 지배의 위치를 정착시키는 것에 기본적으로 관심을 가진다면, 그러한 동기로 인해 타인의 주관적인 경험에 실제로 관심을 보일 가능성은 적어진다. 오히려 자신의 이익을 가장 우선으로 여기게 된다. 일방적으로 결정된 목적을 달성하려고 타인을 조종하는 것이 상호작용에서 중요한 내용이 된다. 개인의 요구가 가장 기본적인 것이 되어 타인의 요구를 인식하기 어려울 때에는 상호적인 관심과 공감이 일어나기 어렵다. 게다가 도구성이나 권력 유지를 위한 노력이 강조될 때, 경쟁이 심화되고 자기노출도 줄어들게 된다. 경쟁하는 주체라는 감각이 만연해지면서 단절과 불평등이 권력 모델의 기본이 된다. 상호성 모델은 상호작용과 공감 능력, 호혜적으로 강화하는 주체에 근거를 둔다. 관계를 바라보는 이 두 가지 접근법은 서로 매우 다르다.

직장에서 겪는 문제들

일하는 여성, 특히 사업이나 전문 직종의 고위직에 종사하는 여성의 경우, 도구적인 목적을 이루기 위한 역할을 토대로 관계를 맺을 때 엄청난 스트레스를 받는다. 상담에 온 한 변호사는 자신의 남성 동료가 그녀에게 의뢰인의 문제에 지나치게 관여하지 않는다면 매우 뛰어난 변호사가 될 수 있을 것이라고 충고했다고 말했다. 그녀는 자신이 함께 일하고 있는 사람들을 "지나치게 돌보고 있다"고 느끼며, 그의 따끔한 충고를 받아들였다. 그녀의 동료는 더 나아가 의뢰인은 "그녀가 필요한데" 그것이 "그녀가 도와주어야" 할 필요가 있다는 것을 의미하지는 않는다는 충고도 했다. 하지만 그녀가 그렇게 행동했다면 의뢰인의 존경을 받지 못했을지도 모른다. 의뢰인의 주관적인 안녕에 관심을 표현하고 어느 정도 상호적인 관계를 맺는 것은 중요한 권력 기반을 위협하는 것으로 받아들여질 수 있다. 그녀의 남성 동료는 또한 여성 변호사들의 문제는 권력을 어떻게 사용해야 하는지 모르고, 정치적으로 약삭빠르지 못하다는 점이라는 불필요한 의견을 덧붙였다. 그녀는 돌봄과 상호성을 바탕에 두고 법조인으로 일하는 특별한 방식을 인정받는 대신, 사무실에서 "여성적"인 특성을 버려야 한다는 느낌을 받게 된 것이다.

또 다른 내담자는 따뜻하고 배려를 잘하는 여성 사업가로, 부서에서 타인과의 관계를 매우 중요시하는 사람이었다. 일상적으로 개인적인 관계를 맺으면서 기쁨을 느꼈다. 그녀는 한 직장 선배로부터 그녀가 자신의 자원을 "낭비하고" 있고, 조직의 사다리를 오르는 데 누가 "쓸모가 있을지" 고심할 필요가 있으며, 이러한 방향으로 에너지를 써야 할 것이라는 충고를 듣고 혼란스러워졌다. 이러한 예들은 직장에서 관계적 가치를 중요하게 여길 때 일상적으로 인정받지 못할 수 있다는 작은 단서들을 보여준다. 상호성이나 상호 의존의 개념은 바로 "손쉬운 일"을 위협하는 것으로 여겨지는 것이다. 여성들은 종종 그 자체로 자신에게 소중한 관계가 타인에게는 권력이나 성공을 성취하기 위한 마키

아벨리적 계획의 일부였다는 것을 알고 배신감을 느낀다.

현재의 직장 구조에서는 상호성이나 유대 관계를 발달시키는 것은 말할 것도 없고, 이를 형성하기조차 쉽지 않다. 오히려 우리 사회에서는 경쟁과 고도로 발달된 개인주의의 강화로 드러나는 생산성만 강조될 뿐이다. 이러한 체계에서 개인적 권력이나 지배의 위계 및 방식이 개인적 성취를 격려하는 수단으로 발전해가는 반면, 제도적인 권력 구조 기저의 필수적인 상호 의존성은 그 가치가 폄하되고 있다.

상담 관계

상담 관계는 겉으로 볼 때 상담자와 내담자 사이에 분명한 역할과 경계가 있는 듯 보이는 복잡한 대화이다. 과학으로서 그리고 기술로서 상담을 개념화하려고 우리는 자연과학 모델들(심지어 자연과학에서는 더 이상 적용되지 않고 있는)을 사용해왔다. 이러한 모델들은 자기와 타인이 분리되어 있는 별개의 존재라는 점을 사실로 가정하고 있으며, 관찰자와 관찰 대상에 대한 데카르트식 구분법과 다른 대상에 객관적으로 측정 가능한 변화를 야기하는, 분리되어 있으며 정적인 독립체에 관한 오래된 물리학 개념을 따른다. 그러나 만일 우리가 상담 관계를 자세히 들여다본다면 중요한 질문이 떠오를 것이다. 상담에는 상호작용을 통한 변화에 개방적인 두 명의(때로는 여러 명의) 활동적인 구성원이 있다. 그 과정에 대해 전이나 교정적 정서 체험이나 공감적 조율 등 어떤 이야기를 하더라도 관계는 핵심적이다. 페어베언(과 다른 사람들)은 "환자와 분석가 사이의 관계는 세세한 기법보다 중요하다"고 했다(Fairbairn, 1957: 59). 코헛은 그의 책 「분석으로 어떻게 치료하는가?How does analysis cure?」에서 치료의 목표와 결과는 "성숙한 성인의 수준에서 자기와 자기대상의 공감적인 내부 조율을 수립하는 것"이라고 했다(Kohut, 1984: 66).

상담은 타인으로부터 독립하는 것보다 관계를 맺을 수 있는 능력을 강화하도록 돕는다. 비슷하게, 코헛은 분석이란 환자가 "공감적 반향의 메아리는 세상에서도 실제로 가능하다"(Kohut, 1984: 78)는 것을 깨달을 수 있도록 돕는 것이라고 생각했다. 상담자와의 관계는 이러한 변화를 만들고 유지시킨다. 더 나아가 좋은 상담에서는 두 사람이 모두 영향을 받는다고 생각한다. 내담자와 상담자가 모두 성장하고 그런 면에서 상호적인 관계를 맺게 된다. 상담은 대화이다. 그러나 여러 방면에서 충분히 상호적인 관계가 될 수는 없고, 양자가 이러한 측면을 알아차리는 것이 유용하다. 상담에서 한 사람은 더 많이 드러낸다. 그리고 상대에게 도움을 받고 경청의 대상이 되며 이해받기 위해 표현하게 된다. 내담자의 자기개방, 경험에 대한 부인과 분리의 표현은, 비판단적인nonjudgmental 경청과 이해라는 맥락에서 상담 과정의 강력한 부분을 형성한다. 이러한 과정을 촉진하기 위해 내담자의 주관적인 경험을 중심에 두겠다는 계약이 있고, 내담자에게 도움이 되는 정도에 한해서만 상담자의 주관적 경험을 다루겠다는 동의가 있다. 상담자는 치료를 위해 자신을 활용하게 된다. 그러나 이러한 맥락 안에서 양측을 위한 진정한 돌봄이 이루어진다. 양측 모두 상호성, 상호 존중, 정서적 유용성, 변화에 대한 개방성을 느끼게 된다. 그리고 상담을 하면서 종종 관계 경험과 상호성 경험이 발전한다.

요약하자면, 어떤 이론가들은 무력한 유아에서 자율적이고 자립적이며 독립적인 성인으로 성장해가는 발달 과정에 대해 의문을 던졌지만, 이러한 목표는 특히 서구 문화에서 여전히 심리적으로 이상적인 것이라고 여겨진다. 우리가 초기 발달에 대해 더 배울수록 유아가 비록 말과 형식적인 재현은 하지 못하더라도 관계를 형성할 수 있는 여러 능력을 가지고 삶을 시작하며, 초기의 "자아감"에 대해 시사하는 구조와 분화가 있음을 알게 된다. 또한 유아들은 생애 초기에 타인을 인식하고 관계를 맺는다는 것을 보여주고 있으며 환경, 특히 인간의 환경 안에 있는 구조화된 패턴을 인식하고 있음을 보여준다. 이러한 자료들은 융합되고 미분화되어 있으며 통합되지 않은 유아라는 낡은 개념을 바꾸었다. 성인 발달 과정의 마지막에서 우리는 지속적인 관계, 관계 내에서의 정체성, "우리"라는 감각과 거의 분리될 수 없는 "나"라는 감각, 상호성에 대한 욕구와 같은 건강한 적응을 이해하기 시작한다. 정체성을 이해하는 시각은 고정된 경계를 지닌 정적 구조라기보다 자기와 타인의 상호작용과 상호 침투를 포함하는 과정이라는 개념으로 변화하고 있다. 그러는 와중에 임상가들은 상호작용의 질과 상호성에 대한 내담자의 욕구에 특히 주의를 기울일 수 있을 것이다(불행하게도 이 관계적 모델을 설명하기 위해 현재 사용할 수 있는 언어는 적절하지 못하고 정확성도 떨어진다. 우리는 이러한 과정을 더 정확히 보여줄 용어를 찾기 위해 작업하고 있다).

타인을 경청하고, 보고, 이해하고, 타인에게 감정적으로 응해줄 수 있을 뿐만 아니라, 타인이 경청해주고 봐주며 이해해주고 알아주는 상호적 관계는 대다수 사람들의 심리적 안녕에 대단히 중요하다. 우리는 관계를 통해 여러 가지 방법으로 자신을 알게 된다. 우리는 뒤로 물러서서 어느 정도 스스로를 관찰할 수 있는 능력을 가지고 있는 반면(관찰하는 자아), 우리의 가장 깊은 내적 실제에 대한 감각은 관계에서 발생한다. 상호주관적 상호성에서 우리는 타인에 대한 이해를 넓힐 수 있는 기회를 발견하게 될 뿐만 아니라 우리 자신에 대한 알아차림을 강화하게 된다. 우리는 코헛이 "인간의 반향을 수용하고 확인하고 이해하는 것"이라고 부른 그 선물을 타인에게 주기도 하고 우리가 타인으로부터 받기도 하는 것이다(Kohut, 1978: 705).[1]

---

[1]   이 논문은 1985년 12월 스톤센터 콜로키움에서 발표한 것이다.

오이디푸스 콤플렉스를 넘어서

어머니와 딸

아이린 스타이버

오이디푸스 콤플렉스에 관한 진지한 의문들이 오랫동안 제기되어왔으나, 이 이론은 임상 분야에서 여전히 지배적이다. 게다가 최근 정신분석에 대한 관심이 다시 높아지면서 현대의 여성주의자들도 그 기본적인 가정의 많은 부분을 수용하고 있다. 최근의 이론 연구와 임상 증거들을 바탕으로 정신분석 이론을 검토할 것이며, 여성 내담자와의 임상 경험을 바탕으로 대안적인 이론들을 제안하려고 한다.

프로이트의 여성 발달 이론에 진지하게 의문을 제기해온 사람들이 기본적으로 여성들(남성도 있지만)이라는 점은 놀라운 일이 아닐 것이다. 이러한 여성들이 정신분석 영역에서 적절한 인정을 받지 못해왔다는 점 또한 흥미롭다. 플리걸Z. O. Fliegel(1973)의 흥미로운 논문은 여성의 심리성적 발달에 대한 개념이 역사적으로 재구성되어온 과정을 다룬다. 그녀는 프로이트와 다른 정신분석 학파 사람들은 초기에 호나이K. Horney가 기여한 중요한 내용을 대체로 무시했다고 설명한다. 어니스트 존스Ernest Jones가 호나이의 관찰에 일부 참여하면서,

이후의 문헌에서는 호나이가 발전시킨 개념들을 존스의 공으로 돌리는 경향이 있었고, 때로는 그 둘 모두를 인정하지 않는 경우도 있었다.

그러나 더 중요한 점은, 정신분석 이론에서는 초기 여성 발달에 관한 현대의 논의에서 초도로우, 길리건, 밀러가 이룬 의미 있는 공헌들을 인정하지 않는다는 점이다. 특히 초도로우(1978)는 "전前오이디푸스"기와 오이디푸스 갈등을 해소하는 과정에서 남성과 여성이 다른 발달 경로를 거치는 데 커다란 영향을 미치는 성차와 관련된 세세하고 중요한 내용들을 관찰했다. 도덕 발달에 대한 길리건의 연구는 여성의 초자아가 남성에 비해 덜 발달한다는 초기의 정신분석적 개념에 경험적으로 접근하고 문제를 제기했다(Gilligan, 1982). 밀러 역시 새로운 여성 심리학을 향한 길을 제시했고, 정신분석 이론의 여성 발달에 대해 비판적으로 연구한 고전적인 논문들을 개별적인 책(1973)으로 엮었다(Miller, 1976). 이 논문들은 여성 발달에 관한 현대 정신분석 문헌에서 참고문헌 목록에 잘 언급되는 드문 경우이다.

몇몇 분야에서는 오이디푸스 갈등에 대한 정신분석적 관심이 줄어들고 있다. 예를 들어, 코헛 학파에서는 오이디푸스 갈등이 고전적 이론의 핵심에서 지엽적인 위치로 바뀌었으나, 다른 많은 정신분석학자는 오랫동안 "전오이디푸스" 발달에 관심을 기울여왔다. 최근에는 유아와 어머니의 양자 관계와 관련된 분리와 개별화 주제들이 강조되고 있다. 필자는 여전히 정신분석학자들과 다른 임상가들이 자위와 성적 발달에서 오이디푸스 콤플렉스를 핵심으로 보고 있다고 생각한다. 셰이퍼(Schafer, 1974)가 단계의 초기를 "전오이디푸스기"와 "전前성기기"라고 부르는 것은 "성격의 근원이 오이디푸스 주제와 관련되었다고 강하게 연결 짓는" 편견을 거부하는 것이라고 설명했다. 그러나 더 이야기하자면, 오이디푸스 콤플렉스와 다른 심리성적 발달의 측면에서 중요한 요소들에 대한 진지한 의문이 제기되었을 때, "내적 논리를 희생해서라도 프로이트의 공식을 고수하고자 하는 요구"를 여전히 볼 수 있다(Fliegel, 1982: 24).

그러나 필자가 여성이기 때문에 남성보다 거세 불안을 덜 느끼고, 그러므로 오이디푸스 콤플렉스와 같은 이론의 중요한 부분에 도전함으로써 권위를 되찾을 수 있다고 설명하려는 것이 목적은 아니다. 이것은 다음에 제시하는 일화처럼 무모한 일임을 알고 있다. 최근에 동료들과 점심 식사를 하면서 오늘날 여성의 오이디푸스 콤플렉스의 위치에 대해 제대로 이해하고 있는지 확인하기 위해 이 민감한 주제를 꺼내보았다. 열띤 토론을 했고 점심을 마치고 그 자리를 떠났다. 이후에 동료 중 한 명이 다른 동료에게 다음과 같이 이야기했다고 들었다. "글쎄, 상담을 받으면서도 그 내용을 이해하지 못한 사람들이라면, 점심 먹으며 이 주제에 대해 이해할 수 없을 거야." 이처럼 필자는 요청하지 않은 분석에 자신을 노출시키는 것의 위험성을 알고 있다.

여기에서는 남성 발달로부터 파생된 개념을 여성들의 특징적인 경험에 충분히 주의를 기울이지 않고 여성 발달에 경직되게 적용할 때, 여성에 대한 중대한 오해를 낳게 된다는 점을 설명하고자 한다. 그 자체로 부정적일뿐만 아니라 여성의 섹슈얼리티, 정서, 인지 발달의 독특한 면에 대해서도 알 수 없게 될 것이다.

오이디푸스 콤플렉스의 형성

이러한 목적을 달성하기 위해 먼저 남성의 오이디푸스 콤플렉스에 관한 설명을 검토하고 그다음에 여성의 오이디푸스 콤플렉스를 검토하고자 한다. 특히 여성의 오이디푸스 콤플렉스에 관한 분석 이론과 활용할 수 있는 경험적 자료를 검토하여, 그 근거가 얼마나 취약한가를 설명하고자 한다. 그리고 여성의 경험과 어느 정도 관련 있어 보이는 일부 특징들에 대해 생각해볼 수 있도록 대안적인 개념을 제공할 것이다. 마지막으로, 여성 심리치료에 관해 이러한 관찰들이 가지는 함의를 고려해볼 것이다.

남성의 오이디푸스 콤플렉스

원래 오이디푸스 콤플렉스는 남아 발달의 중요한 단계를 설명한다(Freud, 1924). 3~4세경의 남아는 어머니에 대한 애착을 성기 중심으로 형성하다가 아버지를 어머니의 사랑에 대한 경쟁자로 본다. 남아는 아버지를 대신할 수 있기를 소망하면서 아버지의 성기를 갖게 되고, 아버지가 죽기를 바라며, 아버지를 죽이는 환상을 갖는다. 남아는 또한 아버지가 거세의 형태로 복수할 것을 두려워하는데, 너무 두려운 나머지 남아는 어머니에 대한 사랑을 포기하고 어머니에 대한 성적 느낌을 억압하며, 궁극적으로 어머니를 독점할 수 있을 거라는 희망을 가지고 억압자인 아버지와 동일시하게 된다. 부모가, 즉 억압자인 아버지가 어머니를 향한 성적 소망을 금지하는 것을 내적으로 통합하여 초자아를 형성한다. 그리고 나서 남아는 아버지와의 동일시를 통해 남성으로 성장한다. 이것은 성적 소망을 더욱 억압하면서 어머니로부터 멀어지고 잠재기로 진입하게 된다는 것을 의미하기도 한다.

이 모델은 남성들 사이의 관계의 경쟁적이고 공격적인 특징을 강조한다. 그리고 거세 불안이 남아와 성인 남성들의 경험에 강력한 영향을 미칠 뿐만 아니라 남성들이 어머니로부터 멀어지는 경향이 있다는 임상 관찰 결과와도 일치하는 것 같다.

여성의 오이디푸스 콤플렉스

프로이트가 원래 이 패러다임을 여성들에게 적용하려고 했을 때, 여아들은 오이디푸스 단계 이전에는 남아들과 다를 바가 없기에 "남성적"인 성향을 갖는다는 것을 전제로 했다(Freud, 1931). 여아들은 단지 클리토리스만 인식하고 이를 남근으로 경험하는 것으로 추측했다. "우리는 여아들을 어린 남성으로 인식할 수밖에 없다"(Freud, 1933: 118). 그러므로 프로이트는 남아와 여아의 전오이디푸스기를 완전히 동일한 것을 보았다. 여성 분석가인 람플 드 그루트J. Lampl-de Groot(1927)는 여아의 오이디푸스 콤플렉스에 대한 부정적 견해를 가지고 이러한 생각을 지지했다. 여아들은 어머니에 의해 성적으로 각성되기 때문에 남아들과 완전히 똑같다고 여겨졌다. 그리고 여아들이 클리토리스를 활용해 남근을 활용하듯 적극적으로 어머니에게 삽입할 수 있으며, 어머니의 관심을 끌기 위해 아버지와 경쟁한다고 생각했다.

　람플 드 그루트가 관찰하고 있었던 것은 남아들과 여아들이 어머니와 맺고 있는 강렬한 유대 관계였을 것이라고 생각한다. 여아가 어머니에게 열정적으로 애착을 갖는 것을 "부정적인" 혹은 "남근적인" 애착으로 가장했을 때만 받아들이고 인식할 수 있었던 것은 실로 놀라운 일이다. 모순적이게도 람플 드 그루트 덕분에 프로이트는 여아들이 자신이 원래 생각했던 것보다 더 장기간 어머니에 대한 애착을 유지한다는 사실에 주목하게 되었다. 그로 인해 프로이트는 여아들은 남아들보다 전오이디푸스 기간이 더 길고, 오이디푸스기에도 늦게, 4세나 그 이후에 진입하게 된다고 했다. 이것이 바로 여아와 남아가 성적 발달에서 보이는 중요한 차이를 인식하게 된 첫걸음이다.

　실제로, 프로이트는 오이디푸스 갈등을 시작하고 해소하는 양식에서 여아가 남아와 어떻게 다른지 이해하고자 하면서 직면한 문제들에 대해 매우 고심했다. 남성의 패러다임을 여성에게 강제로 맞추려 애썼기 때문에 프로이트와 정신분석 문헌은 이론적으로 이리저리 끼워 맞춰나가면서 복잡해졌다. 여성의 오이디푸스 콤플렉스와 관련된 다양한 요인이 잘 설명되지 않음에도, 이에 관한 많은 글이 있고 정신분석가들이 이를 어떻게든지 설명해 내기 위해 많은 노력을 하고 그것들을 지키려고 해왔다는 점은 매우 충격적이다. 남성의 오이디푸스 콤플렉스를 관찰할 때에는 이와 유사한 일은 결코 벌어지지 않았다. 밀러(이 책의 1장)가 설명한 바와 같이, 분석가들이 여성의 오이디푸스 콤플렉스를 발견하는 데 어려움을 겪는 이유는 아마도 그것이 존재하지 않기 때문일 것이다.

1931년에 여성의 오이디푸스 콤플렉스에 관해 프로이트가 마지막으로 쓴 구체적인 내용들의 개요를 살펴보도록 하겠다. 프로이트는 남아의 경우 거세에 대한 공포 때문에 오이디푸스 콤플렉스를 해소하기 시작하는 반면, 오이디푸스기를 시작하는 여아는 이미 거세되었다고 설명했다. 즉, 여아가 자신과 남아 사이의 해부학적 차이를 알아차리게 되면서 자신에게는 남근이 없다는 것을 발견하게 되는 것이다. 이로 인해 여아는 자신에게 원래 남근이 있었는데 잃어버렸다고 생각하게 된다. 이제 여아는 어머니도 남근이 없다는 것을 인식하기 때문에 어머니가 자신에게서 가치 있는 구성원이 될 수 있는 자격을 박탈했다고 비난하게 된다. 여아는 어머니가 남근이 없다는 것에 매우 실망하고, 그동안 어머니가 자신에게 한 행동에 대단히 분개하면서 남근을 가지고 있는 아버지에게 의지하게 된다. 여아가 자신의 첫사랑이었던 어머니를 저버리고, 그 대신 아버지를 사랑하게 된다고 설명하는 근거는 여아가 거세를 당했고 남근을 선망한다는 믿음이다.

여아는 어머니에게 경쟁심을 느끼고 어머니가 죽어버렸으면 좋겠다는 소망을 갖게 된다. 또한 자기에게 없는 남근을 아버지가 주기를 바란다. 하지만 그것이 불가능한 일처럼 보이기 때문에 아버지로부터 아기를 얻어서 남근의 대체물로 소유하기를 바란다. 여아는 아버지가 자신에게 아기를 주지 않을 것이라는 것을 분명히 깨닫게 되면서 결국은 이러한 소망도 포기하게 된다. 오직 여아가 어머니와 동일시를 할 때, 언젠가 아버지와 아버지로부터 받은 아기 – 즉, 남근 – 를 소유하게 될 것이다. 그러나 복수로 거세당할 수 있다는 위협은 여아에게는 해당되지 않는다. 여아들은 이미 거세를 당했기 때문에 프로이트는 여아들에게는 남아들만큼 이 단계를 벗어나고자 하는 강한 동력이 없으며, 그로 인해 여아들이 오이디푸스기를 넘어가는 데 더 오래 걸린다고 생각했다.

이처럼 여아들은 더 천천히 잠재기에 들어가지만, 아버지에 대한 애착을 유지하면서도 자위를 그만두고 섹슈얼리티를 억압한다. 결과적으로 여아들은 남아들이 아버지와 경쟁하면서 겪는 강력한 금지와 처벌에 대한 두려움을 경험하지 못하므로, 여아들의 초자아는 남아에 비해 잘 발달하기 어렵다. 또 다른 중요한 점은 프로이트는 여아들이 클리토리스에서 질로 이동할 필요가 생기는 청소년기가 되기 전까지는 진정한 여성성을 발달시킬 수 없다고 생각했다는 것이다. 여아는 오이디푸스 콤플렉스를 해결하기 위해 어머니의 방식과 동일시하지만, 성적 경험에서 클리토리스가 우세하기 때문에 여아가 진정한 여성적 성정체성을 갖기는 어렵다. 오랫동안 여성들은 성인으로서 진정한 여성성을 갖기 위해서는 클리토리스보다 질을 통해 오르가즘을 느낄 수 있는 능력이 필요하다고 배워왔고, 신경증에 걸린 여성은 클리토리스에서 질로 이동하지 못한 것이라고 가정해왔다. 여성의 오이디푸스 콤플렉스 요소는 다음과 같은 내용을 포함한다. (1) 오이디푸스 콤플렉스가 끝나기 전까지 여아들은 남아와 차이가 없다. (2) 여아들에게 거세 불안은 핵심적인 경험이며, 그로 인해 오이디푸스 콤플렉스로 들어가게 된다. (3) 남근 선망은 여성 발달에서 강력한 역할을 한다 ─ 프로이트에게 그것은 여아의 신경증적 문제에서 기초가 되기 때문이다. (4) 여아는 어머니에게 남근이 없기 때문에 어머니가 결함이 있는 존재라고 생각하며, 딸의 거세에 책임이 있다고 생각하기 때문에 어머니가 가혹하다고 여긴다. (5) 여아는 어머니로부터 돌아서고 아버지에게 성애적으로 이끌리며 아버지가 남근의 대체물이 될 수 있는 아기를 주기를 바란다. (6) 오이디푸스 콤플렉스가 더 천천히 해소되고 아버지에 대한 애착이 지속되며, 남아보다 초자아가 더 약하게 발달한다. (7) 잠재기가 되면 자위는 거세 불안과 남근 선망을 생각나게 하므로 여성은 자위를 그만두고 금지된 성적 목표들을 억압하게 된다. (8) 성숙한 여성적 정체성을 얻기 위해서는 섹슈얼리티의 중심을 클리토리스에서 질로 이동할 필요가 있다.

여성의 오이디푸스 콤플렉스 구성 요소를 검토하기

프로이트와 다른 정신분석가들은 위의 요소들에 관해 오랫동안 의문을 가지고 면밀히 조사했지만, 여아가 사랑의 대상을 어머니에게서 아버지로 바꾸는 이유와 방법을 정확하게 설명하지 못했다. 남아들의 경우, 사랑의 "대상"이 변하지 않기 때문에 어머니로부터 멀어지는 이유를 설명할 필요가 없다. 그런데 여아들이 정말 어머니로부터 마음을 돌리는 것일까? 여아들이 아버지에게 이끌리는 이유는 무엇일까? 프로이트의 주된 설명은 거세와 남근 선망이라는 개념을 바탕으로 하고 있다. 다른 설명들도 있다. 오이디푸스 콤플렉스에서 남근 선망의 기능에 대해 문제를 제기한 호나이는 여아들이 자연스럽게 아버지를 성애적 감정을 느끼는 대상으로 여기게 하는 이성애에 대한 생물학적 추동이 있다고 생각했다(Horney, 1926). 분리와 개별화에 관심을 갖고 있었던 이후의 분석가들은 여아가 아버지를 향하게 되는 모습은 경계가 매우 유동적인 어머니(Abelin, 1971; Loewald, 1979)가 집어삼키는 것을 피하기 위해 노력하는 것을 나타낸다고 생각했다. 그러므로 매우 다른 누군가, 즉 아버지에게 애착을 갖는 것으로 어머니와 달라질 필요가 있다는 점을 들어 여아가 어머니에게서 아버지로 관심을 돌리는 것을 설명할 수 있을 것이다.

샤세켓-스미르겔Chassequet-Smirgel(1970)은 여아가 전지전능하고 강력해 보이는 어머니에 대해 느끼는 무력감에 대항하여 방어적으로 남근과 아버지를 소망하게 된다고 다소 다르게 설명했다. 여아가 오이디푸스기에 어머니에게서 아버지에게로 관심을 돌리는 이유를 설명하기 위한 모든 시도에도 불구하고, 어머니와 딸의 관계가 강력하며 오랫동안 유지된다는 점을 문헌에서 반복적으로 설명하고 있다는 점은 주목할 만하다.

정신분석 문헌에서는 어머니-딸의 관계가 지속될 때 가능한 긍정적인 면은 거의 설명하지 않는 반면, 잠재적인 병리적 함의는 강조되기 때문에 위의 현상은 종종 오해의 대상이 되었다.

그러나 어머니-딸의 관계를 다루기 전에 여성의 오이디푸스 콤플렉스의 다른 요소들을 검토하고 최근의 경험적 자료와 비교할 때 근거가 부족하다는 점을 설명하고자 한다. 해당 자료는 여러 종류인데, 어린이를 대상으로 한 체계적인 임상 관 자료, 섹슈얼리티와 젠더의 형성에 관한 연구 자료, 여성 임상가들의 글이다. 이러한 자료들을 통해 여성의 오이디푸스 콤플렉스라는 개념의 내적 일관성, 타당도, 유용성에 대한 핵심적인 문제들이 제기되어왔다. 그러나 표준이 되는 문헌에서 그 개념 자체에 대해 심각하게 문제를 제기하는 경우는 거의 찾아볼 수 없었다.

성정체성

오이디푸스 콤플렉스를 해결하기 전까지 여아들의 삶에는 남아들의 삶과 다른 점이 없으며, 자신을 여성으로 경험하지 못한다는 첫 번째 요점은 오늘날 완전히 근거가 없는 것으로 보인다. 스톨러R. J. Stoller(1968)는 18개월의 여아들과 남아들이 자신이 "핵심적 성정체성"이라고 부른 것을 발달시키며, 이는 주로 인지 발달, 부모의 태도, 아이에 대한 성적 명명과 함수관계에 있다는 것을 명백히 보여주었다. 핵심적 성정체성은 여아들이 자신이 남아들과 해부학적으로 다르다는 것을 인식하는 것처럼 보이기 이전에 발생한다. 다른 연구들도 남아들이 어머니에게 강하게 애착을 형성했다 하더라도 남아로서 자신을 경험한다는 점을 보여준다(Kleeman, 1977; Kohlberg, 1966). 또한 1세경의 여아들은 자신이 여자아이라는 것에 대해 기쁨과 자부심을 보인다고 했다.

거세 불안

다음 요점은 여아들이 경험하는 핵심은 거세 불안이며, 이를 거쳐 오이디푸스 콤플렉스를 갖게 된다는 내용이다. 여기에 대한 자료는 없거나 모호하다. 홍미로운 논문에서 로이프H. Roiohe와 글렌슨E. Glenson은 만 1세에서 만 2세 사이의 여아들이 거세 불안을 보인다고 보고했다(Roiohe and Glenson, 1972). 이들은 이것이 프로이트가 관찰한 것보다 훨씬 더 이른 시기라는 것을 인식하고 거세 불안에도 두 단계가 있을 것이라고 결론을 내렸다. 첫 번째 단계는 대상과 항문기 상실에 대한 공포를 반영한 것이고, 두 번째 단계는 오이디푸스 콤플렉스적 사고와 관련이 있다는 것이다.

초기 성기 놀이가 시작되는 시기와 놀이의 질적인 면에서의 성차에 관한 그들의 연구가 많은 비판을 받았을 때, 그들은 거세 불안을 판단하는 기준에 부정적 성향 증가, 어머니에 대한 의존 증가, 악몽, 동물에게 물리는 것에 대한 두려움, 여아가 자신에게 남근이 없는 이유를 물어보는 것을 포함시켰다. 게다가 그들은 자신들의 연구 표본이 어린 시절 경험으로 인해 불안정한 신체 이미지를 가지게 된 아이들로 구성되어 있어 제한적이라는 점을 인정했다. 명백하게도 이후에 소녀들에게 새로운 단계의 거세 불안이 떠올랐을 것이고 이는 오이디푸스기로 이어졌을 것이다.

여전히 거세에 대한 초기의 처벌적 표시를 어떻게 인식할 수 있는지 알 수 없다. 이론에서는 여아들이 남아들과의 해부학적 차이를 인식하고 그로 인해 오이디푸스기로 이행하게 되고 아빠에게 고착하게 되는 등의 현상이 발생할 때 거세 불안이 생긴다고 설명한다. 그러나 여아들의 경우 남아들보다 오이디푸스기가 늦고 4세 이후에 시작되는데, 거세 불안이 16~17개월에 이미 생긴다면 여아들이 어머니로부터 아버지에게로 옮겨갈 필요가 생기는 것은 어떻게 설명할 수 있을까? 왜 오이디푸스기가 훨씬 일찍 시작되지 않는가? 이러한 점은 이론의 내적 논리가 맞지 않을 때에도 이론을 고수하는 또 다른 예시가 될 뿐이다.

다른 연구(Parens et al., 1977)에서는 과자가 부서지거나 장난감이 부서졌을 때 여아들이 느끼는 심리적 고통을 거세 불안으로 보았다고 설명했다. 연구자들은 이론을 지지하고자 하는 열정에서 어린아이들이 성별을 불문하고 자신의 신체가 온전하다는 것을 잘 느끼지 못할 수 있고, 상징적이거나 실제적인 신체적 위협에 대해 불안해질 수 있다는 것과 같은 대안은 고려하지 않았다. 호나이는 일찍이 "거세는 남성의 환상일 뿐 여성과는 상관없다"고 했다(Horney, 1926). 이 설명은 매우 정확하다고 생각한다. 여성 내담자들을 대상으로 한 임상 경험에서 여성의 거세와 관련된 주제는 남성 내담자들에게 거세가 매우 강력하고 반복적인 관심 주제인 것에 비해 핵심적이지도 흔하지도 않았다.

남근 선망

이제 남근 선망이 여성의 오이디푸스 콤플렉스에서 하는 역할이라고 생각되는 내용에 대해 알아보자. 이 개념은 여성의 섹슈얼리티에 관한 개념 중 가장 극렬한 도전을 받았다. 호나이와 톰슨은 일찍이 그 개념에 대한 프로이트의 설명 방식과 남근 선망이 "신경증의 기반"이라는 설명에 대해 이견을 제시했다. 호나이는 여아들이 남아들보다 적게 소유한 것에 대해 느끼는 초기의 자기애적 수치심을 일차적 남근 선망으로 보았고, 남성에 대한 적대감에 저항하는 콤플렉스와 방어 형성을 이차적 남근 선망으로 보았는데, 이 둘을 구별하고자 했다(Horney, 1924). 호나이는 또한 남자들이 모성, 임신, 출산, 젖가슴에 대한 선망을 느낀다는 강력한 사례들을 제시했고 여성의 남근 선망보다 남성의 이러한 선망이 성인기까지 더 오랫동안 지속된다고 생각했다(Horney, 1926). 톰슨도 남근 선망이라는 개념에 문제를 제기했고, 더 넓은 문화적 방향을 제시했다(Thompson, 1943). 예를 들어, 우리 문화에는 일반적인 경쟁적 성향이 있는데, 이것이 선망을 자극한다고 지적했다. 그리고 우리 문화에는 여성에 대해 열등하다는 평가를 하는 경향이 있다는 점을 설명했다. 루스 몰턴Ruth Moulton(1973)은 남근 선망을 비판하는 사람들 중 비교적 최근의 비평가로, 남근 선망은 단순히 새로운 것에 대해 호기심과 흥미를 느끼는 아이들의 보편적인 모습일 뿐이라고 생각했다. 그러므로 몰턴은 여아들이 격려를 받고 가치 있는 존재로 여겨진다면 남근 선망은 일시적일 것이라고 생각했다. 그녀는 남근 선망이라는 개념을 글자 그대로 받아들여서는 안 되고 여아가 아버지가 어머니를 대하는 방식을 어떻게 경험하는지, 여성으로서 얼마나 가치 있는 존재로 느끼는지와 같은 맥락에서 이해해야 할 필요가 있다고 했다.

아이린 패스트Irene Fast(1978)는 이전에 남근 선망이라고 생각한 행동에 대해 다른 방식으로 이해했다. 그녀는 남아들과 여아들 모두 자신에게 양성적 특성이 있다는 가정을 가지고 태어나며, 자신에게 없기 때문에 포기해야만 하는 어떤 특질을 발견할 때 상실감을 느낀다고 했다. 그 예로서 꼬마 한스가 남아들이 아기를 가질 수 있다고 주장한 것과 임상 자료에서 아버지가 아기를 낳을 수 있다고 남아들이 주장한 내용을 인용했다. 베틀하임B. Bettleheim(1954)은 남아들이 남성 성기와 여성 성기를 모두 갖고 싶어 하는 희망과 그에 상응하는 여아가 되고자 하는 희망에 사로잡힌 모습을 설명했다. 그린슨R. R. Greenson은 「어머니로부터의 탈동일시: 남아에게 특별히 중요한 이유Disindentifying from Mother: Its Special Importance for the Boy」(1968)라는 논문에서 남성은 여성에 대한 강렬한 선망을 가지고 있으며, 복장도착은 자신이 남성이라는 것에 대해 자주 불만을 느끼고 여성이 되기를 희망하는 것에 대한 극단적인 표현으로서 남성의 병이라고 했다.

남근과 아기의 동일시

여기에서는 여아가 아버지로부터 가치 있는 남근의 대용물인 아기를 얻고 싶어 한다는 개념을 탐색할 것이다. 이에 관한 자료도 거의 없다. 이론의 내적 논리는 남아들과 여아들의 차이점을 발견하고, 어머니의 결함에 실망해서 어머니로부터 벗어나게 되면서 아버지로부터 아기를 얻는 소망을 갖게 된다는 내용을 반복한 것이다. 그러나 임상적 자료를 보면 여아가 아이를 갖고자 하는 바람은 남아가 성기를 가지고 있다는 것을 인식하기 전이고, 기본적으로 어머니와 동일시하기 때문인 것으로 보인다(Parens et al., 1977). 일찍이 1940년에 브룬스윅R. M. Brunswick은 "초기의 개념과 달리 남근을 원하기 한참 전에 아이를 먼저 원하기 때문에 둘은 비슷한 개념이 아니다"고 했다(Brunswick, 1940: 311). 만 1세의 남아들과 여아들은 아기를 갖는 것에 대해 흥미를 보인다고 알려져 있다(Parens et al., 1977). "엄마가 되고" 싶고, 아기를 갖고 싶어 하는 여아들의 소망을 이해하기 위해서는 이와 같이 복잡한 설명을 반드시 참고해야 한다는 점을 다시 주목하게 된다.

초자아 발달

다음 요소는 남아들과 여아들의 초자아가 다르게 발달한다는 개념으로, 여기에 관해 간단히 다루고 지나가려고 한다. 프로이트는 여아들의 초자아가 더 약하며, 이는 남아들에 비해 오이디푸스 갈등이 덜 급격하게 끝나기 때문이라고 설명했다. 그러나 잠재기 연령의 여아들을 관찰한 내용에서는 초자아 발달의 결여가 드러나지 않았다(Blum, 1977). 사실 여아들은 남아들보다 덜 공격적이고, 더 사회적으로 순응하며, 자기통제를 더 잘할 수 있다는 것을 보여준다. 하지만 더 큰 함의를 지니는 내용은 여성의 초자아가 더 약하다는 결론을 내리는 관찰을 반복하는 것에 종지부를 찍은 길리건의 연구에서 발견할 수 있다(Gilligan, 1982). 길리건에게 여성 심리는 관계와 상호 의존성을 훨씬 더 지향한다는 점에서 남성 심리와 다르다. 여성들은 좀 더 맥락적 방식으로 판단을 내리며, 여성이 남성보다 도덕적 이해가 부족한 것이 아니라 판단을 내리는 방식이 다를 뿐이라는 의미이다.

잠재기와 섹슈얼리티

이론에 따르면 여아들이 오이디푸스기를 지나 잠재기로 들어갈 때 필수적으로 자위를 멈추고 섹슈얼리티를 억압한다고 설명되기 때문에, 여기에서 잠재기에 대해 잠시 언급할 필요가 있다. 이를 지지하는 자료는 부족하다. 아동 분석가인 클로워V. Clower는 "모든 분석가는 잠재기 연령의 여아가 자위를 한다는 사실을 알고 있다"(Clower, 1977: 109)고 했으며, 이후에 "공식적으로는 정상이라고 여겨지는 억압이 생각만큼이나 흔히 있는 일인지 검토해봐야 할 것이다"(Clower, 1977: 111)라고 했다. 사실 다른 연구에서 프라일버그S. Frailberg(1972)는 불감증이 있는 성인 여성들은 잠재기에 자신의 섹슈얼리티를 더 철저하게 억압했고, 성기 자극으로 인한 흥분을 견디지 못할 것 같은 사람들이라고 생각했다. 그러므로 여아들이 오이디푸스기에서 벗어날 때 지속적으로 거세당했다고 느끼고, 자위하는 것을 견디지 못하며, 자신의 섹슈얼리티를 억압한다는 개념은 근거가 없다. 셔르피M. J. Scherfey(1973)의 고전적인 논문에서 여성 섹슈얼리티에 대한 일부 오해가 마침내 불식되었다. 셔르피는 매스터스W. H. Masters와 존슨V. E. Johonson의 경험적 연구를 바탕으로, "심리적인 클리토리스 고착" 같은 것은 없으며 클리토리스를 통한 오르가즘과 구분되는 질을 통한 오르가즘은 존재하지 않는다고 결론을 내렸다.

어머니로부터 멀어지기

이제 우리는 오이디푸스 콤플렉스에서 가장 핵심적인 부분에 이르렀다 — 즉, 여아가 정상적으로 발달하기 위해서는 어머니로부터 멀어져야 하며, 아버지에게 성애적으로 집착하고, 그 후 아버지에 대한 성적인 소망들을 포기하면서 아버지로부터 아기를 얻기를 바라고 어머니와 동일시하는 상태로 돌아가게 된다는 부분이다.

콤플렉스의 핵심은 어떻게든 여아가 관심의 대상을 어머니에게서 아버지에게로 돌린다고 가정하는 부분이다. 이러한 현상을 설명하기 위해, 여아가 자신의 어머니를 결함이 있고 열등하다고 볼 때 가능해지는 거세 콤플렉스와 남근 선망의 역동이 제시되었다. 그러나 레스터E. P. Lester(1976)가 설명한 바와 같이,

지속적으로 어머니와 동일시하는 정상적으로 발달하는 여아들에게서 그와 반대되는 내용을 볼 수 있다. 다만 어머니가 매우 부적절한 존재일 때 여아는 3세에서 5세경에 주된 사랑의 대상을 아버지로 바꾼다.

문헌들을 검토하면서 여아들이 이 시기의 발달 단계에 어머니로부터 멀어지고 아버지에게 강렬하게 애착을 형성한다는 내용을 지지하는 체계적인 연구를 발견하지 못했다. 그러나 아버지에 대한 흥미가 커짐에 따라, 유아와 아동을 관찰하는 새로운 연구들에서는 아이들이 부모와 어떻게 관계를 맺는가에 관한 새로운 의문들이 제기되었다. 예를 들어, 섀퍼H. R. Schaffer와 에머슨P. E. Emerson의 연구에서 어머니와 강한 유대를 맺고 있는 유아는 다른 특정한 사람들에게도 반응을 잘 보이는 것을 발견했다(Schaffer and Emerson, 1964). 또한 18개월까지 대부분의 유아는 성별에 관계없이 아버지와 어머니 모두와 애착을 형성한다는 점도 발견했다. 여아들은 아버지에게 더 일찍, 그리고 더 긍정적으로 애착을 맺는다고 설명했다.

「자아의 발달The Development of Self」이라는 논문에서 스테츨러와 캐플런은 유아가 생애 초기부터 한 사람 이상과 관계 맺는 방법을 배운다고 했다(Stechler and Kaplan, 1980). 아버지가 활발하게 참여한 한 사례에서 여아는 어머니와 아버지를 분명히 구별해내는 능력이 있었고, 둘과 애착을 형성했으나 각각 다른 방식으로 관계 맺기를 발전시켰다. 특히 어린이들은 각 부모와 일련의 양자 관계를 발달시켰고, 각각의 관계에서 다른 종류의 자극을 받았다. 초도로우는 여아가 어머니와 맺는 외적·내적 관계가 지속적으로 중요하며, 아버지와의 관계는 여기에 더해지는 것이라고 역설했다(Chodorow, 1978). 그러므로 새로운 관계가 기존 관계에 더해지는 것이지 멀어지는 것이 아니다.

아버지가 오이디푸스기보다 훨씬 전부터 여아에게 중요한 존재라는 것이 명백해지면서, 정신분석 문헌에서 여아의 성적 발달에 대한 다른 수준의 관찰을 찾아볼 수 있게 되었다. 예를 들어, 그들은 매우 이른 시기부터 유혹적이라고 묘사되었다(Abelin, 1971). 다른 논문에서는(Galenson and Roiphe, 1982) 6개월 정도 된 여아가 수줍어하고 추파를 던진다고 묘사되었고, 눈꺼풀을 내리깔고 바라보는 것으로 여겨졌는데, 이러한 행동은 아버지나 다른 남성들이 매혹적이고 유혹적이라고 느끼는 것이었다. 15개월 여아가 남자 직원에게 추파를 던진다고 묘사되기도 했다.

이러한 설명을 보면서, 여아가 아버지에게 성애적으로 이끌린다는 설명에 우리는 다른 가설을 세울 수 있다. 즉, 아버지가 딸을 유혹하고 자신의 성적 소망을 딸에게 투사하기 때문에 여아의 섹슈얼리티가 동요되고 여아가 아버지를 향하게 되는 것일 수도 있다. 반反오이디푸스적 태도에 대한 문헌(Benedek, 1959; Leonard, 1966; Moulton, 1973)에서 아버지의 유혹에 대해 인식하는 내용을 찾을 수 있지만, 그다지 많지는 않다. 여아가 아버지는 결함이 없기 때문에 어머니보다 더 바람직하다고 보고 아버지에게 성적·유혹적으로 접근한다고 빈번하게 가정하는 것과 비교할 때 이러한 차이는 두드러진다.

여성의 오이디푸스 콤플렉스 분석에 대한 요약

지금부터 긴 분석들을 재빨리 검토해보도록 하겠다. 각 요소들을 통해 남성 모델을 여성의 경험에 끼워 맞추려고 하는 강제적이고 근거 없는 시도라는 것을 알 것 같았기 때문에 필자는 여성의 오이디푸스 콤플렉스의 타당성에 진지한 의문을 제기했다. 성정체성 발달은 부모의 태도나 인지적 발달과 더 관련이 있는 것 같다. 거세 불안과 남근 선망은 어린 여아들의 어떤 경험에 관한 내용을 보여줄 수 있지만, 이러한 설명은 여성 발달과 성인의 경험에 별로 중요하지는 않은 것 같다. 여아들은 어머니에게서 멀어지는 것처럼 보이지 않는다. 또한 여아들은 매우 이른 시기부터 다른 방식으로 아버지에게 애착을 형성한다. 길리건(Gilligan, 1982)과 다른 연구자들(Blum, 1977)은 여성의 다른 특징들을 설명했지만, 남성에 비해 초자아가 약한 것은 아니라고 했다. 많은 여아에게 잠재기는 어떤 열정적 감정을 갖는 시기가 될 때까지 지속된다. 질을 통한 섹슈얼리티는 여성의 섹슈얼리티에 관한 우리의 현재 지식과 맞지 않다.

결국 두 가지 경우의 관찰에 ‒ 오이디푸스 콤플렉스 이론이 아니라 ‒ 주목할 필요가 있다고 생각한다. 그러나 가치 있는 방식으로 다루기 위해서는 여성의 오이디푸스 콤플렉스라는 맥락에서 벗어나 새로운 관점으로 볼 필요가 있다. 여성에 대한 두 가지 중요한 관찰에 대해 설명하고자 한다. 첫 번째는 여성들과 어머니의 관계는 종종 강렬하지만 갈등도 많다는 것이다. 두 번째는 아버지와 강렬하고 열정적인 애착 관계를 맺고 이를 성인기까지 잘 지속시킬 수도 있다는 것이다. 거세 불안과 남근 선망과 관련해 이러한 관찰을 하지 못하는 이유는 두려움과 질투가 정상적인 성장과 발달의 저변에서 동력으로 기능한다고 가정하는 모델 때문이다.

관계-속-자아라는 개념은 다른 관점을 제시하는데, 이 관점은 성장을 가능하게 하는 동력을 상호적 공감과 상호적 권력강화가 핵심적인 역할을 하는 관계적 모델의 관점에서 고려하는 것이다(Miller, 1986; 조던이 집필한 이 책의 4장; 서리가 집필한 이 책의 3장). 이것이 딸들이 생애 초기부터 인지가 발달하고 성숙해 감에 따라 제한된 관계에서 더 복잡한 관계를 맺는 것으로 나아가면서, 어머니·아버지와 맺는 관계를 탐색하는 데 필자가 활용하고자 하는 개념이다.

오이디푸스 콤플렉스 이론에 대한 대안적 관점

상담 과정에서 남성 내담자는 흔히 아버지와 닮고 싶은 소망을 드러내고, 여성 내담자는 어머니와 반대로 되고 싶다는 소망을 드러낸다. 이런 태도를 보이지 않은 다른 사회적·문화적 배경에서 살아가는 여성들도 있지만, 필자가 상담에서 만나는 여성들과 친구들이나 동료들은 어머니에게 매우 비판적이고, 어머니에 대해 싫어하는 면에 집중하며, 자신에게서 어머니의 싫어하는 점과 비슷한 어떤 모습도 보이지 않도록 분투한다. 여성주의와 동일시하는 여성들조차도 어머니가 자신에게 했던 잘못을 용서하지 않는 편이고, 상담에서도 그러한 태도를 바꾸지 않으려고 애를 쓴다. 역설적으로, 위에서 설명한 것과 같이 어머니와 딸 사이에 강한 유대가 형성되어 평생 지속되기도 한다. 이러한 내용을 잘 관찰하기 위해서는 여성이 가족 안에서 제한된 관계로부터 시작해 더 복잡한 상호관계를 맺어나가는 발달 과정을 탐색해야 한다고 생각한다.

최근의 발달 연구에서는 유아들이 태어날 때부터 환경 자극에 잘 반응하며, 어머니뿐만 아니라 아버지와 형제들에게도 맞추려고 하는데, 이는 이전에 알려진 것보다 더 일찍부터 가능하다고 했다(Lamb, 1981; Abelin, 1971). 우리는 생애 초기에 모든 영역에서 급성장한다. 예를 들어, 18개월에 중요한 인지적 변화로 인해 아이는 중요한 누군가가 옆에 없는 동안에도 그 사람을 떠올리며 견딜 수 있는 능력이 더 발달하게 된다. 비슷하게, 지각과 운동 기술 및 언어가 성숙하면서 아이가 세상에 대한 호기심을 키우게 되며, 자신이 보고 경험한 것을 바탕으로 이해할 수 있게 된다. 신체 감각이 변하고 성적 흥분을 알아차리게 되면서 아이의 관계적 경험은 더 복잡해진다. 정신과 신체는 생애 첫 5년 동안 가장 급속하게 발달하는 것처럼 보인다. 실로, 상당히 어린아이가 가족들과 다소 복잡한 상호작용을 하는 것을 볼 수 있다.

알려진 바와 같이, 또한 위에서 설명한 바와 같이, 프로이트는 3세 여아는 자기에게 남근이 없다는 것을 알고 깊은 충격에 휩싸이며, 더 나아가 어머니에게도 남근이 없다는 것을 알고 엄청난 충격을 받는다고 생각했다. 필자는 어린 여아와 남아 모두 자신들이 사랑하는 매우 소중한 어머니가 무시당하고 종종 경멸을 받으며 가혹하고 잔인한 대우를 받는 것을 볼 때 충격을 받을 것이라고 생각한다.

상담에서 한 여성 내담자는 살아가면서 떨쳐버릴 수 없었던 강력한 기억을 이야기했다. 그녀는 세 살 즈음에 가족들과 휴가를 가서 사랑하는 아버지와 손을 잡고 숙소를 알아보기 위해 걸어서 돌아다니고 있었다. 그녀는 아버지를 자주 보지 못했고, 아버지를 대단히 훌륭하고 권력이 있는 사람이라고 인식하고 있었기 때문에 이런 경우는 흔치 않았다. 숙소를 찾다가 아버지가 어떤 문을 열었는데 그 안에서는 저녁 연회를 위한 리허설이 진행되고 있었다. 방해를 받은 감독은 매우 화가 나서 아버지에게 모욕적으로 "꺼지라"고 말했다. 아무도 아버지에게 그런 식으로 말할 수 없었기 때문에 소녀는 매우 충격을 받았다. 심지어 그 당시에는 몰랐지만 곤혹스러워하고 매우 당황한 아버지의 표정도 떠올렸다. 그러나 그녀는 아버지가 그 끔찍한 남자에게 미소를 짓고 심지어 사과까지 하면서 "인정하는" 모습을 보였으며, 위축되어 문을 닫고 그 자리를 떠났던 것을 기억했다. 그녀는 이후 다시는 이전처럼 아버지를 존경할 수 없을 것이라고 생각했고 그것이 매우 슬프다고 했다. 이것은 그녀의 가족 안에서 아버지가 어머니를 매우 무시했다는 점을 고려할 때 특히 흥미로운 기억이다. 그녀는 상담을 하면서 아버지가 어머니를 수차례 모욕하는 것을 자신이 보고 들었을 것이라는 점을 알아차렸다. 그러나 이는 그녀가 너무 자주 경험했던 일이었기 때문에 아버지와의 사건에서 느꼈던 환멸만큼 강하게 알아차릴 수 없었던 것이다.

어머니-딸 관계

루이스H. B. Lewis와 허먼J. L. Herman은 모녀 관계에서 분노의 주된 원천은 어머니가 가족 안에서 "품위를 잃어버린 것"이라고 했다(Lewis and Herman, 1986). 그들은 딸이 이중의 충격을 받는다고 생각했다. 즉, "자신이 깊이 애착을 형성한 사람이 폄하를 당하는 것과, 어머니와 같은 어른이 될 때 미래에 어떤 보상이나 우월한 힘을 갖기 어려울 것이라고 인식하게 되는 것이다"(Lewis and Herman, 1986: 150). 그 결과로 딸은 분개하고 어머니를 다음과 같이 비난한다. "왜 더 힘껏 싸우지 못하는 거야?" 이는 여성 내담자들이 빈번하게 탄식하는 내용이다. 아버지가 어머니를 모욕할 때 받았던 감정을 이야기하면서 그들은 "왜 받아들였어? 왜 그를 떠나지 않은 거야? 다 엄마 잘못이야"라고 어머니에 대한 분노를 표현한다.

그러한 관찰에 대해 설명할 때 어머니를 맥락 속에서 인식하지 못하고 어머니에 대한 연민도 찾기 어렵다는 점에 대해 놀라워할 필요가 있다. 이런 여성은 아버지와 매우 동일시하고 어머니에 대한 아버지의 인식을 받아들이는 경우라고 생각하기 때문에 딸과 아버지와의 관계를 탐색할 필요가 있다. 결과적으로 딸은 각 부모와의 관계에서, 그리고 양쪽 부모 사이에서 강렬한 정서적-관계적 연결에 걸려 있는 것이다.

아버지의 역할

앞서 설명한 바와 같이, 아버지는 남아와 여아 모두에게 매우 이른 시기부터 대단히 중요한 존재다. 에이블린Abelin(1971)은 아이가 6개월 전에 아버지의 미소를 인식하며, 대부분의 유아가 9개월경에 아버지와 매우 강한 애착을 맺는다고 설명했다. 흥미로운 점은, 여아들이 남아들보다 아버지와 더 일찍, 더 강렬한 애착을 맺는다는 사실이다. 그러나 아버지들은 아들을 더 좋아하고 아들에게 먼저 반응을 보인다고 한다(Margolin and Patterson, 1975). 이러한 관찰을 통해 딸들은 아버지의 사랑을 받기 위해 아버지의 관심과 흥미를 사로잡으려고 노력한다는 설명을 할 수 있을 것 같다.

생애 초기 아버지에 대한 반응에 관한 새로운 자료들을 어떻게 정신분석 이론으로 설명할 것인가에 주목하는 것은 중요하다. 이전에는 오이디푸스기 전에 아버지가 발달상 중요한 존재로 포함되지 않았지만, 이제는 "집어삼키는 어머니"로부터 아이를 보호하기 위해 절대적으로 필요한 존재로 보인다. "유아는 남근적 오이디푸스기 훨씬 이전부터 어머니가 아닌 부모와 관계를 맺을 준비가 되어 있는 것처럼 보인다"(Abelin, 1971: 229). 예를 들어, 말러M. S. Mahler와 고슬링거A. Goslinger는 "기본적인 미분화된 공생적 관계라는 소용돌이 속에서 아버지는 자아가 집어삼켜지는 위협으로부터 지켜줄, 강력하면서도 아마도 필수적인 보호를 해주는 존재이다"(Mahler and Goslinger, 1955: 209). 아버지는 "그 자체로 어머니의 대체물이 될 수 있는" 것으로 보인다(Abelin, 1971).

집어삼키는 어머니

이는 성숙한 발달의 주요 목표로 분리-개별화를 강조하는 문헌에서 흔히 발견되는 주제이다. 남아들과 여아들 모두 압도적이고 강력한 존재인 어머니와의 관계에서 벗어나야 할 필요성이 반복해서 강조된다. 심지어 초도로우도 어머니에 의해 잠재적으로 집어삼켜지는 것에 대항할 필요가 있다고 설명했다(Chodorow, 1978). 한편으로 초도로우는 어머니와 딸 사이에는 경계가 더 투과적이어서 딸들이 관계적 자아를 더 잘 발달시키게 된다는 것을 인식했다. 반면 어머니는 딸로부터 적절하게 분리할 수 없으며 결과적으로 딸도 어머니로부터 자신을 분리할 준비를 할 수 없다고 했다. 그리고 딸이 자신과 다르고 "타자"인 아버지와 애착을 형성함으로써 어머니로부터 분리하는 데 아버지가 중요한 역할을 하는 것으로 생각했다.

　이러한 관점에는 내재된 많은 문제가 있다. 이러한 관점은 정상적인 발달에서 어머니는 원래부터 집어삼키는 존재이며 자신을 아이들과, 특히 딸과 분리하지 못한다고 설명한다. 정상적인 어머니는 매우 원시적이어서 더 투과적인 자아와 자아 경계를 갖지 못하고 딸과 자신의 차이를 알지 못한다고 가정한다. 공감에 대한 조던의 논문(이 책의 4장)에서는 공감적인 어머니나 상담자가 발달 과정 속에서 자아에 대한 자신의 경험을 잃어버리지 않는 방법을 잘 설명하고 있다. 우리는 문제가 더 많은 내담자들이 경계에서 혼란을 보이며, 그들이 부모와 매우 강렬하고 파괴적인 관계를 맺고 있다는 것을 알고 있다. 하지만 이것이 일반적 상태를 보여주는 것은 아니다.

　현재의 문헌들에서 이러한 관점이 주류를 이루는 이유를 어떻게 이해할 수 있을까? 물론, 심리학 분야에서 발달과 관련된 문제를 모두 어머니 탓으로 돌리는 오랜 역사와 관련이 있다. 발달상 어머니는 매우 강력한 존재로 간주되지만 그 외의 모든 다른 부분과 관련해서는 아버지에 비해 중요하지 않다.

이러한 태도와 관련이 있는 두 가지 원인을 제시하고자 한다. 첫째로, 남성이 남성 — 즉, 아버지 — 으로부터 수용되고 가치 있는 존재로 인정받기 위해 어머니로부터 "탈동일시"(Greenson, 1968)할 필요가 있다고 한다면, 이것은 어머니에게 과도한 권력을 부여하도록 만든다. 이는 방어적으로, 여성이 자신의 권력을 부인하기 위해 여성들을 가치폄하하도록 만들 수도 있다. 둘째로, 여성들은 성인들과의 관계가 잘되지 않을 때 타인과의 연결감을 느끼기 위해 종종 자녀들과 관계를 유지한다. 이 주제는 어머니들이 남성 성인과의 관계가 잘되지 않을 때 아들과의 관계에 과도하게 몰두하게 된다고 설명한 밀러에 의해 발전되었다(Miller, 1972).

분석가 집단이 정상적인 발달 속의 어머니를 집어삼키는 존재로 보는 편견을 보인다면, 당연히 아버지들도 자신의 아내에 대해 그러한 인식을 가지고 딸에게 이를 표현할 수도 있다. 그렇게 되면 딸들은 아버지의 관점을 자신의 것으로 받아들일 수도 있을 것이다.

아버지와 딸

어머니와 딸의 강렬한 관계와 갈등의 특징을 이해하기 위해서는 아버지와 딸을 관찰하는 것이 도움이 된다. 부녀 관계를 탐색한 콘트라토S. Contratto(1986)는 딸이 관찰한 아버지와 어머니의 상호작용이 딸의 심리적 발달에 대단한 영향을 미친다고 했다. 특히, 많은 가족에서 남성이 여성보다 권력과 권위가 있다는 것을 일찍 알아차리면서, 딸은 어릴 때부터 아버지를 과장하여 평가하고 이상화할 수도 있다.

콘트라토는 자신의 여성 내담자들의 초기 기억에 의하면, 아버지는 재미있으며 똑똑하고 어머니보다 더 흥미로운 사람인 반면, 어머니는 친숙하고 믿을 수 있고 늘 곁에 있으며 덜 흥미로운 사람이라고 설명했다. 이 여성 내담자들은 또한 아버지가 어머니를 통제하고 때로는 하찮게 여기는 것을 보았는데, 이것은 자신이 어머니와 다른 사람이 됨으로써 아버지로부터 존경을 얻으려고 노력하도록 영향을 주었다. 콘트라토는 또한 어머니가 딸에게 더 친숙하고 늘 곁에 있었기 때문에 딸에게는 어머니와의 관계를 이해할 필요나 동기가 적다고 생각했다. 반면 아버지는 친숙하지 않기 때문에 흥분과 기쁨을 주는 흥미로운 존재가 된 것이다. 서리(이 책의 3장)는 여아들은 매우 일찍부터 이해받고 싶고 이해하고 싶어 한다고 했다. 그러므로 실제로는 딸들이 어머니의 감정 상태를 궁금해하는 등의 행동을 하는 것이다. 그러나 어머니들은 더 반응을 잘 보이기 때문에 아버지에 비해 덜 모호한 존재가 되는 것이다.

초기 아동기에 아버지의 역할에 대한 문헌을 보면, 부녀 관계를 더 이해하는 데 도움이 되는 부가적인 관찰 내용이 있다(Lamb, 1981; Machlinger, 1981). 이제 남아와 여아 모두에게 아버지는 중요한 존재가 된다는 것을 알게 되었다.

여전히 대부분의 가정에서는 어머니가 아버지에 비해 자녀들과 훨씬 많은 시간을 보낸다. 아버지는 어머니와 다른 방식으로 자녀들과 관계를 맺는다. 어머니는 아이들과 더 관습적인 놀이를 하고, 자녀 양육에 일차적인 책임이 있다고 생각하지만, 아버지는 몸을 활용하는 놀이를 더 많이 하고, 종종 더 자극을 주는 상호작용을 한다(Lamb, 1981). 아버지는 아들에 비해서는 거칠게 대하거나 함께 구르는 정도가 덜하지만, 딸과도 비교적 행동 중심적으로 관계를 맺는다(Biller and Meridith, 1974). 아버지들은 매우 일찍부터 놀이나 모험과 연합된다.

다른 자료에서는 아버지들이 아이들에게 성역할 고정관념에 순응하도록 더 압박한다는 것을 보여준다(Biller, 1981). 예를 들어 아버지는 아들에 대해 성취하고 지배할 것을 기대하는 반면, 딸에게는 복종하고 타인의 기분을 좋게 해줄 것을 기대한다(Aberle and Naegele, 1952). 그러므로 여아들은 가족 내에서 가치 있는 존재인 아버지로부터 존경을 받고자 할 때 딜레마에 처할 수도 있다. 남자 형제들처럼 할 때 아버지의 관심을 더 끌 가능성이 있지만, 딸로서 일찍부터 "여성적"으로 행동하고 아버지를 기쁘게 해줄 것이 기대되기 때문이다.

아버지-딸 관계의 성적 요인

이제 아버지-딸 관계의 성적 요인을 다루고자 한다. 앞서 설명한 바와 같이, 아버지가 유혹과 성적인 소망을 딸에게 투사하기 때문에 딸이 적극적으로 아버지와 애착을 형성한다는 점을 어느 정도 인식했다. 여전히 이러한 관찰은 현대 이론에서 중요성이 떨어진다. 그러나 부녀 간 근친상간에 대한 최근 자료는 인상적이고 충격적이다(Herman, 1981). 예를 들어 5%가 넘는 소녀들이 친부나 계부에 의한 근친상간을 경험하고 있으며 병원에 입원해야 할 정도로 건강 상태가 좋지 않은 여성들은 가족 내에서 종종 성적 학대를 받은 충격적인 역사(54%)를 가지고 있었다(Bryer, Nelson, Miller, and Krol, 1987).

그러나 아버지의 유혹과 관련된 더 미묘한 표현들이나 아버지들이 딸들과 상호작용하는 양식을 생각해보자. 이것은 여아들이 양쪽 부모와 관계를 형성하는 방식을 이해하는 데 도움이 될 것이다.

딸들이 아버지를 숭배하고 "교태를 부리는 것"처럼 보이는 행동을 볼 때, 아버지들이 종종 큰 기쁨을 느낀다는 것은 분명하다. 최근에 한 남성 정신과 의사는 아버지를 성적으로 자극할 수 있다고 느끼는 딸들은 자라서 자신의 여성성에 대해 긍정적으로 느낀다고 했다. 다른 정신과 의사는 "소녀가 자라서 남성을 유혹하는 방법을 배울 수 있는 방법이 그 외에 또 있을까?"라고 덧붙였다. 두 경우 모두 초기 부녀 관계를 이러한 방식으로 생각하면서 일종의 기쁨과 자부심을 느낀다는 것을 엿볼 수 있다. 한 여성 동료는 15세 때, 당시 지역에서 매우 존경받는 인물이었던 아버지가 점심을 먹으러 자신을 화려한 식당으로 데려가서 지배인에게 자신을 "나의 정부"라고 소개했고, 이를 들은 사람들이 즐겁게 웃은 사건을 회상했다. 그러나 만일 엄마가 아들의 섹슈얼리티나 유혹에 기쁨을 느끼는 방식으로 이야기한다면, 사람들은 끔찍한 반응을 보일 것이다. 딸과의 관계를 성애화하는 아버지의 미묘한 표현들은 매우 흔하다. 그러나 문헌에서는 쉽게 찾아볼 수 없다는 점이 주목할 만하다. 이는 일종의 남성들의 "특권"이고, 성장기 소녀를 중요한 존재로 여기지 않는다는 것을 암시한다. 그 대신, 지금까지 본 것처럼 소녀들은 반복적으로 섹시하고 유혹적이라고 불린다.

아버지들이 딸들의 흥분, 기쁨, 사랑을 유혹이라고 보는 경향을 어떻게 이해할 수 있으며, 딸들의 경험이 담고 있는 의미는 무엇인가? 아버지들은 딸들과 놀이를 할 때 육체를 많이 사용하고 꽤 자극을 준다고 알고 있다. 생애 초기 빨리 성장할 때에 여아는 아버지나 어머니와 상호작용을 하면서 강렬한 신체적 감각을 느낀다. 그러나 어머니와의 상호작용에서 느끼는 강렬한 신체적 감각은 자주 "주목받지" 못했다. 테스만L. Tessman(1982)은 아버지-딸의 상호작용을 설명하면서, 관계에서 종종 최고조에 달한 상태와 관심을 거의 못 받는 상태의 전환이 종종 빨리 이루어지기 때문에 여아가 혼란을 느끼고 충격을 받을 수도 있다고 했다.

필자는 남성들이 중요한 점에서 아들과 다르게 행동하는 딸과 관계를 맺는 방법을 배우는 데 어려움을 느끼고 있다고 생각한다. 초기부터 여아는 남아보다 관계적 특징을 더 많이 보인다. 여아는 덜 공격적이고 먼저 웃고 다른 아이들의 감정 상태에 더 민감하고, 일반적으로 남아에 비해 더 우호적이고 사교적으로 보인다(Oetzel, 1966; Moss, 1974). 어머니와 "어머니"로서 동일시하면서 더 양육적이고 공감적인 능력을 발달시킨다(Chodorow, 1978; 서리가 집필한 이 책의 3장). 밀러(Miller, 1976; 이 책의 1장)와 서리(이 책의 3장)는 여아들이 초기부터 삶에서 중요한 관계를 돌보려는 욕구를 보인다고 했고, 여기에는 양쪽 부모의 감정 상태에 대한 민감성이 포함된다. 또한 여아들은 어머니의 슬픔, 우울, 분노가 줄어들도록 도와줌으로써 어머니를 돌보고, 아버지가 더 중요하고 사랑받는 사람이라고 느끼게 도와줌으로써 아버지를 돌본다고 한다.

이와 같은 관계적 행동을 유혹적이라고 잘못 해석하는 경향은 여아들이 아버지와 관계를 맺을 때 무엇을 바라는지 단단히 오해하고 있다는 것을 드러낸다. 테스만은 딸은 아버지와 관계를 맺을 때, 아버지와 함께 새로운 종류의 성숙함에 적응하고 싶다는 소망을 포함한 흥분을 느낀다고 했다(Tessman, 1982). 또한 테스만은 적극적으로 사랑을 주려는 딸의 욕구가 얼마나 폄하되는지 ― 필자의 표현으로 덧붙이자면 오해받았는지 ― 설명했다.

아버지들은 일반적으로 아들과 과제 지향적인 공격적 활동을 통해 상호작용을 한다. 그러나 딸과 좀 더 개인적·관계적 양식으로 관계를 맺는 방법에 대해서는 어찌해야 할지를 모르는 것 같다. 상담에 온 한 남성 내담자는 딸이 태어난 후에 상담에 돌아왔다. 그는 이미 세 살짜리 아들이 있었다. 그는 두 아이에 대해 대단한 기쁨과 자부심을 느꼈지만, 최근에 들어서야 아들이 "일들을 같이 할 수 있을" 정도로 컸기 때문에 아들과 관계를 맺기 시작했다고 했다. 그는 딸과 함께 있는 것이 불편하게 느껴졌고, 딸이 너무 연약해 보였으며, 딸과 어떻게 지내야 할지 알 수 없어 걱정했다.

아버지들이 보이는 이러한 불편감은 딸들의 섹슈얼리티가 더 분명하게 발달하기 시작하는 청소년기에 훨씬 두드러진다. 어떤 아버지들은 이 시기에 세상의 성적인 위험으로부터 딸을 보호해야 한다고 공표하든지 아니면 공공연히 성적으로 행동하거나 과하게 독점하고 제한하든지, 딸에게 지나치게 관여하게 된다. 또 다른 흔한 반응은 딸에게서 거리를 두고 자신의 성적 충동을 물리치는 것이다.

자살 시도 후에 병원에 입원하게 된 한 15세 소녀는 아버지가 남자 형제들에게만 관심이 있고 자기는 철저하게 무시한다고 느꼈고, 이로 인해 매우 우울해졌다고 했다. 그녀의 어머니는 만성적으로 우울했고, 그녀를 매우 보호하려고 했다. 가족력을 살펴보면, 아버지는 여러 번 바람을 폈고, 집에서도 근육 운동을 남에게 공공연히 보이는 방식으로 했으며, 아내를 설득해 평범하지 않은 성행위를 하도록 했다. 이와 동시에 아버지는 딸을 진심으로 걱정하는 것 같았고, 딸의 치료에 관여하고 싶어 했다. 딸이 사춘기로 접어들고 있었으며 아버지는 그녀에 대한 성적인 감정으로 인해 꽤 위협을 느꼈기 때문에, 그녀를 무시하고 다른 데로 주의를 돌릴 필요가 있었다는 것이 분명해졌다. 이와 동시에 딸은 아버지의 성적 행위들에 대해 매우 잘 알고 있었으며 아버지가 딴 여자를 만나러 나가면 "그를 잡기 위해" 밤 늦게까지 깨어 있는 등, 아버지와의 관계에 성적 특질을 부여하고 있었다. 그렇지 않은 경우에 그녀는 아버지에게 분개하고 그의 사랑과 관심을 얻지 못해 절망했다.

아버지들만이 딸들의 행동을 유혹적이고 성적이며 수줍어하는 것으로 보는 것은 아니다. 어머니들도 딸들의 행동을 그런 방식으로 부르면서 딸의 그러한 상호작용을 격려하게 될 수도 있다. 덧붙이자면, 이것은 아버지들이 아내와 아들이 강력한 유대 관계를 맺을 때 매우 분노하고 질투하는 경향과 극명한 대조를 이룬다. 어머니들이 아버지에게 "여성적인 속임수"를 쓰도록 딸을 격려하는 것은 딸이 세상에 나가서 궁극적으로 자신을 돌봐줄 "남자를 구하는" 방법을 배우도록 돕고자 하는 노력을 반영하는 것일 수도 있다. 심지어 이것은 남편의 관심과 사랑에 대한 어머니의 열망을 말하는 것일 수도 있는데, 이는 어머니가 자신의 딸과 남편 사이에서 유발할 수 있는 것이다.

이와 동시에 어머니는 남편이 자신을 가치폄하하고 버린 듯한 느낌을 받을 수도 있고, 그로 인해 딸에게 깊은 분노를 느낄 수도 있다. 이러한 감정을 비난과 적대적인 태도를 통해 표현할지도 모른다. 당연히 딸은 그런 경우에 어머니가 남편이나 아들과 관계 맺는 방식을 보고, 또한 어머니가 자신을 아버지와 관계 맺도록 격려하는 방식에서 어머니가 여성보다 남성을 더 가치 있게 여기는 것 같다고 인식할 것이다. 루이스와 허먼은 어머니가 남편이나 아들 및 다른 남성들을 더 선호하는 것이 분명할 때, 딸이 이것을 관계를 단절시키는 큰 배신으로 경험하고 이러한 경험이 모녀 관계에서 근원적인 분노를 형성하는 데 영향을 준다는 점을 관찰했다(Lewis and Herman, 1986).

능력과 숙달

부녀 관계의 또 다른 면을 이해하기 위해서는 테스만이 "노력하도록 이끄는 자극"이라고 부른 것에 대해 집중할 필요가 있다(Tessman, 1982). 이 용어는 딸이 세상에서 능력과 숙달 감각을 성취할 수 있도록 아버지가 돕는 방법을 일컫는다. 테스만은 이것이 자유롭고 진지하게 아버지에게 사랑을 주고 싶어 하는 딸의 소망을 아버지가 인식하고, 딸이 자신의 성장하는 능력을 아버지가 여성성에 대해 가지고 있는 관점과 통합할 때만 가능하다고 생각했다. 아버지들은 전통적으로 바깥세상과 더 연결되어 있는 존재로 대변되었고, 부녀 관계에서 중요한 부분은 딸이 과업을 마칠 수 있도록 돕고, 스스로 능력 있고 효율적이라는 느낌을 갖도록 돕는 것이다. 여성들이 집 밖으로 나가 직업을 갖게 될수록 어머니도 능력과 성취의 발달에 관련되는 존재가 될 것이라고 기대할 수 있을 것이다. 그러나 어머니의 가치가 낮게 평가되는 많은 가족 안에서 딸의 성취감은 이후 직업 영역에서의 억제를 야기할 수도 있다(스타이버가 집필한 이 책의 12장). 그 대신, 자녀들에게 부모들이 긍정적인 관계를 맺는 것이 분명하게 보일 때에는 관계적 맥락에서 능력을 발달시키는 것을 배우게 되고, 이로 인해 더 성장하고 발달하게 된다.

필자는 남자 조카가 자신의 세 살 난 딸에게 칼로 음식 자르는 법을 가르쳐주는 것을 지켜본 경험을 나누고 싶다. 이 아버지와 딸은 깊은 관계를 맺고 있으며 최근 여동생이 태어난 후, 전보다 더 함께 지내게 되었다. 그는 딸이 먹고 있을 때 옆에 앉아 있다가 딸에게 음식 자르는 방법을 보여주기로 결심했다. 딸은 아버지가 자신의 손을 잡고 자기가 혼자서 음식을 자를 수 있을 때까지 여러 번 가르치는 동안 그 일에 매우 흥미를 보이고 완전히 집중했다. 두 사람모두 입이 귀에 걸릴 정도로 미소를 짓고, 다른 방에서 아기를 보고 있던 어머니한테 함께 달려가서 이 엄청난 성취에 대해 설명해줘 어머니가 기쁨을 표현하고 나눌 수 있도록 충분한 기회를 주는 놀라운 열정을 볼 수 있었던 영광스러운 경험이었다.

형제자매의 탄생

여기에서는 형제자매의 탄생이 가족 안에서 여아의 발달과 관계에 대단히 중요한 영향을 미친다는 점에 대해 언급하고자 한다. 이는 어린아이에게 관계에서 발생하는 첫 번째 새로운 관계적 도전임에도, 오이디푸스 콤플렉스에 비해 관심을 받지 못했다. 아동이 형제자매들에게 품는 강력하고 다양한 감정은 오이디푸스 드라마 안에서 단순히 부모로부터 형제자매들에게 이동하는 것이라고 해석되면서 종종 무시된다. 그러나 가계에 새로운 사람이 생긴다는 것은 가족의 균형을 크게 변화시키고 특히 기본 양육자인 어머니와의 배타적인 관계를 변화시킨다. 아이에게는 고통스러운 경험일 수 있지만, 관계에서 능력을 개발하는 기회가 되고, 더 복잡한 상호관계로 나아가도록 도움을 받을 수도 있을 것이다.

　형제자매가 태어날 때 아이의 나이, 당시의 가족 구성, 그리고 다른 특징들이 지금은 설명하기 어려운 다양한 변수로 분명히 작용할 것이다. 여전히 여아가 다음과 같은 여러 감정 속에서 왔다 갔다 하게 된다는 점에 주목하는 것은 중요하다. 여아는 새로운 아기를 돌보는 데 어머니와 동일시하게 되고, 자신의 자리에서 쫓겨난 것에 분노하고, 때로는 사랑하는 아버지와 더 많은 시간을 보내게 된 것에 열의를 가지고, 때로는 힘들고 지친 어머니와 공감적 상호작용을 하게 된다.

　상담에서 만난 세 살짜리 딸을 둔 한 여성 내담자는 임신 중이었는데, 딸에게 형제자매가 생기면 어떻게 될지 알기 위해 고심하고 있었다. 이러한 고민은 어떤 면에서는 내담자와 남동생 사이에서 있었던 중요한 사건을 재연하는 것이었으나, 그녀가 딸과 매우 깊은 유대 관계를 맺고 있다는 것을 느끼고 있음을 보여주는 것이기도 했다. 그리고 딸이 얼마나 큰 고통을 느낄지를 자신이 얼마나 잘 알 수 있는지, 새로 태어난 아기와 유대를 맺고 싶은 자신의 소망을 딸이 방해하는 것에 대해 자기가 얼마나 분노하고 있는지를 보여주었다. 이 모든 주제는 모녀 관계의 권력에 영향을 주고, 현재 존재하는 근본적인 갈등에 영향을 미친다.

위의 내용에서 필자는 모녀 사이에 발생한 갈등이 남근 선망, 거세 불안, 경쟁심으로부터 비롯된 것이 아니며 그 외의 원인이 있다고 보는 방식으로 다루고자 노력했다. 아버지보다 덜 중요한 사람으로 보일 때 어머니가 "기품을 잃은 것"과, 어머니가 남자를 더 선호할 때 느끼게 되는 배신감, 어머니와의 관계에서 자신의 자리에 다른 누군가가 끼어들었을 때 생기는 분노가 이와 관련이 있는 원인이다.

또한 아버지에 대한 열정적인 애착은 종종 육체적이고 자극적인 부녀 사이의 상호관계 양식과 부분적으로 관련이 있는 것으로 보인다. 여아가 빨리 성장하고 발달하는 시기에 그처럼 강렬한 신체적 감각은 흥분과 기쁨 등의 감정이 수반된 사랑으로 경험될 것이다. 또한 아버지들은 자신의 남성으로서의 성적 관심을 딸들에게 투사하고 딸들의 애정을 성적으로 유혹하는 것으로 이해하려는 것처럼 보인다〔남성은 종종 사랑과 친밀한 감정을 성적인 것으로 해석하는 경향이 있기 때문이다(스타이버가 집필한 이 책의 12장)〕. 아버지들은 어머니만큼 곁에 있지 않은 알 수 없는 존재로, 어머니보다 더 세상에 나가 있고, 더 가치 있는 사람으로 인식된다. 이러한 인식으로 인해 더 친숙하고 현실적이며 일상적으로 같이 지내면서 단점도 더 잘 아는 어머니와는 대조적으로 아버지에 대한 과도한 이상화를 하게 된다.

또한 아버지와 일상적으로 충분하게 주고받지 못하는 것이 아버지에 대한 이상화가 성인기까지 지속되는 원인의 일부분이라고 설명하고자 한다. 즉, 아버지가 딸이 성인이 될 때까지 곁에 자주 없기 때문에 딸은 아버지와 화해하고 타협하면서 진짜 관계를 맺는 경험을 하지 못하는 것이다. 이러한 경향은 아버지가 딸과 성적이지 않은 방식으로 관계 맺는 방식을 잘 모르기 때문에 더 악화된다. 유추해보자면, 아들들은 어머니와의 관계를 풀어나가는 데 어려운 시간을 보내는 것 같다. 이는 문화적으로 소년들에게 발달 초기에 어머니로부터 떨어져야 한다는 압력을 가하고, 이것이 오랜 시간에 걸친 어머니와의 관계를 통해 실제로 어머니와 관계를 풀어나갈 수 있는 기회를 박탈하기 때문이다. 어머니가 비록 늘 곁에 있다 해도 말이다. 불행히도 소년들은 소녀들과 마찬가지로, 상대적으로 곁에 없는 아버지와의 관계를 만들어나갈 기회가 거의 없다. 이처럼 일반적인 상황에서 소년들은 종종 미해결 과제를 잔뜩 안고서 혼자 남겨지게 된다. 소녀들이 어머니와 주된 갈등이 있지만 어머니와 오랫동안 더 긍정적인 관계를 맺을 수 있다는 점을 주목할 필요가 있을 것이다.

물론 청소년기에는 이러한 여러 주제들이 전면으로 더 강하게 드러난다. 이 기간에 관해서는 여러 가지 이유로 모녀 관계가 더 치열해지고 문제가 생길 수 있다는 설명(Lewis and Herman, 1986)과 함께 다른 곳에서 다뤄지고 있다. 그러나 치열해짐에도 불구하고 어머니와 딸은 지속적으로 친밀하고 복잡한 연대를 유지해나간다. 낸시 글리슨Nancy Gleason(이 책의 7장)은 웰즐리대학교 학생들을 대상으로 한 연구에서 대다수 여학생이 어머니를 인생에서 가장 중요한 사람으로 꼽았다고 보고했다.

이러한 주제들은 여성 내담자를 상담할 때 다룰 필요가 있지만, 우리가 관찰한 내용을 이해하기 위해 상담 공식에 의지할 때 잘 보이지 않게 된다. 기존의 공식들은 여성의 삶에서 실제로 무슨 일이 발생했는지 볼 수 없게 한다. 필자는 여성의 오이디푸스 콤플렉스와 관련된 요소들이 여성에 대한 경험적 자료나 임상 작업들을 설명해내지 못하며 여성의 발달을 이해하는 데 도움이 되지도 않는 다는 것을 보여주고자 한다.

여성 발달에 대한 관계-속-자아 개념은 시간에 따라 발전해가는 다른 관계들의 의미를 이해하는 데 강력한 방법을 제공한다. 서리(이 책의 3장)는 여성의 관계 능력과 여성이 관계에서 느끼는 기쁨에 대해 논의하면서, 이것들이 타인과 동일시할 수 있는 능력과 감정 상태를 통한 관계의 지각 및 타인의 요구와 현실에 대한 복잡한 알아차림을 바탕으로 한 권력강화를 포함한다고 설명했다.

사례

여성 오이디푸스 콤플렉스의 역동에 관한 설명 대신에 위의 특징들을 잘 드러내는 임상 사례를 소개하며 이 장을 마치고자 한다. 한 젊은 여성이 정신증 수준의 경조증 반응이 심해져서 상담을 의뢰했다. 이 반응은 분명히 그녀의 계부가 뇌졸중으로 거의 죽음에 이를 뻔한 사건 때문에 발생한 것이었다. 아버지가 회복하는 동안 이 여성은 매우 들떠 있었고, 타인을 지배하고 통제하려 했다. 그녀는 자신을 스칼렛 오하라라고 불렀으며 아버지가 돌아가실 날짜를 예언하고 아버지와 자고 싶다고 반복해서 말했다. 그녀는 필자와 만나면서 비록 다소 과잉 행동을 보이고 스칼렛 오하라가 되고 싶다는 소망에 대해 매우 기쁜 마음으로 이야기했지만, 급성정신증에서는 벗어나게 되었다.

그녀의 역사를 알아가면서 몇 가지 중요한 사건을 알게 되었다. 그녀의 친아버지는 그녀가 12개월에서 18개월이던 시기에 죽었다. 그에 대한 기억은 전혀 없었지만 1년 후에 어머니가 재혼하고 새아버지가 들어와 매우 잘해주고 토끼 인형도 사줬던 것은 분명히 기억하고 있었다. 그러다가 새아버지도 "사라졌다". 이는 그가 매우 잘나가는 사업가로 전 세계를 다니면서 집에 있는 시간이 거의 없었다는 말이었다. 그녀는 어머니를 부적절한 사람이라고 생각했고, 아버지도 어머니를 종종 "바보"라고 불렀다. 스칼렛 오하라가 대단한 점이 무엇인지 물어보자, 그녀는 스칼렛은 자신이 원하는 것을 잘 아는 강인한 여성이라고 답했다. 그리고 자신의 어머니가 약한 사람으로 보였으며 그 때문에 화가 많이 났다고 했다. 여전히 그녀의 기분은 고조되어 있었고, 때로는 다소 들떠 있고 과장되어 있었다.

그녀가 아버지와 자고 싶다는 이야기를 다시 했을 때, 그것이 무슨 의미인지 물었고, 그녀는 태도를 바꾸어 설명하기 시작했다. 훨씬 차분한 상태로 그녀는 강한 새아버지가 뇌졸중으로 쓰러진 이후 매우 겁을 먹었다고 설명했다. 그는 자기가 죽을 것이라고 생각하고 있었다. 그는 밤을 무서워하고, 눈을 감고 잠이 들면 죽을 것이라고 생각했다. 그녀는 타인의 약한 모습을 경멸하던 아버지가 그런 나약한 모습을 보이자 충격을 받았다. 그녀는 화가 났지만, 그가 고통스러워하는 모습을 견디기 힘들었다. 그녀는 "만일 내가 아버지와 함께 자면서 그를 끌어안아주고 편하게 해주면 그가 덜 두려워할 것이고, 잠도 자고 살 수 있을 거라고 생각했어요"라고 말했다. 그녀는 말하면서 눈물을 흘렸다. 그녀는 사랑하는 새아버지를 잃는 것, 그리고 오래전에 친아버지를 잃은 것에 대한 깊은 슬픔을 진실로 느낄 수 있게 되었다.[1]

---

1   이 논문은 1986년 5월 스톤센터 콜로키움에서 발표한 것이다.

후기 청소년기 여성의 자아 발달

알렉산드라 캐플런·로나 클라인·낸시 글리슨

후기 청소년기 여성의 관계적 자아

알렉산드라 캐플런·로나 클라인[1]

일반적인 이론적 관점에서는 후기 청소년기를 더 넓은 발달 구조 — 심리적 성숙은 자율성·분리·독립 수준이 높아지는 것이고, 경쟁에서 성취하는 것을 자기평가에서 중요한 기반으로 강조하는 — 의 일부분으로 설명한다. 그러나 스톤센터 및 다른 곳에서의 관찰과 임상 경험을 생각할 때, 일반적인 발달 패턴이나 후기 청소년기에 대한 설명은 여성의 실제 발달 양상에 맞지 않는다(Miller, 1976; 조던, 서리, 캐플런이 집필한 이 책의 2장; Josselson, 1980; Gilligan, 1982).

　이 장에서는 스톤센터에서 개발하고 있는 "관계-속-자아"(밀러가 집필한 이 책

1　로나 클라인Rona Klein은 의학박사이고 하버드의과대학교 정신의학과 강사이며 맥린병원의 지역사회 주거 및 치료 프로그램 부서 책임자이다.

의 1장; 서리가 집필한 이 책의 3장) 모델을 기반으로 후기 청소년기의 발달 패러다임에 관해 재해석하고자 한다. 이 모델에서 여성의 핵심적인 자아 구조는 관계적인 과정을 경험하면서 탄생한다. 어머니-딸의 초기 상호작용에서 시작하여 이러한 관계적 자아감은 여성이 점진적으로 복잡해지는 관계에 관여하면서 발전한다. 이러한 관계는 상호적인 동일시, 서로의 정서가 상호작용하는 것에 주의를 기울이기, 그리고 관계를 맺는 과정과 활동에 대해 관심을 갖기와 같은 특징을 지닌다. 관계에 대해 설명할 때, 우리는 실제 관계뿐만 아니라 관계 과정에 대한 내적 의미가 갖는 중요성 역시 언급하고 있다.

모녀 관계 초기의 역동에서 핵심적인 관계적 자아의 발달이 시작된다. 이 역동의 특징은 어머니가 아이에게 그리고 아이가 어머니에게 세심하게 맞춰서 정서적으로 민감하게 대하고 반응하는 것이다. 아이는 어머니의 정적인 이미지뿐만 아니라 활동적인 양육자로서 어머니의 이미지에도 동일시한다. 이로부터 초기 자아에 대한 정신적 이미지는 정서적 핵심에 대해 타인의 반응을 받아들이고 타인의 정서에 반응해주는 자아에 관한 것이다. 밀러(이 책의 1장)는 이 "자아감의 상호작용"이 아마도 모든 유아에게 처음부터 존재한다고 설명했다. 하지만 적어도 미국 문화에서 소년들은 성장 과정에서 여기에 방해를 받는다. 그러나 소녀들은 이러한 면이 중심이 되어 자아에 대한 부가적인 역동적 이미지를 형성한다. 결과적으로, 여성의 자아감은 일련의 분리가 아니라 상호성과 정서적 연결이라는 특징이 있는 관계를 내적으로 경험하면서 다듬어지고 강화된다. 관계를 맺고, 타인과 공감적으로 공유하며, 건강한 관계를 유지하는 것이 행동에 대한 중요한 동기가 되고, 자존감과 자기 확신의 근원이 된다.

후기 청소년기에 핵심적인 관계적 자아 발달에 관한 설명으로 돌아가서, 우리는 자아의 관계적 특징에 따라 여성이 종종 직면하는 상황에 대한 경험이 어떻게 구성되는지에 초점을 맞출 것이다. 비록 이 글에서는 여대생의 경험을 바탕으로 하고 있지만, 이러한 공식이 비슷한 나이대의 여성들에게도 적용되거나 혹은 그들의 경험과 더 잘 맞는다고 상정한다. 우리는 삶의 조건에 응하여

부침을 겪으며 진행·확장·변동하는 과정이라고 생각하는 내용의 일부분을 임의로 채택할 것이다. 우리가 아는 바로는, 핵심적인 관계적 자아의 발달은 일반적인 후성적 이론의 틀에서 설명할 수 없다. 그러한 이론에서는 발달이 일련의 단절된 단계로 이루어져 있다고 보고, 각 단계는 이전 단계보다 발달상 더 진보한 것으로 본다(Freud, 1905; Erikson, 1950; Sullivan, 1953; Alexander, 1963). 초기 단계부터 지속되는 패턴에 대한 증거는 퇴행 또는 발달이 늦는 것으로 종종 간주된다. 이와는 대조적인 관점으로, 우리는 관계적 자아의 존속과 확장에 초석이 되는 초기 양식 안에 있는 훨씬 더 유동적이고 상호 연관적인 과정에 대해 설명할 것이다.

청소년기에 관한 문헌의 주제

청소년기에 대한 문헌에서 가장 두드러지는 현대의 성장 모델은 자아 분화와 대인 관계라는 이분법을 제기한다. 마치 인간이 이 두 가지를 동시에 가질 수 없는 것으로 생각하는 것이다(Benedek, 1979; Slaff, 1979; Gilligan, 1979, 1982). 문헌 속 여러 광범위한 주제들은 발달에 대한 이러한 관점을 지지한다. 초기 프로이트의 원리에서 비롯된 한 가지 주제는 후기 청소년기의 주요 과업이 자율적인 정체성을 공고히 하는 과정 대 내외적인 일차적 사랑의 대상으로부터 관계를 단절하는 과정이라고 설명한다(Freud, 1905; Deutsch, 1944; 1967; Blos, 1962; 1979; Galenson, 1976; Ritvo, 1976; Erikson, 1986). 도이치H. Deutsch와 블로스P. Blos는 "감정적 유대가 느슨해지는 시기", "정서적 이탈", 가족의 유대를 "단절"하는 것이라는 관점에서 청소년기를 설명한 사람들 중 눈에 띄는 인물들이다. 이들은 특히 후기 청소년기의 소녀들이 모녀 관계로부터 벗어나서 성숙해져야 한다고 강조했다.

두 번째 주제는 "견고하게 경계가 형성된" 자아에 관한 것이다. 블로스는

"두 번째 개별화" 과정을 상정했고, 거기서 마지막에 청소년은 자기와 타인의 구분이 뚜렷해지는 분리된 자아를 갖게 된다고 했다. 이러한 견해를 따라 이론 가들은 우리가 딸의 성숙을 강화시킨다고 생각했던 모녀 관계의 친밀성과 상호적인 동일시가 지속되는 것에 대해 퇴행적이며 발병의 원인이 된다고 설명한다(Jones, 1935; Lampl-de Groot, 1960; Deutsch, 1967; Blos, 1962; Easser, 1976; Ritvo, 1976; Ticho, 1976). 도이치를 시작으로, 이론가들은 내면적으로는 전오이디푸스적인 엄마가 "퇴행으로 끌어당기는 것"에 내재되어 있는 — 그들이 관찰한 바에 따르면 — 여성적 발달을 위협하는 부분에 초점을 맞추었다. 더 나아가 그들은 내면적으로는 전오이디푸스적인 엄마가 "퇴행으로 끌어당기는 것"이 성적 난잡함, 유아적 태도, 성적 금욕과 같은 문제에 영향을 미친다고 강조했다.

여성의 청소년기 발달과 관련하여 자아 경계의 견고함과 어머니와의 초기 유대 관계에 대해 부인하는 이러한 이론들에 의문이 제기되고 있다. 예를 들어, 블로스는 최근에 "청소년기의 소녀들은 … 유아적으로 부모에게 애착을 형성하는 것과 성인으로서 성격을 공고히 하는 것 사이에서 발생하는 매우 유동적인 경계를 견뎌낸다"고 했다(Blos, 1980: 16). 블로스는 소녀가 "소년들만큼이나 어머니에 대한 전오이디푸스기의 애착을 버리지 않는다. 초기의 애착을 오이디푸스기의 열정과 섞을 때, 소녀의 공감 범위가 넓어지고 동일시할 수 있는 유동적인 잠재력이 펼쳐지며 남성이 이룰 수 있는 것 이상을 이루게 된다"고 했다(Blos, 1980: 19).

최근 블로스는 초기의 모녀 간 애착 관계가 지속되면서 긍정적인 능력을 형성하게 된다고 이해하고 있지만, 그럼에도 이러한 애착이 전오이디푸스기에 속한다고 보고 여성 청소년이 보이는 증상의 역동에 영향을 미친다고 설명한다. 그는 모녀 관계가 기본적으로 시간이 흐름에 따라 진화하며 "전오이디푸스적"이라고만 특정할 수 없는, 발달의 긍정적인 관계 양식이라는 점을 이해하지 못하고 있다. 이처럼 이 관계의 영향력은 전반적으로 평가절하 및 최소화되어 설명이 제대로 되지 못하고 있다.

마지막으로, 일반적인 청소년기에 관한 문헌들은 분리라는 "필수적인" 과업을 착수하는 데 갈등이 중요한 역동으로 떠오른다고 설명한다. 블로스의 설명을 인용하자면, "성격 발달과 심리적 분화는 갈등을 정교화하고 그것이 성인의 성격 구조로 변화되는 것을 통해 발생한다"(Blos, 1980: 21). 이와는 반대로, 우리는 갈등을 중요한 타인과의 관계를 지속하는 것을 정교화시키는 하나의 방식으로 이해한다. 관계의 이러한 측면에 대한 좀 더 근본적인 확신을 잃지 않으면서 갈등을 겪는 능력은 건강한 발달에서 중요한 부분이다. 그렇다면 갈등 경험은 소녀가 청소년기에 내적인 관계적 자아와 관련하여 의미를 형성하는 성격의 한 측면으로 이해해야 할 것이다.

갈등, 관계, 관계적 성장

이러한 의미에서 우리는 갈등을 분리와 관계 단절을 이끌어가는 요인이 아니라 강렬하면서도 지속적인 관계의 한 가지 양식으로 이해한다. 갈등은 관계에서 필수적인 부분이며, 관계와 관계 속의 사람들이 변하고 성장할 수 있도록 하는 핵심 요인이다(Miller, 1976). 갈등을 표현할 때 보이는 강렬한 감정적 특징은 젊은 여성들이 관계 안에서 차이점과 마주했을 때 회피하지 않고 직면하며 해결해나가는 방법을 보여주는 것일 수 있다. 관계를 단절하거나 분리하는 것은, 더 정확히 말하면 무관심하고, 철회하며, 자신 없어하고 "거짓으로 순응하는 것"으로 특징지을 수 있다. 더 나아가 기존의 돌봄과 헌신이 가지고 있는 특질들을 훼손하지 않고서 부모와 갈등을 겪을 수 있는 능력은 이후의 성인기 관계에서도 이와 같은 자세를 가지도록 성장하는 데 중요한 계기가 된다.

우리의 연구에서 여대생들은 종종 갈등으로 관계가 잘못되거나 중요한 관계에서 갈등을 다룰 일이 없기를 바란다고 했다. 예를 들어 한 학생은 비판적이고 불안이 많은 어머니에게 이해받고, 어머니를 기쁘게 해주려고 청소년기 내내 애써왔다. 이 학생은 이제 외국으로 유학을 가려고 하는데 어머니가 반대할 것이 틀림없었다. 그녀는 이미 악화된 어머니와의 관계를 훼손하지 않고서 공부하러 갈 수 있는 방법에 대해 고민했다. 중요한 문제는 어머니의 허락을 받지 않고도 유학을 갈 수 있는 방법을 찾는 것은 아니었다. 자신의 결정이 관계 내에서 해결되어야 한다는 것이었다. 그녀는 어머니의 반대를 무릅쓰고 유학을 택한다면 어머니를 화나게 했다는 자기비난이 유학으로 인한 개인적인 이익보다 훨씬 더 큰 비중을 차지할 것임을 알고 있었다. 그러므로 유학을 가면 직업 기술을 향상시키고 세상으로 나아갈 수 있는 능력을 기를 수 있지만, 자존감과 유능감을 높이는 기본적인 방법은 관계적 측면을 돌볼 수 있는 능력과 관련되어 있었다.

관계를 "돌보고자"하는 욕구를 인식하고, 이 욕구가 중요하다는 것을 인정하는 것 – 가치 있는 동기로 여기는 것 – 이 "퇴행으로 끌어당기는 요소"라고 성급하게 결론을 내려서는 안 될 것이다. 게다가 젊은 여성들에게 자기가치감의 많은 부분이 관계를 돌보는 기술을 바탕으로 하고 있음을 강조하는 것은 중요하다. 관계를 돌보는 기술은 유학에서 배우게 될 것과 비중이 같을 만큼 기본적으로 매우 중요한 삶의 양식인 것이다.

임상 경험에서 우리는 후기 청소년기의 딸들과 어머니들 사이의 갈등은 주로 구체적인 문제를 중심으로 압축되어 있는데, 문제가 있으면서도 동시에 "엄마와 나는 가장 친한 친구"라고 느낄 수 있다는 것을 발견했다. 이것은 많은 여학생이 보고한 느낌이다. 예를 들어, 웰즐리대학교의 여성의 발달 연구에서 실시한 구조화된 면접에서 다수의 여성이 삶에서 가장 중요한 존재가 어머니라고 설명했다.

갈등은 관계에서 종종 시험이 되기도 한다. 청소년인 딸은 다음과 같이 궁금해한다. 내가 자라서 부모님과 다른 관점과 가치관을 갖게 되고, 능력이 커지고 관계가 늘어나도 부모님과 정서적으로 가까운 관계를 지속할 수 있을까? 부분적으로, 청소년인 딸은 부모가 자신의 성장 방식과 속도에 맞춰 관계를 변화시킬 수 있는지를 시험하는 것이다. 문헌에서 설명된 바는 거의 없지만, 이는 청소년과 부모 사이의 갈등을 잘 해결하기 위해서는 아이뿐만 아니라 부모에게도 유연성이 필요하다는 것을 시사한다(Fulmer et al., 1982). 이 시기에 발생하는 많은 갈등은 부모는 관계를 통제하던 초기의 방식에 고착되어 있는 반면 딸은 나이에 따라 능력과 역량이 발전해가는 상황에서 기인한 것일 수도 있다.

위에서 설명했던 어머니와의 관계가 더 훼손되는 것을 막기 위해 갈등을 해결하고자 했던 학생에게는 친한 여자 친구들과 몇 년 동안 꾸준히 사귄 남자친구가 있었다. 여대생들을 대상으로 한 임상과 교육 경험으로 볼 때, 부모와 맺고 있는 관계의 근본적인 핵심 — 딸이 부모와 갈등에 처해 있을 때조차 — 과 또래와 관계를 맺을 수 있는 건강한 능력이 일반적으로 관련이 있다는 것을 알고 있었다. 이 일관성 있는 역동은 관심이 갈등으로 표현되는 상황에서도 타인과 정서적 관계를 맺고 서로 관심을 주고받는 방식으로 유지된다.

부모와 관계가 단절되고, 정서적으로 분리된 여학생들에게서 이러한 패턴은 대조적으로 드러난다. 이러한 단절은 종종 생애 초기에 시작되는데, 딸은 가족으로부터 소원해진다는 느낌을 점점 더 갖게 되고, 결국 가족 간에 정서적 거리는 점점 더 멀어지게 된다. 딸은 일부러 부모와 접촉하는 것을 최소로 하는데, 이것은 갈등이라기보다는 정서적 유대가 결핍된 것이다. 부모에게 "할 말이 없다"라고 말하는 여성들은 대개 또래들과 새롭고 친밀한 관계로 변화해 나가지 못하도록 자신을 억제하고 제한하며, 관계적 존재로서 자신의 역량에 대한 확신이 없다. 이런 유형의 학생들 중 한 명은 "여기에서 친구를 사귀는 방법을 모르겠어요"라고 말하기도 했다. 이 학생은 갈등의 **부재**라는 맥락에서, 가족으로부터 정서적 분리를 겪고 있고, 이로 인해 자존감과 전반적인 안녕감이 유의미한 수준으로 낮아졌던 것이다. 이런 방식으로 관계에서 벗어난 여성들과의 임상 작업에서는 성장을 촉진하는 관계적 맥락이 부족한 것으로 인해 얼마나 상처를 받았는지 알아보고, 더 분리하기보다는 그런 관계적 맥락을 발전시키는 방향으로 나아가도록 도와야 할 것이다(밀러가 집필한 이 책의 1장).

대학생 연령의 여성이 건강하게 성장하기 위해서는 부모와의 감정적 유대에 대한 기본적인 느낌이 핵심으로 유지되고, 이로부터 긍정적인 관계적 자존감이 드러나야 한다. 타인과 감정적 관계를 맺을 수 있는 학생들은 부모가 자신을 얼마나 수용하는지, 부모의 신념이나 가치관을 얼마나 수용하는지와 상관없이 부모의 신념과 가치에 대한 내적 대화를 유지한다. 어머니는 때때로 돌봄과 관심의 모델이 되거나, 기본적으로 관계를 이루고 있는 맥락 안에서 자아분화와 관련된 "실천"(Mahler, 1972)의 기반이 된다. 부모와 딸 사이의 관계적 **과정**은 딸이 관계적 자아를 발전시키고 형성해나가는 데 중요한 모델이 된다.

대학이라는 환경

기숙사 생활을 하는 대학에서 보내게 되는 후기 청소년기는 집에서 일상적으로 부모와 관계를 맺던 생활이 갑작스럽게, 발달 단계상 임의적으로 중단되고, 관계망이 매우 빨리 진화하는 시기인 것 같다. 청소년은 다음과 같은 이중적인 관계 과업에 직면한다. 가족들과는 경험을 거의 공유하지 못한 채로 멀리서 관계를 지속해나가야 한다. 그리고 가족이나 오랜 친구들이 채워주었던 관계적 역할을 어느 정도 대체할 수 있도록 새로운 네트워크(학생, 교수, 직원)에서 사람을 만나는 방법을 발전시켜야 한다.

이와 같은 이중적 과업이 발생하는 맥락은 중요하다. 대학 생활은 학문적 목적을 추구하고 동료들과 비교하는 경쟁에서 성공해야 하는 시기로 정의된다(Sassen, 1980). 하지만 대학 생활은 여성들과의 우정이 빠르게 공고화되고, 성적 관계가 강화되는 시기이기도 하다. 관계-속-자아 이론에서는 유능한 사람이라는 자아감을 강화해 자신의 능력을 최대한 발휘하는 방향으로 권력을 강화하려면, 여대생을 위한 과업은 부모와 또래 관계에 기반을 두고 세워야 한다고 설명한다.

청소년이 고등학교를 다니는 동안 관계에서 발생하는 권력강화도 역시 발달 목표가 되지만, 이후의 상황은 사뭇 다르다. 여고생은 부모나 오랫동안 알고 지낸 친구들 가까이 있다. 이와 같은 관계에서의 연대는 여고생의 성취를 지지할 뿐만 아니라, 성취에 의해 강화된다. 다시 말해, 고등학교 시기의 활동과 노력들은 관계를 위협하기보다는 강화시킨다. 게다가 자신의 성취를 부모에게 승인받음으로써, 딸은 부모에게 무엇인가 주고 있다는 느낌을 받고 자아 이미지의 핵심 요인이 되는 상호 긍정이 있는 상황에 머물게 된다[청소년기에는 또 다른 반대되는 영향력들이 존재하지만 지금은 대학생 시기로 옮겨가는 데 따른 조건의 변화에 집중하기 위해 여기에서는 다루지 않았다(밀러가 집필한 이 책의 1장; Gilligan, 1982)].

그러나 딸이 대학에 입학하면서 상황은 달라진다. 부모는 딸의 성취 수준이나 전공 선택에 대한 관심이 더 많아진다. 그리고 딸에게 잘 해내야 하며 앞으로 자신의 경제를 책임져야 한다는 압력을 가한다. 최근 많은 학생이 자신의 소망과 일치하는 교과과정을 따라갈지 아니면 부모가 강요하는 교과과정을 따라갈지를 고민하며 상담실에 찾아오고 있다. 필연적으로 그들의 질문은 "무엇을 전공할 것인가"가 아니라 어떻게 하면 가족들과의 관계를 망치지 않으면서 자신의 열망을 실현할 것인가가 된다. 부모로부터 멀리 떨어져 있고, 일상적인 경험을 공유하지 않기 때문에 이와 같은 딜레마와 그로 인한 부담은 더 커진다.

학문적 환경이 상호 지지하고 인정받는 관계를 통해 지적으로 성장하려는 학생의 능력을 떨어트리는 조건이 될 수도 있다. 학교가 학생의 학점과 경쟁에서 이기기 위한 노력을 강조할수록, 학생은 배움이 사적인 일이며 생각을 나누면 타인과의 경쟁에서 위치가 낮아지고, 자신의 학문적 수준이 친구들에게 알려지면 신뢰와 지지의 느낌이 훼손될 것이라고 느끼게 된다. 이로 인해 몇 가지 결과가 생긴다. 우선 학생이 타인들로부터 고립된 느낌을 더 많이 갖게 되고, 특히 지적 성장 및 권력강화와 관련된 관계가 향상될 수 있는 기회가 적어진다. 다른 문제는 대학 환경으로 인해 학생의 경험은 "개인적"으로 관심 있는 주제와 그 주제의 의미와 수업에서 이루어지는 공부에 초점을 맞춘 "학문적" 주제로 나눠진다. 이러한 구분으로 인해 배움에 접근하는 시야가 좁아지고 광범위한 호기심과 탐구가 중단되는데, 사실 이러한 호기심과 탐구는 깊이 있는 학습이 이루어질 수 있는 원천이다. 이것은 많은 여학생이 학업에서 성공해도 인정받지 못한다고 느끼고 성공이 관계적 성장 영역에서 이들을 밀어내버린다는 점에서 자존감이 낮아지는 이유를 설명한다. 예를 들어, 록슬리A. Locksley와 두반E. Douvan은 성적(학점)이 높은 청소년기 소녀들이 비슷한 소년들 집단이나, 학점이 낮은 소녀들의 집단에 비해 우울과 정신신체화 증상을 더 많이 보였다는 증거를 제시했다(Locksley and Douvan, 1979). 개인적이고 경쟁적인 성취에 대한 압력과 관계적 맥락에서 활동하고자 하는 여성들의 동기 사이에 있는 근본적인 불일치가 위 내용의 기저를 이룬다고 생각한다.

교수와의 관계도 이 과정에 영향을 줄 수 있다. 교수와의 관계에서는 학문 연구가 중요한 부분이기 때문에, 교수들은 학업에서 학생들을 개인적으로 인정해주는 원천이 될 수 있다. 이는 가능한 일이지만 불행히도 소수의 매우 성공한 학생에게만 가능하다. 또 다른 점은 교수들과 관계를 맺기 위해 학생들이 취하는 행동에 대해 교수들은 정당하게 관계를 추구한다고 생각하기보다 의존적이고 어려움을 겪고 있다는 신호로 이해할 수도 있다. 이처럼 학생들은 대학이라는 환경에서 학업으로 인해 만나는 어른들과 더 가까워지지 못할 뿐만 아니라 교수들이 지적 계발을 해나가는 데 상호적인 방식으로 기여하지도 못한다고 느낀다.

실질적 적용

관계-속-자아 이론은 미국에서 대학이라는 환경이 대학생 연령의 여성에게서 발견되는 비교적 높은 비율의 우울증과 폭식증에 영향을 미치는 몇 가지 경로를 제안한다(Weissman and Klerman, 1979; Stangler and Printz, 1980; Wechsler et al., 1981; Halmi, 1983; Pope et al., 1984). 특히 대학은 여성에게서 임상적인 우울의 주요 요인 — 낮은 자아존중감과 자기주장적 행동이나 분노 표현을 못하거나 억제하는 취약성을 포함하는 — 으로 밝혀진 일부 역동들을 더 악화시킬 수 있다(캐플런이 집필한 이 책의 2장). 여학생들은 관계적 자원을 낮게 평가하는 대학의 윤리를 받아들이고, 자아존중감을 향상시켜주는 관계적 자원으로부터 차단되는 경향이 있다. 그 대신 독립을 위한 노력이나 경쟁을 통한 성취와 같이 더 가치 있다고 여겨지는 목표를 달성하려고 노력하고 "해야만 하는 일"을 하고 있다고 믿지만, 기분은 점점 안 좋아질 뿐이다.

앤Ann이라는 한 젊은 여성의 경험에서 그 예를 볼 수 있다. 앤은 19세이고 대학 2학년으로, 전에는 남자 대학이었던 소규모의 우수한 대학교를 다니다가 휴학 중이었다. 부모님은 앤이 어릴 때 그녀에 대해 "자신감 있는", "스스로 동기를 부여하는" 소녀라고 생각했고, 그녀도 자신에 대해 그렇게 생각하고 있었다. 그래서 부모님은 그들이 보기에 불필요하고 앤이 원하지 않는 것 같은 도움을 주거나 격려하는 일을 삼갔다. 앤은 부모와의 접촉이 줄어들면서 소외되고 이해받지 못하는 느낌이 들었지만, 고등학교 시절에는 친한 친구들이 있어서 집에서 받지 못한 인정과 지지를 받을 수 있었다.

대학에 들어가면서 그녀의 상황은 극적으로 변했다. 앤은 오랜 친구들과 상호적으로 이해를 주고받던 감각을 잃어버렸다. 그런데 대학의 규범은 자기가치 확인에 자원이 될 수 있는 새로운 관계를 찾는 앤의 능력을 방해했다. 앤은 "일에 집중해야만 하는데 … 느낌도 없고 사람들이 필요하지도 않아요. … 필요한 것을 얻을 수 없어서 고통스러워하는 것보다는 사람들과 거리를 두는 게 더 나아요"라고 느꼈다. 이 맥락에서 앤은 점점 수치심과 혼란을 느끼게 되었다. 그리고 이런 느낌에 대해 스스로를 탓하면서 자존감은 더 낮아지고 우울증도 심해져서 결국 1년을 휴학하고 상담에 오게 되었다.

상담에서 전통적으로 청소년들이 가족으로부터 분리하는 것을 강조한 것과는 대조적으로, 여기에서 주요 과업은 부모와 딸이 차이를 인정하면서도 서로의 욕구와 두려움을 개방적으로 나누면서 친밀함의 역동을 발달시키는 것이다. 상담에서 관계에 대한 욕구를 인정받는 느낌을 바탕으로 앤은 가족 회의에서 부모님께 "지속적인 지도"를 바라고 있으며, 이는 "부모가 자신에게 정답을 알려줬으면 하는 의존적인 욕구"가 아니라 인정받고 싶은 욕구에서 비롯된 것이라고 말할 수 있었다. 앤의 어머니는 가족 안에서 자신이 앤으로부터 가장 이해받는다고 느낀다는 말을 했다. 앤은 매우 감동받아서 미소를 지으며 눈물을 흘렸고, 그 말에 대해 확신이 든다고 표현했다. 이러한 대화는 앤이 가족들과, 또한 친구들과 상호적이고 보상을 주는 정서적인 관계를 정착시키는 계기가 되었다. 관계 맺는 새로운 방식을 찾게 되면서 앤은 새로운 자기가치감과 자신감을 갖게 되었다.

이 학생의 경험은 젊은 여성들이 기본적인 관계적 욕구를 인정받지 못하고, 이를 발전시킬 방안도 없으며, 그러한 욕구를 의존적인 행동으로 오해받을 때 발생할 수 있는 정서적 어려움을 잘 보여준다. 대학이라는 환경이 여성들의 최적화된 성장 방식을 저해하며 병리를 촉진한다는 것을 알 수 있다. 이러한 여건을 개선하기 위해서는 모든 교육기관이 기반을 두고 있는 가정 — 배우고 성장하기 위해 관계를 경시하는 것 — 을 근본적으로 연구할 필요가 있다. 다음으로, 이러한 연구를 통해 자아를 발달시킬 수 있는 관계적 경로를 촉진하는 새로운 프로그램을 개발할 수 있을 것이다.

후기 청소년기는 여성들의 핵심적인 관계적 자아 구조가 발달하는 중요한 시기이다. 이 시기의 발달을 도표로 그려본다면, 젊은 여성의 관계적 자아가 복잡, 유연, 민감해지고 적응적이 되는 경로가 보일 것이다. 이러한 발달이 이루어지는 각 차원은 다음과 같은 내용을 포함한다. (1) 자신의 감정 상태를 공유하고 타인의 감정에 반응할 수 있는 상호적 공감 관계를 발전시킬 수 있는 잠재력의 향상. (2) 관계에서의 유연성, 즉 관계가 변하거나 진화하는 것을 견디는 능력. (3) 정서적 연결의 핵심이 중요하다는 것을 인정하면서 관계에서 생기는 갈등을 다룰 수 있는 의지와 능력. (4) 타인과의 관계, 특히 어머니와의 관계에 대한 내적 감각을 통해 권력이 더 강화된다고 느끼는 능력. 다음에 이어질 논문에서 설명하는 바와 같이, 후기 청소년기의 딸과 어머니 사이의 관계는 관계로부터의 이탈이 아니라 상호적 공감, 이해, 수용, 용서를 그 특징으로 볼 수 있다. 어머니와 딸의 지속적인 관여는 후기 청소년기 동안 비록 변화가 있다고 할지라도 여성들의 자아 발달에 매우 중요한 측면이다.

그러므로 여성의 후기 청소년기는 관계적 단계로부터 "벗어나서" 이루어지는 것이 아니라, 오히려 관계적인 존재로서 내적 감각을 확장시키는 발달을 이어가는 시기이다. 이러한 과정은 가족들과의 핵심적인 정서적 연결을 지속시키고자 하는 욕구에서 발생한다.

딸과 어머니
여자 대학생이 본 그들의 관계

낸시 글리슨[2]

캐플런과 클라인은 여성의 후기 청소년기, 특히 대학생 시기의 심리 발달 모델에 대한 틀을 제시했다. 이 논문은 대학생 연령의 여성들이 어머니와 어떤 관계를 맺고 그 관계에서 무엇을 바라는지 탐색하고 자세히 설명하기 위해 고안

---

2 낸시 글리슨은 사회복지학 석사학위를 받고, 스톤센터 상담서비스의 선임 사회복지사와 웰즐리 알콜정보 연극교실Wellsley Alcohol Informational Theater: WAIT 프로젝트의 감독을 맡고 있다.

한 구체적인 프로젝트를 설명함으로써 이 모델의 예를 제공할 것이다.

　1983년 가을, 스톤센터에서 웰즐리대학교 학생들을 위해 "딸과 어머니"라는 이름의 탐색-연구 집단(여기에 대해서는 이후 간략히 설명할 것이다)을 마련했다. 사전에 학생 30명이 참가 신청을 했다. 이 주제는 그 이전이나 그 이후의 어떤 경우보다도 훨씬 많은 관심을 받았다. 참가자 수가 많아서 집단을 둘로 나누었다. 그중 한 집단과 작업한 내용을 설명할 것이다.

　탐색-연구 집단의 정의를 설명한 후, 이 집단의 세 단계 ─ 첫 번째로 집단원들이 어머니와의 관계를 탐색하는 단계, 두 번째로 조사 연구를 통해 다른 학생들까지 범위를 확장해 조사하는 단계, 마지막으로 조사 연구 결과를 모아 분석하는 단계 ─ 를 설명할 것이다.

탐색-연구 집단

탐색-연구 집단은 스톤센터(특히 재닛 서리에 의한)에서 1981년에 "여성의 경험과 학습 스타일을 인정하고 활동적인 학습 프로젝트로 변형시킬 수 있는 조건을 조성하기 위해" 개발한 독창적인 개념이다. 섭식 패턴, 소수자 여성으로서의 경험, 미루기, 남성과 관계 맺기, 여성들과 스포츠, 술과 함께 살기와 같은 주제를 다루는 집단을 매년 최소 세 개 이상 제공한다. 집단에 참여하는 학생들은 매주 만나 자신에 대해 알아가면서 위 주제에 대해서도 탐색하고 배워간다. 각 집단원들은 자신에 대한 전문가가 되는 것이다. 각 집단은 관계적인 환경에서 탐색하고 정서적·인지적으로 공유하는 과정에 대해 서로 지지한다. "리더"는 과정을 진행하고, 다른 집단원들과 함께 배운다.

　"탐색" 단계를 따라가면서 관심 있는 학생들은 "연구"에 참가하거나 자신이 선택한 실천 단계를 계속한다. 개인적인 관심은 학문적 목표가 되고, 주관적이고 실험적인 학습과 객관적이고 학문적인 훈련을 연결하는 다리가 된다. 예를 들면, 첫 번째 "섭식 패턴과 체중 조절" 집단은 학생들의 태도와 행동에 대해 조사하고, 두 번째 집단은 건강한 섭식 프로그램을 만들어 학교와 협상하는 것이다(이 방법은 오늘날까지 지속되고 있다).

탐색

"딸과 어머니" 탐색-연구 집단에서는 학생들이 가치 있게 생각하는 친밀성, 우정, 신뢰, 승인받고자 하는 소망과 같은 특징들을 포함하는 주제가 드러났다. 딸들은 어머니의 "보내줘야" 하는 고통을 지각하고 있었다. 집단원들은 패턴이 세대를 거쳐 반복되는지 궁금해했고, 어떤 학생들은 어머니가 딸로서 어떤 경험을 했는지 이야기했다. 싸움이나 논쟁, 균열에 대해서는 자주 언급되지 않았다. 시간에 따른 관계에서의 변화를 과거에 알아차렸고, 앞으로도 그러한 변화가 있을 것이라고 기대했지만, 이러한 변화는 어머니와 딸 사이의 문제 때문이라기보다는 서로에 대해 가지고 있을 다른 기대가 반영된 것이었다. 어떤 집단원들은 어머니가 자신을 필요로 한다는 인식에 대해 토론했는데, 세 명의 학생이 아픈 가족을 돌봐야 하는 어머니를 도와주는 역할을 유지하고 있다는 것을 발견했다. 그들은 가족 내에서 대화할 때 느끼게 되는 압박이 미치는 영향에 대해 걱정했지만, 한편으로는 치유적 과정이 가족들을 다시 결합시킬 뿐만 아니라 유대를 강화한다는 것도 인식하고 있었다.

대부분의 회기 마지막에 5분 정도 글쓰기 시간을 마련했다. 집단에 대해 가볍게 일지를 쓰는 것이었다. 예를 들어, 한 회기에서 참가자들은 어머니를 근본적으로 이해하는 것에 대해 이야기했고 ― 그들은 이를 "행간을 읽는 것"이라고 불렀다 ― 이는 관계를 위협하지 않으면서 어떻게 행동해야 할지 아는 데 도움이 되는 듯 보였다. 그 회기에서 한 학생은 다음과 같은 글을 썼다. "나는 이전에는 내 어머니가 얼마나 작은지 몰랐고, 내가 실제로 싸웠다는 것도 인식하지 못했다. 우리는 보통 다른 방식으로 스트레스를 해소했다. 그리고 우리는 종종 함께 앉아 차를 마시면서 이야기를 나누곤 했다."

이 글쓰기에서 제일 많이 반복되었던 주제는 관계가 계속될 것이며 아마 성장할 것이라는 기대였다. "우정"의 질이 변함에 따라 역할도 변하게 될 것이다. 부모와 자녀 사이의 긴장을 야기하는 이슈들은 다르지만, 기본적인 관계는 아마도 지속될 것이다. 어떤 딸은 이렇게 썼다. "앞으로 5년에서 10년간 나는 인생의 목표를 정하고 직업이나 아마도 결혼 생활이 자리를 잡아갈 때 어머니의 조언과 지지에 의지할 거라는 것을 확신한다. 늘 그래왔던 것처럼 그녀 곁에 머물고 싶지만, 어머니로서 그녀와는 어느 정도 거리를 둬야 한다는 것을 알고 있다. 물론 그녀는 언제나 어머니로 남겠지만, 우리의 관계가 발전해서 아이와 어른의 관계 대신 두 성인이 협동하는 것으로 성장하게 된다면 나는 만족스러울 것이다. 염려하는 마음으로 성인인 자녀(나)에게 간섭해서 나를 화나게 하는 어머니와, 내가 필요할 때 내 곁에 있을 거라고 알려주는 관심 많은 친구 사이에는 세심한 균형이 존재한다. 어머니와 맺고 있는 튼튼한 정서적 유대 관계를 잃고 싶지 않지만, 친구 같은 관계가 되기를 진심으로 바라고 있다. 어머니도 내 마음을 아실 거라 생각한다."

집단원들은 다른 방식으로 어머니의 사랑, 수용, 인정이 필요할 때 어머니가 자신들의 행동을 용서해주기를 바라는 마음을 표현했다. "욕구가 여전히 있지만, 이를 합리적으로 해석해서 부모님께 말할 수가 없다. 보통 부모님의 충고가 필요하진 않지만, 그들이 여전히 나를 좋아하고 수용한다는 것을 알고 싶다." 다른 집단원의 글은 다음과 같다. "부모님의 무조건적인 사랑을 시험해보는 문제는 지금 나에게 매우 중요한 것 같다. 부모님이 나 혼자 이것(어려운 상황)을 헤쳐나갈 수 있다는 것을 아시기 바라지만, 여전히 어떤 방식으로든 부모님의 인정이 필요하다. 내 인생의 많은 부분을 부모님께 말씀드리지 않는 것이 그들의 신뢰를 저버리는 것처럼 느껴진다. 그분들이 배신당했다고 느끼실까 봐 걱정된다. 내가 문제에 대처하는 능력을 부모님이 인정해주시는 것이

(내 행동을) 수용해주는 것보다 더 중요하다." 다른 집단원은 어머니에 대한 걱정을 드러냈다. "어머니가 늘 나를 사랑하실 것임을 알지만, 어머니도 나와 같은지는 모르겠다." 또한 다른 집단원은 다음과 같은 내용을 설명했다. "인정이 중요하다. 내가 아무 말 하지 않아도 '애야, 우리는 너를 믿는다'라고 부모님이 말씀해주실 때 느껴지는 안도감을 좋아한다." 학생들은 인정을 원할 때 변명을 해야 할 것 같고 당혹스럽다고 썼다. 자율성이 목표일 때 인정을 바라는 것은 퇴행처럼 보인다. 그러나 여기에서 퇴행이 연상되지는 않는다.

딸은 어머니가 자신의 성장에 적응하는 방식을 말하지 않아도 알고 있었을 것이다. "내가 자라고 더 성숙하면서 놀라울 정도로 어머니가 잘 수용해주셔서, 나는 내가 변하고 난 후에야 어머니가 내 변화에 대해 알고 있었고, 나를 그리워한다는 것을 인식할 수 있었다." 이 딸들은 자유를 얻고, 자신의 길을 가기 위해 노력하면서 어머니가 자신을 숨 막히게 하거나 가둬두려고 한다는 느낌을 받지 않았다.

우리는 이제 이 집단에 참석하기로 한 학생들이 유달리 어머니와 강한 애착이 있는지 여부를 질문해봐야만 한다. 관계에 특별히 헌신하는 것인가? 집단의 분위기 때문에 실제 감정을 표현하기보다는 긍정적인 이야기만 하는 것인가? 한 학생은 다음과 같이 썼다. "이 탐색-연구 집단에서 가장 좋았던 점은 집단을 마칠 때마다 우리 가족에 대해 매우 좋은 느낌을 갖게 되었다는 점이다." 혹시 그 반대일 수도 있지 않을까? 연구 결과들이 이 질문들에 대한 답을 구할 수 있도록 도와줄 것이다.

연구

세 명의 학생이 연구 단계에도 계속 참여해서 조사 문항을 만들고, 설문 조사를 하고, 결과를 표로 작성했다. 대부분의 연구 과정을 한 학기 동안 학점을 다수강하면서 수행했다. 연구를 설계할 때 학생들은 대학에 다니는 동안 모녀 관계가 변했는지에 대해 초점을 맞추기로 결정했다. 우리는 입학생들이 청소년 초기의 문제들이 더 강화되어 관계에서 거리를 둘 필요가 생기고, 그것 때문에 나이가 들수록 학생이 더 편한 경우로만 관계를 좁히는지, 아니면 집을 떠나게 되면서 가까워지고 싶다는 마음이 더 들게 되는지 궁금했다. 이를 염두에 두고서 무작위 표본추출 방법으로 1학년 100명과 3학년 100명을 조사하기로 했다.

현재 관계의 친밀성을 측정하기 위해 전화 통화를 하는 빈도와 기간, 통화의 주제에 대해 질문했다. 우리는 헤어지게 되었을 때 어머니와 딸이 서로를 그리워했는지 물었다. 말하지 않아도 서로의 기분을 알아차릴 수 있는지에 관해서도 질문했다. 그리고 응답자들에게 대학 졸업 후 5년 뒤를 생각하면서 동일시, 친밀함, 역할, 가치 등과 관련하여 어머니와의 이상적인 관계를 설명해 보라고 했다. 마지막으로 "어머니와의 관계에서 특별히 중요한 점은 무엇입니까?"와 "어머니와의 관계를 어떻게 바꾸고 싶습니까?"라는 두 개의 개방형 질문을 넣었다.

200명 중 거의 50%에 달하는 97명이 설문지를 제출했고, 그중 3학년이 52명, 1학년이 45명이었다. 이는 두 학년에 대해 통계적으로 대표성을 갖는 표본이었고, 전체 학생수의 5%에 조금 못 미치는 수였다. 놀랍게도 1학년과 3학년 사이에 통계적으로 유의미한 차이는 없었다. 3학년은 1학년과 비슷한 정도로 집에 전화를 하고, 같은 주제에 대해 이야기했으며, 어머니와 친밀감을 보였다.

대부분의 학생은 일주일에 한 번 전화해서, 30분 정도 통화했다. 어머니와 딸이 비슷한 수준으로 먼저 전화했다. 딸은 자신과 어머니의 일상생활과 가족들, 공부에 대해 이야기했다. 딸은 서로 동의하지 않는 내용, 친밀한 관계, 섹스, 그리고 놀랍게도, 돈에 대해 거의 말하지 않았다. 딸은 어머니가 자신에게 이야기하는 것에 비해 자신의 생활에 대해 어머니에게 더 많은 이야기를 했다. 그녀는 아버지나 다른 형제들, 매우 친한 친구를 제외한 친구들보다 어머니와 더 가깝다고 느꼈다(그러나 어머니와의 관계가 친한 친구와의 관계에 방해가 되는 것처럼 보이지는 않았다). 웰즐리에서 딸들은 종종 어머니를 그리워하고 어머니를 걱정했다. 또한 멀리 떨어져 있는 것을 좋아하기도 했다. 하지만 딸이 설명한 바에 따르면, 어머니가 딸들을 훨씬 더 그리워하고, 떨어져 있는 것을 좋아하지도 않으며 딸이 어머니를 걱정하는 것보다 어머니가 딸을 더 걱정한다고 했다. 우리는 집을 떠나온 상태에서 딸의 입장에서 정확히 지각했는지, 어머니와의 관계에 대한 그녀의 지각을 정확히 표현한 것인지 알 수는 없다.

말하지 않고도 기분을 파악하는지에 대한 응답은 매우 놀라웠다. 응답자의 2/3가 넘는 65명의 학생들은 종종 어머니의 기분을 알아차린다고 답했다. 한 명의 학생만이 결코 알아차리지 못한다고 답했다. 2/3가 조금 안 되는 57명의 학생들이 어머니가 자신이 말하지 않아도 자신의 기분을 알아차린다고 답했고, 세 명이 결코 그렇지 않다고 했다. 이러한 점이 오랜 세월을 함께 보내면서 형성된 친숙함 때문인지 아니면 양자 관계의 특별한 연합 때문인지는 분명하지 않다.

졸업 후 5년 뒤를 생각할 때, 어머니가 자신의 육아를 도와줄 것이라고 기대하는 경우는 거의 없었다. 반면 대부분의 학생은 필요한 경우 어머니를 돌보게 될 것이라고 예상했다. 대부분이 자신도 어머니가 되면 어머니를 더 잘 이해하게 될 것이라고 생각하고 있었다. 그러나 어머니와 지금의 수준보다 더 많이 혹은 더 적게 개인적인 관심사에 대해 이야기하거나, 더 솔직해지거나, 더 공공연히 다투기를 바라지는 않았다. 요약하자면 이러한 관계는 지속적이고, 아마 변할 수는 있지만, 끝나거나 축소되지는 않는 것이다.

논의

두 개의 개방형 질문인 "어머니와의 관계에서 특별히 중요한 점은 무엇입니까?"와 "어머니와의 관계를 어떻게 바꾸고 싶습니까?"는 우리가 이미 주목했던 주제들을 이끌어냈다.

어머니와의 관계에서 특히 중요한 것에 대해 설명한 80명 중에서, 69명은 "친밀함", "신뢰", "수용", "돌봄", "사랑", "개방성", "속마음을 털어놓을 수 있음", "공유", "즐거움", "지지", "친구"와 같이 관계와 관련된 매우 긍정적인 표현을 썼다. "우리는 어떤 것이든 다 말하는 사이이다", "내가 필요할 때 어머니가 곁에 계신다", "우리는 서로 존중한다"와 같은 구절도 있었다. "어머니는 나를 매우 이해해주고 대단히 특별한 존재이다. 우리는 서로에게 친구가 되는 것을 즐거워한다. 우리는 매우 즐겁고 행복한 기억을 공유하고 있다. … 우리는 서로 통한다"와 같이 과장된 내용부터 "어머니는 나에게 대단히 관심이 많다. 비록 어머니에게 내 마음을 열 수는 없지만, 어머니가 내 말에 귀 기울일 준비가 되어 있고, 내가 부탁하면 나를 도와주신다는 것을 알고 있다. 어머니는 나를 한 개인으로서 매우 존중한다. 어머니는 내 삶을 어떻게 하려고 하지 않는다. 나로부터 전혀 멀리 있지 않다"와 같이 조심스러워 보이는 내용까지 다양한 응답이 있었다.

단 한 명의 학생이 "나는 어머니와 별로 친하지 않다. 15세 때부터 어머니와 떨어져 살았다 …"라고 하면서 어머니에게 관심을 보이지 않았다. 나머지 열 명은 어머니와 덜 편하고 더 거리감을 느끼며 긴장을 느낀다고 답했다. "우리 둘 다 서로의 입장에 완벽하게 동의하는 것은 아니지만, 서로 이해하려고 노력한다. 또한 서로에게 너무 많은 기대를 하지 않으려고 한다"라고 답을 한 학생이 있었다. 또 다른 학생은 "나는 어머니를 더 잘 이해할 수 있었으면 좋겠다 (그리고 어머니도 나를). 하지만 어머니는 나와 다른 배경에서 자랐고, 우리는 너무나 다르다. 어머니가 날 사랑하고 있으며 완벽한 존재가 아니라는 것을 알고 있기에, 어머니의 모습을 있는 그대로 받아들일 수 있으면 좋겠다"라고 답했다. 한 학생은 자신에게 중요한 것에 대해 "자신감 — 때때로 잔인할 정도의 솔직함, 가혹함, 길고 고통스러운 시간 이후 궁극적인 용서, 안정감, 나를 아는 사람, 설명이 필요 없음, 그녀는 나를 잘 안다"라고 답했다.

　두 번째 질문인 "어머니와의 관계를 어떻게 바꾸고 싶습니까?"에 대해 13명이 답을 하지 않았고, 18명은 변했으면 하고 바라는 것이 전혀 없다고 했다. 지금 관계 그대로를 좋아하고 있었다. 두 명은 관계에서 어려움을 야기하는 일련의 심각한 문제가 있다고 설명했다.

　나머지에서 거의 2/3를 차지하는 38명이 어떻게든 더 가까워지고, 더 개방하고 신뢰하며 우정을 쌓기를 바란다고 했다. 그들이 원하는 방향은 더 많은 관계를 맺는 것이지 관계를 덜 맺는 것은 아니었다. "나는 어머니와 잘 지내지 못하더라도 더 자유롭고 개방적으로 이야기할 수 있기를 바란다", "나는 성관계와 같은 더 개인적인 이야기를 어머니와 나누고 싶다"와 같은 내용이 있었다.

　대조적으로, 여섯 명이 어머니와 덜 가까워지고 싶다는 욕구를 분명하게 표현했다. "어머니는 때때로 나에게 지나치게 의지하신다. 어머니는 내가 가족 문제로 화가 나 있다는 것을 잊었고, 이 때문에 나는 기분이 더욱 나빠졌고 지금은 집을 떠나 있다(이 학생은 또한 어머니가 "나를 동등한 존재로 대하고, 내 의견을 존중하고 내 의견을 묻는다"는 점을 좋아한다고 했다)." "나는 어머니와 매우 친하다. 나의 개인적인 성장에 영향을 줄 정도이다. 나, 그리고 우리는 더 자율적이 되어야 한다." 또 다른 학생은 어머니가 자신에게 그만 간섭했으면 하고 바랐다. "나는 어머니가 더 독립적이고 '자신의 인생을 살기를' 바란다. 어머니는 똑똑하고 창의적이지만, 아이를 키우느라 자신의 관심사는 접어두고 있었다. 어머니가 다시 독립적인 삶을 정착시키면, 나의 독립성도 수용할 것이라고 생각한다." 마지막으로 다음 같은 응답이 있었다. "나는 어머니가 내가 실수하지 않도록 항상 막아주기보다, 내가 실수를 한 뒤 어머니에게 도움을 청할 정도로 어머니로부터 매우 독립적이기를 바란다. 때때로 이후에 어머니에게 감사한 마음이 들지만, 나에게는 어머니가 해주는 것이 중요해 보이지 않는다."

　대부분은 어머니와 딸이 함께 책임을 나누는 것과 같은 변화가 있었으면 좋겠다고 설명했다. "어머니는 내가 어떤 사소한 별난 점도 없다는 것을 싫어한다"라는 응답은 어머니가 더 수용적이었으면 하는 바람을 표현한다. 다른 학생은 "내 내면의 감정, 정서적이고 성적인 것 등에 대해 더 드러내고 싶다"고 했다. 더 많은 학생이 변화의 책임은 어머니의 태도에 달려 있다고 했지만, 많은 학생이 더 친밀해지기 위해 더 개방적으로 대하면서 위험을 감수할 준비가 되어 있었다.

캐플런과 클라인은 모녀 관계에서의 갈등에 대해 위에서 보여주고 있는 바와 같이 친밀함과 갈등이 공존할 수 있다고 생각하며, 갈등을 다루면서 두 사람 사이의 관계가 유지될 수 있다고 했다. 우리는 이 주제를 구체적으로 다루지는 않았다. 연구 결과에서 딸들은 갈등을 해결하기를 원하고 해결하기 위해 노력할 것이라고 했지만, 분노를 표현하거나 논쟁을 하는 것이 관계를 끝내는 방법이라고 생각하는 것처럼 보이지는 않았다. 갈등을 개방적으로 표현하는 것에 대해 구체적으로 언급한 소수의 학생들은 갈등이 관계를 위협한다고 보았다. 다섯 명이 갈등이 문제가 **아니어서** 다행이라고 했다. "나는 어머니와 친구 관계인 것이 좋고, 우리는 거의 싸우지 않는다." "우리는 거의 싸우지 않으며, 그 점이 나에게는 중요하다."

분노나 다툼에 대해 불평한 학생 8명은 논쟁을 줄이고 싶어 했다. "덜 싸우고 더 서로 이해하는 것"이 그들이 바라는 것이었다. 다른 학생은 과정에 대해 더 통찰하는 모습을 보였다. "나는 우리가 서로의 잘못이나 약점에 대해 더 관대해질 수 있기를 바란다. 우리는 종종 상대방의 내적 기준에 맞추지 못해서 서로를 매우 화나게 만든다. 그 때문에 우리는 종종 우리의 문제를 털어놓지 않으려 하고, 서로 믿지 않으려고 한다." 이 딸들은 어머니로부터 물러서지만, 갈등을 해결하기 위한 다른 방법을 찾고 있다. 그리고 해결 방법은 관계라는 맥락 안에서 발견된다.

요약

우리는 고통을 겪고 있지 않은 여대생들의 목소리 – 상담자들이 종종 듣기 힘든 목소리 – 를 들었다. 이 여성들은 어머니와 협상하고 싶다는 소망을 걱정하기도 했지만, 동시에 그들의 에너지를 어머니와의 관계에서 성장하는 방향으로 모으고 있었다. 이 연구에서 이와 같은 패턴은 1학년과 3학년 사이에 변하지 않았고, 딸들은 관계를 축소시키고 싶어 하지 않았다. 딸들이 성숙하고 자신을 성인으로 여길 때 관계의 질적인 측면에서 변화를 추구하게 되었다. 딸은 어머니가 자신의 성숙을 더 수용하면서 상호 적응해가기를 기대했다. 딸의 성숙으로 인해 균형이 변했을 뿐, 친밀성에는 변화가 없었다. 어머니와의 관계가 다른 관계를 형성하는 데 방해가 된다고 답을 한 학생은 아무도 없었다. 자신이 성숙하고 관계망이 넓어졌다고 볼수록, 딸은 어머니와 더 가까워지고 싶어 했다.

이와 동시에 이 딸들은 사랑, 인정, 신뢰, 지지를 받기 원했다. 그들은 더 많이 이야기하기를 원하고, 섹스와 같은 친밀한 주제에 대해서도 이야기를 나눌 수 있기를 원했다. 그들은 어머니도 역시 그럴 수 있기를 원했다.

우리는 이 논문의 앞부분에서, 탐색 단계에서 집단원들의 설명을 들은 후 이 설명이 비전형적이고 어머니에 대해 유별나게 긍정적인 감정을 느끼는 자기 선발 집단을 대표하는 것은 아닌지, 긍정적 진술을 격려받는 집단의 문화를 반영하는 것은 아닌지 의문을 던졌다. 최소한 이 집단에게 그 대답은 명백한 것 같다. 조사 결과는 집단원의 설명과 놀랍도록 일치하며 이를 확정한다. 하지만 설문에 응하지 않은 사람들이 다른 관점을 가지고 있는지에 대해서는 여전히 알 수 없다.

위의 질문에서 다루지는 않았지만, 이러한 결과를 조사하기 위한 또 다른 방법으로 남녀공학 대학의 여대생이나, 대학을 다니지 않는 여성을 대상으로 연구를 반복하는 것을 생각해볼 수 있다. 우리는 웰즐리대학교를 선택한 여성들이 어머니와 더 가깝게 동일시하고 있는지 혹은 최소한 여성에 대해 더 편하게 느끼는지에 대해 알 수 없다. 웰즐리대학교 학생들에게 학업에서 성공해왔기 때문에 어머니와 경쟁하거나, 어머니와의 애착을 부정할 필요가 없는지 물어볼 수도 있을 것이다. 이 집단과 이 연구의 범위 내에서 어머니와의 친밀함이 풍부함을 더해주고, 권력을 강화하며, 상호적으로 관계를 향상시키고, "독립"을 위한 노력이 놀라울 정도로 부재하는 발달 모델에 대한 강력한 증거를 얻었다.

집단원 중 한 학생이 쓴 다음의 인용구는 청소년기를 통해 관계 안에서 진화하는 성장과 변화의 과정을 묘사하고 있다.

"아마도 어머니에 대한 내 마음을 요약하는 가장 좋은 방법은 종교학 교수님이 종교에 대해 말해준 비유를 활용하는 것이라고 생각한다. 그 교수님은 종교에 대한 진정한 믿음은 교리를 듣고 거기에 동의하는 것이라고 했다. 그러고 나서 당신은 일부 교리에 대해 점점 의심하는 마음이 생기는 것을 인식하게 되고, 교리에 동의하지 않게 될 것이다. 어쨌든 의문을 품는 시기를 보낸 후, 새로운 방식으로 교리를 믿게 될 것이다. 그리고 새로운 수준의 믿음에 다다르게 될 것이다. 이 성장 과정은 인생 전체에 걸쳐 진행될 것이라고 했다. 필자 역시 어머니에 대해 이렇게 느낀다. 어렸을 때 나는 어머니 말씀에 결코 의문을 품지 않았다. 아마도 대학에 오면서 어머니 말씀에 의문을 갖고 논쟁도 시작하게 되었을 것이다. 점차적으로 내가 의문을 가졌던 가치나 생각의 과정에 대해 답을 내렸고, 어머니를 새로운 방식으로 믿게 되었다. 어머니를 더 이상 믿지 않는다는 말이 아니다. 내가 모든 것에 대해 어떻게 느끼는지 어머니가 늘 알 수 있는 것은 아니며, 어머니의 철학에 내가 항상 반대하는 것도 아니라는 점이다. 마음 깊은 곳에서 우리는 서로를 신뢰하고 있다."[3]

---

3   이 논문들은 1985년 2월 스톤센터 콜로키움에서 발표한 것이다.

PART 2

임상적 함의

여성과 남성에게
관계에서의 "의존"이 뜻하는 것

아이린 스타이버

이 논문에서는 여성과 남성에게 각각 관계에서의 의존이 어떤 역할을 하는지 탐구하고자 한다. 제목이 암시하는 것처럼, 이것은 관계 용어인 **의존**이라는 말의 의미를 탐구하는 것을 포함할 것이다. 이 말의 의미가 어떻게 불분명한지, 여러 가지 맥락에서 어떻게 다르게 사용되어왔는지 입증하고 싶다. 특히, 의존은 오랫동안 여성적인 특성이라 여겨졌기 때문에 경멸적인 함축적 의미를 명확히 갖게 된 용어라고 필자는 주장할 것이다. 그다음에 왜 여성과 남성이 서로 의존하는 데 어려움을 겪는지, 그리고 여성과 남성이 만족을 얻기 위해 취해왔던 방법과 욕구를 만족시키는 것을 방어하기 위해 취해왔던 방법에 관해 분석하고자 한다. 많은 관찰 기록을 여성과 남성의 인생에 일반적으로 적용할 수 있다고 믿지만, 이성애 관계의 여성과 남성에게 초점을 맞출 것이다.

　의존을 둘러싼 여성과 남성의 투쟁을 생각해보면, 우리는 각각의 성이 어떻게 다르게 적응하는지, 그리고 여성과 남성이 각각 어떤 환경에서 더 잘해나가거나 못해나가는지 알 수 있을 것이다. 프로이트에 의하면, 일하고 사랑하는 능력은 성숙한 성인기의 특징이다. 이러한 능력을 발달시키는 데 아직까지는 여성과 남성 모두 다른 방식으로 제한을 받고 있다. 남성은 일에서 더 잘 해내고, 여성은 사랑에 관해 더 노련한 것 같다고 여겨져 왔다. 이에 대해 여성과 남성 모두가 일과 사랑 **양쪽**에서 최적으로 기능하는 것을 방해하는 의존을 둘러싼 갈등을 보게 될 것이다.

여성의 경험과 남성의 경험 사이의 차이

여성들에게는 일을 할 때 그들이 어떻게 행동해야 한다고 기대하는 것이 여성성에 대한 감각을 위태롭게 하는 것 같다. 반면 남성들에게는 가까운 대인 관계를 만들기 위해 무엇이 필요한가가 남성성에 대한 감각을 위태롭게 하는 것 같다. 일하는 상황에서 여성들은 양육, 정서, 공감과 같은 대인 관계의 특성을 표현하는 것과 성공하기 위해 기대되는 특성 – 목표를 향한 돌진, 야심, 경쟁력과 같은 – 으로 여기는 것 사이에서 상당한 불협화음을 경험한다.

여성 발달에 관한 최근의 저작에서 제시되고 있는 바와 같이, 여성의 자아감은 관계적인 것이며 타인과 관계를 맺고 있다는 것을 느끼고 싶은 여성들의 욕구는 여성의 정체성에 매우 중요한 측면이라는(Miller, 1976; Gilligan, 1982; 서리가 집필한 이 책의 2장과 3장) 개념화는 남성과 여성 모두로부터 소외당할 위험이 있을 때 여성이 왜 그렇게 위태로워지는지 이해할 수 있게 해준다. 이것은 업무 영역에서 여성들이 자주 경험하는 것이다. "가정"에서, 그리고 다른 대인 관계 환경에서, 여성의 관계적 자아는 여성에게 더 알맞은 것 같다. 타인의 욕구에 주의를 기울이고, 타인과 관계를 맺기를 바라고, 느낌을 표현하는 이 모든 것이 여성들이 자신을 더 편안하게 느끼도록 하는 것 같다. 그러나 우리는 이것이 그렇게 단순한 것이 아니라는 것을 알게 될 것이다.

남성들은 직장에서 남성의 자아감과 동조적인 특성인 경쟁적이고, 감정을 억압하고, 인간미 없는 태도를 유지해야 한다는 요구를 받는다. 일하는 현장도 인간관계의 맥락 안에 있기에, 이러한 특성들이 어떻게 적응적인가에 관해서는 여전히 의문을 가질 필요가 있다. 즉, 남성이 일에서 성공하면 성공할수록, 자신을 더 남자답다고 느끼게 되는지에 대해 여전히 의문을 가질 필요가 있다는 것이다. 성인이라는 표시로써 자기만족감과 독립심을 겉으로 드러내야 한다는 압박감은 남성들에게 경쟁이 심한 직업 환경 가도에서 다른 사람들로부터 소외당할 수 있다는 것을 감내하게 만든다. 그러나 역설적이게도, 남성들은 더 수용되고, 더 존중받고, 덜 소외당할수록, 일에서 더 성공한다(스타이버가 집필한 이 책의 13장을 볼 것).

그러나 "가정"에서, 가까운 관계와 친밀감을 촉진하는 특질을 발달시키고, 표현하고, 갖기 위해 남성들이 갖추어야 할 능력은 자신이 "남성답고", 자기만족적이고, 독립적이라는 느낌과 충돌하는 것 같다. 타인의 욕구를 알아차리고, 느낌에 개방적이고, 여성들에게 민감하고 공감하는 것은 많은 남성들에게 자신을 남자답다고 느끼는 데 분명한 위협을 가한다.

주제통각검사Thematic Apperception Test: TAT로 대학생들이 작성한 이야기에 드러난 폭력의 이미지에 관한 연구에서, 폴랙과 길리건은 통계적으로 유의미한 성적 차이를 발견했다(Pollack and Gilligan, 1982). 남성들은 성취보다는 가까운 개인적 소속관계 안에서 더 자주 위험을 인식하고, 친밀감으로부터 생기는 위험을 설명했다. 반면 여성들은 인간미가 없고, 성취 지향적인 환경에서 위험을 인지하고, 경쟁적인 성공으로부터 파생하는 위험을 설명했다.

친밀감에 관한 이야기에서 남성들이 묘사한 위험은 덫에 걸리거나 배신당할 위험, 즉 숨 막히는 관계에 사로잡히게 되거나 거절과 속임수에 의해 굴욕감을 느끼게 되는 것이었다. 성취에 관해 여성들이 만들어내는 이야기에서 여성들이 묘사하는 위험은 고립, 즉 성공에 의해 두드러지게 되거나 떨어져 나가게 되어 홀로 남겨질지 모른다는 공포이다. 그림 속에서 사람들이 더 가까이 있는 것으로 그려져 있으면 있을수록, 남성들의 이야기 속에서 폭력의 이미지가 증가한다. 그리고 사람들이 더 멀리 떨어져 있는 것으로 그려져 있으면 있을수록, 여성들의 이야기 안에 있는 폭력의 이미지가 늘어난다. 폴랙과 길리건은 여성들과 남성들은 다른 방식으로 애착과 분리를 경험한다고 결론을 내린다. 아울러 여성은 남성이 보지 못하는 위험을, 남성은 여성이 보지 못하는 위험을 인지하는데, 남성들은 관계에서, 여성들은 분리에서 그렇다고 결론을 내리고 있다.

『공모하는 커플Couples in Collusion』이라는 책에서 윌리Jurg Willi(1982)는 커플 상담을 시작할 때 여성과 남성이 다른 방식으로 자신을 소개한다고 묘사하고 있다. "전형적인" 여성은 대개 너무 불만족스럽다면서, 남편이 무관심하고 이해가 부족하며 억압적이라고 고발하는 원고의 역할을 맡는 것으로 상담을 시작한다. 여성은 홀로 아이를 키우는 것에 관해 불평하며 다양한 신체 증상, 잦은 기분 변화, 자살 사고를 보인다. 그녀는 분명히 정서적으로 꽤 혼란을 겪고 있는 것처럼 보이며, 자신이 친밀감과 친목을 갈구한다는 것에 대해 환멸을 나타낸다.

윌리는 현재의 정신의학계가 그녀에게 "히스테릭"하다는 진단명을 쉽게 붙일 수 있다는 것을 알고 있다. 그녀의 불만은 과도하며 객관성이 없다고 여겨질 것이고, 때로는 퇴행과 유아기 행동의 증거로 간주될 것이다. 그리고 나서 그녀에게는 미성숙, 의존적이라는 이름이 붙여질 것이다.

"전형적인" 남성은 부부 갈등을 제삼자에게 노출해서는 안 된다고 생각하기 때문에 상담에 저항한다고 묘사된다. 또한 전형적으로 남성은 상담에서 목소리를 높여 언쟁하는 것은 사태를 더 악화시킬 뿐이라고 믿는다. 남성은 여성의 불만에 방어적으로 반응하고, 자신의 반응을 통제하며, 여성의 비난을 시시한 것으로 만들어버린다. 그리고 논쟁의 요점을 객관적이고 실용적인 문제들로 바꿔버린다. 여성이 분명히 만족하지 않고 있음에도, 남성은 결혼 생활에 분명히 만족하고 있고, 어떤 것도 바꾸고 싶어 하지 않는다.

커플 상담에서 여성이 자신을 설명하는 방식은 정신의학적 진단 기준을 잘 따르는 것에 비해 남성이 자신을 설명하는 방식은 그렇지 않은 것 같다고 윌리는 지적한다. 남성의 설명에 정신병리학적 진단명을 붙이기는 쉽지 않다. 기대 수명이 더 짧은데도, 남성이 심각한 심인성 문제와 알코올 중독 발생률이 훨씬 높고 자살을 더 많이 한다(Willi, 1982; Pleck, 1981). 물론 여성의 행동은 정신병리보다 정신력을 보여주는 것이라고 해석할 수도 있다. 즉, 커플 상담을 시작함으로써 여성이 관계를 위해 더 노력하는 것처럼 보일 수 있다. 여성은 도움을 구하고, 약점을 드러내고 정서적으로 더 개방적인 태도를 보여줄 수 있다. 결국, 여성의 반응은 "남성에게 정서적으로 침투할 수 없다는 것을 직면하고 절망을 느끼는 것"을 반영하는 것일 수 있다(Willi, 1982).

그러므로 "가정"에 있건 그곳을 벗어나 있건, 관계적 자아정체감에 바탕을 둔 여성들의 "현실"과 세상에 대한 인식은 종종 병리적인 것 또는 기껏해야 미성숙한 것으로 여겨진다. 그리고 비하를 당하고, 때로는 오해를 받고 있다. 여성들에게 관계가 차지하는 중요성과 타인과 관계를 맺고 싶은 여성들의 욕구는 종종 의존을 나타내는 것으로 여겨진다. 독립성과 자율성의 모델에 바탕을 둔 남성들의 "현실" 또는 세상에 대한 인식은 더 표준적이고 성숙한 것으로 간주되고 있다. 비록 여성과 남성 모두가 종종 그것에 관해 오해하고 있음에도, 평가절하를 당하는 일이 거의 없다. "의존"이라는 개념을 매우 문제가 많은 것으로 만드는 것은 바로 이러한 인식의 차이 ― 관계에 참여하는 인지적·정서적 방식에 차이가 있는 것 ― 인 것 같다.

의존의 정의

이 논문을 쓰는 데 가장 어려운 문제들 가운데 하나는 **의존**이라는 용어의 뜻에 관해 유용하거나 합의된 정의를 찾는 것이다. 우리 연구 그룹은 최소한 2주간의 저녁 회합을 이 문제와 씨름하는 데 보냈다. 우리는 결국 매우 파악하기 어려우며 가치가 부여된 어떤 것에 직면했다고 느꼈다. 문헌을 개괄하는 것은 도움이 되기보다는 우리를 매우 당황하게 했고, 때로는 심지어 격분하게 했다. 우리는 『웹스터 신대학생용사전Webster's New Collegiate Dictionary』(1971)에서 가장 무난한 정의를 발견할 수 있었다. 형용사 **의존적인**의 정의는 "지원을 받기 위해 무엇인가 다른 것에 의지하거나 그것의 지배 아래 있는"이고, 명사 **의존**의 정의는 "다른 사람에 의해 지탱하고 있는 사람 또는 지원을 얻기 위해 다른 사람에게 기대는 사람"이다. 지금까지 이 정의는 매우 가치가 부여된 것도, 특별히 도움이 되는 것도 아니다.

가장 최근에 나온 『**정신의학용어사전**Psychiatric Glossary』(미국정신의학협회, 1980a)에서는 "어머니처럼 돌보기, 사랑, 애착, 피난처, 보호, 안전, 음식, 온정에 대한 활발한 욕구. 성인이 이를 공공연하게 드러낸다면 이는 퇴행을 나타내는 것일 수 있다"라고 의존을 정의한다. 이러한 정의는 욕구를 배열하는 것으로 시작했지만, 성인기에 이것들 중 **어느 것이라도** 필요로 하는 것은 "퇴행적"이라는 뜻 또한 함축하고 있다. 정신분석 모델에서 의존 욕구는 어머니에게 최초의 애착을 보이는 단계인 구강기에 처음 나타난다. 정신분석 맥락에서 의존 욕구는 구강을 만족시키려는 욕구와 같은 뜻이다. 사실 구강기 성격을 가진 사람은 이 초기 단계에 고착된 의존적 성격을 가진 사람, 결과적으로 성숙으로 나아가지 못하는 사람으로 간주된다. 임상 상황에서는, 타인(예를 들면, 부모, 배우자, 상담자 등)에게 의존적인 내담자를 "유아기적인", "무력한", "심한 결핍을 느끼는" 사람이라고 설명하고 있다. 다시 말해서, 이러한 감정은 아동이 가진 것이라는 뜻이다. 『정신분석용어 및 개념 사전Glossary of Psychoanalytic Terms and Concepts』(미국정신의학협회, 1980a)에는 의존이 전혀 정의되어 있지 않다. 그래서 **구순애**를 찾아보았고, "구강의 갈등은 … 특별한 성격 특성과 비정상적 특성 안에서 명백히 나타난다"고 쓰인 것을 찾아냈다. 그중 의존은 "과도한 요구"뿐만 아니라 "불안, 참을성 없음, 호기심"과 함께 기재되어 있다. 구강기 성격을 설명하는 다른 특징들은 소극적이고, 무력하며, 결핍을 느끼는 것이다. 그런데

이 용어들은 우리 문화 안에서 좀 더 표준적인 여성을 묘사하는 데 자주 사용되는 것들이다.

　나는 몇몇 "양적" 기준(예를 들어 "너무 의존적인" 또는 "너무 결핍된")을 제외하고는, 더 심한 장애가 있는 상태를 설명하는 병리적인 의존과 정상적 의존 사이에 명확하거나 일리가 있는 차이점을 찾을 수 없었다. 의존 욕구는 아동기의 것이며, 이 욕구가 어떤 것이든 간에 아동기에 이러한 욕구들을 만족시키지 못하면 이 욕구들은 부정적인 방식으로 계속 영향을 미칠 뿐만 아니라 반의존적 성격을 형성하거나(Post, 1982), 집착하고, 지나치게 요구하고, 무력한 성격을 형성하는 데 더 직접적으로 영향을 미친다는 믿음이 널리 퍼져 있다. 집착하고, 지나치게 요구하고, 무력한 관계 안에서 경계의 혼란을 겪으며 자기를 잃어버릴까 봐 겁을 먹고 있는 여성과 남성에게서 나타나는 개인적 관계에 관한 더 혼란스러운 징조들에 관해서는 여기서 언급하지 않을 것이다. 이것들은 "의존"을 나타내기보다는 상대방에게 녹아들어 융합할 수 있는 통합된 자아가 없는 사람들이 품고 있는 소망을 나타내는 것이다.

　의존의 정신병리학적 표현은 "의존" 그 자체를 말하는 것이라기보다는 충족되지 않는 욕구를 둘러싸고 있는 잠재적 분노의 작용을 설명하고 있는 것이다. "지나치게 의존적"이라고 이름 붙여진 사람들은 때로는 자기와 타인 모두를 향해 잠재하고 있는 분노를 표현하기 때문에 반응하기 어렵게 만드는 방식으로 도움을 청하는 사람들이다. 어떤 사람에게 그 사람이 요청하는 도움을 줄 수 있을 때, 사람은 대개 만족감과 행복감을 경험한다. 그러나 사람은 자신이 무엇을 하건 간에 상대방의 불안이 누그러지지 않으면, 화가 나거나 상대방에게 성급하게 "너무 의존적"이라는 딱지를 붙이기 쉽다. 내재한 적개심이나 어떤 것을 받을 가치가 없다는 확신을 가지고서, 또는 거절당할지 모른다는 두려움을 가지고 도움을 요청하면 대체로 욕구를 충족하지 못할 것이다. 여러 가지로 가장하고 있지만 실제로는 도움을 청하고 있으면서도 제공되는 지원과 도움을 받아들이지 못하거나 수용하지 못하는 사람들이 있다. 이것은 도움을 요청하는 사람이나 도움을 주려고 하는 사람 모두에게 상당한 좌절과 분노를 불러일으키는 역동이다. 문제가 되는 것은 도움을 요청하는 것, 즉 다른 사람에게 의존하는 것이 아니라 자기가 무엇을 원하는지 알고서 도움을 요청하는 것을 편안하고 익숙하게 받아들일 수 있느냐이다. 필자는 여성들과 남성들 모두 이 때문에 고생을 한다고 확신한다.

이 모든 것을 고려하면, **의존**이라는 용어는 욕구 상태(갈망, 구강기 욕구), 감정 상태(무력감, 결핍), 성격적 특질(의존적, 요구가 지나친), 그리고 심지어는 성격 유형(수동적-의존적, 구강기의)을 설명하는 데 사용된다. 다른 문헌(Seligman, 1974)은 "의존적" 행동을 "학습화된 무기력" 그리고/또는 다른 사람들에게 자신을 위한 일을 하도록 시키려는 전략 혹은 아마도 어린아이 같은 의존적 행동을 기대하는 타인들을 기쁘게 하는 전략이라고 언급하고 있다. 때로 셀리그만의 문헌은 의존적 행동이 일을 끝내기 위해 한 사람 이상을 믿거나 의지하는 것을 포함하는 행동이라고 언급하고 있다.

이러한 의존의 정의에 관한 개관은 의존에 대한 이해 부족과 가치가 부여된 판단이 상당히 영향력을 미치고 있다는 것을 시사한다. 부적절한 정의와 자료에도 불구하고, 널리 퍼진 전제는 여성이 남성보다 더 의존적이라는 것이다. 만일 남성들이 자기만족적이고 독립적 방식으로 행동하면, 그것은 그들이 독립적**이기** 때문이다. 만일 여성들이 비슷하게 행동하면, 그들은 기본적인 의존을 감추고 있는 것이 틀림없다. 즉, 여성들은 의존에 저항하는 것임에 틀림없다. 여담으로, 남성 임상가들과 여성 임상가들 모두가 수동적인 갈망을 어떤 형태로든 표현하는 것에 너무 방어적이어서 결국 심인성 질환을 키우고 있고/있거나 독립성과 남성성 과잉을 과장된 표현으로 드러내는 남성들을 배려하고 있다는 것을 알고 있다. 아직까지 **의존 저항적**이라는 용어는 이러한 남성들을 설명하는 데 전형적으로 쓰이지 않는다. 여성들이 의존적인 성인인 것은 대개 미성숙하고, 아이같이 유치하고, 기껏해야 신경과민인 것으로 이해한다. 임상 경험에서, 필자는 여성이 근본적으로 남성보다 더 의존적이라는 것을 발견하지 못했다. 그러나 어떤 여성들은 자신을 "의존적"으로 보이려고 노력한다. 이러한 행동에는 많은 이유가 있겠지만, 주된 이유는 그것이 타인과 관계를 맺을 수 있게 하고, 예상할 수 있는 방향에서 남성들과 관계를 맺는 방식을 만들기 때문이다. 우리가 알고 있듯이, 남성은 여성을 자신보다 더 의존적인 존재로 인식하려고 노력한다. 여성의 의존에 관한 논문에서, 러너H. Lerner(1983)는 여성이 수동적인 의존을 보임으로써 때로는 보호적이고 기능을 감독하는 체계들을 마련하는 것에 관해 논의하고 있다. 즉, 가족 체계에서 한 배우자가 기능을 제대로 못하는 것은 다른 배우자가 과도한 기능을 하게 할 수 있다. 그러므로 한 파트너의 무력하고 의존적인 상태는 적응적인 것이며, 상대의 자존심을 세워주는 데 영향을 미친다. 때로 상대는 — 그리고 결국 여성 자신은 — 여성이 이 위치를 벗어나는 것이 공격적이고 상처를 주는 것이라고 인식한다. 여성은 이 가장 중요한 관계에서 살아남기 위해 관계적으로 약한 위치를 지키고 그 안에 머무르려고 하는 것 같다.

남성들 또한 타인에게 애착하고, 관계를 맺고, 그들의 욕구를 충족해야 한다. 그러나 남성들은 자신들의 욕구를 드러내놓고 인정하는 것을 상당히 어려워한다. 사실 남성은 때로 연결과 애착에 대한 자신들의 욕구에 의해 매우 위협을 받는다. 그러기에 남성들은 자신들의 욕구를 인정하지 않고, 바람직하지 못한 특질이라며 여성들에게 투사한다.

어머니와 아들

자신의 약함, 타인에 대한 욕구, 무력감을 느끼고 있다는 것을 인정하는 데 남성들이 더 어려움을 겪는다는 사실은 몇몇 이론가들의 주의를 끌어왔다. 디너스타인D. Dinnerstein은 그녀의 흥미로운 책, 『인어와 미노타우로스The Mermaid and the Minotaur』(1976)에서 모든 아동의 삶에서 최초의 중요한 인물이 여성이기 때문에 특별한 문제가 여성과 남성에게 나타난다는 입장을 취했다. 그러나 남성은 특히 다른 성정체성을 획득하기 위해 노력하는 과정에서, 초기의 어머니와의 신체적 접촉에서 오는 강렬한 기쁨과 어머니와 완전히 연관되지 못한다는 공포와 분노, 자신의 욕구를 전부 만족시킬 수는 없다는 데서 오는 필연적인 실망 모두를 둘러싼 강력한 초기 경험을 부인해야만 한다. 그다음에 남자아이는 어머니와 다른 여성들이 자신의 외부에 있으며 자신과 매우 다르다는 것을 이해함으로써, 어머니와 함께 있으면서 느꼈던 초기의 황홀한 순간들을 되찾고자 하는 강력한 갈망이 자기의 것이 아니라고 해야만 한다. 그리고 나서 최초의 박탈 경험과 연관된 공포와 분노를 어머니와 다른 여성들에게 투사한다. 결과적으로 여성들은 그를 위해 부지불식간에 마법을 부리는 전능한 신이라는 강렬한 이미지를 떠맡게 되고 궁극적인 만족뿐만 아니라 좌절과 거부의 근원으로 여겨진다. 디너스타인에 따르면, 남성은 일생을 통해 "지칠 줄 모르는 의존"에 굴복하고 싶은 유혹에 저항하고 자신감, 자율성, 존엄성을 회복하기 위해 투쟁한다. 결과적으로, 남성은 여성과 맺는 관계에서 "존경하면서 경멸하는 감정, 고맙게 여기면서도 안달하는, 애정이 넘치면서도 적대적인 감정"을 기꺼이 받아들여야 한다. 남성은 이러한 강한 힘이 어머니 때문이라고 생각하기 때문에 여성들을 의존적인 위치에 머무르게 함으로써 모든 여성에게 무력감을 주어야만 하고, 초기의 경험을 다시 겪고 싶은 갈망이 있다는 것을 인정하는 것에 맞서 방어를 해야만 한다.

　로클린G. Rochlin은 다소 다른, 정신분석 이론과 더 일치하는 모델을 제시했다. 그의 책 『남성의 딜레마The Masculine Dilemma』(1980)의 중심적 논제는 남성 발달이 유년기에 어머니와 동일시하려는 것에 강력하게 저항하는 것을 포함한다는 것과, 남성의 삶 전체를 통해 남성성은 "불완전하게 유지되며 끊임없는 시험을 거친다"는 것이다. 소년들과 그들 어머니 사이의 밀접한 상호작용으로 인해 여성에 대한 동일시가 발달한다. 그러나 곧 소년들은 어머니가 남근을 가지고 있지 않다는 것을 발견하게 되고, 어머니를 평가절하한다. 따라서 소년들은 이러한 위험한 동일시에 맞서 투쟁해야 한다. 그 대신에 소년들은 자신의 남성성을 확실히 주장하고 남자다움에 대한 자부심을 확립하기 위한 수단으로써 남성인 아버지(또한 침략자로 여겨지는)와 동일시해야 한다. 로클린은 남성성을 확립하고자 하는 소년의 동기는 어머니와 동일시하도록 강요하는 것과 싸우고 있다고 말한다. 즉, 소년들이 다다르는 무의식적인 해결책은 어머니와 동일시하려는 것에 맞서 억압으로 방어하는 것이다. 이 위태로운 남성의 동일시를 생각하면, 남성은 여성성과 관련될 수 있는 것 — 예를 들면 양육, 감수성, 또는 욕구에 관한 개방적인 진술 — 에 관한 어떤 표현도 허용해서는 안 될 것이다.

디너스타인과 로클린의 이론 모두 지나친 단순화와 환원주의로 인한 문제가 있다. 각각의 이론이 초기 어머니-아들의 경험 중 어떤 측면이 매우 중요하게 간주되는지에 관해서는 차이가 있는 반면, 양쪽 모두 다소 고정되고 비가역적인 이러한 경험이 뒤이은 발달에 영향을 미친다고 가정한다. 그리고 두 이론 모두 아들의 발달에 관한 궁극적 책임을 어머니에게 두고 있다. 디너스타인과 로클린은 변화의 과정도, 어머니-아들의 계속되는 역동과 아버지-아들의 상호작용도 인정하지 않는다.

여성과 남성의 다른 발달 양식

여성 발달에 관한 "관계-속-자아 이론"(Miller, 1976; Gilligan, 1982; 서리가 집필한 이 책의 2장, 3장)은 어머니가 자녀들과 상호작용하는 것을 애착과 분화 과정의 일부분으로 여긴다. 이 이론은 어머니들은 딸이 자신과 더 비슷하고, 딸과 더 이어져 있다는 것을 경험하고 싶어 하기 때문에 계속되는 관계의 맥락 안에서 여성의 정체성이 형성된다고 이야기한다. 이것은 어머니와 딸 사이에서 상호 돌봄과 정서적 상호작용 및 상호 의존이 일어날 것이라는 기대를 품은, 특별한 유대의 시작이다. 딸은 자신의 "성장"이나 "성숙"을 위협하는 것으로 여기지 않으면서 과거의 관계 — 예를 들면, 초기에 어머니와 다른 사람들에게 의존했던 것과 같은 — 와의 더 깊은 연속성을 경험할 수 있다. 여성들의 자아 발달에 관한 논문인 이 책의 3장에서, 서리는 "어머니"로서 어머니와 동일시하는 것에 관해 이야기했다. 이러한 동일시는 대부분의 관계에서 여성이 남성보다 더 자애로운 역할을 하게 되고, 대인 관계의 상호작용에서 발생하는 미묘한 차이에 매우 민감해지고 촉각을 세우게 되는 데 한층 더 기여한다. 딸들은 어머니에 대한 애착과 연결감을 인지하면서 어머니가 제공하는 것을 받는 사람이 되는 것과, 어머니와 다른 사람들을 돌보는 사람으로서 상호작용하는 가운데 그녀 자신이 어머니가 되는 것 사이를 왔다 갔다 할 수 있는 초기의 능력을 발달시킨다. 이는 지지를 해주는 사람의 역할과 지지를 받는 사람의 역할 사이에서 필요에 따라 왔다 갔다 할 수 있는 여성의 유동성에 대한 전조로 나타난다. 이와 동시에, 여성은 때때로 자신의 어머니를 충분히 체험한다. 그러나 이는 어머니와 동일시하게 되고 어머니에게 의존하게 되는 것을 방어하기 위한 투쟁의 원인이 된다고 평가절하된다. 그러나 여성은 이러한 투쟁에도 불구하고 의식하건 의식하지 않건 간에, 대체적으로 자신의 어머니와 강하게 연결되어 있음을 계속 경험한다.

모자 관계의 역동은 다른 발달 경로를 따른다. 어머니는 자신과는 다른 존재로서 아들을 경험한다. 그리고 이 차이를 확인하려는 내부와 외부, 양쪽의 압력을 겪는다. 소년은 어떠해야 한다는 문화적 기대는 많은 어머니에게 내면화되어 있다. 즉, 어머니들은 아들이 강한 남성 정체성을 발달시키는 것을 돕기 위해 공격적 행동과 분리하려는 노력에 격려를 보내야만 한다고 믿고 있다. 그러므로 아들은 사람과 사람 사이의 연결에 대한 건강한 역동을 주고받는 가운데 어떻게 조정해나갈 수 있는지 배울 수 있는 기회가 딸보다 더 적다. 아들을 자신으로부터 밀어내는 것을 통해 아들이 개별화와 독립을 이루는 것을 도와주어야만 한다는 어머니의 느낌은 자신과 아들 사이에 차이가 있다는 것을 알고 있음에도 애착을 유지하고 싶어 하는 어머니의 자연스러운 경향과 종종 갈등을 불러일으킨다. 어머니가 갈등을 경험하는 반면, 아버지는 대개 사회적 기대를 따라야 한다는 압력을 강하게 지지한다. 아들이 남성성에 관한 상투적인 개념에 매우 일찍부터 순응하는 것이 아버지들에게는 매우 중요하다. 어머니에 대한 강한 애착, 무서워하는 것, 충분히 공격적이거나 활동적이지 않은 것 등에 관한 어떠한 표시든, 그것은 대개 아버지에게 자신의 아들이 "계집애 같다"는 두려움을 불러일으킨다(밀러가 집필한 이 책의 10장을 보라). 아버지는 대개 비웃고 모욕함으로써 아들을 협박하는 방식으로 반응하고, 아마 어머니가 이러한 사내답지 못한 행동을 부추겼을 것이라며 어머니에게 화를 낸다. 아들을 향한 아버지의 태도와 행동은 어머니에게는 어린 아들이 분리할 수 있도록 내몰도록, 그리고 어린 아들에게는 어머니와 더 개방적이고 끊임없는 접촉을 유지하고 싶다는 소망을 부정하도록 압력을 넣는다.

성인 발달

성인이 되어가는 과정을 탐구하는 연구들을 개관해보면, 지금까지 주로 남성 발달 — 예를 들면 레빈슨D. Levinon(1978)의 연구와 배일런트G. Vaillant(1978)의 연구 — 에 관해 연구해왔다는 것이 흥미롭다. 레빈슨과 배일런트 모두 남성에게 있어 대인 관계의 중요성에 관해 다른 방식으로 이야기하고 대인 관계가 전반적인 성장에 미치는 영향에 관해 논의하고 있다. 그럼에도 불구하고 이들의 연구는 대개 그들의 표본 안에서 남성의 직업 발달에 관한 것으로 구성되어 있다. 레빈슨은 여성과 맺는 관계를 남성의 직업 발달보다 하위의 것으로 여기고 있다.

[남성들이] 성인의 세계로 들어가면 … 직업과 결혼, 그리고 가족이 제일 중요한 구성 요소들이 된다. 한 가지 과업은 자기 자신의 중요한 부분으로 정의할 수 있

는 직업의 방향을 선택하고 추구하는 것이다. 연관된 과업은 그의 포부를 지지하고, 여정에 함께할 수 있고, 기꺼이 그렇게 하려고 하는 아내와 결혼 관계를 형성하는 것이다(Levinon, 1978: 83).

다음으로, 레빈슨은 어떻게 남성의 에너지가 이상을 만들고 이를 만족시키는 쪽을 향하게 되는지에 관해 말한다. "이상"은 대개 세상 사람들의 눈에 성취와 찬사의 대상이 되는 것과 관련된 것으로 정리된다. 마지막으로, "안정" 단계에 관한 이후의 언급에서 ― 레빈슨은 이것을 "본래의 자기가 되는 것"이라고 언급한다 ― 남성은 더 독립적이고 자기만족적이 되려고 노력하며, 타인의 통제에 덜 종속되려 한다는 것이다. 레빈슨은 이러한 목표들은 "안정" 국면이 최고조에 이르렀음을 나타내는 것이지만, 성인기의 모든 단계에서 이러한 목표들을 발견할 수 있다고 언급했다. 배일런트는 경쟁이 심한 인문대학을 졸업한 후 30년에 걸친 남성 표본 집단의 삶을 연구했다(Vaillant, 1978). 배일런트는 자아방어 혹은 적응 양식을 탐구한다는 관점에서 이 남성들의 삶을 개관하고, 성인의 정신 건강을 정의하기 위한 방어의 위계를 만들었다. 배일런트는 어렸을 때 경험한 친밀하고 애정이 깊은 관계가 성인이 되었을 때 사랑하는 능력에 영향을 미친다고 인정했다. 그러나 배일런트는 다시 이 남성들에게 직업 발달과 사회적으로 인정을 받는 것이 중요하다는 것을 주로 강조했다. 타인과 관계를 맺는 것은 친밀한 대인 관계의 형태보다는 좀 더 추상적인 사회활동의 형태를 취한다. 중요한 것은 성인기에 진입해서 이를 통과하는 여성들의 여정에 관한 잘 알려진 장기간의 후속 연구가 아직까지 없다는 것이다. 그러나 여성들의 도덕성 발달에 관한 캐럴 길리건의 연구는 강력한 "관계적 자아"가 여성들에게 어떻게 도덕적 판단의 발달을 형성하게 하는가에 관해 예증하고 있다(Gilligan, 1982).

내 자신의 임상 경험에서 보면, 일과 사랑에 관한 여성과 남성의 경험에서 드러나는 차이점에 몇 번이고 다시 감명을 받는다. 직업을 가진 여성들은 직장에서의 삶과 직장 밖에 있는 사람들과의 관계를 아주 별개의 것으로 두지 않는다. 직장 여성들은 일에 관해 말할 때, 대체로 과거와 현재에 맺고 있는 개인적 관계의 맥락에서 말한다. 남성들은 자신의 일에 관해 말할 때, 직장 밖에 있는 과거와 현재 모두의 개인적 관계와 관련된 생각, 감정, 관심을 더 분리하려는 경향이 있는 것 같다. 필자는 시어도어 레이크Theodore Reik의 책 『남성과 여성의 성Sex in Man and Woman』(1960)을 읽으면서, 우연히 호기심을 자극하는 단락을 찾았다.

> 요리하고, 청소하고, 아이를 기르고, 물건을 사고, 옷을 차려입고 벗는 여성은 생각과 감정적 삶에서 남편이나 연인으로부터 떨어져 있는 일이 드물다. 그녀가 하고 있고 하고 싶어 하는 거의 모든 것은 남편이나 연인과 어느 정도 관련된 것이다. 남성은 실험실 혹은 사무실에서 일하고 있을 때 아내를 거의 생각하지 않는다. 그가 그녀를 생각하지 않을 때 그녀는 심리적으로는 마치 그가 일하는 동안 일에 주의를 덜 기울이는 순간에나 그의 생각과 감정을 가끔 부쳐주는 멀리 떨어진 섬에 살고 있는 것 같다. 남성은 일하는 동안 아내나 정부를 생각할 때면, 의식하건 의식하지 않건 마치 잘못을 저지르고 있고, 길을 잃고 나쁜 길에 빠진 것 같은 느낌이 든다. 비서, 간호사 등이 일을 하는 동안 가끔 사랑하는 남자를 생각한다고 해서 어떤 여성이 죄책감을 느낀단 말인가? 유사한 상황에서 어떤 남성이 죄책감을 느끼지 않을 수 있단 말인가?(Reik, 1960: 56)

레이크에게 일어났던 일을 생각할 때, 그의 관찰이 함축하고 있는 것을 그가 제대로 이해했다고 생각하지 않는다. 여성은 좀 더 생각을 계속함으로써 자신의 삶에서 중요한 사람과 계속 연결되어 있다. 그리고 대개 남성은 일 밖에 있는 사람과 맺고 있는 개인적 연결을 좀 더 효과적으로 분리하고 막아버릴 수 있다. 이것은 관계의 맥락 안에서 여성이 기능하는 정도가 대부분의 남성보다 훨씬 더 크다는 것을 예증한다. 레이크가 여성이 관계를 중요시하는 것을 평가절하한 것은 우리 문화 안에 있는 일반적 관점, 즉 의미와 맥락의 중요성과 상관없이 집중력, "객관성", 과제 지향성 등에 가치를 부여하는 관점을 반영하는 것이다. 청소년기를 지나 성인기로 가면서, 어머니와 아버지와 맺는 최초의 관계로부터 이동할 때 여성과 남성이 따르는 발달 과정 안에는 상당한 불균형이 있다. 남성은 전통적으로 성숙하고 정신이 건강하다는 표시로 여겨져 왔던 독립을 목표로 애착에서 독립, 개별화, 자율성으로 이동하려고 한다. 여성은 애착으로부터 항상 관계의 맥락 안에서 발달하고 있는 영속적인 관계를 향해 이동한다. 왜냐하면 여성은 "독립"이라는 목표를 외롭고 고립된 것으로 경험하기 때문이다.

관계를 맺는 방식에서의 성차

발달 경로의 성차를 고려할 때, 여성과 남성이 서로 관계를 맺기 위해 시도하는 방법들을 어떻게 이해할 수 있을 것인가? 그들은 자신의 욕구를 만족시키기 위해 어떤 전략을 쓰는가? 여성과 남성은 자신의 욕구를 만족시키려는 노력을 자신의 중요한 측면을 상당히 부정하는 것을 통해 어떻게 무너뜨리는가?

　일반적인 전제를 살펴보는 것으로 논의를 시작하고자 한다. (1) 여성은 남성보다 더 의존적이다. (2) 여성은 이러한 의존 욕구를 남성보다 더 친화적인 것으로 경험한다. 여성과 남성의 관계를 개관해본다면, 남성은 대개 여성보다 돌봄을 더 잘 받는다는 것을 분명히 알 것이다. 돌보는 사람들, 양육자인 아내들은 남편의 신체적·감정적 욕구에 흔쾌히 반응한다. 아내는 남편의 식사를 만들고, 청소와 빨래를 하고, 하루가 끝날 때 이야기를 잘 들어줌으로써 남편의 욕구를 돌봐준다. 이것들은 매우 전통적인 아내의 "직무명세서"에 있기 때문에 남성은 이것들을 **요구**할 필요가 없다. 더 정확하게 말하자면, 남성은 아내가 자신을 위해 그것들을 해주는 것을 당연한 것으로 여기도록 배워왔다. 남성은 경제적 안정과 때로는 가정을 유지하는 다른 많은 "물질적"인 측면에 대한 아내의 욕구를 충족시키거나 보살펴야만 한다. 남성이 여성보다 크고 힘이 세다는 사실은 남성을 바깥세상의 위험으로부터 보호해주는 사람으로 보는 인식에 기여했다.

이것은 전통적 관점이다. 우리 모두는 이 주제에 관해 많은 변화가 있다는 것을 알고 있다. 그리고 지난 10년간 이 패턴에 상당한 변화가 있다는 것을 봐왔다. 또한 여성이 반드시 보호받을 필요가 없으며, 오히려 때로는 가정에서 큰 위험에 처한다는 것을 알고 있다(Carmen, Russo, and Miller, 1981; Herman, 1984). 여전히 많은 결혼에서, 남성보다 더 많은 돌봄과 양육 역할 — 특히, 감정적 욕구를 둘러싼 만족에 관해서 — 을 담당하는 것은 여성이다. 결혼 생활의 상태와 여성과 남성의 우울 간 상관관계에 관한 몇몇 연구들이 있다. 이 연구들은 결혼 생활에서 남성은 여성보다 더 잘 보살핌을 받으며, 여성은 그 결과로 잠재적인 분노와 절망을 상당히 경험한다는 가정을 지지한다. 우울에 관한 연구들은 여성이 남성보다 더 자주 우울해진다는 것을 끊임없이 보여준다(Radloff, 1975; Weissman and Klerman, 1977). 그러나 독신자 및 배우자와 사별한 사람들 가운데서는 남성이 여성보다 더 우울해지기 쉽다(Briscoe and Smith, 1973). 여성은 결혼기간 동안 남자보다 더 우울해지기 쉽다. 남성은 결혼으로부터 분리되어 있는 동안 여성보다 더 우울해지기 쉽다(Radloff, 1975).

여성과 남성 모두 보살핌을 받고 싶다는 욕구를 부인하지만, 그 이유는 다르다. 남성은 결핍을 느낀다는 것이 남성답다는 느낌을 위협한다고 느낀다. 즉, 다른 사람을 원한다는 것이 자신의 자율성과 독립을 위협한다고 느끼는 것이다. 반면, 여성은 자신의 욕구는 이기심을 드러내는 것이라고 느낀다. 즉, 여성은 자기 자신의 욕구에 주의를 기울이기 전에 타인을 보살펴야만 한다고 느끼는 것이다. 자신보다 남을 우선해야 하고 타인의 감정 상태에 민감해야 한다고 훈련을 받는 삶은, 여성들이 내면의 욕구 상태를 확인하거나 만족을 추구할 권리가 있다고 느끼는 것에도 도움이 되지 않는다.

타인의 욕구에 반응하는 것은 여성에게 대리만족을 허용한다. 돌보는 사람과 자신을 동일시하는 것을 통해 여성들은 간접적으로 약간의 만족감과 성취감을 경험할 수 있다. 그러나 이 전략이 불러오는 중대하고도 불행한 결과가 있다. 대리만족은 깊은 박탈감을 불러오기 때문에 결코 직접만족을 대체할 수 없다. 게다가 대리만족은 여성이 자기의 욕구를 타인에게 투사하는 것을 포함하는데, 이것은 자신의 욕구와 타인의 욕구를 적절하게 구분하는 것을 방해한다. 다른 사람들에게 자신의 욕구에 반응해달라고 요구할 수 있는 권리가 있다는 느낌 없이 타인의 욕구에 민감해지는 것은 필연적으로 질투와 깊은 분노의 감정을 낳는다. 여성에게 분노를 느끼는 것과 분노를 표현하는 것이 어떻게 다른지 고려해보면(이 책의 10장 밀러의 글을 보라), 전형적 결과는 다른 사람에게 영향을 미치는 능력에 관한 무력감과 좌절감이다. 그러나 만일 자신에게 반응해달라고 다른 사람에게 요구할 권리가 다른 모든 사람보다 적고, 분노는 여성적이지 않으며 위험한 것이라고 여성이 느낄 때, 훨씬 더 중요한 문제는 자아존중감에 미치는 영향이다. 친밀감에 관한 논문에서, 밀러는 수년간 감정과 욕구를 탐색하고 표현하는 것 모두를 억압한 뒤에 자신이 뒤떨어지고 가치가 없다고 느낀 결과가 어떻게 아내/어머니의 우울로 나타났는가를 보여주는 한 가족에 관한 분석을 제시했다(Miller, 1981). 결혼이 만족스럽지 못하다는 자각이 커지는 것은 여성으로 하여금 "이기적이고 끔찍하다"고 느끼게 만들 뿐이다. 비록 그녀가 실은 자신의 욕구보다 타인의 욕구에 더 효과적으로 반응한다 할지라도, 이러한 감정은 여성을 더욱 무력한 위치에 있게 하고, 그리하여 의존적 위치에 더욱더 머무르게 한다.

여성이 관계를 맺는 양식으로서의 "의존"

앞서 언급한 것처럼, 어떤 여성들은 타인과 관련을 맺는 방식으로써 자신을 무력하고 의존적으로 보이려는 경향이 있다. 그러나 이는 또한 이러한 여성들이 자신에 대해 어떻게 느끼는가를 표현하는 것이기도 하다. 여성들이 낮은 자아 존중감을 갖게 하는 많은 원인이 있다. 다른 사람들을 우선하는 것은 자신은 가치가 덜 하다는 메시지를 전달한다. 게다가 대체로 여성들은 더 강하게 자기 주장을 하면서 집 밖에 있는 사람들과 협상을 하는 방법을 포함하여, 사람들을 다루는 데 필요한 많은 기술을 연마하거나 발달시킬 기회를 갖지 못해왔다. 우리 문화 속에서 이러한 "세속적인 기술"은 가정의 유지, 육아 그리고 공감적이고 섬세한 상호작용이 필요한 다른 영역과 연관이 있는 많은 기술보다 훨씬 더 가치 있게 여겨진다. 그러므로 많은 여성은 삶을 유지하는 것을 도와주는 남성이 없는 것에 대처하는 데 부적절하고 자신감이 부족하다고 느낀다. 때로 일부 여성이 드러내는 뿌리 깊은 자신감 부족과 그들의 효율성과 능력을 보여주는 객관적인 지표 사이에 있는 불일치를 주의 깊게 살펴보면 매우 놀랍다.

필자가 상담에서 만나고 있는 한 여성은 아이들이 자란 후 다시 학교에 들어갔다. 그녀는 공학을 공부하고 있으며, 높은 학점을 받고 있다. 그녀는 강간을 경험한 후 가라테karate를 시작했는데 갈색띠를 땄다. 그녀는 매우 매력적이며 유쾌하고 사교적인 사람이고, 폭넓은 친구 관계를 가지고 있다. 그녀는 별거 중인 남편과의 이혼을 고민하면서, 앞으로 잘해나갈 수 있을지에 관해 걱정하고 있다. 그녀가 말하길, 남편은 보험, 법률적인 문제, 차 때문에 생기는 문제에 대해 언급할 때, 항상 "내가 처리할게"라고 말했다. 그녀는 이런 문제들을 자신이 처리하지 못했던 것을 걱정한다. "모든 것을 처리"할 것이라 생각한 바로 그 남편은 또한 그녀를 신체적으로 학대했었다.

여성들은 무력하고 의존적이라는 자기 이미지를 유지하는 동안 자신이 무력하고 의존적이라는 것에 매우 수치스러워한다. 여성들은 남의 힘을 빌리지 않고 혼자 해나가지 못하는 자신의 존재에 대해 때때로 무언가 잘못되었다고 느낀다. 여성들은 남편에게 무거운 짐을 안기는 것에 대해 죄책감을 느낀다. 그러나 아내가 자신이 남편에게 "너무 의존적"이라고 느끼는 많은 결혼 관계의 역동을 본다면, 남편이 아내의 의존을 불평하는 동시에 이를 지지하며 매우 깊게 공모하고 있다는 것을 알게 될 것이다.

다이앤Diane의 경우가 이를 잘 보여준다. 다이앤은 한 상담 회기에서, 긴 거리를 혼자 차를 운전해야 하는 공포가 다시 닥쳤기 때문에 매우 심란하다고 말했다. 그것은 다이앤이 부족하다는 또 다른 표시였다. 몇 년 전에 남편은 그들의 여름용 집이 있는 다른 주에 그녀의 차를 등록했다. 이 계약으로 인해 차량 정밀검사를 받기 위해 주기적으로 그곳에 차를 가지고 가야 했다. 그 시기가 다시 돌아왔지만, 이번에는 남편은 갈 수가 없었고, 다이앤에게 혼자 해야 한다고 말했다. 그녀는 너무 하기 싫고 두려웠지만, 그것을 인정하는 것이 너무 수치스러웠다. 상담에서 차에 대해 다룬 후에, 다이앤은 자신이 원하는 것은 다른 주에 차를 등록하는 것이 아니라 자신이 차를 관리하고 책임지는 것이라는 것을 깨달았다. 다이앤은 집에 가서 남편에게 바로 그렇게 말했다. 남편은 "아주 좋아! 그건 정말 나한테 골칫거리였거든! 이제 당신이 당신 차를 관리하라고. 그런데 만일 당신 차에 문제가 생기면"이라고 말하고는 "그건 이제 모두 당신 문제야"라고 경고했다. 즉, 모 아니면 도였다. 그럼에도 다이앤은 동의했다. 그다음 날 아침 남편이 매우 일찍 일어나서 그녀와 상의 없이 그녀가 사는 주에 차를 등록하러 떠났다. 다이앤은 과거에는 이것을 남편이 자신을 돌보고 자신의 신경증 증상을 참으며 또 희생한 것으로 여겼던 반면, 이번엔 남편이 그녀를 계속 의존적인 위치에 두려고 했었다는 것을 깨달아야 했다.

이 마지막 예는 남성과 여성이 각각의 욕구를 확인하고 표현하는 데 어려움을 겪을 때, 남성과 여성 사이에서 발생하는 잘못된 의사소통을 가리킨다. 경청하고 공감하는 여성의 기술은 여성이 타인의 정서적 욕구에 쉽게 반응하게 한다. 남성은 가까운 대인 관계의 경험이 적기 때문에 여성의 정서적 상태 ― 그것을 말하든 말하지 않든 ― 에 민감하지 못한 경향이 있다. 그러므로 "여성은 무엇을 **원하는가**?" 혹은 "왜 여성은 좀 더 남성처럼 되지 못하는가?"라는 흔한 탄식이 흘러나온다. 전형적으로, 남성은 좀 더 적극적인 방식 ― 듣기보다는 **행동하는** ― 을 통해 도움이 되려고 한다. 물질과 특정하고 구체적인 행위를 필요로 하는 신체적인 돌봄을 제공하는 것이 남성에게는 더 쉬운 일이다. 정말로 남성은 이러한 신체적이고 물질적인 방법으로는 매우 잘 돌보는 사람이 될 수 있다. 남성은 또한 여성이 고통스러운 감정을 표현하는 것에 매우 위협을 느끼는데, 이것은 고통스러운 감정이 자신 안으로 접근하지 못하도록 막아야 하기 때문이다. 따라서 남성은 종종 조급함과 분노로 반응하는데, 이것은 다시 여성에게 그녀의 욕구는 합당한 것이 아니고 그녀는 가치가 없다고 전달된다. 여성은 원하는 것 ─ 즉, 자신의 말을 경청해주고, 이해해주며, 긍정해주는 것 ─ 을 얻을 수 없다는 것을 알았을 때 매우 좌절을 느끼지만, 자신에게 주어진 것과는 다른 어떤 것을 원하는 것이 합리적일 수 있다는 것을 모르기 때문에 죄책감을 느낀다. 확실히, 모든 방면에서 박탈당했다고 느낄 때 여성은 신체적이고 물질적인 돌봄의 표시를 향한 욕구에 좀 더 초점을 맞추는 경향이 있다.

때로 더욱더 많은 물질을 원한다고 강조하는 "요구가 지나친 여성"은 그녀의 정서적 욕구가 인식되지 못하고 보살핌을 받지 못하고 있는지 정말로 깨닫지 못했을 때 물질에 "만족"할 수 있다고 생각한다. 충족되지 못한 욕구로 인해 잠재된 분노는 그녀가 더 많은 친밀한 관계에서 병리적으로 "물질"에 의존하도록 하는 데 기여한다.

루빈L. B. Rubin(1976)은 남편에게서 가장 중요시하는 것에 대한 응답에서 노동계급의 여성은 "남편은 착실한 노동자다, 술을 마시지 않는다, 나를 때리지 않는다"고 말할 것이며, 반면 중산계층의 여성은 친밀함, 돌봄 그리고 의사소통에 초점을 맞출 것이라고 보고했다. 그러나 누구나 노동계급 여성이 우울한 원인의 주요 요인 중 하나가 남편 또는 애인과 맺는 친밀하고 믿을 만한 관계의 **부재**라는 것을 발견할 것이다(Brown and Harris, 1978).

"의존"에 의해 위협당하는 남성의 자아존중감

이제 욕구를 만족시키기 위해 남성이 사용하는 몇 가지 전략과 그 과정에서 맞닥뜨리는 좌절에 관해 살펴보자. 남성 역시 여성과 마찬가지로 자신의 욕구를 부정하지만, 남성은 여성보다 더 나은 보살핌을 받는다는 것을 우리는 알고 있다. 보살핌을 "주어지는 것"으로 인식하는 한, 남성은 자신의 결핍도 아내에 의존하고 있는 정도도 인식할 필요가 없다. 아이가 태어나는 것과 같은 이러한 기대를 무너뜨리는 사건이 발생하면, 남성은 이전에 경험했던 보살핌과 관심에 변화가 일어났다는 사실에 직면한다. 아내가 새로 태어난 아기에게 쏟는 관심에 대해 남편이 질투한다는 이야기를 듣는 일은 드물지 않다. 비록 남성이 전과 마찬가지로 자신의 질투를 거의 인정하지 않는다 할지라도 말이다. 더 전형적인 반응은 남편이 화를 내고 가족으로부터 멀어지거나 거리를 두는 것이다. 그리고/또는 대개는 원래의 욕구로부터 전치된 문제를 둘러싸고 더 공격적으로 요구를 하게 된다.

한 가지 흥미 있는 연구가 있다. 이 연구는 중상위 계층의 아버지들은 아들을 향한 애정을 의식적으로 표현함에도 불구하고, 종종 아들에게 잔소리가 심하고, 아들을 깎아내리고, "꼬마 얼간이"와 "새대가리"와 같은 이름으로 부르며 비웃는다는 것을 발견했다(Gleason, 1975). 이러한 아버지들은 어리기 때문에 어머니를 향한 욕구를 대놓고 보여줄 수 있는 아들을 부러워하고, 아들에게 분개하고 있을 수 있다. 이러한 아버지들은 돌봄을 받고 싶은 자신의 욕구가 남자답다는 느낌과 너무 동떨어져 있기 때문에, 자신들에게 이런 부분이 있다는 것을 싫어하고 그 욕구를 자신의 것이라 인정하지 않을 것이 틀림없으며, 그런 만큼 아들이 돌봄을 받고 싶다는 욕구를 표현할 때 아들에게 모욕을 준다는 것을 짐작해볼 수 있다.

여성은 자신이 너무 이기적이거나 가치가 없다는 두려움 때문에 자신의 욕구를 부정하는 반면, 남성은 사람들 - 즉, 다른 남성들 - 의 눈에 비친 이미지에 바탕을 둔 자아존중감을 유지하기 위해 자신의 욕구를 부정한다. 자신의 결핍과 약함을 보여주는 표시는 어떤 것이든 다른 사람들에게 숨기는 것이 남성에게는 매우 중요하다. 관계가 깨진 것에 반응하는 여성의 방식과 남성의 방식

차이는 상당히 크다. 좀 더 전형적인 여성의 반응은 슬퍼하고 자신을 고립시킴으로써 얼마나 외롭고 버려졌다고 느끼고 있는지를 표현하는 것이다. 그와 동시에 여성들은 또한 지지를 받기 위해 자주 다른 여성들에게 접근해 자신의 고통을 드러낸다. 반면, 남성도 친밀한 관계가 끝날 때 그러한 고통스러운 감정을 경험하지만, 훤히 알 수 있는 방식으로 경험하지는 않는다. 그 대신, 남성은 버림받았거나 관계가 깨진 것에 대해 굴욕감을 느끼지 않는다는 것을 세상 사람들에게 말하기 위해 재빨리 다른 여성과 간단하게 성관계를 맺는다. 한 남성 내담자는 최근에 이별한 후, "나는 더 이상 신경 쓰지 않는다는 것을 내 모든 친구들에게 보여주기 위해 여자들과 자고 다니지 않을 겁니다"라고 보고했다. 상담의 결과로 그는 슬픔을 인정할 수 있었고, 그 순간 다른 사람들과 관계를 맺을 수 있는 정서적 에너지가 자신에게 없었다는 것을 깨달을 수 있었다.

이것은 우리를 성적 갈등의 무대로 데려가는데, 이곳에서는 남성들이 욕구를 더 대놓고 드러낸다. 우리 문화는 남성이 성적 욕구를 더 노골적으로 드러내는 것을 허용한다. 이것은 남성이 성적 욕구를 정서적 욕구와는 분리된 "권리"처럼 여기기 때문이다. 남성이 성적 욕구를 단순히 육체적 해소를 위한 요구로 경험할 수 있는 한, 남성은 여성이 자신을 위해 그곳에 있기를 기대할 권리가 있다고 여길 수 있으며, 이것이 그들 안에 있는 어떤 나약함을 드러내는 것이라고 느끼지 않는다. 남성 내담자가 자신의 성적 욕구에 관해 말하는 것을 듣고 있으면, 그들이 얼마나 자주 친밀감을 주로 성적 경험을 통해 찾고 있는지를 알고 놀랄 것이다. 많은 남성이 보살핌을 받고 싶은 욕구를 표현할 수 있고 깊은 감정을 경험할 수 있는 몇 안 되는 환경 중 하나가 침실 안이다. 그곳에서 남성은 친밀감과 연결감에 대한 욕구를 만족시킬 권리를 자신에게 허용하면서, 자신의 남성다움과 남근숭배가 최고조로 이른 상태에 있을 수 있다. 어떤 남성들에게는 퇴행으로 잡아당기는 힘은 너무나 유혹적이면서 위험하기 때문에 연약하고 사랑을 느끼는 감정을 완전히 분리시켜야만 한다는 것을 우리는 알고 있다. 상담에서 남성은 여성에 의해 감싸지면서 동시에 자신이 성적이며 강하다는 것을 느끼는 황홀한 경험을 되찾고 싶은 열망을 이야기한다.

남성이 자신에 대한 욕구를 암시하는 것에 ― 그것이 노골적이든 은연중에 내포된 것이든 ― 여성이 어떻게 반응하는지를 탐색해보면 더 복잡한 양상이 나타난다. 자신의 욕구가 충족되지 못했다고 느끼는 만큼, 여성은 어쨌든 부지불식간에 분개하게 되고, 남성이 결핍을 표현하는 것에 적개심을 가질 것이다. 그것이 왜 여성들이 때때로 성적인 시합장에서 남성의 욕구에 반응하기를 거부하는지에 대한 이유의 일부분이라고 생각한다. 여성은 양육을 받고 싶어 하는 남성의 열망이라는 숨은 뜻을 어느 정도 수준에서 인식하게 되고, 거기에 화가 나기 때문이다. 그러나 자신의 결핍을 수치스럽게 느끼는 만큼, 여성은 남성 안에 있는 의존의 표시를 허용하는 데 어려움을 겪게 될 것이다. 자신들에게는 부족하다고 느끼는 힘을 남성이 주기를 바라는 것은 남성을 이상화시키고 남성에게 커다란 권력을 주며 남성이 이상에 맞지 않을 때 실망을 느끼는 여성의 경향 중 일부이다. 흥미롭게도 남성들이 매우 강하고 권력이 있다고 생각하고 싶은 욕구가 비합리적이라는 것을 깨달은 여성들은 남성이 약하다는 것을 드러내는 표시를 더 개방적으로 수용하기 쉽다. 그러나 이러한 여성들은 뻔히 보이는 허세를 부리며 자신의 약함을 감추려는 남성을 경멸하는데, 예를 들면 성적인 시합장에서 그렇다.

여성과 남성 모두 자신이 돌보는 사람들이 자신을 필요로 하기를 바란다. 여성은 주위 사람들이 필요로 하는 사람이 되기를 바라는 욕구를 정체성의 일부로 느낀다. 여성의 자아존중감은 자신을 "마음이 넓은" 아내이고 어머니라고 느낄 때 강화된다. 남성 또한 자신이 매우 좋은 남편이자 아버지라고 느끼고 싶어 하며, 만족시키기 위해 자신이 하고 있는 노력이 인정받지 못할 때 좌절을 느낀다.

최종 분석을 해보자면 물론, 이성애 관계에 있는 여성들과 남성들 모두 서로를 필요로 한다. 남성과 여성 각각은 보살핌을 받고 싶은 욕구와 갈망을 차단하고 부정하는 것 때문에 고통을 받는다. 여성과 남성 각각은 보살핌을 받고 싶은 욕구를 충족시키지 못할 때 분노와 실망을 경험한다. 여성은 이기적이고 싶지 않기 때문에 자신의 욕구를 찾고 그에 따라 행동하기를 희생한다. 남성은 다른 남성들의 존중을 받는 것에 너무나 의존하고 경멸과 거절로부터 자기 자신을 방어해야 하기 때문에 자신의 욕구를 찾고 그에 따라 행동하는 것을 희생한다. 결과적으로 각자는 속고 있는 것이다.

의존에 대한 새로운 관점

결론적으로, 의존에 대해 우리가 들어왔던 정의 − "의존하는 것"은 대인 관계의 역동과 연관되어 있다는 것을 염두에 두고 있는 정의 − 와는 다른 정의를 내리려 한다. 필자는 의존을 **사람이 충분한 기술, 자신감, 힘, 그리고/또는 시간을 갖지 못했을 때, 세상에서 마주하게 되는 경험과 과업을 신체적이고 정서적으로 다루는 데 도움을 줄 수 있는 다른 사람들에게 의지하는 과정**이라고 정의하고 싶다. 이제까지 필자는 의존을 고정된 것이 아니라 기회, 환경, 그리고 내면의 투쟁과 함께 변화하는 것에 중점을 둔 과정으로 정의해왔다. "신체적" 도움이라는 의미는 더 명백한 반면, − 예를 들면 실제적인 신체적 지원, 경제적 지원, 급식, 아픈 사람 혹은 무력한 사람을 돌보는 것 등등 − "정서적" 도움의 의미는 더 상세한 설명이 필요하다. 우리 각자가 타인들로부터 정서적으로 필요로 하는 것은 우리의 느낌과 인식을 확인받고 인정받는다는 느낌일 것이다. 의존에 대한 이러한 생각은 사람이 **도움을 받기 위해 다른 사람에게 의존하는 바로 그 과정을 통해 향상되고 권력강화된 존재**로 자아를 경험하는 것을 가능하게 한다. 이러한 관계 안에서 의존은 정상적이고 성장을 위한 촉진으로 간주될 수 있다.

그러나 도움을 구하기 위해 다른 사람들에게 의지하는 것은 사람을 좀 더 고정적인 위치에 머물게 한다. 더 악화되는 경우, 자기 자신에 대해 끔찍하게 느끼게 된다. 다른 사람들로부터 무언가를 얻는 것에 필사적이 되는 위치로 후

퇴하게 되면, 의존의 병리적인 표현이 나타난다. 전형적으로, 이러한 의존의 병리적인 표현은 수많은 조건이 작용한 것이다. 예를 들면, 타인을 종속적인 위치에 두고 싶어 하는 대인 관계의 역동, 또는 견디기 어려운 박탈과 학대를 겪었던 초기의 이력을 반영하거나 다시 재현하는 관계가 그렇다.

그러나 우리는 성장과 발달을 위한 맥락을 제공하는 "건강한" 의존을 볼 수 있다. 사람은 자신이 타인에게 의존할 수 있고 다른 사람이 자신에게 귀 기울이고 있으며, 이해와 확인을 받고 있다고 느끼면 느낄수록 자신이 더 가치 있다고 느끼게 되고 자신답다는 느낌이 더욱 단단해진다. 여성들은 오랫동안 남성들, 자신의 아이들, 그리고 친구들의 이야기를 경청하고 인정하는 역할을 해 왔다. 그러나 자신은 이러한 것을 그들에게 바랄 권리가 있다고 느끼지 못하는 한, 자신의 욕구를 주고받을 수 없다고 느끼는 한은, 여성들은 사랑하는 사람들을 지지하려는 노력을 무의식적으로 무너뜨리고 자신에게 부과되는 요구에 분개하게 될 것이다. 더 공감할 수 있고 자신의 약함을 인식하고 그것에 대해 수치심을 느끼지 않게 될 수 있기 위해 남성들은 관계 안에서 감정적인 체험을 할 수 있는 더 많은 기회가 필요하다.

여성들과 함께하는 상담 작업에서 초점은, 여성들이 자신에게 중요한 것에 주의를 기울이고 확인하는 것뿐만 아니라, 더욱더 중요하게는 자신의 욕구와 내면의 느낌에 가치를 부여하도록 ― 조던이 이 책의 4장에서 "자기공감"이라고 언급한 것 ― 돕는 것이다.

여성들이 자신이 원하는 것에 관해 더 많이 표현하고, 의사소통에 관해 타인으로부터 더 자유롭다고 느끼면 느낄수록 여성들은 덜 우울해지게 된다. 그리고 남성들이 여성들에게 의존을 표현하는 것에 대해 양가감정을 품은 방식으로 반응하는 것이 줄어들게 된다.

남성들과 함께 작업했던 임상 경험을 살펴보면, 공포·슬픔·사랑의 느낌을 드러내고 표현한 능력이 성장했음에도 불구하고 여전히 남성답다고 하는 것이 아니라 바로 이러한 능력이 성장했기 때문에 내가 그들을 남자답다고 인식하고 칭찬한다는 것을 깨달을 때, 남성들은 상당한 안도감을 보인다. 남성들에게 매우 도움이 되는 또 다른 개입은 커플 집단이다. 커플 집단에서 남성은 관계적 맥락 안에서 자기 자신에 관해 배울 수 있다. 남성은 내면의 감정과 타인과 관계를 맺는 능력에 관해 여성으로부터 배우는 동시에 집단 안에 있는 다른 남성들로부터 인정을 받는다고 느낄 수 있다. 더 큰 집단의 맥락 안에서 남성은 남편과 아내 둘만의 대화 속에서 종종 경험하곤 하는 위험 – 권력과 통제에 관한 이슈가 때때로 상대가 말하는 것을 듣거나 상대가 표현한 감정에 반응하는 것을 방해할 수 있다는 것 – 을 다룰 필요가 없기 때문이다. 여성과 남성이 서로서로 의존하는 것을 받아들이고, 가치를 인정하는 것을 배우고, 그것을 긍정적인 자아 이미지와 일치시킬 수만 있다면 그들은 더 높은 수준의 적응과 성숙에 이를 수 있을 것이다.[1]

---

1 이 논문은 1983년 5월 스톤센터 콜로키움에서 발표한 것이다.

관계와 권력강화

재닛 서리

여성들의 관계적 자아에 관해 이야기할 때 사람들은 종종 "행동, 일, 창조성은 어떤가요? 여성은 혼자 힘으로 행동하고, 일하고, 일어서고 성장할 수 있어야 합니다"라고 묻는다. 심지어 임상가들 사이에서도, 전형적인 행동 모델은 자신의 이익, 자주적인 성취, 자기표현, 그리고 자기유지에 관해 주도성을 가진 독자적 행위자의 이미지를 불러일으키는 경향이 있다. 관계는 당신이 밤 혹은 주말에 일을 하지 않거나 삶을 살고 있지 않을 때 당신이 **가지고 있는** 어떤 것처럼 보인다. "하는 것", "활동하는 것" 또는 "일하는 것"에 대한 개념은 "관계를 맺는 것"과는 분리된 것처럼 보인다. 관계는 행동과 성장을 위한 기회가 아니라 기껏해야 지지, 애착, 교제에 대한 욕구를 만족시키는 것이라고 여겨진다. 더 나아가 우리는 너무 쉽게 "관계"를 우리의 "주요한 관계"(이 용어는 좀 더 탐색해볼 필요가 있다), 때로는 성적 관계와 동일시하는 함정에 빠진다. 그러나 우리의 일상 활동 대부분이 더 큰 관계의 맥락 ─ 공식적이고 비공식적인 것 둘 다를 포함한 ─ 안에서 일어난다.

일상 활동이 관계 방식 안에서 일어난다는 개념은 우리의 일반적인 관점이나 패러다임에 대한 도전인 것 같다. 베이캔D. Bakan(1996)은 "주도성"과 "친교성"이라는 두 가지 기본적인 인간의 방식을 설명했는데, 이것은 여전히 광범위하게 받아들여지는 용어다. 1장에서, 진 베이커 밀러는 "친교에서의 주도성"에 관해 썼다. 우리의 콜로키움에서 밀러는 건강한 상호작용의 일부로서 행위를 위한 권력강화를 설명했다(Miller, 1986). 여기서는 관계와 권력강화에 대해 계속 파고들 것이다. 그리고 타인들과 연관된 여성들의 초기 자아 경험("자아와 타인" 또는 "타인과 연결된 자아")이 어떻게 관계적 행위, 권력, 그리고 변화에 관한 새로운 비전을 형성하기 위한 기초를 만들 수 있는지 탐색하려 한다. 새로운 비전이란 "함께 존재하는 것", "함께 변화하는 것", 그리고 "함께 행동하는 것" 안에 내재되어 있는 권력을 인식하는 것이다.

이 논문에서는 진화하고 있는 우리의 관계-속-자아 모델의 **동기적·행동적** 요소들과 여성 발달의 이 측면과 연관된 심리적 권력강화라는 개념에 초점을 맞출 것이다. 세 가지 질문에 관해 탐색할 것이다.

1. 권력강화란 무엇이며, 관계 안에서 **권력을 강화한다는 것**은 무엇인가?
2. 무엇이 권력을 강화하는 관계 또는 관계적 맥락을 구성하는가? 이 질문을 통해 두 사람이 맺는 관계 이상의 것에 관해 다룰 수 있을 것이다.
3. 우리가 여성의 권력강화를 촉진하는 관계적 맥락을 만들고 지지하는 것을 어떻게 도울 수 있는가? 이 질문을 탐색하는 과정에서, 핵무장 반대를 위해 일하는 여성들의 권력강화를 돕기 위해 고안한 한 워크숍의 예를 들 것이다.

관계 안에서의 권력강화

여성과 권력강화

왜 권력강화라는 개념이 그렇게 인기를 얻게 되었을까? 왜 우리는 여성 발달의 주요한 측면을 설명하기 위해 지난 몇 년 동안 권력강화라는 개념을 점점 더 많이 사용해왔는가? 첫 번째로, 권력강화라는 개념을 쓰는 것이 전통적인 권력 모델을 다시 정의할 수 있도록 촉진해왔기 때문이다. 첫 번째 콜로키움에서, 진 베이커 밀러는(이 책의 11장을 보라) "~을 이기는 권력"을 내포하는 우위, 통제, 또는 지배라는 권력의 개념을 대체하기 위해 "변화하는 또는 변화를 만드는 능력"이라는 뜻으로 **권력**이라는 용어를 쓸 것을 제안했다. 밀러는 여성은 경쟁 또는 다른 사람을 이기는 것을 포함하는 권력 모델을 쉽게 받아들이기 힘들어한다고 말했다. "권력강화"는 그러한 의미를 내포하지 않는다.

개인적인 힘과 자기결정권 같은 개인의 권력에 대한 대체 개념은 심리학 문헌(예를 들면, Rogers, 1975; Maslow, 1954)을 통해 제시되어왔다. 그러나 이 개념은 여전히 매우 개별화된 상태의 자아를 실현하는 사람이라는 이미지를 불러일으킨다. 우리는 타인과 함께 나누는 권력, 즉 유대 관계 안에서의 권력 또는 관계적 권력을 제시하는 다른 개념이 필요했다. 그래서 우리는 관계의 권력강화(관계가 강화됨)를 통한 상호적 권력강화(각각의 사람들이 권력강화됨)에 관해 이야기해왔다.

최근에 집단 권력강화라는 개념이 지역사회심리학 문헌(Rappaport, 1984)과 억압받는 집단들이 정치적·사회적 권력을 얻기 위한 교육방법론에 관한 저작(Freire, 1960)에 나타나기 시작했다. 이러한 저술들은 다양한 권력강화의 목적과 방법을 광범위하게 설명하고 있다. 래파포트J. **Rappaport**(1984)는 권력강화라는 용어의 정의와 사용에 관한 철저한 개관에 기여해왔다. 래파포트는 권력강화가 아직까지는 다양한 집단, 환경, 시대, 그리고 목적 사이에서 가지각색으로 사용되는, 완전하게 정의할 수는 없는 개념이지만 생각을 불러일으키는 개념이라고 말하고 있다. 필자는 현재로서는 각자가 에너지, 자원, 힘 그리고 권력을 동원해서 상호적이고 관계적인 과정을 통해 목적의식을 가지고 수행할 수 있는 동기와 자유, 능력이라고 심리적 권력강화를 정의한다. 개인적 권력강화는 상호적으로 공감하고 권력을 강화시키는 관계를 통해 권력을 더 큰 시점으로 볼 때만 보인다. 그러므로 이것을 통해 나타나는 개인적 권력강화와 관계적 맥락은 항상 동시에 고려해야만 한다.

집단의 권력강화에 관한 문헌은 어떤 힘이 집결되고 적합한 수단이 무엇이냐에 따라 특정 집단에 이 과정이 다르게 나타날 수 있다는 것을 제시하고 있다. 콜로키움에서 우리는 여성이 가지고 있는 힘의 특정한 원천 — 타인을 권력강화시키는 권력, 즉 여성이 상대방과 자신의 권력을 동시에 강화시키는 방법으로 상호작용에 참여하는 것(밀러가 집필한 이 책의 11장, Miller, 1986; 서리가 집필한 이 책의 3장) — 을 연구해왔다. 이 기본적인 모델(종종 "양육하기"라고 언급되는)은 건강한 부모-자녀 발달에 내재되어 있는 동시에, 성장을 만들어내는 모든 관계에 적용될 수 있다. 그러나 "양육하기"는 사육이나 원예처럼 들린다. 그리고 좀 더 일방적인 성장 과정을 묘사한다. 상호적인 "권력강화"는 성장 촉진적이고 삶을 강화시키는 쌍방향 과정(서리가 집필한 이 책의 1장) 안에 내재된 진정한 영향력을 더욱 잘 내포하고 있다. 진 베이커 밀러(Miller, 1976; 이 책의 1장)는 아마도 이 과정이 여성들의 영역 안에 있어왔기 때문에 과소평가되어왔으며 시시한 것으로 여겨져 왔고, 오해를 받아왔다고 했다. 예를 들어, 어머니와 아동 사이의 "양육" 또는 정서적 상호작용이라는 관계적 과정에 대해 흔히 이루어지는 잘못된 해석은 어머니가 아동의 욕구에 초점을 맞추기 위해 자신을 중요하지 않게 여긴다든지, 어머니가 아동과 "동일시"하고 아동을 "반영해준다"는 것이다. 이러한 오해는 매우 복잡하고 창조적이며 상호적인 권력강화의 과정을 간과하고 있다. 필자는 초창기의 논문(이 책의 3장을 보라)에서 관계적 활동을 설명하는 한 가지 방법으로 "관계를 돌본다"는 말을 사용했다. 이 과정을 "관계를 권력강화하는 것", 즉 권력을 강화하는 관계를 만들고, 유지하고, 깊어지도록 하기 위해 행동하는 것이라고 더욱 정확하게 설명할 수 있다(이러한 상호작용 과정을 설명하는 언어를 찾는 데 엄청나게 애를 먹었다는 점을 덧붙이고 싶다. 이는 진 베이커 밀러가 말한 것처럼 우리의 현재 언어가 이 일에 적합하지 않기 때문이다).

권력과 행동에 관한 대안적 모델

권력강화라는 개념은 행동에 관한 생각들과 밀접하게 관련이 있다. 예를 들면, 전통적인 생각은 대개 "권력이 있는-무력한", "적극적인-수동적인"이라는 두 가지 이분법과 관련이 있다. "지배하는 권력", 또는 "자신만을 위한 권력" 모델 안에는 실제적이고 위협적인 권력, 힘, 전문적 기술을 사용해서 적극적이고 주도적으로 통제력을 행사한다는 가정이 있다. 여성들은 "지배하는 권력" 또는 "자신만을 위한 권력" 모델 안에서 행동하는 것을 고려할 때 종종 무력감을 느낀다. 여성들은 자신의 행동이 타인을 고려하지 않거나 단절을 낳을 것이라고 예상한다. 이 모델 안에서 권력과 행위를 보면, 여성들은 타인으로 하여금 권력이 있다고 느끼게 하기 위해 타인의 욕구에 초점을 맞추어 선택을 할 것이다. 따라서 이 이분법적인 모델을 통해 보면, 여성들의 행동은 종종 "수동적"이거나 "소극적"이거나, "우울하게" 보인다. 우리가 제안하는 상호작용의 대안적인 모델은 "**~와 연관되어 있는** 권력", "**함께하는** 권력" 또는 "상호작용을 통해 나타나는 권력"이라고 표현할 수 있을 것이다. 이 모델은 관계에 참여하는 모든 사람이 관계를 만들고 모든 사람의 개인적 권력을 강화하는 방식의 상호작용을 제시하고 있으며, 이를 통해 능동적/수동적 이분법을 뛰어넘도록 한다.

"~와 연관되어 있는 권력" 또는 "상호적인 권력" 모델은 상호적으로 권력을 강화하는 관계의 발달을 통해 성장하는, 상승 작용을 하는 비위계적인 성장 모델에서 나왔다. 우리는 초기 모녀 관계의 역동이 이 모델의 기초라고 설명해왔다(서리가 집필한 이 책의 3장). 대조적으로 좀 더 전통적인 수직적 또는 위계적인 "지배하는 권력" 모델은 권력을 갖기 쉽지 않은 자원으로 간주한다. 권력을 위한 투쟁은 사람들을 제로섬 권력 경쟁 안에서 서로 대항해 싸우게 한다. 프로이트가 말하는 부자 관계에서 "건강하게" 오이디푸스 콤플렉스를 해결하는 구조는 권위주의적 지배 권력 구조 안에서 전통적인 권력 발달 모델을 제시한다. 아주 간단하게 말해서, 소년(작은 사람)은 자원(어머니)를 원한다. 그러나 아버지(더 힘이 세고, 더 큰 사람)가 자원을 가지고 있다. 소년은 자신을 거세할 수 있는 아버지의 권력에 위협을 당하기 때문에 자신의 소망을 포기하고 아버지와 "동일시"하는 것을 선택한다. 그리고 강하고 성숙한 초자아를 발달시키는 것을 통해 통제를 내면화하기 시작한다. 소년은 자신이 실제로 성장해서 권력과 자원을 얻을 것이므로, 아니면 최소한 그것들을 부여받을 자격이 있다고 느끼기 때문에 위계적인 권력 체계에 기꺼이 들어가려 한다. 이렇게 권력과 권위를 제로섬으로, 즉 한 사람이 얻으면 그 상대방은 잃는 것처럼 수직적으로 정의하는 것은 작은 자아/커다란 타인의 조합에서 커다란 자아/작은 타인의 조합으로 될 수 있는 가능성을 제시하는 위계적 발달 모델에서 근본적인 것이다. 그 안에서 권력은 크기, 힘, 그리고 지배력에 의해 정해진다. 대안적 모델은 권력 또는 행동할 수 있는 능력이 얻기 힘든 자원이 되어서도 안 되고, 제로섬이라는 가정에 기반을 두어서도 안 된다고 생각한다 ─ 인간 사이의 상호작용에서 그렇게 되어서는 안 된다.

여성들을 무력하게 만드는 것에 관한 문제는 심리학적 저작물과 사회적 저작물 모두에서 상당히 주목을 받아왔다. 그것은 부분적으로는 여성들이 겪는 심리적 문제를 설명하는데 이 결함 모델이 널리 퍼져 있기 때문이다. "권력을 갖는 것에 대한 공포", "피해자와 동일시하기", "성공 공포", "신데렐라 증후군"과 같은 개념들은 여성들이 권력과 행동에 관한 전통적인 모델로부터 벗어나 있다고 설명한다. 이러한 개념들을 토대로 우리는 자신과 여성 내담자에 관한 질문들을 만들어왔다. 그녀는 **너무 수동적인**가? 그녀는 자신의 이익을 위해 **보다 적극적으로** 행동하는 것을 배울 수 있을 것인가? 어쩌면 우리가 물어봐야 할 필요가 있는 질문들은 이런 것일지 모른다. 그녀는 확실히 '상호적'인가? 상호적 권력을 격려하고 촉진시키는 관계의 맥락을 만들어왔는가?

무력하게 만드는 것은 건강한 관계의 맥락을 만들고 유지하는 것을 힘들게 한다. 캐플런은 우울을 야기할 수 있는 여러 가지 요인들은 관계적 맥락의 손실이나 왜곡으로부터 오는 행동의 억압을 포함하고 있다고 제시했다(Kaplan, 1984). 슈타이너-어대어Steiner-Adair(1986)와 서리(이 책의 14장)는 섭식 장애를 여성들이 자신의 관계적 욕구로부터 소외당할 때 경험하는 권력 박탈을 반영하는 것으로 간주해왔다. 조단(이 책의 5장)은 특히 이성애 커플의 여성들이 비상호적인 관계로부터 겪는 심리적 어려움들을 설명해왔다. 스타이버Irene P. Stiver의 논문(이 책의 8장과 15장을 보라)에서는 여성들의 관계적 동기가 "의존" 욕구로 간주되고 타당화되지 않으며 이를 채울 수 없게 된 결과로 발생한 지독한 개인적·임상적 오해들을 다루고 있다.

상호작용을 통한 권력강화

때로 관계의 능동적이고 성장 촉진적인 면을 설명하는 것보다 문제적이고 병리적인 측면을 설명하는 것이 더 쉽다. 그러나 몇몇 이론가들은 권력강화를 관계의 틀 안에서 훨씬 더 긍정적으로 설명해왔다. 영국의 대상관계 이론가들(예를 들어, Fairbairn, 1950; Winnicott, 1965; Guntrip, 1973)은 심리적 발달에서 관계적 맥락이 지닌 기본적 중요성에 관해 아름답게 서술해왔다. 미국에서는 코헛과 로저스C. Rogers가 발달과 치료 구조 양쪽 모두에서 기본적인 공감이 인간 발달에서 얼마나 중요한지를 강조해왔다(Kohut, 1971; Rogers, 1975). 그러나 이런 이론들은 양방향적 관계의 과정에 주의를 기울이지 않는다. 우리의 작업은 심리적 성장과 권력강화를 촉진하는 상호적·공감적인 관계의 특징적 측면에 초점을 맞추고 있다. 이 설명에서는 관계의 발달을 이해하고 촉진시키고자 하는 동기가 여성들에게 공감 욕구나 "자기-대상"(Kohut, 1971)만큼이나 중요한 것이라고 인식한다. 그것은 더 나아가 공감이 신비로운 것이 아니라고 인식한다. 공감하려는 사람에게 공감 능력은 상호적으로 공감하고 권력을 강화하는 관계의 맥락 안에서 발달해야만 한다.

초기의 논문에서(서리가 집필한 이 책의 3장), 필자는 관계-속-자아라는 여성 발달의 기본 "과정"을 제시했다. 그리고 초기 모녀 관계의 맥락에서 이 발달을 설명했다. 소녀들은 어머니와 중요한 사람들과의 건강한 상호작용을 통해 관계 속에서 성장하는 것을 배운다. 상호적 관계의 기본 과정은 상호적 **연관**(관심과 흥미), 상호적 **공감**, 그리고 상호적 **권력강화**이다. 어머니들과 딸들 모두 상대방을 "보고" 상대에게 "반응하는" 능력을 통해, 그리고 자신과 상대방을 더 잘 인식하게 하고 행동할 수 있도록 더욱 활력을 불어넣는 상호작용 능력을 통해 관계를 맺는 존재로서 권력강화된다. 이러한 "관계 속에서 행동하는" 능력은 반응/능력으로 설명되어왔다. 더 나아가, 이 능력은 진행 중인 부분, 즉 순간의 경험을 넘어 끊임없이 인식하는 것을 통해 타인의 심리적인 현실을 "포착하는" 능력과 모든 사람의 행동 안에 "타인을 중요하게 여기는" 능력을 낳는다. 우리가 인지적이고 정서적인 상호주관성(서리가 집필한 이 책의 3장; 조던이 집필한 이 책의 5장)이라 불러왔던 것이 이러한 인식이다. 반응/능력은 순간적인 상호작용 과정에만 제한되는 것이 아니라 "관계 안에서 행동하는" 능력, 즉 타인의 욕구·느낌·인식에 비추어 자신의 행동을 고려하는 능력을 포함한다.

밀러(Miller, 1986)는 늘어나는 활력, 권력강화, 지식, 자기가치감, 더욱 유대를 맺고자 하는 열망을 낳는, 권력을 강화하는 상호적 과정의 본질적 특징을 한층 세부적으로 설명해왔다. 개방적으로 관여하는 능력, 즉 상호적이고 정서적으로 관계를 맺는 과정은 유동적인 "자아 경계"를 유지하는 것(조던이 집필한 이 책의 4장), 타인의 생각과 인식, 감정의 상태에 민감해지고 "감동을 받는" 능력에 달려 있다. 권력을 강화하는 이러한 상호작용 안에서는 양쪽 모두 상대방에게 **영향을 미칠 수 있다**는 것을 느낀다. 그리고 상호작용의 변화 또는 "몰입"에 영향을 미칠 수 있다고 느끼게 된다. 각자는 "상대가 들어준다"는 것과 "반응이 오는" 것을 느끼며, 상대방을 "듣고", "타당화하고", 상대에게 "반응할" 수 있다. 늘어난 인식과 이해를 낳는 맥락을 만들고 유지하며 각자가 권력이 강화된다는 것을 느낀다. 더 나아가 이 과정을 통해 각각의 참여자는 더욱 분명하게 "인식"할 수 있도록 확장된다는 것과 행동으로 옮길 수 있도록 격려를 받는다는 것을 느낀다. 타인에게 "감동받고" 반응하며, 타인을 "감동시킬" 수 있는 능력은 관계적 권력강화의 핵심을 대변한다.

이 과정은 관계적 맥락을 창조한다. 정서적 유대와 방해를 받지 않는 일련의 상호작용을 유지하여 관계적 맥락 안에서 자신과 타인에 대한 인식과 지식이 확장된다. 이것은 매우 창조적인 과정이다. 왜냐하면 각자가 상호작용을 통해 변화하기 때문이다. 관계의 변화는 개인을 넘어서지만 개인이 쓸 수 있는 에너지, 힘, 또는 권력을 창조한다. 양쪽 참여자는 서로 부딪히는 과정을 통해 변화하고, 성장하는 위험을 무릅쓰기 때문에 새로운 에너지와 인식을 얻는다. 어느 누구도 통제받지 않는다. 그 대신 각자는 확장되고 권력이 강화되고 활력을 얻고 더 현실적이 되는 것을 느낀다. 권력강화는 서로를 향해 나아갈 수 있는 능력과 이러한 상호작용을 위한 진화하는 맥락을 제공하는 관계 속의 신뢰를 기반으로 한다. 이러한 행동과 관계의 변화는 다른 영역 안에서의 행동으로 변형된다. 왜냐하면 이것은 사람을 더 많이 반응할 수 있게 하고 능력을 갖고 행동할 수 있도록 권력을 강화시키기 때문이다.

우리는 관계 형성을 발달 초기부터 지속적으로 강조하는 것이 상호적 공감 능력을 성장시키는 데 필수적이라고 가정해왔다. 그러나 소년들에게는 감정적·신체적 분리와 감정적 맥락으로부터 단절할 수 있는 능력이 독립적이고 자기를 신뢰하는 용감한 군인, 탐험가, 사색가, 성취한 사람, 또는 특별한 일을 하는 사람으로 발달하는 데 기본적인 것으로 여겨진다. 소년들은 이러한 초기의 단절을 달성하라고 양쪽 부모로부터 격려된다. 아버지가 권력을 갖게 되는 방식과 자신을 "동일시"(유대가 아니라)하려는 의지는 남성 정체성이 형성되었다는 것을 증명하는 특징으로 여겨져 왔다. 소년들은 소위 어머니("약한"

성의 대표)와의 감정적·신체적 유대 안에서 느끼는 기쁨과 안전, 성장뿐만 아니라 취약한 감정을 개방적으로 표현하는 것도 포기하라고 배운다(Miller, 1976; Bernardez, 1982; 조던, 서리, 캐플런이 집필한 이 책의 2장; 스타이버가 집필한 이 책의 8장). 따라서 남성들은 관계적 능력을 발달시킬 기회를 많이 갖지 못하는 만큼이나 서로 공감하고 권력을 강화하는 상호작용에 관여할 수 있는 능력에 대한 신뢰를 발달시키는 것을 배우지 못한다. 남성들은 마치 유대를 정체성, 통제, 권력, 자신의 인식과 흥미에 따라 행동하는 능력을 잃어버리는 것과 관련이 있는 것처럼 여기게 될 수 있다.

반면 소녀들은 관계 안에서 행동하고 일하도록 격려된다. 소녀들은 관계와 행동을 상호 배타적인 것으로 여기지 않는 경향이 있다. 소년들은 감정적으로 거리를 두고 분리되어 있을 때 자신들을 좀 더 분명하게 정의할 수 있다고 느껴야만 한다고 믿는다. 그리고 각자 혼자서 자신의 행동을 결정한다고 믿는다. 따라서 성인 남성들은 성공이 자신의 노력 때문이라고 더 쉽게 여기는 반면, 여성들은 전체적인 맥락이 끼치는 영향을 더 자주 인식하는 경향이 있다(Miller, 1986).

나는 여성들에게 초기의 유대감은, 진 베이커 밀러(Miller, 1986)가 "관계 안에서의 변화"라고 부른, "다른 사람과 함께 변화하는 것"으로 이어진다고 생각한다. 불행하게도 이것은 가족 또는 학문적 기관이나 사회적 기관 안에서 소녀들 및 소년들 어느 쪽을 위해서도 전적으로 격려되거나 발달시키는 행동 또는 성취의 모델이 아니다.

관계 능력은 "정서적으로 함께 머무는" ─ 양쪽 혹은 모든 사람이 자신을 충분히 표현할 수 있는 "공간"을 창조하고 갈등, 긴장, 창조적인 해결을 가능하게 하는 관계적 맥락을 확장하고 심화시키는 것 ─ 능력과 관심이라고 정의할 수 있다. 사람들의 변화와 성장을 인식함에 따라, 지속적인 관계는 변화에 조율하는 과정 ─ 관계 안에서 "현재에" 머무는 것 ─ 을 내포한다. 서구 사회는 이러한 가능성을 좌절시키고 있다. 서구 사회는 분리와 개별화를 강조하고 독려하며, 관계를 지속하는 것의 중요성을 강조하지 않는다. 서구 사회는 차이, 갈등, 권력을 가지고 있다는 느낌을 관계 안에서 겪으면서 능숙하게 참여하는 것에 대한 충분한 지지와 교육적 경험을 제공하지 않는다. 그 결과, 이러한 관계의 발달 경로는 불분명하다. 즉, 그것의 잠재적 유산은 인식되거나 발달되지 않는다. 이처럼 관계의 발달 경로가 불분명한 것은 특히 여성들에게 영향을 미치는데, 특히 상호적인 힘을 활성화시키고, 경험하며, 입증하고 유지할 수 있는 성인의 관계 형태를 만들려는 노력에 영향을 미친다. 우리는 일생을 통한 관계의 변화와 변형을 적절하게 설명할 수 있는 새로운 언어가 필요하다.

스톤센터 콜로키움 시리즈는 초기의 관계적인 자아 경험과 이후에 사회가 성숙에 대해 독립, 자기충족, 개별화를 강조하는 것 사이에서 느끼는 불일치에 관해 여성들이 겪는 문제들을 종종 이야기해왔다. 특히 서구 문화에서 소녀들은 사춘기에 주요한 단절 기간을 경험한다. 사춘기의 단절은 관계 — 사람들 사이에서 일어나는 정서적 함축과 상호작용 — 안에서 여성들이 경험했던 신뢰와 권력으로부터 단절된 느낌을 갖게 한다.

캐럴 길리건은 이것을 여성들의 목소리를 잃어버리는 것, 즉 우리의 경험을 대변하는 언어와 논리 체계를 찾는 데 무능력해지는 것이라고 설명했다(Gilligan, 1982). 감정적으로 "행복하지 않은 상태"에 처하고 이러한 부조화를 느끼며 산다는 것은 심오한 함축적 의미를 가지고 있다. 길리건에 의하면 이러한 불일치는 "자신의 인식에 따라 행동할 수 있는 능력과 상호적으로 권력을 강화하는 관계를 만들고 이에 의존하는 것을 통해 권력이 강화되는 능력을 떨어뜨리면서 여성들의 자아감을 침해하는 개인적인 의혹을 야기한다(Gilligan, 1982: 49)."

필요한 것은 관계가 나약함이나 나태 또는 효능감을 위협하는 것이 아니라 권력과 효능감의 원천이라는 것을 인식하는 것이다. 이러한 종류의 권력은 많은 관계에 걸쳐 변화와 행동으로 효과적으로 변형되기 때문에 공동 행동의 맥락 안에서 경험하는 개인적 활동은 매우 강력하고 지속적인 것으로 느껴질 수 있다. 관계를 통해 상호적인 권력이 강화된다는 것을 이해하는 것은 우리를 다음과 같은 질문으로 이끈다. 개인의 성장, 학습, 삶 속에서의 모든 활동 — 가족, 직장, 교실, 혹은 심지어 의회에서 일어나는 것까지 — 을 위해 어떻게 권력을 강화하는 관계적 맥락을 만들 것인가? 이것은 우리의 심리학 이론 안에서 묻는 일반적인 질문과는 매우 다른 질문이다.

관계적 맥락

대화를 통해 관계 만들기

우리는 인간 발달의 분리-개별화 모델에 대한 대안적인 모델(서리가 집필한 이 책의 3장)을 제안해왔다. 우리는 오랜 시간에 걸쳐 맺어온 관계뿐만 아니라 새로운 관계 모두에서 관계 동기가 점차적으로 복잡하게 분화되는 관계망을 낳는 관계-분화 과정을 가정해왔다. 이러한 관계 경로에 대한 또 다른 서술적 용어는 "관계-신뢰성"이 될 수 있다. 이것은 관계 안에서 실재적이고 매우 중요하며, 목적이 있고 정직하게 머무르려는 도전에 기여하는 동기를 반영한 것이다. "~와 함께 현재에 머무르려는" 그리고 "민감해지려는" 도전은 관계 발달에 핵심인 상호적으로 공감하는 대화의 맥락을 창조하는 것으로 이어진다(서리가 집필한 이 책의 3장).

캐플런과 클라인, 글리슨(이 책의 7장)은 사춘기의 모녀 관계에 내재되어 있는 도전에 대한 논의에서 이러한 맥락을 보여주는 한 가지 예를 설명하고 있다. 모녀 관계를 탐색하기 위한 연구 집단에서 웰즐리대학교의 학생들은 새로운 관계를 맺는 것과 동시에 어머니와 현재 맺고 있는 관계를 변화시키고 깊게 만들고자 하는 강한 열망을 보고했다. 그들이 보여준 관계에서의 관심과 활동은 관계적 맥락의 형성을 향해 나아가는 젊은 여성들을 보여주는 좋은 예이다. 이 관계적 맥락은 더욱 다양하고 분화된 관계가 형성됨에 따라 시간이 지나면서 깊어진다. 대부분의 학생은 삶에서 가장 중요한 관계의 하나로 어머니와의 관계를 여전히 엮어가고 있다. 딸들은 자기 자신, 현재의 경험과 인식을 명확하게 표현하기 위해 분투하고 있었다. 이 과정에서 생길 수 있는 갈등에 대해 생각할 때, 그들은 신뢰와 인정을 원했다. 그들은 단지 자신들의 "어머니"로서가 아니라 성인으로서 자신의 어머니와 **더욱** 연결되고 다가가기를 바랐다. 그리고 어머니의 진짜 감정과 경험에 관해 알고 싶어 했다. 학생들은 이것이 어른이 되어가는 과정에서 자신들과 어머니 모두를 이해하는 데 도움이 된다는 것을 느꼈다. 학생들은 상호성이 커지기를 간절히 바랐다. 자신들의 학습과 변화가 어머니의 발달에 기여할 수 있기를 바랐다. 그리고 자신들이 나이가 들어가고 어머니가 되어가는 과정에서 어머니와의 상호성이 더 커질 수 있기를 기대했다. 딸들은 또한 어머니의 새로운 경험과 변화에 관해 듣고 싶어 했으며, 어머니와 접촉을 잃게 될까 봐 걱정했다.

이것은 "분리"가 강화되는 그림과는 거리가 멀다. 오히려 신뢰와 연결을 원하는 것이다. 상호적 인식과 이해를 향해 변화해가는 과정에서 새로우며 갈등을 불러일으킬 수 있는 상호작용을 가능하게 하는 관계적 맥락의 심화를 바라는 것이다. 믿음을 경험한다는 것은 신뢰가 궁극적으로 연결과 상호관계를 강화할 수 있게 된다는 것과 같다. 모녀가 성장하고 변화하며 새로운 관계를 발달시킴에 따라 초기 모녀 관계 양식은 심화되고 양쪽 모두 수용할 수 있는 관계가 되도록 전환되어야 한다. 이러한 성장은 상호적 공감을 통해 발달한다. 이 과정은 만족과 기쁨뿐만 아니라 불안과 분노를 수반할 수 있다. 그리고 일생을 통한 "대화"라고 볼 수 있다.

우리는 어떻게 타인과 연관된 자아 경험으로부터 성장과 권력강화를 위한 관계적 맥락을 창조할 수 있는 능력이 나오는지를 설명해왔다. 최적의 가족 관계와 사회적 관계 속에서, 소녀들은 더 크고 많은 복잡한 관계적 맥락을 발달시키도록 격려와 도전을 받을 것이다. 동료 집단과 함께하는 창조적인 관계적 활동과 연관되어 있는 이러한 능력은 여성들의 권력강화에 주요한 영향을 미치는 것으로 여겨졌다. 1960년대의 의식향상집단과 일상적으로 부딪히는 상황 및 사회적 문제에 대응하는 데 여성들을 위한 "지지" 집단이 출현한 것은 여성들의 삶에서 이러한 집단이 갖는 권력을 입증한다.

관계적 권력강화는 정서적 연결의 틀 안에서 상호작용을 통해 촉진되는 비전과 에너지를 확장하는 과정이다. 관계 안에서의 변화는 상호 공감과 이해를 공유하는 것을 향해 나아가는 인물-배경 경험의 대체와 변동을 말한다. 개인적 성장과 지적 발달 모두 클린치B. Clinchy와 치머만C. Zimmerman, 그리고 벨렌키M. F. Belenky와 동료들이 설명한 이러한 상태에서 일어난다(Clinchy and Zimmerman, 1985; Belenky et al., 1986). 그들은 "연결 학습"이라는 개념을 사용했다. 연결 학습이란 타인의 관점을 채택해 자신의 지식과 연결시키고, 그럼으로써 더 넓은 인간 경험에 대해 새롭고 확장된 이해를 하는 것을 의미한다. 연관된 인식이 많아지고 다양해질수록 관계적 맥락은 더 넓어지고, 연결된 존재감과 더욱 큰 "인간적" 현실에 반응할 수 있게 권력이 강화된 존재감이 더욱 단단해진다.

모든 인간관계가 이러한 경로로 발달하는 것은 아니다. 중요한 관계적 맥락이 상호적 경험과 변화를 느낄 수 있는 대화가 가능하도록 확장되지 못할 때, 여성들은 무력해지는 것을 느낀다. 만일 연결이 끊겼다고 느끼면, 그곳에는 무감각과 암흑 심지어 공포가 있게 될 것이다. 어떤 사람은 이러한 경험을 "블랙홀"이라고 묘사했다. 만일 연결이 단지 부분적으로만 유지된다면 자아분열이 생길 수 있다. 여기에 곤경에 빠진 느낌, 단조로움, 활력 없음, 혼란 또는 선명하지 않은 초점이 생길 수 있다. 한 내담자는 이러한 상황을 "회색빛으로 퇴색된"이라고 표현했다. 이러한 환경 아래서, 대화가 최소한 그 순간 중단되는 것을 인식하는 것은 필연적일 것이다. 또한, 관계적 권력강화는 오랫동안 이 과정을 재개하고 유지하기 위해 떠났다가 돌아올 수 있는 능력을 시사한다.

감정을 통해 감동을 받는 능력은 자신의 감정을 개방하고 타인의 정서를 수용하려는 각자의 의지와 능력에 달려 있다. 함께 느끼고 감동하는 것은 함께 생각하는 것을 포함하며 이러한 정서와 관계적 참여 속에서 생겨나는 새로운 인식과 생각들에 개방적인 것을 포함한다. 여성들이 인지적으로 무력해지는 가장 큰 원인은 감정과 생각이 분리되는 것을 경험하는 느낌이다. 상담에서 한 여성은 "내가 느끼는 것을 원하지 않는 사람 — 감정 수준에서 나와 함께하려하지 않는 사람 — 과 함께 있을 때, 나는 생각할 수가 없어요. 모든 것이 무미건조해져요"라고 말했다.

관계적 권력강화 과정이 집단에서 행해질 때 맥락은 유지되고 참가자들은 사람들의 인식과 이해가 확장되도록 기여하는 자신의 능력에 따라 에너지, 권력 또는 "활력" 및 효능감이 증가되었음을 내면화한다(Miller, 1986). 고양된 현실감과 함께 성장하는 느낌을 갖게 된다. 이 과정에서 각 참가자들의 의견은 인정받으며, 그 결과로 사람들은 개인적 명료함이 확장되고 관계적 존재로서 확인받고 권력이 강화된다는 것을 느낀다. 비전과 의견을 내는 데 함께할 때 새롭고 확장된 비전이 창조된다. 즉, 개별적인 참가자들이 확장되었다고 느끼는 것이다. 따라서 자신보다 더 큰 무언가에 연결되어 있고 참여하고 있다는 느낌은 감소되지 않는다. 오히려 개인적 권력감과 이해가 늘어난다.

상호적 공감과 권력강화의 경험은 어떤 영역에서든 — 교실, 직장, 다양한 정치적·사회적 영역, 그리고 물론 상담 관계 — 성장을 촉진하는 관계적 맥락을 창조하는 것을 통해 촉진될 수 있다. 관계적 맥락을 언급할 때, 필자는 사람의 수, 환경, 상호작용 구조와 같이 우리가 쉽게 볼 수 있는 구조뿐만 아니라 창조적 과정 그 자체도 포함시킨다. 이것은 증가하는 인식, 욕구, 느낌 상태를 포함할 수 있도록 늘어나고 성장할 수 있는 확장된 "공간"을 경험하는 것을 포함한다.

권력강화를 위한 맥락

상담에서 만난, 26세의 여성인 마르샤Marcia는 성장 촉진적인 한 쌍의 관계 맥락 속에서 권력강화를 경험한 훌륭한 예를 보여준다. 마르샤가 상담을 시작했을 때, 그녀의 친한 친구인 로라Laura는 백혈병에 맞선 2년간의 투병에서 최후의 단계에 있었다. 마르샤는 그들의 관계를 매우 특별한 것이라고 설명했다. 초기 아동기가 시작되면서, 둘의 관계는 친밀함과 거리 두기 단계를 여러 번 겪었다. 그리고 다른 관계가 더해지는 지각변동과 관심과 일에서 커다란 차이를 겪는 기간이 있었다. 두 친구는 로라의 임박한 죽음을 받아들이는 데 어려움을 겪으며, 매우 가깝고 일상을 함께하는 관계를 맺고 있었다. 그들은 죽음을 넘어 관계를 지속하고 유지하기 위한 방법으로서 삶을 함께 되돌아보고, 서로가 가져가고 남겨두길 원하는 것을 결정했다.

마르샤는 관계 안에 있는 신뢰의 질을 아름답게 묘사했다. "이 관계는 나에게 신뢰가 있다는 것이 뜻하는 것을 가르쳐주었어요. 나는 정말로 **나 자신으로** 있어요. 이제 다른 상황에서도 내 안에 신뢰가 있다는 것을 인식할 수 있어요. 내가 보거나 생각한 것을 말하는 것이 두려워서 절망하거나 위축되지 않고, 혹은 희망이 없다고 느끼거나 화내지 않고 말이지요."

관계적 맥락을 묘사하며 마르샤는 이렇게 말했다. "가장 중요한 것은 로라가 내 경험에 대해 듣기 원한다는 것을 내가 항상 느꼈다는 거예요. 심지어 우리가 동의하지 않을 때도 로라가 자신의 관점을 가질 수 있도록 우리 각자를 위한 방에 있다는 느낌을 받았어요. 그리고 반드시 동의하지 않더라도 상대방의 관점을 보거나 이해하는 어떤 방법이 실제로 있을 거라는 느낌을 받았어요. 한때는 서로가 너무 달라서 서로의 경험을 완전히 이해하기까지 2년이 걸렸어요. 여전히 나는 정말로 로라가 내가 생각하는 것을 듣고 싶어 한다는 것을 느껴요. 그리고 나는 정말로 그녀의 경험이 가치가 있다고 여겨요. 우리는 몇 가지 커다란 이견을 가지고 있는데, 우리가 대체로 서로 동의하지 않는 방식들이 어떤 것들인지를 배웠죠. 이것은 내 자신을 더 잘 이해하도록 도와줬어요. 내가 느끼는 공간과 신뢰는 관계에 대한 권력과 인내심으로 발전했죠. 정말이지 전에는 이것을 결코 못 느꼈어요. 나는 부모님이 나를 지지하고 사랑한다고 느껴요. 하지만 부모님이 이런 방식으로 나를 이해하거나 우리 관계를 공유하고 있다고 느끼지는 않아요."

상담 목표를 논의하면서, 마르샤는 "이제 내가 도움을 받고 싶은 것은 이 믿음을 잃어버리지 않고, 이런 방식으로 다른 사람과 관계 맺는 것을 배우는 것입니다. 특히 남성들과 맺는 관계에서 자아감을 잃어버리지 않을까 걱정하고 있어요. 로라는 내가 혼란스러워지기 시작할 때, 피해자처럼 행동하면서 소위 남자 친구에게 '미친 듯이 화를 내는'것에 대해 나에게 화를 내곤 했어요. 나는 당신이 무력해지는 것에 대해 말할 거라 생각해요. 나는 이제 건강한 관계의 일부가 되는 것이 무엇을 뜻하는지 알아요. 당신은 정말로 내가 인생에서 이런 관계를 다시 가질 수 있을 거라 생각하세요?"

이 관계를 통해 그리고 로라의 죽음 때문에 마르샤는 로라를 더 능력 있고 통찰력 있는 사람으로 여기는 경향이 있었다. 마르샤는 자신의 관계적 힘을 인식하기 시작하고, 로라와의 관계에서 **자신을** 힘이 있으며 권력을 강화하는 사람으로 인식하기 시작하는 것이 중요할 것이다. 관계적 맥락을 창조하고 로라의 발달에 참여하는 데 자신이 담당하고 있는 부분이 있다는 것을 마르샤가 인식함에 따라, 마르샤는 이 힘과 능력을 내면화하기 시작할 것이고 이것을 다른 관계로 가져갈 수 있는 능력이 있음을 느낄 것이다.

상담에서 관계적 권력강화 경험을 탐색하고 타당화해 내담자가 이 능력을 내면화하고 자신의 힘을 확인받고 새로운 성장을 촉진할 수 있는 새로운 관계적 맥락을 만드는 것을 배울 수 있도록 돕는 것은 유용하다. 이러한 관계를 창조하는 능력은 중요한 상담 목표이다. 마르샤는 이러한 맥락을 창조하는 것이 상호적인 활동, 즉 양쪽 혹은 모든 사람이 이러한 방식으로 참여하고 창조하는 능력 안에서 성장하는 것이라는 점을 배우기 시작했다.

이 과정은 상담에 제한되지 않는다. 삶의 모든 측면에서 타인의 성장과 권력강화의 일부가 된다는 느낌은 타인이 "더욱 자기 자신이" 되어가는 것을 보고 느끼며, 동시에 이것이 그 자신이라는 것을 느끼는 과정을 통해 발달한다. "우리"의 일부로 느끼고 변화하는 능력은 다른 맥락의 목표이다. 양쪽 참여자 모두가 관계적 능력이 성장하고 발달하는 여성들 간의 특별한 관계의 질을 많은 여성이 경험해왔다. 여성들은 함께 힘을 유지하고 관계의 연속성에 대해 신뢰하는 것으로부터 권력강화를 인식한다. 그러나 우리는 모두 "지배하는 권력"을 지지하는 사회에서 살고 있기 때문에 아직까지 이러한 힘을 완전하게 개방하고 함께 나누며 경험하지 못해왔다. 우리는 유대를 통해 힘을 유지하고 지지하는 것을 배워야만 한다. 그렇게 함으로써 우리는 관계적 맥락을 지탱하는 것에 가치를 부여하고 발달시키는 것을 배워야 한다.

관계에 가치를 부여하고 관계를 유지하고 심화시키는 것이 발달에 필수적이라는 것을 이해할 때, 비로소 우리는 관계를 강화하는 데 필수적인 위험을 감수하기 시작할 것이다. 관계 안에서 성장하고 권력이 강화된다는 것은 관계에서 생기 있고 성장 촉진적인 측면을 통해 상호 안전과 안녕을 위한 책임을 공유한다는 것을 인식한다는 뜻이다. 그것은 우리가 어떻게 서로 연관되어 있는가에 대해 지속적으로 인식하며, 관계 속에서 개방하고 창조하고 회복하며 용서하는 방법을 배운다는 것을 의미한다. 그러고 나면, 이러한 인식을 유지하는 것은 현대 서구 문명에 일부 기반을 둔, 자급자족 및 독립을 느끼고 싶은 방어적 욕구에 대한 건강한 도전을 선물할 것이다.

관계를 창조하고, 형성하고, 유지하고, 심화시키는 권력은 항상 강하다는 것을 의미하지는 않는다. 오히려 그것은 "힘"과 "나약함"의 기간을 헤쳐 나가고 넓은 범위의 다양한 느낌들을 헤쳐 나가며 유대를 유지할 수 있다는 것을 뜻한다. 관계 안에서 권력강화의 모든 스펙트럼을 경험한다는 것은 불가능하다. 대부분의 사람에게 권력강화는 개인적·교육적·직업적·사회적·정치적인 발달을 위한 다중적이고 다양한 관계 구조 ─ 이것은 때때로 중첩된다 ─ 를 창출하는 것을 통해 생겨난다. 우리는 임상가로서 권력을 강화하는 관계적 맥락을 만드는 것에 대한 인식과 자신감을 촉진시켜야 한다.

관계적 맥락을 창조하고 지지하기

관계 안에서의 권력강화를 더 심층적으로 탐색하기 위해 상담과 두 사람의 관계를 상정하는 모델 모두를 넘어 나아가보자. "개인적" 관계 안에서의 권력강화 역동은 다른 영역의 활동에 적용될 수 있다. 상담 맥락을 넘어서는 실제적 적용은 그 자체로 중요하지만 이것은 또한 상담 관계를 조명할 수도 있다.

지난 한 해 동안 탈핵화를 주장할 수 있도록 여성들의 역량을 강화하는 하루 반짜리 워크숍을 공동 계발하는 데 참여해왔다. 그 워크숍은 '탈핵화를 위한 여성 행동Women's Action for Nuclear Disarmament: WAND'이 후원하는데, 이 조직은 탈핵화에 특별한 관심을 가지고 활동하는 여성들의 역량을 강화하기 위해 헬렌 캘디콧Helen Caldicott과 여러 사람들이 1980년에 설립한 것이다. "우리의 비전 ─ 우리의 목소리 ─ 탈핵화를 어떻게 주장할 것인가"라는 제목의 이 권력강화 워크숍은 여성들을 권력강화시키는 관계적 맥락을 만드는 것에 대한 훌륭한 예를 보여준다. 이 워크숍은 유대를 통한 권력강화의 많은 측면을 상세히 보여준다. 개인적 성장이 권력강화 과정의 주요 목표가 아님에도 불구하고, 이 워크숍은 연대, 비전의 공유 그리고 공동 활동을 위한 힘과 에너지를 결집시킨다. 이 워크숍은 관계적 권력강화, 강화된 에너지와 명료함 그리고 행동을 위한 약속을 창출하는 것의 핵심을 포착하고 있다. 이 워크숍은 권력을 강화하는 관계적 맥락을 창조하고 지지하기 위해 노력하는 유용한 모델로서 다른 환경에도 도움을 줄 수 있을 것이다.

이 워크숍은 대개 두 명의 촉진자와 20~30명이 참여하는데, 현존하는 핵무기 저장고에 대한 생생한 시청각 자료를 보여주는 것으로 시작한다. 잠재적으로 지구를 파괴할 수 있는 실제적 위협을 바로 워크숍 자리에서 느낄 수 있도록 하고, 긴급하게 주의를 기울일 것을 촉구한다. 처음 몇 시간은 이 위협에 대한 강한 감정과 반응 ─ 두려움, 공포, 분노, 슬픔과 무력감을 포함한 ─ 을 공유할 수 있는 분위를 만드는 데 보낸다. 필자는 마지막에 핵의 파괴력에 대한 느낌에 집중하면서 여기에서 다른 사람들과 함께할 수 있게 된 것에 개인적으로 엄청난 안도감을 경험했다. 이 경험은 리프톤R. Lifton이 정신적 허탈감이라 부르고 메이시J. Macy가 자신의 "절망과 권력강화" 워크숍에서 절망이라고 묘사한 것과 반대되는 것을 보여준다(Lifton, 1976; Macy, 1983).

"함께 보는" 틀은 창조적인 권력강화 과정을 위한 구조를 제공한다. 사람들이 서로의 느낌과 인식에 자유롭게 몰입하는 것에 반응할 수 있는 상황에서 감정적 유대에 함께 참여할 수 있는 기회는 서로를 돌보고 지지하려는 열망을 만들어낸다. 무력감에서 오는 분노, 절망, 그리고 혼란을 표현하면서 집단은 '**우리는** 무엇인가를 해야만 한다'는 위기감과 책임감을 공유한다.

무력감, 분노, 공포 그리고 혼란이라는 부정적 정서는 적극적 활동의 에너지로 전환된다. 이 과정을 "그냥 말하는 것"이나 "느낌을 나누는 것"이라고 부른다면 평가절하하고 잘못 표현하는 것이다. 완전한 집단의 움직임과 비전이 나타나기 시작하면서, 각각은 고양된 신뢰감과 확실함, 반응/능력을 느낀다. "우리"가 나타나면서 "내"가 강화된다. "우리"를 만드는 것 ― 확장된 비전을 창조하는 동안 함께 "보는" 것 ― 을 통해 참가자들은 개인적인 자기회의와 혼란을 명료함과 확신으로 변형시킨다. 개인의 무력감은 관계의 힘을 경험하는 것으로 대체된다.

작업의 대부분은 6~8명으로 이루어진 소집단 안에서 이루어지는데, 이 집단은 참여자들이 좀 더 개인적으로 나누고, 서로 피드백을 하고, 상상 속의 청중들에게 "연설"하는 것을 실습할 기회를 주기 위해 워크숍 기간에 세 번 만난다. 첫날 오후, "평화에 대한 여성의 목소리와 비전"이라는 이름으로 모두가 참여하는 회기들이 진행된다. 이 회기들에서는 잠재력 있는 평화 유지자로서 현재와 역사적으로 내려온 여성들의 힘을 탐색한다. 이 회기들에서 참가자들은 짝을 지어 연관된 상호작용의 창조적 에너지를 자극하는 구조화된 방법을 실습하면서 다른 사람들을 권력강화시키는 자신의 권력을 직접 경험한다. 참가자들은 조심스럽고 주의 깊게 일련의 준비된 질문을 서로에게 한다. "왜 당신은 신경을 쓰나요?", "우리가 왜 여기에 있죠?", "당신이 의견을 말하기에 충분할 만큼 알지 못한다고 느낀 적이 있나요?", "당신이 아는 것은 무엇인가요?", "당신이 충분히 알지 못한다는 메시지는 어디에서 왔을까요?", "당신이 행동하는 것을 방해하는 것은 무엇이죠?", "당신이 계속 할 수 있기 위해 필요한 것은 무엇이죠?" 회기 촉진자들은 이러한 기본적인 질문에 함께 이야기하면서 만들어진 관계적 맥락과 매우 개인적인 이슈들에 집중하는 것을 공유할 때 나타난 상호적 권력강화의 느낌에 집중하도록 이끈다. 이 과정은 활동을 시작하고 유지할 때 모두 이러한 맥락이 필요하다는 것을 참가자들에게 인식시킨다.

참가자들의 유대감은 짝을 지어 경험하는 강렬함에서 시작되고 확장되며, 워크숍 내내 전체 집단으로, 조직으로서 '탈핵화를 위한 여성 행동'으로 확장된다. 더 나아가, 그 유대감은 역사 속 여성들에게까지 확장된다. 다른 수준의 유대를 경험하는 것은 자기 자식처럼 가까운 관계에 있는 개인들을 위한 보호와 돌봄을 전체 인류 공동체까지 확장시킬 수 있도록 '탈핵화를 위한 여성 행동' 구성원들의 동기를 키우는 것과 부합한다. 유대의 범위를 넓히도록 자극하는 하나의 기법은 핵 이슈에 대해 말하는 여성들의 글에서 감정적 자극을 주는 인용문을 읽는 것이다. 다음은 샐리 밀러 기어하트Sally Miller Gearhart(1892)의 글에서 가져온 예시이다.

나는 우리가 역사적으로 중대한 분기점에 있다고 믿습니다. 그리고 우리 손에 무엇보다 우리를 생존으로 이끌 수 있는 약한 끈을 쥐고 있다고 믿습니다. 나는 이번 세기에 여성들이 힘을 모아 저항하는 것이 인류의 자기 소멸과 지구 파괴 위협에 대한 인류의 대응이라고 이해합니다.

이와 같은 인용문은 돌봄과 책임의 윤리를 강조한다. 그뿐만 아니라 유대감을 인식하고 경험하는 것을 통해 용기를 가지고 위험을 무릅쓰며, 위협에 함께 맞서고, 안전감과 평화를 창출하는 것의 기쁨을 강조한다.

여성 발달에 관한 새로운 연구와 이론에 대한 제안과 논의는 새로운 이해와 평화를 위한 새로운 전략을 창출하기 위해 여성들 사이의 유대를 만드는 것이 중요하다는 것을 강조한다. 진 베이커 밀러의 『새로운 여성심리학을 향하여』(1976)의 한 단락에서 그 예를 볼 수 있다.

인간성은 그 자체에 대한 관점을, 가장 친밀한 감정의 해석부터 인간의 가능성에 대한 가장 위대한 관점에 이르기까지, 여성의 종속이라는 덕목으로 제한하고 왜 곡해왔다.

최근까지, "남성들의"의 관점이 일반적으로 우리가 이용할 수 있는 유일한 관점이 었다. 다른 인식이 ─ 정확하게는 남성들의 지배적인 위치로 인해 남성들은 인식 할 수 없었던 ─ 성장함에 따라 인류의 가능성에 대한 총체적인 비전이 확장되고 변형되고 있다.

핵 이슈의 절박함에 대응하기 위해 여성들은 이 워크숍에서 자신들의 권력의 원천을 활용해 활동하는 것을 배운다. 이것은 우리가 보고 느끼고 생각하면서 상대방에게 집중하고 연결된 상태로 있는 것이다. 이러한 목표를 위해, **패러다임의 전환**이라는 개념이 소개된다. 패러다임은 믿음과 의견이 조직되는 일련의 가정과 정신적 구조라고 정의된다. 이 워크숍 내내 실습은 패러다임의 전환을 예를 들어 설명하고 이끌어내도록 고안된다. 이 워크숍의 목적은 수동적이고 무력한 피해자의 패러다임으로부터 권력이 강화되고, "연결되어 있으며", 책임감 있는 사람이라는 새로운 패러다임으로 전환할 수 있도록 여성들이 서로를 돕는 것이다. 즉, 정치적이고 군사적인 "전문가"에게 권위를 부여하는 것으로부터 인류를 걱정하고 관심을 쏟는 책임감을 갖는 것으로, 기술적이거나 객관적인("분리된") 지식에 가치를 부여하는 것으로부터 개인적이고 연결된 지식에 가치를 부여하는 것으로, 결국 "대중적 연설"과 논쟁을 강조하는 것으로부터 자기 자신의 목소리를 발견하고 대화에 머무는 것을 강조하는 것으로 전환하는 것이다.

이 워크숍에서 대부분의 참가자는 이러한 패러다임의 전환을 경험한다. 자신들이 오래된 패러다임으로 되돌아갈 때 어떻게 평화를 만드는 사람들로서의 권력감을 잃어버릴 수 있는지 이해한다. 참가자들은 서로 유대를 지속하는 것이 필수적이라는 것을 인식한다. 즉, 패러다임의 전환을 유지하기 위해서는 관계적 맥락을 유지하는 것이 필수적이라는 것을 인식한다. 마침내 참가자들은 자신이 가지고 있는 권력의 원천과 접촉을 잃지 않으면서 "전문가" 영역에 진입하는 새로운 방법을 진화시키는 데 내재되어 있는 권력을 깨닫는다. 이러한 권력은 관계적 권력강화뿐만 아니라 무력함의 원천도 탐색하고 권력강화를 지지하고 유지하는 관계적 맥락을 만들 필요성을 강조하는 경험적이고 교육적인 과정 모두를 통해 성취된다. 예를 들어, 우리는 유명한 평화 활동가인 엘리사 멜라메드Elissa Melamed가 1984년 덴버에서 개최한 '탈핵화를 위한 여성 행동' 연설가 훈련 워크숍에서 참가자들에게 연설한 테이프를 튼다.

기본적으로, 의사소통을 잘하는 사람이 되는 것을 방해하는 것들은 우리가 느끼는 공포와 우리가 자신을 자격이 없다고 여기고 여성으로서 우리가 수많은 공헌을 한다는 생각을 못 하는 방식입니다. 우리 자신의 개인적인 역사로부터 비롯된 부적합하다는 개인적인 느낌과 아울러 효과적인 연설자가 되기 위한 특정한 남성의 기준이 있습니다. 그리고 우리는 자신을 이러한 기준에 따라 평가하고 있으며, **우리가** 하고자 노력하는 것에 저 모델이 정말로 얼마나 효과가 있는지 의문을 던지지 못하고 있습니다.

워크숍의 마지막 회기에서 전체 집단은 미래의 행동에 관한 다른 양식을 계획하는 데 집중한다. 사람들은 활동을 강화하는 구체적인 계획을 세우도록 요청받는다. 즉시 압도되는 느낌을 주는 이슈임에도 엄청난 에너지와 흥분, 기쁨이 이 워크숍 안에서 만들어진다. 이러한 엄청난 에너지와 흥분, 기쁨은 정말 중요한 것을 위해 함께 일하는 관계를 맺고 연대하며 권력강화되고 있다는 느낌 안에서 경험할 수 있는 "열정" 또는 활력이다. 우리는 이 과정을 인식할 수 있으며 모든 종류의 활동을 시작하고 유지하기 위한 전략의 일부로 만들 수 있다.

모든 수준의 활동 — 가장 작은 개인적 변화에서 가장 큰 삶의 약속에 이르기까지 — 을 위한 관계적 권력강화를 존중하는 것이 바로 이 워크숍에 내재되어 있다. 집단에 참여하고, 성장한 인식을 나누고, 이슈에 관한 다른 사람들의 말을 보고 듣는 것은 모두 중요한 활동이다. 왜냐하면 그것들은 더 커다란 정치적 영역 안에서의 운동과 활동이기 때문이다. 활동과 정치적 목적을 위한 행동주의에 대한 이러한 정의는 개인적이며 관계적인 권력이 상호작용하는 동시에 성장하며 상호적으로 상승 작용한다는 것을 이해하는 것에 기초를 두고 있다.

어떤 사람들은 자신들의 인생을 드라마틱하게 변화시키는 워크숍 경험에 감동을 받고, 다른 사람들은 소소한 방식으로 감동을 받는다. 어떤 사람들은 협력적으로 작업하는 반면, 다른 사람들은 홀로 작업한다. 우리는 개별적인 창의성 혹은 위험 부담을 더 큰 관계적 맥락의 일부로 경험할 수 있는데, 그것은 협력적인 집단 작업에서도 마찬가지다. 특히 여성들에게는 활동하며 자기를 표현하는 느낌이 의미 있는 것이 되기 위해 그 느낌을 개인적으로 매우 강렬하게 경험할 뿐만 아니라 더 큰 관계, 즉 공유하고 있는 비전과 약속에 관련되어 있는 것으로 경험할 수 있어야 한다. 이것이 우리가 "관계적 맥락에서의 활동"이라고 부르는 것이다.

초기에 '탈핵화를 위한 여성 행동'은 핵 이슈에 대한 대중연설가 기관을 발전시키는 데 '사회적 책임을 위한 의사들Physicians for Social Responsiblity: PSR'의 모델을 따라왔다. '사회적 책임을 위한 의사들'은 핵전쟁의 의학적 영향에 대한 사실들과 모습들에 관한 "전문가들"로서 연설할 수 있도록 의사들과 다른 전문가들을 훈련시켜왔다. 대중 연설을 위한 이 "전문적" 훈련이 '탈핵화를 위한 여성 행동'에는 부적절하다는 것이 명백해졌다. "전문가" 모델은 논쟁을 통한 권위주의적 권력 모델에 기초하고 있는데, 이 영역은 과학적 사실들과 숫자들이다. '탈핵화를 위한 여성 행동'을 통해 진화한 메시지의 내용은 그 모델의 권위에 의문을 던짐으로써 여성들이 계발되지 않은 자신의 권력과 다시 연결된다는 것이다. 사실, '탈핵화를 위한 여성 행동'은 숫자, 기술적 전문용어에 과도하게 집중하기보다 개인의 느낌과 확신이 이러한 이슈에 대한 적절하고 충분한 첫 번째 반응이며, 더 심화된 교육과 활동의 가장 강력한 기초를 형성한다는 메시지를 제시한다.

핵 위협에 대한 느낌과 단절하는 것은 비정상적이라는 인식이 바로 훈련의 핵심이다. 여성들은 감정적으로 강력하고 설득력 있는 방식으로 의견을 말하는 것을 배워야 한다. 다른 사람들을 권력강화하는 여성들의 권력, 다른 사람들이 참여하고 적극적으로 되도록 효과적으로 감정의 힘을 사용할 수 있는 여성들의 권력은 기술적 전문성이 아니라 감정적 유대를 통해 나오는 개인적 신뢰와 에너지에 달려 있다. 진심으로 "경청"하고 "반응"하는 권력은 "전문가"로서 "의견을 말하는 것"보다 더욱 가치 있고 오래 지속되는 권력 기반을 형성한다는 것이 입증되었다. 여성들의 권력과 창조적 에너지의 핵심은 바로 관계를 만드는 것, 즉 사람들을 연결하는 "대화"를 창출하는 것이다. 잠재적으로는 남성들 또한 마찬가지이다. 따라서 이 워크숍에서는 남성들과 유대를 맺는 것을 장려한다. 그러나 이 워크숍에서는 남성들과 맺고 있는 관계가 튼튼하지 못할 때, 즉 다른 여성들과의 가장 깊은 관계들을 희생한 대가로 남성들과의 관계를 유지할 때, 여성들이 무력해지는 방식을 또한 인식하고 설명한다. 그러므로 여성들이 서로 맺고 있는 관계들을 정보와 활동을 집결시키고 유지하고 조직하는 새로운 관계 구조를 진화시키는 첫 번째 단계로 간주할 수 있다. 남성들은 이러한 구조 안에서 함께 일하게 될 것이다. 다른 방식으로 말하자면, 이 워크숍에서는 핵 위협에 관한 지식을 얻고 사용할 수 있는 좀 더 "현실적"이고, 좀 더 총체적인 기반을 창조한다.

이 워크숍은 관계적 권력을 경험하고 확인하며 공식적으로나 비공식적으로 자신의 의견을 말하기 위한 훈련의 초기 환경을 만든다. 이 워크숍은 또한 지역, 국가, 전 세계적 차원에서 개별적으로, 소집단으로, 또는 조직으로 활동하는 것을 통해 이 에너지를 전파하는 정보와 구조를 제공한다. 워크숍은 참가자들이 고립, 회의 그리고 혼란이라는 위치에서 관계와 인식, 적극적 공동 활동이라는 위치로 변화하도록 돕는다. 이 변화는 "이기심"이나 타인을 해치는 것에 대한 소극적 금지를 상호 안전, 생존, 안녕을 적극적으로 책임지려는 에너지로 변형시키는 여성의 도덕 발달, 즉 캐럴 길리건(Gilligan, 1982)이 설명한 돌봄의 윤리의 발달이 보여주는 중요한 특징을 반영한다.

워크숍 경험은 관계적 권력강화 전략이 모든 영역에서 여성들의 권력강화에 필수적이며 적절하다는 필자의 확신을 강화시켰다. 우리는 관계 안에서 움직이고 활동하는 엄청나게 창조적인 권력을 더 잘 설명하고 촉진하기 위해 이 권력에 대해 더 많이 배워야만 한다. 아마도 우리는 자기주장 훈련 대신 "권력강화" 훈련을 해야만 할 것이다. 더 나아가, 관계를 권력강화하는 이 모델은 상담을 포함해 삶의 모든 측면 안에 있는 성장과 발달 과정을 연구하는 가장 효과적인 방법일 것이다. 우리는 콜로키움 시리즈에서 이 제안을 더욱 심도 있게 탐구할 것이다.[1]

---

[1]   이 논문은 1986년 1월 스톤센터 콜로키움에서 한 강연을 기초로 한 것이다.

여성의 분노와 남성의 분노

진 베이커 밀러

대부분의 사람들이 우리 사회가 분노에 관한 문제를 가지고 있다는 데 동의한다. 우리는 종종 우리가 "너무나 많은 공격성·폭력·증오"를 갖고 있다고 말한다. 이것이 사실이기는 하지만, 이러한 가정에 대해 특히 "너무나 많은"이라는 양적 용어를 가능하게 하는 기본적 생각에 관해 몇 가지 의문을 제기해볼 수 있다.

첫째, 분노를 경험하고 있다는 것을 알고 있을 때조차 분노를 표현하기 어렵게 만드는 **제약** — 성별에 따라 그 내용이 달라지는 — 으로 인해 우리는 고통을 받고 있다.

둘째, 분노 표현에 제약이 있음에도 우리는 사회적 수준과 개인적인 심리 발달의 과정에서 끊임없이 분노를 유발하는 환경에서 살고 있다. 이러한 환경은 남녀 모두에게 해당되지만, 성별에 따라 차이가 있다.

셋째, 너무나 많은 분노를 낳는 바로 그 조건은 성에 따라 분노 표현을 **다르게 하도록**, 즉 주로 한쪽 성만이 분노 표현을 할 수 있도록 독려해온 현실에서 형성되었을 가능성이 있다.

넷째, 앞의 세 가지 이슈가 타당하다면, 그 내용들은 분노에 대한 개념과 그 기원에 영향을 미쳤을 것이다.

여성들의 경험을 관찰한 내용을 설명하며 이 논의를 시작하고, 그다음으로 남성들의 경험을 설명할 것이다. 마지막으로 위의 논의들을 다시 다룰 것이다.

분노라는 용어는 다양한 의미로 사용되어왔기 때문에 정의를 내리는 것이 중요하다. 여러 학문적 전통에서 많은 사람이 이 주제를 연구해왔다. 하지만 복잡한 의미를 정리하려면 그 자체만으로도 여러 지면이 할애되어야 할 것이다. 따라서 이 논문의 마지막 부분에서 잠정적인 의미를 정의할 것이다. 그동안은 우리들 각자가 생각하는 의미로서 분노라는 용어를 쓰려고 한다.

여성과 분노

이 주제에 관해 이야기할 때 시급한 한 가지 문제가 있다. 사람들이 가장 듣고 싶어 하지 않는 주제 중 하나가 바로 여성의 분노라는 것이다! 미국 문화(그리고 다른 문화들)에서는 오랫동안 공포와 부인으로 이 주제를 대해왔다. 심리학에서는 **거세당한 여성**과 같은 표현을 빈번하게 사용해왔다. 그러나 여성의 분노를 "적절한" 현상으로 여기는 입장은 찾기가 힘들다. 여성의 분노는 사실상 늘 병리적인 것으로 간주되고 있다.

애니타Anita라는 이름의 실존 인물에 대한 묘사가 이 점을 더욱 구체적으로 드러내는 데 도움이 될 것 같다. 애니타는 50대 기혼 여성으로, 성인기를 남편과 네 자녀의 성장과 발달에 헌신해왔다. 처음 상담에 왔을 때 그녀는 우울했고, 자신이 부적절하고 가치 없게 느껴진다며 계속 눈물을 흘렸다. 그녀는 분노에 대한 미묘한 암시를 내비쳤고, 그녀가 몇몇 사람들, 특히 남편에게 꽤 비판적일 것이라는 단서를 보였다. 하지만 겉으로 드러난 모습은 그녀가 자신만을 비난하고 있다는 점이었다. 이와 동시에 그녀는 남편이 자신의 가치를 확인하고 인정해주기를 분명히 바라고 있었다. 이러한 모습은 오늘날 많은 여성에게서 발견할 수 있는 것이다.

예전이라면 그녀의 분노를 억압되고 비이성적이며, "병리적인" 것으로 보았을지 모른다. 또한 그녀를 남편에게 의존하는 여성으로 보고 과도한 "의존성"으로 인한 문제가 있다고 생각했을 것이다. 남편의 확인을 받고 싶은 그녀의 욕구를 "부족한 자아감"의 증거라고 말했을 것이다. 그리고 이 모든 것을 흔한 진단적 설명에 재빨리 끼워 맞췄을 것이다.

아마도 애니타의 우울을 덜어주려는 좋은 의도에서, 그녀가 자신의 분노를 인식하고 그것이 이성적이지 못하다는 것을 이해할 수 있도록 돕는 것이 중요하다고 생각했을 것이다. 하지만 여성의 분노를 재검토한 결과, 필자는 이제는 이러한 진행 과정이 잘못되었다는 생각을 갖게 되었다.

우리는 남성중심적인 사회에서 살고 있다. 이것은 남성들이 사회를 정의하고 구성하며, 사회가 남성들의 경험에 따라 조직된다는 뜻이다. 이렇게 구성된 것은 "문화"와 "지식"이라고 불린다. 사회는 전반적으로 가부장적이며, 남성들은(어떤 집단은) 합법적으로 리더의 자격과 권력과 권위를 모두 갖게 된다. **가부장제**라는 단어의 함의에 익숙하지 않은 경우라 하더라도 성, 계급, 인종 등 여러 특성을 기반으로 한 집단이 지배하고 다른 집단은 종속되어 있는 구조 속에서 모든 관계가 설정되는 조건을 떠올릴 수는 있을 것이다. 모든 역사적 증거를 바탕으로, 일단 한 집단이 지배적 위치를 차지하면 예측 가능한 방식으로 행동한다는 것을 알 수 있다. 다음의 내용이 그 예가 될 수 있다.

- 지배 집단은 종속 집단에게 파괴적으로 행동하는 경향이 있다.
- 지배 집단은 종속 집단의 행동 범위를 제한하며, 심지어 파괴적인 처우에 대한 반응조차 제한한다.
- 지배 집단은 종속 집단이 자신들의 경험을 충분하고 자유롭게 표현하는

것을 독려하지 않는다.
- 지배 집단은 종속 집단의 특징을 사실과 다르게 설명한다.
- 지배 집단은 위와 같은 상황을 신부터 "생물학"에 이르는 더 높고 강한 권위에 의해 정해진 정상적인 - 보통은 "자연스러운" - 상황이라고 설명한다.

종속 집단은 지배 집단에게 경제적·사회적·정치적으로 의존한다. 그들의 경험은 문화에 포함되지 않고, 소위 "지식"이라는 구조의 기반을 형성하지 못한다.

종속 집단의 사람들은 끊임없이 분노할 수밖에 없는 위치에 놓인다. 그러나 분노는 지배 집단이 종속 집단에 허용하지 않는 감정들 중 하나이다(기업가들은 노동자가 분노하는 것을 원하지 않는다. 제국을 세운 사람들은 "원주민이 참지 못하는"것을 원하지 않는다). 종속 집단원들의 분노를 두려워하는 직접적인 이유는 명확해 보이지만, 이 두려움은 지배 집단원들의 마음속에서 복잡한 방식으로 증폭될 수 있다. 게다가 분노 억압은 종속 집단원들의 마음속에서도 다양한 방식을 통해 심리적으로 강화된다. 그중 몇 가지를 살펴보자.

첫째, 잘 드러나지 않는다하더라도, 직접적인 힘을 명백하게 쓸 수 있다. 예를 들어, 우리는 이 사회에서 여성들에게 자행되어온 물리적 폭력의 위협에 대해 최근에야 좀 더 충분히 인식하기 시작했다. 많은 여성이 구타, 강간 및 다른 종류의 폭력이나 폭력의 위협을 개인적인 경험으로 인식해왔다. 사회적·경제적 자원의 박탈에 대한 위협 역시 폭력의 일종이며, 일반적으로는 남성들이 그러한 자원을 통제해왔다.

둘째, 보통 종속 집단원들은 분노할 **이유**가 없는 사람들처럼 대해진다. 만일 그들이 분노 비슷한 감정을 느낀다면 **그들에게 문제가 있는 것**이다. 그들은 문명화되지 않은 원주민이고, 우둔한 노동자이며, 사악하고 사랑받지 못하는 여성일 뿐이다. 혹은 요즘 표현으로 "아프고", 부적응적이다.

"정상이 되어야 한다."는 경고를 들으며 성장하기 때문에 — 즉, 상황이 요구하는 내용에 순응해야 한다고 요구받기 때문에 — 종속 집단원들에게서 여러 복잡한 심리적 경향이 발달된다. 이러한 복잡한 특성들은 다음과 같은 내적 신념들과 연관이 있다. 이는 이어서 설명할 내적 신념의 다양한 조합에 따라 달라진다.

1. 나는 **약하다.** 이 신념은 분노를 암시하는 것조차도 초기부터 효율적으로 막는데, 왜냐하면 분노를 느낄 때 압도적인 복수에 대한 즉각적인 두려움을 느끼게 되기 때문이다. 여기에는 보통 이러한 약함이 타고난 것이며 영원히 더 강해질 수 없다는 신념도 동반된다.

2. 나는 **가치 없는 존재이다.** 이러한 신념을 가지고 있을 때, 분노는 자기폄하의 느낌을 더 강화시키기 때문에 사람들은 분노를 느끼는 것을 두려워하게 된다.

3. **분노할 "권리가 없고", "명분도 없다."** 이는 모든 것 중에서 가장 기본적인 느낌일 것이다. 이 신념은 모든 다른 신념의 기저에 깔려 있다. 결국, 세상이 옳고 적절하게 이루어져 있다고 한다면, 종속 집단원들은 자신에게 분노할 권리가 분명히 없다고 믿게 된다. 분노를 느끼는 사람에게는 자신이 결함이 있고, 비이성적이며 가치 없다는 느낌이 강화될 뿐이다.

위의 세 가지 특징은 모든 종속 집단에서 발견할 수 있다. 여성들에게는 부가적으로 다른 차원이 있는데 특히 심리적 수준에서 찾아볼 수 있다. 이러한 측면을 한마디로 요약하자면 일반적으로 여성들은 여성으로서 정체성을 고려할 때, 분노하지 말아야 하고 분노할 **필요도** 없다고 생각하게 된다고 할 수 있다. 그러므로 분노는 여성의 정체성, 즉 **여성성**에 대한 심각한 위협으로 느껴진다. 최근 베르나르데스T. Bernardez(1976, 1978), 러너(Lerner, 1977), 질바흐J. Zilbach 등(1979), 나델슨C. Nadelson 등(Nadelson et al., 1982), 밀러 등(Miller et al., 1981a, 1981b)은 이러한 점과 이에 대한 몇 가지 임상적 징후에 관해 글을 써 왔다.

한 가지 주목할 만한 주요한 예외 사항이 있다. 분노와 공격적 행동이 여성에게 허락되어온 경우가 하나 있는데 — 주로 동물적인 비유를 사용해 설명한다 — 바로 암사자가 자신의 새끼를 보호하듯이 자식을 보호하기 위한 경우이다. 이 경우 대부분 여성들에게 **다른 사람을 위해** 분노하는 것이 허락된다.

위에서 설명한 경향들은 여성의 분노를 차단하는 기저의 핵심 내용에 따른 것이다. 즉, 여성들은 자기주도적이며 스스로 정의한 목표나 자신의 발전을 이루기 위한 활동을 해서는 안 된다는 것이다. 생애 초기부터 여성들은 남을 위해 행위를 해야 하고, 자신의 주요 과업이 관계 — 타인을 위하는 관계 — 를 유지하는 것이라고 믿도록 자라왔다. 이러한 상황은 자세히 조사해볼 가치가 있다. 여성들은 가치가 있는 다양한 심리적 강점을 계발하고 있지만 이 내용에 대해서는 오랜 논의가 필요하다(Miller, 1976; Gilligan, 1982). 문제는 매우 가치 있는 강점들이 상호성의 맥락에서 발전한 것이 아니라는 것이며, 자신의 발전에 집중할 수 있는 충분한 권리 및 필요성과 전혀 관련되어 있지도 않다는 점이다.

이러한 상황은 분노 문제를 복잡하게 만든다. 베르나르데스는 여성은 분노하는 것이 관계를 파괴할 것처럼 느낄 수 있다고 했는데, 적어도 미국 문화에서는 그렇게 여겨질 수 있다고 했다(Bernardez, 1978). 이 요인은 여성이 분노를 느끼기 시작하는 것을 두렵게 만드는 것으로, 그 자체로 강력한 무게를 가진다. 여성 대부분이 경제적·사회적으로 의존하는 관계 안에서 살고 있다는 것은 엄연한 현실이다. 이는 여성이 관계가 단절되는 것을 두려워하는 현실적인 이유가 된다. 개인에게 경제적 생활과 세상에서의 심리적 입지를 제공해주는 관계를 단절한다는 것은 매우 위험한 것이다. 이와 동시에 이러한 의존적인 삶을 사는 상황은 끊임없이 분노를 낳는다.

이러한 경향과 그로 인한 문제들은 나선형처럼 급상승하는 현상을 낳는다. 예를 들어, 아주 약간의 분노를 느끼는 것조차 여성들에게는 위험하게 다가올 수 있다. 따라서 여성들은 분노를 표현하지 않는다. 반복적으로 분노를 억누르는 것은 좌절하며 아무런 행동을 하지 않는 경험을 반복하게 만들 수 있다. 아무런 행동을 취하지 않아 무능함을 느끼게 되는 경험이 반복되면 자신을 약하다고 느끼고 자아존중감이 낮아지는데, 이는 여성들의 무가치감과 열등감을 증폭시킬 수 있다. 사람들은 열등하고 무가치하다고 느낄수록 더욱더 분노를 느끼게 된다. 이러한 상황은 여성의 심리적 "공간"을 너무 많이 차지하게 되고, 이로 인해 여성들은 자신에 대한 편향된 감각을 갖기 시작할 수 있다. 그녀는 "분노로 가득 찬" 느낌을 갖기 시작하는데, 이는 분명히 비이성적이고 부적절하게 보인다. 그 과정에서 이러한 모습은 그녀의 전체적인 심리적 상황에 대한 거짓된 내적 표상이 된다. 그러나 정말 중요한 점은 여성에게는 어떤 종류의 분노도 과도한 것으로 여겨지기 때문에 소위 "현실"이라 부르는 외적 세계가 이 거짓 내적 표상을 너무나 쉽게 진실이라고 승인한다는 것이다. 사실, 분노를 표현하는 것은 심각하고 혼란스러워 보인다는 위험을 내포하고 있다(많은 여성들이 분노에 대해 뚜껑을 열기 두려운 끝없는 우물이라는 비유를 사용한다. 이 같은 두려운 이미지가 잘못된 표상으로 이어졌다고 생각한다).

이 모든 것은 자기충족적 예언으로 끝날 수 있다. 결국 분노를 드러내게 되면 분노는 절규하고 고함을 치는 것과 같은 과장된 형태로 드러나거나, 즉각적으로 부정하고 사과하는 것과 같은 부적절한 형태로 드러나기도 하고, 혹은 어울리지 않는 다른 다양한 행동을 수반하기도 한다. 이러한 모습들은 "히스테리적"이라고 이름 붙여지며 묵살당하고 무시당할 수 있다. 베르나르데스와 러너는 이러한 점에 대해 명확한 임상적 설명을 제시해왔다(Bernardez, 1976, 1978; Lerner, 1977). 필자는 우리 모두가 여기에 덧붙일 수 있는 내용을 가지고 있을 것이라 확신한다.

그러나 아마 가장 흔한 일은 분노가 전혀 전달되지 않는 경우일 것이다. 그 대신 분노는 결국 남아 있는 유일한 수단인 "증상"을 통해서만 표현된다. 증상은 심리적인 것일 수도 있고, 신체적인 것일 수도 있으나, 가장 흔한 형태는 우울증이다. 애니타가 바로 이런 경우였다.

지금까지 논의한 모든 주제는 다른 기본적인 개념과 관련이 있다. 분노에 대한 여성들의 근본적인 두려움은 아마도 여성이 주된 "양육자"였다는 사실과 관련 있을 것이다 ─ 실제로 우리 사회에서 모든 사람이 유일한 양육자가 되어주기를 바라는 존재가 여성이다. 미국 문화는 지배 집단의 구성원들이 실제로 서로를 돌볼 수 있도록 조직되지 못했다. 남성들은 무엇이든 간에 서로 돌봐줄 것이라는 기본적인 확신을 서로에게 보증해주지 못할 뿐만 아니라, 자신의 발달이 섬세함과 돌봄으로 다뤄질 것이라고 확언하지도 못한다. 사실, 미국 문화에서 남성들은 서로에게 그와는 정반대되는 것을 확신시킨다. 이러한 문화적 맥락에서는 여성이야말로 돌봄, 간호, 양육을 위해 존재해야 한다고 모든 사람이 믿는다. 모든 사람이 여성들이 이를 행한다고 믿고 싶어 할 뿐만 아니라, 여성들이 이것을 하기 원하며 다른 일보다 우선순위에 두고 싶어 한다고 믿고 싶어 한다. 이러한 방식을 통해 여성이 자신의 궁극적인 동기 ─ 본능적이고 따라서 생물학적이며 다른 무엇보다도 더 깊다고 설명되는 ─ 를 충족시킨다는 설명이 지속되어 왔다(그러므로 "여성들을 그렇게 하도록 놓아두면", 여성들이 분노할 만한 정당한 원인이 있을 수 있겠는가?).

여성들은 타인의 발달에 관여하고 타인을 양육하면서("돌봄"보다 더 정확한 묘사일 것이다) 가치 있는 심리적 특성들을 발달시킨다. 그러나 다시 말해두지만, 이 점은 현재의 내용에서 꽤 벗어난 다른 내용으로 설명해야 한다.

늘 곁에서 총체적인 돌봄을 제공해주고자 하는 사람의 이미지는 병리적인 경우를 제외하고는 분노를 경험하는 사람과 **양립할 수 없다**. 마치 우리는 분노할 필요가 있고 분노할 수 있는 권리가 있는 동시에 진심으로 타인을 돌보고 양육할 수 있는 사람을 상상할 수 없는 것처럼 보인다(이러한 견해가 어떻게 심리학 이론으로 직접 옮겨져 왔는지가 놀라울 뿐이다). 단순하게 보일 수 있으나, 우리 모두가 그런 존재를 믿도록 격려받아왔다고 생각한다. 사람들을 돌보는 것을 문화적 활동에 내재된 부분으로 포함하지 않는 문화 속에서, 이러한 이미지를 살아 숨 쉬게 하는 것은 아마도 매우 중요할 것이다. 만일 우리가 "내적 세계", 즉 심리 내적 세계 안에 우리를 기다리고 있는 비현실적인 성모마리아 상을 유지하지 못했더라면, "외적 세계"의 무자비한 경제 체제는 존재하지 못했을지도 모른다. 예를 들어, 최근 여성 작가들은 유럽 문명사에서 동정녀 마리아의 표상은 놀라울 정도로 꾸준히 유지되어왔거나 반복해서 재현되어왔다는 것을 지적한다. 동정녀 마리아는 실질적인 권력을 가지고 있지 않다. 다만 그녀는 우리를 위해 탄원하고 청원할 수 있으며, 우리를 편안하게 해주고 돌봐줄 수 있을 뿐이다. 그리고 그녀는 결코 화를 내지 않는다.

이 부분을 종합하자면, 여성들은 종속적인 위치에서 살아왔으며, 종속적인 위치는 끊임없이 분노를 낳는다. 이와 동시에 여성들은 분노는 심리적 상태와 정체감을 파괴한다는 이야기를 계속 들어왔다. 더 나아가 분노는 여성들의 일상을 위협하는 것으로 여겨진다. 왜냐하면 여성들에게 일상이란 타인의 발달뿐만 아니라 사람들과의 관계를 지지·유지·지원·강화하는 것이었기 때문이다. 이는 물론 **모든** 발달이 일어나는 곳에서 그렇다.

이러한 상황에 직면하면, 여성들의 분노는 오직 간접적이고 혼란스러운 방식으로만 표현될 수 있을 뿐이다. 이는 심리적 수준에서 여성들에게 끔찍한 결과를 낳는다. 그러나 이러한 상황은 좀 더 큰 사회 역사의 일부분이다(더 정확히 말하자면, 아마도 역사로부터 파생된 것이다). 이 역사는 집단 문화에 내재된 필요조건으로서 지배 집단이 구성원들을 적절하게 돌보지 못해왔다는 사실을 직면하지 못하도록 했다. 다시 말해, 지배 집단은 모든 사람의 발달을 위한 돌봄과 나눔을 제도 안에 포함할 필요가 없다는 관념을 고수해왔다. 돌봄과 나눔은 "하층 계급"에게 떠넘겨졌다. 그렇기에 지배 집단의 구성원들은 **인간성의 기본적인 부분**으로서 깊이 있고 실질적인 의미에서 자신들이 타인에 대한 책임이 있다는 신념을 발달시켜야 한다고 느낄 필요가 없는 것이다. 그러한 신념은 여성들에게 해당하는 것이기 때문에 지배 집단은 이러한 정체감을 발달시키지 못하도록 강력한 방해를 받는다. 이러한 신념은 "여성적인 것", 즉 남성들과 남성 문화가 원해서는 안 되는 것이다.

반면, 인간이 분노를 표현하는 것이 정당성을 지니는 경우는 오직 그 표현이 하나의 성, 즉 남성에게서 나왔을 때였다. 이 경험은 우리 모두가 가지고 있는 분노에 대한 개념을 형성해왔다. 우리 모두가 아는 바와 같이, 분노는 독특한 형태를 취해왔는데, 이는 분노가 한쪽 성, 특히 구성원들을 돌볼 의무가 없었던 성에게만 허용되는 맥락 안에서 존재해왔기 때문이다.

게다가 남성들은 개인의 선택과 상관없이 지배 구조를 떠받치는 데 관여하는 구성원으로 살아야만 했다. 지배 구조를 유지하기 위해 인류의 절반은 "자연스럽지 못한", 혹은 적어도 필연적이지 않은 특성들을 취하고 어떤 특성들을 발달시키지 못하도록 격려받는다. 예를 들어, 어떤 집단은 지배를 유지하기 위해 타인을 인식하고 그들과 "함께 느끼는", 즉 공감이라고 불리는 능력이나 타인의 자원이나 능력을 성장시키는 것에 대한 믿음이나 갈망에 대한 잠재력을 두려워하고 부인하는 경향을 보인다. 따라서 이러한 능력들을 일상에서 실천하지 않는다. 그러므로 한쪽 성에게는 타인과 동시에 자기 자신의 성장과 발달을 위한 활동, 심지어 직접적으로 일상생활을 유지하고 단순한 육체적 삶을 돌보는 것에도 관여하지 않는 것을 장려해왔다. 이제까지 거의 실천하지 않았던 이 모든 잠재적인 활동 양식은 분노를 경험하고 드러내는 방식을 **분명히** 변화시킬 것이다. 이러한 활동 양식은 모든 감정, 특히 타인의 특성과 타인과 맺는 관계에 대한 내적 구조에 관한 다른 형태와 통합을 만들어낸다. 좀 더 자세히 설명하면, 삶을 제한하는 활동보다 삶을 강화시키는 활동을 실질적으로 실천하는 것은 다른 사람들과 우리가 함께할 수 있다고 믿을 수 있는 것, 그리고 우리 자신에 대해 믿을 수 있는 것에 대한 정신 내적 구조에서 매우 중요한 차이를 낳는다.

남성과 분노

이제 지배 집단의 구성원으로서 성장하는 것의 효과를 간략하게 논의하고자 하는데, 이에 관해 아버지를 가장으로 하는 전통적인 가족 구성 안에서 자라는 소년이 받는 영향력의 일부를 언급할 것이다. 그러나 다시 말하지만, 우리는 더 큰 맥락을 고려해야 한다. 많은 학자가 여성들의 종속은 사회 안에서 남성들이 갖는 권위와 권력의 위계가 발달해온 역사와 관련이 있다고 설명한다. 즉, 남성들이 여성들과 아이들을 "소유하기" 시작했을 때, 남성들은 자신들의 서열에 맞춰 스스로 순서를 지켜야만 했다. 우리 문화는 그 기원이 무엇이든 간에 위계 속에서 남성의 서열이 정해지는 전통 속에서 발달해왔다. 남성들 간의 지배-복종 관계는 계급, 인종, 종교 및 기타 요인들을 기반으로 한다. 남성 다수는 다른 남성들의 지배를 받는 위치에서 살아왔다. 남성들이 그러한 지배에 대해 갖는 정당한 분노가 무엇이든, 다른 모든 피지배 집단에서 그러하듯이 억압당했어야 했다. 그러므로 남성들도 종속 집단의 구성원이 되는 상황에서는 분노의 원천에 분노를 표현하는 것이 허용되지 않았다. 이는 분노가 매우 "적절"하며, 분노를 적절하게 통제할 수 있는 시간과 장소에서도 그러했다.

적절한 분노에 대한 기초적인 정의를 여기서 내릴 수 있을 것 같다. 분노는 단지 감정, 즉 언어적·비언어적 방식으로 표현할 수 있는 감정일 뿐이다. 단순하게 보자면, 분노는 무엇인가 잘못되었고 ― 무엇인가 상처를 주고 ― 변할 필요가 있다는 것을 우리에게 말해준다. 따라서 분노는 불편함에 대한 강력한(그리고 유용한) 인식과 현재 조건을 변화시킬 수 있는 행동에 대한 동기를 부여한다. 그것은 자신과 타인에 대한 진술이다. 분노를 인식하고 표현할 수 있다면 그것으로서 분노의 역할은 끝난다. 가장 중요한 점은 다른 사람들이 거기에 응답할 수 있다는 것이다. 내가 분노를 표현할 때 당신은 내가 상처받았다는 것을 알 수 있다. 상처를 주는 무엇인가를 더 낫게 만들면서 무언가 변화를 야기하는 행동과 반응을 우리 사이에 주고받을 수 있는 기회가 된다. 이러한 가능성이 존재한다면 분노는 보통 사라진다. 아무도 다칠 필요가 없다. 즉각적인 상호작용에서 분노를 표현할 수 없고 그 원인을 인식할 수조차 없을 때 문제는 시작되고 끝없이 복잡해진다.

일반적으로 남성들의 사회적 위계 서열은 유용하고 생산적이며 상호적인 방식으로 분노를 표현하는 것을 불가능하게 한다. 이와 똑같은 위계 패턴과 서로 분노를 표현하는 것에 대한 통제가 가족 안에서도 반복된다. 물론 가족 내에서 이는 가장 친밀한 관계인 아버지와 아들 사이에 영향을 준다. 남성의 심리 발달을 고려할 때, 가족보다 더 큰 사회의 패턴을 따라 어린 소년이 분노를 직접적이고 즉각적으로 표현하는 것이, 특히 역사적으로 가족의 "우두머리"인 아버지에게 그렇게 하는 것이 허용되지 않는다는 상당한 증거가 있다. 그러나 동시에 소년은 "공격적"이 되도록, 즉 공격적인 **행동**을 하도록 자극받고 격려를 받는다. 소년들은 부족해보이지 않고 남에게 구타당하지 않으며, (무엇보다도) 여자처럼 되지 않기 위해, **공격적이지 않게 되는 것**을 두려워하게 된다. 이 모든 것은 남성의 정체감 – **남성성**이라고 불리는 – **으로 구성되는** 핵심적인 부분에 끔찍한 위협이 된다. 여기에서 우리는 그러한 단순한 구분이 여성에 대한 정의와 **반대되는 방식**으로 남성들이 스스로를 정의하게 만든다는 것을 알 수 있으며, 이러한 내용은 처음부터 거짓된 것이다.

아버지들이 특히 소년들의 공격적인 **행동**을 부추긴다는 증거가 있다(Block, 1978). 그러나 그 외에도 최근 일부 연구들은 아버지들이 반복적으로 8~24개월 정도의 어린, 심지어 더 어린 남아들에게 반복적으로 분노와 공격성을 자극하고서는 그로 인해 느끼게 된 분노를 아버지에게 직접적으로 표현하지 못하도록 한다는 점을 설명한다. 예를 들어, 글리슨(1975)은 아들을 사랑한다고 의식적으로 생각하는 중산층 상위 계급의 아버지들이 빈번하게 아들과 옥신각신하며, 아들을 "꼬마 얼간이"나 "새대가리"와 같이 "비하하는 이름"으로 부르는 것을 발견했다. 그러나 소년들이 화가 나서 그 분노를 **아버지에게** 표현할 때 아버지는 아들과의 "놀이"를 멈추고 심지어 벌을 주었다. 이 연구에서 관찰자들은 아들에게 표현하는 적대감의 정도와 아들을 자극하는 분노의 정도를 보고 충격을 받았다. 이러한 관찰들은 임상 작업에서 여러 번 들었던 이야기들을 확인시켜주었다.

이러한 현상들은 복잡한 영향력을 미친다. 그중 한 가지만 여기에서 설명하고자 한다. 이는 남성들이 일반적으로 아이들의 삶과 발달에서 일상적으로 친밀한 정서적 교류를 나누지 않으며, 성인 여성들과의 일상적인 관계에서 정서적 교류를 하지 않는다는 이전의 설명과 관련이 있다. 결과적으로 많은 아버지는 아들(혹은 딸)과 많은 정서를 교환할 기반을 형성하지 못하게 된다. 이러한 면은 아들이 화가 날 때 비단 분노뿐만 아니라 다양한 느낌 ─ 상처, 굴욕감, 취약함, 무능함, 특히 혼자라고 느끼는 고립감 ─ 을 함께 느낀다는 점에서 중요하다. 하지만 아들은 이 다양한 감정을 아버지에게 표현한다거나, 느낌을 인식하고 그것이 무엇인지를 느끼는 것조차도 격려받지 못한다. 그 대신 그 감정들을 행동 ─ 공격적인 행동 ─ 으로 옮기도록 격려받는다. 게다가 그 공격적인 행동을 분노의 원인, 즉 아버지를 대상으로 하는 것은 허락되지 않는다. 일반적으로 소년조차도 짧은 순간이든 긴 시간이든 다양한 범위의 감정을 유지하고 인식해 그것들을 가능한 한 **감정 자체로** 직접적으로 표현해서는 안 된다. 그 대신 행동하도록 ─ 공격적으로 행동하도록 ─ 강하게 독려받는다. 이러한 상황은 생애 초기에 형성되어 남성이 **자신들의** 중요한 경험에 집중하지 못하도록 하는 강력한 동력을 구성한다. 특정한 감정이 자신의 정체성과 세상에서 갖는 위치를 위험하게 할 수 있다는 이야기 ─ 이 이야기들은 현실의 커다란 부분을 부인하는 다양한 형태로 완결된다 ─ 를 듣는 사람들은 바로 남성들이다. 최근 들어 여성들이 지각한 내용을 표현하기 시작하면서 많은 여성들은 남성들은 자신들의 경험의 상당 부분을 표현하지 못한다는 점을 알아차리고 있다. 남성들은 심지어 여성들이 그들과 이야기하고자 하는 것이 무엇인지에 대한 개념조차 없다.

이런 일은 임상적으로도 자주 일어나는 것이다. 특히, 남성들이 약하고 상처받았으며, 두렵고 외롭다고 느낄 때 대부분 공격적으로 행동하는 모습을 흔히 발견할 수 있다.

애니타의 남편도 이러한 경우처럼 보였다. 애니타의 남편은 겉으로 보기에는 자유롭고 트인 사람처럼 보였지만, 그녀가 그에게 부드럽게 의견을 말하거나 의문을 제기하며 목소리를 내기 시작하면 폭군같이 화를 내고 애니타를 멸시했다. 이제 애니타는 비록 이 모든 것을 분명한 방식으로 설명해내지는 못하지만, "감을 잡았다"고 말했다. 그녀의 남편은 기본적으로는 외롭고 그녀가 자신을 지지해주지 않을까 봐 두려웠던 것이다.

소년의 분노는 "당신은 나를 아프게 했다. 나는 내가 어떻게 상처를 받았고 굴욕감을 느꼈으며, 두려웠는지 당신에게 말하고 싶다"라는 식의 설명과 같은 것이 될 수 없다. 이런 설명은 안전과 더불어 상대방이 심리적으로 **함께 있어주고** 말을 들어주고 지속적으로 반응해줄 것이라는 믿음을 기본적으로 가질 수 있어야 가능하다. 그러나 그 대신에, 소년은 "나는 너한테 화가 났고, 네가 다시는 나에게 상처주지 못하게 하려면 내가 너보다 나은 사람이 되어야만 해"와 같은 방식으로 느껴야만 하는 것이다.

소년은 분노를 아버지에게 표현할 수 없는 분명한 이유가 있기 때문에 그러한 행동을 동료나 또래와 같은 다른 사람들에게 표현하도록 격려받는다(오이디푸스 콤플렉스와 그것이 설명하는 비정상적인 파괴적 상황에 주목해보면 흥미롭다. 전통적인 정신분석 이론을 따르는 사람들은 소년이 자신이 속한 문화에 확실하게 편입되고 도덕성을 발달시키는 시기가 바로 이 오이디푸스 시기라고 생각하기 때문이다. 최근 몇몇 발전된 이론에서 오이디푸스 시기에 전반적인 문화적 상징체계 — 문화 속에서 존재하고 사고하는 총체적인 방식을 구성하는 언어와 생각 — 가 구성된다고 설명한다).

현재의 논의를 위해, 필자는 소년은 분노를 느끼게 하는 즉각적인 대상인, 애초부터 자신을 그런 식으로 대할 필요가 없는 아버지를 향한 분노의 화살을 다른 곳으로 돌려야만 한다는 부분만을 강조하고자 한다. 아들(그리고 딸)이 분노를 유용하게 표현할 수 있으려면, 아버지는 우선 다양한 감정을 수반하는 교환의 기반을 만들어야 한다. 또한 그러한 기반을 통해 아버지는 자신이 아들의 분노와 공격성을 불필요하고 과하게 자극하고 있다는 것을 인식할 수 있어야 한다.

소년들은 생애 초기부터 공격성을 활용하고 방향을 정하는 것을 배우기 때문에 계속 "발달하고 있다"고 할 수 있는데, 이것은 방향이 엇나간 분노이다. 소년들은 구조화된 게임 속에서 배운다. 이 게임과 이후 이에 상응하는 것들(혹은 이 게임의 역사적 기원들) — 예를 들면, 군대— 은 남성들에게 사업·정치·권력 **게임**을 조작하는 것과 세상을 지배하는 방법을 훈련시킨다. 핵심 요소는 소년들이 규칙에 따라 게임하는 것을 배운다(Gilligan, 1982)는 것이다. 실제로 최근 몇몇 저술가들은 여성들이 세상에서 어려움을 겪는 이유가 이러한 규칙에 따라 게임하는 방법을 모른다는 것에서 비롯된다고 설명하고 있다.

그러나 규칙에 따라 게임하는 방법을 배운다는 것이 무슨 뜻인가? 이러한 게임에 대한 과학적 조사를 바탕으로 매우 흥미로운 자료들이 나오고 있다(Gilligan, 1982; Luria, 1981). 그중 하나를 집중적으로 보자면, 길리건은 중요한 것은 사람이나 사람들 사이의 개인적인 관계가 아니라, 바로 **게임 그 자체**라는 것을 사람들이 배우게 되는 것이라고 지적한다(Gilligan, 1982). 타인을 이기려고 노력하고, 할 수 있는 한 강하게 타격을 입히려고 하는 것들은 누군가에게 개인적으로 상처를 준다는 뜻이 아니라 단지 게임을 하는 것일 뿐이다. 마찬가지로 그 대상도 그것을 개인적으로 받아들여서는 안 된다. 왜냐하면 실제로 상처를 주는 것이 아니기 때문이다. 그러나 규칙에 따라서는 게임하는 것이 실제로 상처가 될 수도 있다. 남성들과 함께한 임상 작업은 이러한 게임이 다양한 방식으로 상처를 준다는 것을 보여주고 있다.

게임이 성인기에도 지속되면서, 남성들은 경쟁하고 승리하며 상대방을 몰아내고 심지어 궁극적으로는 파괴하기도 한다. 게임은 실제로 다치는 사람은 아무도 없다는 거짓 속에서 펼쳐진다. 이와 같은 사고방식은 전쟁에도 적용될 수 있으며, 실제 적용되어왔다.

이러한 상황 속에서 소년과 남성은 분노만 느끼지는 않는다. 그 외에도 많은 감정이 있지만, 그 자체로 인식되고 표현되는 경우는 거의 없다. 최근 소설인 『신의 집The House of God』(Shem, 1978)은 초기 성인기라는 삶의 한 단계에서 겪게 되는 이러한 경험들을 그려내고 있다. 이 소설은 저명한 병원에서 근무 중인 한 인턴에 관한 이야기로, 매우 다양한 감정 ― 두려움, 공포, 슬픔, 고립감, 그리고 특히 고통과 상처 ― 이 어떻게 공격적 행동, 특히 사디즘 및 간호사들과의 비인간적인 성관계로 변해 가는지 자세히 묘사하고 있다.

그러한 삶의 여정에서 등장인물들은 현실을 기가 막히게 왜곡하는 법을 배운다. 각각의 인물들은 자신의 경험을 부인하고 공격적으로 행동해야만 한다. 이를 성공적으로 해낸다면, 그는 그 상황에서 남보다 뛰어난 사람이 될 수 있는데 ― 즉, 승리할 수 있는데 ― 결국 대부분의 남성에게 이런 일은 거의 생기기 않는다.

지면이 허락된다면 여러 추가적인 지점들을 설명할 수 있을 것이다. 예를 들어 공격적 행동은 계급과 민족에 따라 차이가 있는데, 중간 계급은 권력과 지위를 획득하기 위해 명시적인 신체적 공격보다 통제된 조작을 활용하는 것에 더 가치를 둔다.

또한 여성과 남성의 발달에 대해 많은 부분을 다루지 못했고, 특히 분노와 섹슈얼리티의 연관성에 대해 설명하지 못했다. 그러나 주요한 내용을 간단하게 다시 강조하면 다음과 같다. 많은 남성들이 아버지가 자신들을 정서적으로, 때로는 실제로 버렸다고 느낀다고 보고한다. 남성들은 아버지가 정서적으로 "곁에 있어주지" 않았다고 느끼는데, 이는 아버지에 대한 **존경**, 아버지가 심리적으로 함께 있어주는 것에서 비롯되는 **영향력**이 불러일으키는 다양한 감정을 겪으면서 확인할 수 있다.

분노에 대한 설명

여기에서 설명하고자 하는 내용은 우리의 문화적 전통이 남성이 분노를 경험하고 깨닫는 것을 왜곡시키며 넓은 범위의 복잡한 감정 안으로 분노를 통합하는 것을 가로막고 있다는 것이다. 우리는 분노가 공격적이고 고립시키며 파괴적인 경험이라고 이해하고 있다. 그러나 분노는 **그럴 필요가 없는 것이다.**

가장 파괴적인 심리적 현상 중 하나가 될 수 있는 것과 연관시켜보자. 이 현상은 훨씬 오래전의 정신역동적 사고에 기반을 둔다. 많은 여성 저술가들이 최근에 그 중요성을 강조하고 있다. 그 현상은 경험으로 인해 고통받지만, 진심으로 그 고통을 느낄 수 있도록 "허락"받지 못한다는 것이다. 즉, 어떤 경험을 진정으로 체험하고 이해하고 이름 붙이며, 그 경험이 불러일으키는 감정에 반응할 수 없다는 것이다. 이러한 현상은 사회생활을 하면서 필연적으로 맞닥뜨리게 된다. 왜냐하면 타인과 상호작용하는 와중에 발생하는 일이기 때문이다. 당신 주변 권력이 있는 사람들이 당신이 그런 식으로 반응해서는 안 된다고, 특히 당신이 실제 느끼고 있는 감정들과 이에 대한 인식에 대해 당신이 **그런 감정을 느끼고 있지 않으며 그런 인식이 잘못되었다고** 말할 때, 문제가 생기게 된다.

그것은 심각한 심리적 문제를 야기할 수 있는 상황이다. 결핍이나 공격 자체로 고통받을 뿐만 아니라, 복잡한 감정이 드는 동시에 이에 대해 "승인받지 못하고" 종종 감정을 직접적으로 표현하려고 시도하면 처벌받기 때문에 고통을 받는다. 그런 경험 때문에 당신이 무엇을 경험하고 있는지 인식하는 것조차 거의 불가능해진다. 이는 어른들에게 끔찍하고 혼란스러운 일이다. 아이들에게는 더더욱 그럴 것이다.

몇몇 이론가 ─ 예를 들어, 설리번과 비온Bion ─ 들은 과거에 그들만의 용어를 사용해 이에 대해 설명했다. 여기에 미국 문화에서는 어떤 핵심적 경험과 정서는 체계적이고 반복적으로 승인받지 못할 가능성이 높으며, 그 방법이 성에 따라 달라지는 맥락이 있다는 설명을 덧붙이고자 한다.

그러므로 분노에 관한 우리의 문제는 분노에 대한 **실제** 경험이 부족하고, 적절한 때에 적절한 방법으로 — 피해, 학대, 폭력의 함의를 가질 필요가 없을 때 — 분노를 직접적으로 표현할 수 있도록 충분히 허용하지 않기 때문에 발생한다. 남성의 경우, 공격적 행동에 대해 반복적으로 재자극을 받으면서 분노로부터 주의를 돌리는 것이 문제이다. 여성에게는 끊임없이 분노를 야기하지만 어떤 형태로든지 여성이 직접적으로 분노를 표현하는 것에 대해 관대하지 못한 상황이 문제인 것이다.

심리학적 이론

분노와 모든 감정에 대한 전통 심리학 모델에 대해 몇 가지 의문을 제기하며 이 장을 마무리 하고자 한다. 예를 들어, 정신분석가들과 일부 심리학자들은 "유아적인" 격렬한 분노를 분노 중에서 최악의 종류로 치부하는데, 이는 생애 초기를 "최악"과 관련짓는 선형적 모델을 가정하고 있기 때문이다. 필자는 그와 반대로 인생이 어느 정도 지난 후에 최악의 분노를 경험할 수 있다고 생각한다. 우리는 상처를 받았지만 상처를 받았다는 것을 인정받지 못하는 경험을 피할 수 없다. 이러한 경험은 가장 끔찍하고 두려운 격노와 연관되어 있는 분노를 이해하기 위해 필자가 자세히 설명하려고 노력해왔던 것이다. 우리는 보통 이를 "무기력한 격노"라고 부른다.

이 끔찍한 경험과 비교할 때 유아의 격노는 다른 현상이다. 유아와 어린이들은 우리가 분노라고 부르는 것을 표현하는데, 그 표현이 과도할 수는 있다. 그러나 이러한 분노는 필자가 설명한 복잡한 분노로 발전하기 전에 해소될 수 있는 매우 단순한 것이다. 불행히도 미국의 문화적 조건 속에서, 간단하고 분명한 분노는 **그런 경험을 통해 복잡해지기 쉽다.**

프로이트의 후기 공식에 따르면 전통적인 정신분석 모델은, 사람들이 공격성이라고 불리는 것을 가지고 태어나는데, 정해진 양이 있을 수도 있고 타고난 성향일 수도 있다고 설명한다. 이러한 공격성은 마치 공격성이 내용이 없는 "날것인" 상태로 발생하는 것처럼 이야기되어왔다. 그러나 사회화를 통해 공격성은 "중화되고", "승화되며", "통제되고", "수정되는" 등의 변화가 생긴다고 한다.

그 대신 감정들은 지금까지 우리가 분류해온 것처럼 "발달된" 현상일 수 있다. 감정들은 환경적 맥락, 다시 말해 사회적 맥락이 자극하는 것에 따라 "다듬어진 것"이다. 감정들은 환경에 의해, 즉 문화에 의해 이름이 붙여지고, 설명되고 개념화된다. 다시 말해, 유아의 경우 다양한 방법으로 강한 반응을 보일 수 있는 능력이 있으며, "분노"와 같은 것도 그중 하나이다. 하지만 이와 같은 표현적인 반응은 문화적으로 형성되고, 성인 이론가들이 유아의 마음에 투사하는 격노와는 그 종류가 **다르다**.

셰이퍼는 다음과 같이 설명했다.

단어를 고안하고 할당함으로써, 즉 이름을 사용함으로써, 사람들은 경험 양식을 만들고 특정한 주관적 경험을 강화시킨다. 이름은 심리적인 삶에서 가능하거나 불가능한 사건, 상황, 관계를 표현한다. … 결과적으로, 어떤 것이 능동성이나 수동성, 혹은 공격성이나 피학성의 경우이거나 … 모든 것이 합쳐진 경우이거나, 혹은 그와 관계없는 경우인지 여부는 우리가 그것을 일관되게 이렇게 혹은 저렇게 부르는지 여부 혹은 전혀 일관성 있게 이름 붙이지 못해 그 존재를 구성하고 허용할 수 없게 되는지 여부에 달려 있다. … 개념화되지 않은 사실을 발견하고 설명할 수는 없다. 단어를 사용하고 묶는 것을 지배하는 느슨한 관습이 있을 뿐이다. … 그리고 이러한 관습은 다른 것과 마찬가지로 가치를 표명하게 된다 (Schafer, 1974: 459).

간단히 말하면, 우리가 전통적으로 극단적이라고 상정해온 종류의 분노라는 건 원래 **없었다**. 우리의 환경이 알고 있는 형태의 분노를 창조해내고 형성해왔다. 그렇다면 그러한 분노는 내재적이거나 불가피한 것이 아니다. 우리가 알고 있는 분노는 분노 반응을 먼저 불러일으키는 문화적 구조에 의해 발달한다. 개인들이 그러한 반응을 충분히 인식하고 이해하거나 경험을 바탕으로 어떤 행동을 할 수 없게 되면서 문제는 더 심화된다. 우리가 직접적이고 정직한 반응을 보일 때 존중받고 사랑받을 수 있을 것이라고 장담할 수 있는 맥락이 없다.

우리들 ─ 여성과 남성 모두 ─ 은 어른으로서 분노를 경험할 수 없기 때문에 우리 아이들에게도 분노를 허락할 수 없는 것이다. 우리는 두려움 없이 쉽게 분노를 경험할 수 있기 위한 감정 연습을 하거나 개념을 가지고 있지 않다.

분노 문제를 축소하려는 것이 아니다. 그 대신, 그동안 우리가 분노라고 알아온 것을 만들어내는 문화적 구조가 있다는 제안을 고려하는 것이 매우 어려울 수 있다는 것을 설명하는 것이다. 이러한 문화적 구조는 분노가 내재적이고 위험한 추동 때문에 생긴다고 한다. 궁극적으로 우리는 스스로를 두려워하게 되고 분노를 더 나은 문화적 구조를 만들기 위해 사용할 수 없게 된다. 그러는 동안 지배 집단의 구성원들은 서로를 향해 혹은 종속 집단의 구성원들을 향해 분노를 표출하도록 강하게 격려받는다.

미국 문화에서 그리고 아마도 다른 문화권에서도, 양성 모두 자신의 경험을 더 충분하고 진실하게 탐색하고 이해하도록 격려받지 못한다면 분노에 대한 문제는 해결되지 못할 것이다. 지금까지 양성 모두, 인식하거나 개념화할 수 있었던 가능성이 충분히 있었음에도 불구하고 그렇게 하지 못했던 종류의 분노를 경험하거나 표현할 수는 없었다.

이 논의를 끝내기 위해 애니타의 상황으로 돌아가보자. 그녀는 자기 삶의 가치가 남편에 의해 부여되는 것이라고 믿어왔으나, 남편은 그녀에게 큰 가치를 부여하지 않았다. 그것은 분노할 만한 이유였다. 게다가 그녀가 직접적으로 더 독립적인 사람이 되고자 하면 남편은 그녀를 처벌했다. 그것도 분노할 만한 이유였다. 그녀는 남편을 총체적으로 돌보기 위해 수년간 일해왔으며, 누군가가 자신을 돌봐주는 것이 아니라 그녀와 그녀의 생각과 감정에 **대해** 관심을 가져주기를 바랐다. 그러나 아무도 그런 방식으로 그녀에게 관심을 쏟지 않았다. 그것은 화가 날 만한 또 다른 이유였으며, 의존성이 아니다. 그녀는 이러한 요인들과 그 외에도 설명하기에는 너무나 많은 문제에 직면하여 가치 있는 자아감을 갖기 힘들었다. 이것도 의존성은 아니며 분노할 만한 또 다른 문제일 뿐이다. 애니타는 자기가치감을 추구하는 자신을 이해하고, 분노를 생산적인 방향으로 바꾸고, 다양한 실망을 다루며, 몸부림쳐야 했다. 그러나 그녀는 적어도 자기가치감을 위한 더 나은 토대가 되어줄 가능성이 많은 활동으로 전환할 수 있었다.

핵심 내용은 애니타가 가진 분노의 기원과 발달에 대해 다른 관점에서 탐색하는 것을 통해 임상가가 다른 관점을 갖기 시작할 수 있다는 점이다. 그녀의 분노는 행동을 불러일으키는 잠재적 원천 - 가치 있는 잠재력 - 으로 볼 수 있지만 그녀의 가족 내·외부에서 그리고 자신의 마음 구조 안에서 현실적으로 부딪혀야 할 많은 장애물이 있다.

만일 누군가가 진정으로 이렇게 **느낄** 수 있게 된다면 대단한 변화가 이루어질 것이다. 이것은 그녀를 - 기껏해야 "동정심"을 가지고 - 분노에 차 있는 유아적이며 의존적인 여성이라고 보는 것과는 매우 다르다. 또한 양성의 경험 - 특히 이러한 경험들이 억압당하고 있는 다른 사람들을 이해하려는 노력과 결합되었을 때 - 에 근거를 두고 진심으로 존중을 담은 상호작용을(상호 교환을) 할 때, 우리가 더 넓은 대화의 길로 나아갈 수 있다고 제안하는 바이다. 그러한 대화가 심리 발달의 실재를 더 깊이 이해할 수 있고 - 이 핵전쟁의 위협이 도사리는 시대에 - 우리 모두가 생존할 수 있는 유일한 방법이라고 믿는다.[1]

---

1   이 논문은 1982년 11월 스톤센터 콜로키움에서 발표한 것이다.

여성과 권력

진 베이커 밀러

최근 대화를 나눌 때, 사람들은 흥미로운 질문을 불러일으키는 이야기들을 들려준다. 예를 들면, 어떤 회의가 끝난 후, 한 여성이 와서 자신이 많은 판매직 노동자들을 감독하는 사람이라고 말했다. 그녀는 "이 여자들을 어떻게 하면 좋을까요?"라고 물었다. 그리고는 이야기를 계속했다. 회사에서 한 달에 한 번 큰 회의를 하는데, 그 회의에 참석하는 리더급의 판매직 노동자들은 모두 인정을 받은 사람들이며, 그 회의에서 이야기를 해야만 한다는 것이다. 과거에는 인정을 받은 판매직 직원들 가운데 여성들은 거의 없었다고 한다. 여성들은 일어나서 다음과 같이 말한다고 한다. "글쎄요, 나는 어떻게 된 건지 진짜 모르겠어요. 내 생각에는 지금 내가 그저 운이 좋은 것 같아요." 혹은 "이번 달은 운이 좋은 게 틀림없어요." 반면 남성들은 "음… 처음에는 전국 판매 현황을 분석했죠. 그리고 그것을 지역 단위로 세부적으로 분석하고 판매 추세를 찾아냅니다. 그다음에는 고객들을 분석하죠. … 음… 나는 매우 열심히 일해요. 이번 달엔 야간에 70%의 초과 근무를 했어요. 그리고…"라고 말한다는 것이다. 물론 요점은, 여성들도 비슷한 일을 하거나 똑같은 효과를 내는 자신만의 방식으로 일을 한다는 것이다.

또 다른 예는 어떤 여성이 자신이 막 시작한 프로젝트를 설명한 것이다. 그녀는 일을 시작할 때 이 일이 정말로 중요하고 좋은 일인지 생각한다고 한다 (그리고 동료들과 친구들도 그녀에게 그렇게 말한다고 한다). 그녀는 "아마도 나는 정말로 여기에 대해 뭔가 알고 있을 거야"라고 자신에게 말한다. 그런 다음 곧바로, "이건 아무것도 아니야", 혹은 "어쨌든 모든 사람이 이걸 알고 있을 거야"라고 자신에게 말한다는 것이다.

필자가 생각하기에 이 두 가지 예는 여성과 권력에 대한 질문들을 하게 한다. 최근에는 몇몇 관점과 훈련에 근거하여 권력에 대해 생각하는 모임들뿐만 아니라 저작들도(예를 들면 Janeway, 1980) 나타나고 있다. 그러나 만일 우리가 정말로 여성들이 성장해 활약할 수 있는 조직과 개인적 삶을 만들려 한다면, 여성과 권력에 대해 훨씬 더 의식적이고 구체적이며 직접적인 관심을 기울여야만 한다. 우리 여성들의 대부분이 전반적인 분야에서 여전히 많은 어려움을 겪고 있다. 유일한 희망은 이 어려움들을 함께 탐색하려는 노력을 계속하는 것이다.

남성들이 권력에 관해 어려움을 겪지 않는다고 암시하는 것이 아니다(세상을 둘러보면 알 수 있다). 하지만 남성들의 문제는 역사적으로 여성들의 문제와 다르다. 다른 주요 주제들처럼, 여성들이 권력에 대해 탐색해봄으로써 중요한 이슈들을 우리에게 설명해낼 수 있을 뿐만 아니라, 권력에 대한 전반적인 개념을 새롭게 이해할 수 있을 것이다. 아마도 남성들 스스로가 발견하기 제일 힘든 문제라는 것을 밝히는 것을 통해, 남성들이 빠지는 함정과 문제를 해명할 수 있을 것이다.

여성들에게 꽤 일반적으로 일어나는 몇 가지 현상을 검토하고 임상 작업에 근거한 심리적 관점으로 분석하면서 이 최초의 고찰을 시작하려 한다.

권력을 정의하기

권력에 대한 정의들은 많다. 각각은 그것이 나온 역사적 전통을 반영하며, 다양한 훈련 프로그램들은 자체적인 정의를 내려왔다(예를 들면 McClelland, 1979). 한 사전에는 권력을 "어떤 것을 하는 또는 수행하는 능력", 힘, 강점, 에너지, 재능, 영향력, 이어서 "지배권, 권위, 통치자"와 같은 단어들이 긴 행렬을 이룬다. 이어 "군사력"으로 끝맺는 더 많은 말이 나온다. 이 목록은 우리 중 대다수가 권력하면 자동적으로 떠올리는 생각들을 정확하게 반영하고 있다. 우리는 아마도 이 개념을 다른 사람들을 통제하고 제한하는 것, 즉 지배권을 행사하거나 장악하는 것뿐만 아니라 자신의 힘과 권위 또는 영향력을 늘리는 능력과도 연관시켜온 것 같다.

필자 나름대로 쓰고 있는 권력의 정의는 **변화를 가져오는 능력**이다. A단계 혹은 A상태로부터 B단계 혹은 B상태로 무언가를 변화시킬 수 있는 능력이다. 이것은 생각이나 감정, 때로는 매우 강력한 행동의 변화를 포함할 수 있다. 이것은 경제, 사회 또는 정치 영역과 같은 더 큰 영역에서 행동하는 것뿐만 아니라 대인 관계 영역에서 변화를 만들기 위해 행동하는 것도 포함할 수 있다.

이 넓은 정의는 더 심도 있게 분화될 수 있다. 예를 들면, 어떤 사람은 심리적으로 혹은 개인적으로는 다소 강력하지만 경제적·사회적·정치적으로 자신의 운명을 결정할 수 있는 권력에서는 사실상으로는 합법적인 사회적 허가를 받지 못할 수도 있다. 또한 "무엇을 위한 권력인가?"라는 질문이 있다. 누군가는 자신을 위한 권력을 얻는 측면에서 생각할 수도 있고, 또는 일반적인 미덕이나 공동체를 위한 영향력을 추구할 수도 있다.

권력에 대한 여성들의 관점

더 정밀한 설명이 필요하지만, 우리 문화와 몇몇 다른 문화에서는 일반적으로 여성은 어떤 차원에는 권력을 갖고 있지 않고, 가져서도 안 된다는 신화를 유지해왔다는 것이 아마도 정확한 설명일 것이다. 더 나아가 우리는 여성은 권력을 필요로 하지 않다는 생각을 갖고 있다. 대개 드러내고 말하지는 않지만, 다른 사람들에게 봉사하는 데 권력을 사용하고 있다고 믿고 있는 경우에 여성은 권력을 가장 편하게 사용해왔다. 여성은 이러한 일반적인 믿음에 따라 행동하고 이것을 노골적으로 드러내지 않는 것이 많은 면에서 효과적이었다. 하나의 예가 여성의 전통적 역할 안에 있는데, 여기서 여성은 자신의 권력을 다른 사람들 — 확실히 아이들, 그뿐만 아니라 많은 다른 사람들도 — 의 성장을 촉진하는 데 사용해왔다. 이것은 자신의 권력을 다른 사람들의 권력을 강화하는 데 — 다른 사람들의 자원, 능력, 효율성 그리고 행동할 수 있는 능력을 증대시키는 데 — 사용한다고 할 수 있을 것이다. 예를 들어, "돌봄" 혹은 "양육" 안에서 주요한 요소는 다양한 수준 — 정서적·심리적 그리고 인지적으로 — 에서 다른 사람들의 성장을 촉진하기 위해 행동하고 상호작용하는 것이다. 이것은 매우 강력한 것이며, 여성들은 항상 이것을 해왔지만 권력에 대한 개념 안에 이러한 효과적인 행동을 포함하는 것에는 누구도 익숙하지 않을 것이다. 그것은 확실히 우리가 고려하려는 권력의 종류는 아니다. 그것은 다른 내용, 행동 방식 그리고 목표를 포함한다. 이러한 권력을 행사하는 사람은 그녀 혹은 그는 완전한 영향력 혹은 통제력을 가질 수 없고 다른 사람들이 가지고 있는 끊임없이 변화하는 힘 혹은 권력과 상호작용하는 방법을 찾아내야만 한다고 생각한다. 누군가가 권력을 덜 가진 사람이 긍정적이고 더 강한 방향으로 변하도록 도우려면 모든 것은 적절한 시간, 국면, 그리고 기술의 변화와 함께 실행되어야만 한다.

직장이나 다른 조직뿐만 아니라 가정 안에서 겪는 경험의 거대한 본체를 겪어본 결과, 우리 자신의 권력을 강화시키는 동시에 다른 사람들의 권력을 제한하기보다는 강화하고 있다고 느끼는 세상에서 여성들은 가장 편안해진다. 이 진술을 좀 더 면밀히 숙고해보자. 세상은 다른 사람들의 권력을 강화하는 것에 관한 부분을 이해하기 힘들어한다. 왜냐하면 이는 "실제 세상"이 권력을 정의해온 방식이 아니기 때문이다. 그럼에도, 여성들은 이러한 맥락 안에서 훨씬 더 편안하게 기능할 것이다. 자신의 권력을 강화하는 것은 여성들에게 극단적으로 어렵다. 심지어 여성은 힘 있게 행동하는 것을 고려할 때 다른 사람들을 제한하고 기운을 꺾을까 봐 두려워한다. 여성들은 또한 욕구를 인식하거나 인정하는 것을 두려워하는데, 자기 자신의 권력을 증대시키고자 하는 욕망에 관해서는 특히 더 그렇다.

솔직히 말해, 여성들이 일반적으로 개념화되고 사용되어왔던 것으로서 권력을 쓰는 것을 두려워하는 것은 전적으로 정당한 것이다. 그것이 종종 방어적이거나 신경증적이라고 설명되어왔다는 사실 자체가 여성들보다 우리 문화의 상태에 대한 더욱 설득력 있는 해설일 것이다. 이러한 진술들은 여성들이 역사를 통해 보여줬던 놀라운 힘을 간과하고 있으며, 대개 우리 사회 제도 안에서 남성들의 활동에 대한 몇 가지 비교 속에서 언급된다. 이러한 진술들은 여성들 안에 있는 타당성 있는 경향을 간과하고 있다. 즉, 다른 사람들의 자원을 강화하고 알고자 하는 욕구는 실제 행동과 경험으로부터 나온 것이며, 굉장히 가치 있고 일상 활동을 즐겁게 만드는 것이다. 그러나 이 설명은 다른 측면에서 여성들은 권력을 원하거나 필요로 한다는 것을 인정하기를 두려워한다는 진실의 일부분을 반영한다. 개인적이고 정치적인 수준 모두에서 권력 혹은 그와 비슷한 것(궁극적으로 다른 용어로 묘사할 수 있는) 없이는, 여성들은 효과적으로 무언가를 일으킬 수 없다.

여성들이 권력을 마주할 때

이 글의 도입부에서 여성 안에서 일어나고 있는 것에 대해 간단하게 설명했다. 이제 이를 더 심도 있게 묘사한 개인적인 예들을 활용하여, 권력을 직면할 때 여성들이 느끼는 공포에 초점을 맞춰보려 한다. 여성들의 내면 혹은 정신 내적 경험을 강조할 것이다.

권력과 이기심

애비Abby는 낮은 월급을 받으며 의료 분야에서 일하는 여성으로 우울증 때문에 상담에 왔다. 그녀는 남편의 권력을 강화하고 두 아이들의 발달을 촉진시키는 데, 즉 자신의 권력을 그들의 권력을 증대시키는 데 사용하면서 성인기의 대부분을 보냈다. 그리고 나서 그녀는 일을 시작했고, 훌륭하게 일을 해냈다. 이는 그녀가 주로 환자들의 편안함과 능력을 증대시킬 수 있도록, 그리고 환자들이 자신의 권력을 사용할 수 있도록 돕는다는 기본적인 태도를 지니고 환자들에게 접근하기 때문이었다.

    상당한 탐색 후에, 애비는 상황이 분명히 나빠질 때가 아니라 그녀가 무언가를 더 할 수 있다는 것 ─ 예를 들면, 상황을 더 잘 이해하고 더 효과적으로 행동하는 것 ─ 을 인식하게 될 때 우울해지는 경향이 있다는 것을 깨닫게 되었다. 그녀는 자신을 위해 행동하기를 원할 때 특히 그렇게 느꼈다. 예를 들어 그녀는 어떤 절차에서는 의사들보다 자신이 실제로 더 잘한다는 것 ─ 환자들이 긴장을 더 잘 풀고 자신을 더욱 잘 통제하며 더 많은 권력이 있다고 느끼도록 돕는 데 기술적으로 낫다는 것이 아니라 전반적으로 낫다는 것 ─ 을 알고 있었다. 그녀는 자신이 더 흥미 있는 일을 해야 하고, 더 높은 임금과 평가 등등을 받아야 한다고 느끼기 시작했다. 이와 동시에 그녀는 공포, 자기비판과 자기비난이 자신을 가로막고 있다고 느낀다는 것을 깨달았다. 이것은 외부 조건에 대한 복잡한 내면의 복제

품인 것 같다. 외부 조건은 명확하게 그녀의 승진을 가로막았다. 그녀는 의료 보험의 위계질서 안에서 가장 낮은 지위에서 일하는 여성이었다. 그러나 내면화된 압력은 더 복잡한 속박을 낳았다. 많은 여성들에게 그러하듯이, 당초에 애비에게는 권력을 원하는 것처럼 보이는 것에 대한 커다란 두려움이 있었다. 이것은 거부당할 것이라는 생각을 불러일으켰다. 더 나아가 더 깊은 수준에서 모든 여성과 남성으로부터 공격을 당하고 궁극적으로는 버림받을 것이라는 두려움을 불러일으켰다.

좀 더 심층적인 탐색을 통해 더욱 찰싹 들러붙어 있는 몇 가지 요소를 찾아냈다. 한 가지는 자신의 흥미와 동기에 따라 행동할 가능성이 자신이 이기적이라는 생각을 불러일으키고 있었다는 것이다. 다른 사람들이 자신을 이기적이라고 여길 것이라는 생각을 그녀가 견디지 못하는 것보다, 그녀가 자신을 이기적이라고 생각하는 것을 견딜 수 없다는 것이 훨씬 더 중요한 것이었다. 필자는 이러한 주제가 여성들에게는 매우 흔한 것이지만 ― 꽤 높은 지위와 직장을 가진 여성들에게서도 흔한 것이다 ― 남성들에게는 거의 그렇지 않다는 것을 발견하곤 한다. 애비에게 이 주제는 자신이 아무튼 부적절하다는 생각을 갖게 한다. 그녀는 사람들이 여하튼 그녀를 참아내고 있다는 것에 고마워해야만 하고, 모든 것에 관해 잊어버리는 것이 최선이라고 느끼고 있었다.

마침내 이 부적절함에 관한 주제는 그때부터 또 다른 단계로 ― 그녀가 정말로 권력을 가지고 있으며 그것을 쓸 수 있다는 것, 그러나 그렇게 하면 필연적으로 파괴적이 될 것이라 느끼고 있다는 ― 이어졌다. 애비는 이 단계를 파괴성을 암시하는 생각, 환상, 그리고 꿈을 통해 묘사했다.

권력과 파괴성

또 다른 여성인 엘렌Ellen은 똑같은 문제로 어려움을 겪고 있었으나, 다른 지점에 있었다. 그녀는 집에서 자신의 생각과 계획에 따라 일을 하는 동안은 일과 생각을 잘할 수 있다고 느꼈다. 그녀는 직장에서는 그렇게 해낼 수 없었다. 그녀는 이렇게 말하곤 했다. "만일 내가 내 내면의 자아를 밖으로 꺼낼 수 있다면." 결국 그녀는 이 두려움이, 그녀가 외부 세계로 혹은 일하러 밖으로 나갈 때, 그녀가 곧 새로운 맥락에 맞춰 조율하고 쉽게 그 구조와 요구에 맞추게 되는 경험으로부터 나온다고 말했다. 그녀는 자신이 그러한 맥락과 요구에 반응해야만 한다고 느꼈다.

다시 말하지만, 이러한 종류의 느낌은 여성들에게는 흔한 것이며 매우 가치 있는 특성을 반영한다. 역사적으로 자신이 처한 맥락과 그 안에 있는 모든 사람의 요구에 조율하고 반응하는 여성의 특성은 다른 사람들이 성장하도록 돕고 가족이 기능하도록 돕는 것의 일부분이었다. 여성들은 작동하고 있는 복잡한 현실에 자신들을 맞출 수 있기 때문에 다양한 상황에서 특별한 일련의 능력을 발휘할 수 있다〔이것은 아마도, 유아의 발달에 기여하는 어머니의 특성에 관해 정신 건강 연구자들이 설명해왔던 내용의 핵심일 것이다(Winnicott, 1971)〕.

그러나 다른 측면을 살펴보자. 엘렌은 자신의 견해, 평가, 판단을 자신의 내면에서 밖으로 표출할 수 없다고 느꼈다. 비록 그녀가 스스로 그것들을 만들어낸 것이라고 해도 말이다. 그녀의 생각과 행동을 외부의 맥락으로 가져오기 위해 그녀는 그저 책임만 지려하는 익숙한 경향을 극복해야만 했다.

그러나 그것이 전부는 아니다. 그녀는 그렇게 하는 것은 전체적인 상황에 혼란을 불러일으킬 것이라고 느꼈다. 다른 말로 하면, 그녀는 파괴적으로 될 것이며, 그것은 그녀가 일해야 한다고 느끼는 방식이 아니었다.

각각의 사람들에게 이러한 주제는 개인의 역사로부터 특정한 표현들을 만들어낸다. 그러나 기본 주제는 많은 여성들에게서 규칙적으로 나타난다. 파괴적으로 공격적인 사람이 되는 것과 자신의 흥미와 동기를 행동으로 옮기는 것을 심리적으로 같은 것으로 경험한다. 이것은 극소수의 여성들만이 견딜 수 있는 자아상이다. 다른 말로 하면, 많은 여성들에게는 부족하다고 느끼는 것이 더 편안하다는 것이다. 만일 권력이 당신을 파괴적으로 느끼게 한다면 가능한 약한 것이 권력이 있다고 느끼는 것보다 훨씬 낫다는 것이다.

이 주제를 강조해보자. 누군가는 자신의 생명력과 권력을 개인적으로 동기가 부여된, 자기 스스로 결정한 방향으로 사용할 가능성을 고려해볼 수 있다. 정신 건강에 관한 이론에서 이것은 만족과 효능감을 가져온다고 이야기되고 있다. 그러나 많은 여성들에게 그것은 파괴적으로 되는 것과 같은 것으로 인식된다. 한편으로 이러한 면은 인생을 파괴하고 통제적인 심리적 조건을 형성한다. 그러나 여성이 종속되어 살아왔고, 자기 스스로 결정한 행동이 잘못되었고 사악한 것이라고 믿는 문화에 종속되어 살아왔다는 것을 고려한다면, 이러한 모습을 이해할 수 있다. 많은 여성들이 자기 자신의 동기와 결정에 따라 권력을 사용하는 행동은 틀림없이 파괴적이라는 내면의 생각을 깊게 받아들여왔다. 여하튼 여성들이 살아남아왔다는 사실은 여성들은 항상 권력을 쓰지만 일반적으로 그것을 다른 사람들의 이익을 위해 사용하는 것으로 여겨야만 한다는 사실에 의해 설명된다고 생각한다.

필자의 말을 오해하지 않길 바란다. 다른 사람들을 위해 자신의 능력과 권력을 쓰는 것은 결코 나쁜 것이 아니다. 그러나 이러한 행동이 자기 자신의 동기에 의해 자기 자신의 결정에 따라 행동해서는 안 된다는 명령과 함께 한쪽 성만을 위한 규범으로 정해진다면, 여성과 남성 모두에게 문제가 된다. 대부분의 조직에서, 여성이 자기 자신의 견해와 동기에 따라 직접적이고 솔직하게 행동하면, 여성이 여성의 경험으로 구성해오지 않았던 맥락에 정말로 혼란을 불러일으킬 수 있다는 것은 여전히 사실이다. 그러므로 여성에게는 매우 강력한 무언가를 해야만 할 것 같은 느낌에 맞닥뜨리게 되는 것 또한 파괴적으로 느껴진다.

권력과 버림받음

또 다른 여성인 코니Connie는 이것을 드라마틱하게 설명했다. 그녀는 일을 끝내는 데 어려움을 겪고 있었다. 그러나 그녀는 자신이 정말로 곤경에 빠졌을 때가 아니라 일을 잘하고, 흐름이 앞으로 나아가고, 생각이 잘 정리되고, 새로 시작하고 있을 때 "막히게" 된다는 것을 발견했다. 이때가 되면, 자신의 책상에서 일어나 여기저기 걷기 시작하고, 다른 것에 몰두하고, 누군가와 이야기하고, 대개 생산적인 경로에서 벗어나곤 했다. 왜 이런 일이 벌어지는지 심도 깊게 탐색했다. 결국 그녀는 일을 잘하고 있을 때 자신이 계속 하도록 놔둔다면, "나는 너무 권력을 가지게 되고 그리고 나면 내가 있을 곳은 … 나는 어느 누구도 필요하지 않게 되겠죠"라고 말했다. 코니는 어떤 무서운 곳으로 쫓겨나게 될 것이라 예상하고 있었다. 그녀는 알 수 없는 생물처럼, 즉 뭔가 여성이 아닌 것처럼 느껴질 거라고 말했다. 그녀는 그럴 가능성이 중요한 정체감을 잃어버리는 것을 뜻하는 것처럼 말했다. 많은 여성들처럼 그녀의 정체감은 무언가를 **필요로 하는** 사람이 되는 것과 너무나 밀접하게 연결되어 있어서, 무언가를 **필요로 하지 않게** 될 가능성은 무엇보다도 이미 잘 알고 있고 친밀한 자아를 잃어버리는 것처럼 느껴졌던 것이다.

한편으로 그것은 불필요한 두려움이었다. 이와 동시에 코니는 많은 여성들 안에 자리 잡고 있는 느낌 ─ 즉, 어떤 효능, 더 심각하게는 자유, 열정, 즐거움을 가지고 우리의 권력을 쓰는 것은 핵심적인 정체감을 파괴할 것처럼 느끼는 것 ─ 에 접근했다. 코니의 진술에 반영된 것처럼, 이와 같은 정체성의 한 가지 특성은 여성들이 "나는 필요하기 때문에 존재한다"는 인식을 얼마나 뿌리 깊게 가지고 있는지를 자세히 보여주고 있다는 점이다. 다시 말하면, 남성은 거부하도록 격려받는 어떤 진실 ─ 즉, 우리 모두는 타인의 존재를 위해 필요할 때에만 존재한다 ─ 을 여성이 반영하고 있으며, 문화적 조건으로 인해 이를 극단적인 형태로 삶에 포함시켜 나가게 된다. 이와 함께 여성들은 우리가 다른 사람들을 필요로 하는 것과 마찬가지로 권력과 이 권력을 사용하고자 하는 동기를 가지고 있지만, 권력을 사용한다면 우리의 현존을 위해 필요한 관계를 파괴하고 말 것이라는 문제가 있는 생각을 받아들여왔다.

문제를 일으키는 공식들

위와 같은 사례를 가지고 여성들이 권력에 관한 이슈에 직면했을 때 이야기해 왔던 몇 가지 내적 경험을 강조했다. 이것들은 다음과 같은 것을 포함한다.

- 여성이 자신이 스스로 결정한 권력을 자신을 위해 쓰는 것은 **이기심**과 동일한 것이다. 왜냐하면 그녀는 다른 사람들의 권력을 강화하지 않기 때문이다.
- 여성이 자신이 스스로 결정한 권력을 자신을 위해 쓰는 것은 **파괴성**과 동일한 것이다. 왜냐하면 이러한 권력은 결국 과도하게 될 것이고, 전체를 둘러싼 맥락을 전부 붕괴시킬 것이기 때문이다.
- 파괴성과 이기심을 가진 권력의 요소와 여성의 정체감이 조화를 이루는 것은 불가능하다.
- 여성이 권력을 사용할 때 공격과 **버림받음**을 재촉할 것이다. 결과적으로 여성이 권력을 쓰는 것은 다른 사람들을 필요로 한다는 여성의 정체감의 중요한 부분을 위협한다.

이 모든 것의 다양한 측면을 재차 강조하는 것은 중요하다. 한편에서, 대부분의 여성은 우리 모두가 다른 사람들을 필요로 하고, 관계의 틀 안에서 사는 것을 필요로 하며, 또한 우리의 행동을 통해 다른 사람들의 권력을 증대시킬 필요가 있다는 필수적인 사실을 날카롭게 인식하고 있다. 다른 한편에서, 대부분의 여성은 이러한 필요를 여성들의 성격에 대한 지배적이고 중심적이며 거의 완전한 정의로 경험하도록 격려받아왔다. 여성들의 경험은 여성들에게 세상에서 있을 자리와 관계의 맥락에서 살 기회를 파괴하는 대가를 치러야만 변화가 일어날 수 있음을 말해준다. 이것은 여성들의 역사적이고 문화적인 위치 그리고 여성에 관한 정의를 정확하게 반영하고 있다.

앞에 놓여 있는 도전들

언급했던 예들은 개인적인 신경증에 대해 말해줄 뿐만 아니라 많은 여성들의 특성을 반영하고 있기도 하다. 이제 우리가 가진 권력을 쓸 필요가 있다는 것을 인식하는 것이 여성들에게 중요할 것이다. 많은 경우 여성들은 실제로 그 주제에 대해 생각하는 것조차 너무나 고통스럽고 망설여지기 때문에, 종종 완전하게 인식하지 못한 채 실제로 파괴적이라고 증명된 것들을 해왔다.

우리는 몇 가지 중요한 방식으로 서로를 도와야만 한다. 우선, 우리 대부분에게 권력을 그렇게 어려운 개념으로 만들어왔던 역사적 조건의 무게를 인식한다면, 우리 자신을 공감적으로 이해할 수 있다. 두 번째로, 우리는 여성들이 지금 바로 인식하고 사용할 수 있는 것으로서 권력을 쓸 수 있는 능력을 가지고 있다는 것이 매우 타당성이 있다는 주장을 신중하게 검토할 수 있다. 차라리 여성들은 다른 사람들의 권력을 줄이기보다는 동시에 강화시키는 방식으로 권력을 가지고 있기를 원할 수도 있다. 이것은 급진적인 변화이다. 즉, 세상이 만들어온 권력의 개념과는 매우 다른 동기이다.

이러한 관점에서 여성들이 기존의 것과 다르며 비판적이고 창조적인 입장에서 권력의 개념에 접근하려는 강한 동기를 이미 가지고 있을 것이라 볼 수 있다. 일단 권력에 대한 욕구와 필요를 인정하면, 여성들은 개인적 삶, 일, 그리고 다른 제도 안에서 다른 사람들과 권력을 협상하는 새로운 방식을 찾을 수 있을 것이다. 확실히 이것은 거대하고 어려운 전망이다. 심지어 이 방식을 말하는 것조차 순진하고 비현실적으로 보일 수 있다. 그러나 비현실적으로 들린다는 사실 때문에 멈춰서는 안 된다. 세상이 여성들의 경험을 면밀히 관찰하지 않고 설명해왔다는 부정할 수 없는 사실을 일단 우리가 깨닫게 되면, 언뜻 보기에는 "비현실적인" 가능성들이 현실이 될 수 있다는 것을 생각하는 것이 더 쉬워질 것이다.

그동안 고려되지 않았던 다음과 같은 사실들을 명심하길 바란다.

- 여성들의 경험은 대개 그것이 전해져왔던 것과는 다르다.

- 여성들의 경험은 남성들의 경험이 아니다. 그것은 반드시 똑같은 기반, 똑같은 동기, 또는 똑같은 성격 구조 위에서 만들어지는 것은 아니다.

- 우리가 여성들을 연구할 때 발견하는 것은 완전히 이해되고 인식되지 못했거나 가치를 인정받지 못해왔던 전체적인 인간 잠재력의 일부이다. 이것들은 번성하지 못해왔던 부분들이다. 그리고 아마도 인간의 모든 과업을 수행하는 데 실천해야만 하는 바로 그 요소들일 것이다.

- 이와 같이 출현하고 있는 개념들은 확실히 여성들의 이익을 위해 활용해야 하며, 이는 이러한 개념들을 추구할 충분한 이유가 된다. 하지만 이 개념들은 궁극적으로 모두의 이익을 위해 쓰여야 할 것이다.[1]

---

1   이 논문은 1981년 11월 스톤센터 콜로키움에서 발표한 것이다.

"관계-속-자아"

여성의 우울증에 대한 함의

알렉산드라 캐플런

우울증이란 주제에 관한 뛰어난 저자였던 아리에티S. Arieti와 벰포라드J. Bemporad는 1978년 우울과 연관되어 일반적으로 발견되는 성격 패턴에 관해 묘사했다.

타인을 만족시키고 그들의 기대에 따라 행동해야 할 필요성이 … 그가 진정으로 자신과 접촉하는 것을 막는다. 그는 자신이 바라는 것을 듣지 못한다. 그는 자신 이 되는 것이 무엇을 뜻하는지 모른다. … 그가 불행, 부질없음, 불만족을 경험할 때, 그는 … 자신을 탓하곤 한다(Bemporad, 1978: 139).

아리에티와 벰포라드는 각주에 다음과 같은 설명을 덧붙였다. "영어의 관례 에 따라 일반적인 환자를 남성 대명사로 부르겠다. 그리고 그와 그의 남성 성 역할을 고려할 것이다. 그러나 이러한 성격 유형의 여성들은 남성들보다 더 신 경질적이다."

언어는 차치하고서라도 이 저자들은 자세한 설명 없이 자신들이 묘사하는 역동들을 남성들에게서보다 여성들에게서 더 빈번히 발견할 수 있다는 추론을 제시한다. 지금까지 잘 입증되어온 것처럼, 우울은 압도적으로 여성들에게서 많이 나타나는 장애이다. 남성들에 비해 두 배나 많은 여성이 우울 삽화를 겪고 있다. 여성 열 명 중 한 명은 인생에서 심각한 우울증에 빠질 가능성이 있다 (Weissman and Klerman, 1979). 그러나 좀 더 심각한 우울증을 넘어 기분이나 증상으로서 우울은 여성을 괴롭히는 무서운 유령, 즉 모든 여성이 겪을 수 있는 경험 양식으로 여겨진다. 상담하고 있는 한 여성에게 이 원고에 대해 설명하면서, 원고의 일부로 면접 질문에 대한 우울한 여성과 우울하지 않은 여성의 응답을 대조해서 보여줄 것이라고 설명했다. 그녀는 아주 진지하게 나를 쳐다보며 물었다. "그러니까 당신은 우울하지 않은 여성을 정말로 구분할 수 있었다는 말이죠?" 이 여성은 많은 여성들이 느끼고 있는 여성과 우울 사이의 관계에 대한 두려움, 더 나아가 현실에 대한 느낌을 드러냈던 것이다.

여성들에게 우울증이 빈번하게 나타나고 있다는 사실은 진기하거나 색다른 성격 구조에 덧붙어 있는 "병"이라기보다는 왜곡, 즉 서구 사회에서 표준적인 여성의 상태에 대한 과장일 수도 있다는 것을 시사한다. 이 논문에서는 여성에게 우울증이 빈번하게 나타나는 것을 이해하기 위해서는 **우울**의 핵심 역동과 **여성의 심리 발달**의 본질 안에 있는 핵심 차원 사이에 기본적으로 중복되는 것이 있다는 것을 인식할 수 있어야 한다는 입장을 발전시킬 것이다. 이러한 중복되는 내용을 탐색할 때 여러 연구 주제가 드러나는데, 여기에서는 그중 두 가지만을 추적해볼 것이다. 첫 번째는 여성들의 우울증에 대한 새로운 관점을 어떻게 설명할 것인가, 즉 여성들의 입장에서 현존하는 우울증 이론들의 핵심 측면들을 확장하고 다듬는 것이다. 두 번째는, 훨씬 간단하게 다룰 내용으로, 우리가 설명하고 있는 우울증의 특징은 특히 우울한 **여성들**에 관한 사실이라는 우리의 의견을 기존의 우울증에 관한 문헌이 어느 정도 지지해주고 있는가를 조사하는 것이다.

우울해질 가능성이 가장 높은 집단이 가지고 있는 기본적인 성격 구조 영역에 관한 연구 주제를 설정하는 것은 우울증 연구에서 지지를 받고 있는 최근 경향과 일치한다. 예를 들어, 샐즈만L. Salzman은 "기본적으로 우울해지는 성격이 핵심적인 쟁점이다"라고 제안했다(Salzman, 1975: 44). 이와 비슷하게, 초도프P. Chodoff는 "연구자들의 임무는 성격 요인을 만드는 것에 관한 가설을 검증할 수 있는 방법을 찾거나, 새로운 가설을 제공할 수 있는 창의적인 연구를 시작하는 것이다"라고 주장했다(Chodoff, 1974: 68). 이러한 저자들은 **개인적인** 성격 구조에 초점을 맞추는 반면, 우리는 연구의 첫 번째 단계는 우울해질 가능성이 가장 높은 집단, 즉 여성들의 보편적인 성격 구조가 무엇인지 숙고해보는 것이다.

성격 구조는 사회적 맥락 안에서 변화하기 때문에 기본적인 성격 구조를 광범위하게 살펴보는 데 있어 여성들의 우울증에 관한 연구에 중요하고도 특별한 기여를 했던 연구들을 많이 개관하지는 않을 것이다. 이러한 연구들에는 우울에서 성차에 관한 주요한 논문들이 포함되어 있는데, 예를 들면 와이즈만M. Weissman과 페이클E. S. Paykel, 함멘C. L. Hammen과 파데스키C. A. Padesky, 블랫S. J. Blatt, 다플리띠J. P. D'Afflitti와 퀸런D. M. Quinlan의 연구들이 그렇다(Weissman and Paykel, 1974; Hammen and Padesky, 1977; Blatt, D'Afflitti and Quinlan, 1974). 덧붙여, 우울에 대한 여성들의 상대적인 취약성에 영향을 미치는 사회적 조건에 관한 중요한 연구들(Belle, 1892; Brown and Harris, 1982; Radloff, 1980)을 살펴보지 않을 것이다. 마지막으로, 생화학적 요인들의 역할을 살펴보지 않을 것이다. 그보다는 예비 조사로, 사회적 맥락 안에서 진화하는 기본적 성격 요인들에 초점을 맞출 것이다. 이것들은 일반적으로 여성들에게서 보편적으로 나타나며 우울한 여성들의 상태를 악화시킨다.

여성의 심리 발달에 관한 새로운 모델: 관계-속-자아

여성의 심리 발달의 관점에서 여성의 우울증에 관한 논의를 하려면 여성의 경험을 타당하게 반영하는 발달 이론이 필요하다. 기존 이론은 남성의 경험에 강하게 뿌리를 내리고 있으며, 여성을 남성적 패러다임에 기준을 두고 평가하며 부족한 점을 중심으로 설명하고 있다는 점이 일반적으로 받아들여지고 있다 (Gilligan, 1982; 밀러가 집필한 이 책의 1장). 웰즐리대학교 스톤센터는 여성의 발달을 반영할 수 있도록 구성된 대안적 이론을 발전시켜왔다. 이 이론에 대한 좀 더 완전한 설명은 서리(이 책의 3장)와 밀러(이 책의 1장)에게서 찾아볼 수 있다. 여기서는 기본적인 구성 요인만을 제시할 것이다. 더 정교한 논의를 위해 독자들은 다른 논문들을 참고하면 될 것이다.

간단하게 말해, 기존 이론들은 자율성 혹은 분리라는 형태를 발달 경로로 한다. 반면, 여성의 핵심적 자아 구조, 혹은 동기가 부여된 주요한 목표는 관계 안에서의 성장, 또는 우리가 "관계-속-자아"라고 부르는 것과 관계가 있다고 우리는 주장한다. 관계에 대해 말할 때 우리가 말하는 것은 설리번(Sullivan, 1953) 또는 페어베언(Fairbairn, 1962)의 이론과 같은 대인 관계 혹은 대상관계 이론에서 언급한 것보다 훨씬 많은 것을 뜻하고 있다. 이러한 이론들과 비교해볼 때 우리가 강조하고 있는 것은 타인의 영향에 조율하는 능력을 얻고, 상대방을 이해하고 이해받는 것, 그래서 타인의 발달에 참여하는 것에 관한 핵심적인 측면이다. 그러므로 관계는 쌍방향의 상호작용, 그 절정에서 양쪽 참가자들이 상대방과의 정서적 연결을 통해 강해지고 권력이 강화되는 상호적인 과정이다.

타인과의 유대는 다른 이론에서 언급하는 것처럼 손해를 보는 양식이나 자신의 자아 강화를 위한 수단이 아니라, 행동과 성장의 핵심 구성 요소이다. 더 나아가, 중요한 것은 타인과의 관계를 촉진하고 강화하는 과정에서 적극적인 역할을 맡고 있다는 여성들의 느낌이다. 이 과정에 참여하는 것은 결국 분화된 자아, 즉 자신의 명확한 특성·소망·충동 등을 가지고 있으면서도 관계를 맺는 과정에 참여하고 관심을 갖는 것을 통해 명확해진 자아의 점진적 변화를 촉진한다. 그러므로 분화된 자아의 성장은 관계를 맺는 능력과 관계망의 성장이며, 생애 초기의 부모-아동의 양자적 관계에서 사회적 조건에 맞춰 변동하고 점진적으로 복잡해지는 타인과의 다면적 관계로 나아가는 것이다.

현실에서 여성들이 행동할 수 있고 관계를 맺는 능력에 의해 권력이 강화되고 있다고 느낄 수 있는 정도는 사회와 개인이 여성들의 권력에 가치를 부여하는 정도에 의해 영향을 받는다. 밀러(1976)와 여러 저자들은 우리 사회가 이러한 특성에 가치를 부여하지 않을 뿐만 아니라, 이를 약함이라고 해석하는 경향이 있다고 주장해왔다. 관계의 질에 대한 이러한 강한 모욕은 여성 대다수가 가정이나 직장에서의 행동을 매우 빈번하게 제한하면서 자신이 가진 자원을 완전히 사용하지 못하도록 제약을 가해왔다.

이제 여성들이 관계를 맺는 능력이 완전하게 발달하는 것을 심하게 억압당할 때, 그리고 자기를 표현하는 것이 심하게 좌절당하고 처벌받을 때, 우울을 야기하는 조건들이 만들어진다는 것을 상세하게 설명할 것이다. 이를 보여주기 위해 우선 다양한 관점을 포괄하는 우울증의 몇몇 핵심 특성을 입증할 것이다. 그리고 여성들의 표준적인 발달 양식에 제약을 가하는 극단적 상태가 어떻게 우울증의 특성이라고 인식되는 심리 내적인 조건을 만드는지를 보여줄 것이다.

우울증의 핵심 요소

1. 상실 경험. 정서적 상실 경험은 그것이 죽음이나 유기, 혹은 정서적 단절의 경험을 통해 중요한 사람이 실제로 사라지는 것에서 기인한 것이든 아니든, 우울증을 불러일으키는 많은 원인의 ─ 특히 정신분석에서 ─ 중심이 된다. 이것은 프로이트의 초기 저작(1917)에 소개되어 있으며, 정신분석이 체계적인

이론을 발전시키고 자아 심리를 발전키면서 자세히 설명되었다. 최근의 인지 행동 이론과 몇몇 연구들 역시 우울증의 보편적인 전조로서 정서적 상실 경험을 언급하고 있다(Beck, 1972; Seligman, 1975).

2. 분노와 공격성의 억압. 이 개념은 우울증에 대한 정신분석적 설명에서 현저하게 나타난다. 프로이트에 의해 처음 설명된 내용으로, 초기의 관계 상실은 실패한 사랑의 대상에 대한 사랑과 분노 모두를 자신에게 향하게 한다. 즉, 실망을 주는 타인은 그 사람의 정서적 삶으로부터 거절당하는 것이 아니라, "내면화"되어 상대를 향한 감정이 자신을 향하게 된다. 그러므로 상대의 행동에 의해 야기된 분노 반응을 이제 상대에 대한 분노가 아니라 자신에 대한 공격으로 경험하는 것이다.

3. 행동 또는 요구의 억압. 행동에 대한 무력함, 무활동 상태는 우울증의 특징적인 진단적 징후이다(Spitzer, 1980). 정신분석 이론은 우울증의 원인으로 행동과 변화를 억압하는 것을 언급했는데, 무력한 자아 상태라고 설명했다. 벡A. T. Beck(1972)의 인지 이론은 이러한 억압을 자신, 세계, 미래에 대한 부정적 인식의 행동적인 결과라고 설명한다. 반면 셀리그만은 행동에 대한 감소된 동기를 그가 "학습화된 무기력"이라고 이름 붙인 조건과 결합한 행동과 연결시키는데, 이것은 행동의 결과에 대한 통제력을 가질 수 없는 것으로부터 기인한다(Seligman, 1975).

4. 낮은 자아존중감. 이 개념은 모든 주요 우울 이론의 중심에 있다. 사실, 낮은 자아존중감은 위에서 말한 세 가지 조건의 최종 결과이며, 결국은 더 나아가 이 세 가지 조건의 원인이 된다. 정서적 상실을 통해 자아에 심각한 손상을 입었다고 느끼거나 분노를 억압하거나 또는 그것을 자기에게 돌리는 것은 모두 우리가 낮은 자아존중감이라고 생각하는 것을 구성하는 만연한 무가치감과 극단적인 부적절감의 원인이 된다고 한다.

이러한 우울증의 측면들은 젠더에 기반을 둔 표준적인 발달적 처방이 우울중의 발달과 징후에 어떻게 영향을 미치는지 고려하지 않은 채 문헌들에서 논의되고 있다. 분노를 다루는 방식과 마찬가지로 세상 속에서 행동하는 능력, 즉 사회적 규준과 기대에 의해 정당하다고 평가를 받는 느낌은 여성인지 남성인지와는 아무 관계가 없다. 그러나 우리는 이것이 전혀 사실이 아니라는 것을 많은 연구를 통해 알고 있다. 더 자세히 말하면, 심지어는 우울 증상에 대한 묘사가 여성들의 경험과 다르지 않았던 때도 있었다. 이 논문의 앞에서 제시한 인용문을 다시 한 번 보자. 저자가 "그"라고 말한 것을 "그녀"로 대체해보자. "타인을 만족시키고 그들의 기대에 따라 행동해야 할 필요성이 … 그녀가 진정으로 자신과 접촉하는 것을 막는다. 그녀는 자신이 바라는 것을 듣지 못한다. 그녀 자신이 되는 것이 무엇을 의미하는지 모른다. … 그녀가 불행, 부질없음, 불만족을 경험할 때, 그녀는 … 자신을 탓하곤 한다." 이것이 바로 우울증에 대한 묘사가 아닌가? 혹은 이것은 사회에서 여성이 되어가는 것에 관한 경험의 전형적인 한 측면을 묘사한 것이라 할 수 있지 않은가?

우울증과 여성의 심리 발달

이제 앞에서 대략적으로 살펴본 우울증의 네 가지 구성 요인이 여성의 발달과 어떻게 관계가 있는지를 탐색해볼 것이다. 그리고 우울한 경험을 규정하는 방식 속에서 그 요인들이 어떻게 왜곡될 수 있는지 자세히 알아보기 위해 네 가지 요인들을 다시 탐색해볼 것이다. 상담에서 만났던 여성 내담자들과, 우리의 예측을 좀 더 정확하게 탐구해보기 위해 개발한 개방형 질문들을 활용한 면접에 응한 여성들의 정확한 묘사를 통해 이론적 입장을 자세히 설명할 것이다. 면접은 상담자들이 우울하다고 진단한 여성들과 우울하지 않다고 진단한 여성들 모두와 진행했다. 이 여성들이 해준 설명은 우리의 입장에 대한 일화적인 예시로 제시되었으며, 아직 우리의 입장을 확증해주는 것은 아니다. 여기에 인용된 여성들은 비록 우울한 여성 집단에 비해 그 범위가 비슷하지는 않을 수 있겠지만, 모두 나이가 20대 중반에서 50대에 걸쳐 있으며, 대학 교육을 받았고, 현재 그 이후의 교육과정에 있거나 전문적인 직업에 종사하고 있는 백인이며 독신인 이성애자이다.

상실에 의해 상처받기 쉬움

관계-속-자아 이론은 우울증에 관한 문헌에서 사용되는 용어인 상실에 대한 새로운 이해를 제시하는데, 이는 여성에게 적용 가능하다는 것을 강조하고 있다. 우리의 관점에서 보면, 여성은 방해받지 않는다면 관계적 존재로서 자신의 능력을 확인하는 정서적 방식으로 타인과의 관계를 유지하는 것을 추구한다. 그러나 직장과 가족 내에서의 역할을 해석하는 데 깊이 뿌리박혀 있는 사회적 가치는 모두 이것을 어려운 일로 만들어버린다. 관계의 질에 대한 평가절하는(예를 들어, 관계를 한편으로는 "의존"으로 해석하거나 다른 한편에서는 "압도하는 것"으로 해석할 때 그렇다 ─ 이 책의 8장 스타이버의 글을 보라) 여성이 자신의 노력에 의심을 갖게 하거나, 그것이 가치가 있다는 것을 인식하지 못하도록 한다. 여성은 타인과 상호 이해를 추구하는 정도만큼이나 관계에서 실망하게 되고, 이는 남성과의 관계 외에서도 그러하다. 이러한 경험은 여성을 끊임없이 상실감을 느끼는 상태에 머물게 할 수 있다. 더 나아가 이것은 일반적으로 논의되는 "대상의 상실" 그 이상이다. 이 상태에서는 관계에서 상호관계와 정서적 유대를 촉진할 수 있는 핵심적 자아 구조를 확인하지 못하게 되는 것이다.

우울해지는 여성들은 이 패턴이 매우 악화된다. 부모 중 한 명의 사망으로 상실을 경험하는 경우에는 관계와 연결되기 위한 중요한 길 하나가 끝나게 된다. 또한 살아 있는 부모가 슬픔이 장기화되거나 우울증을 겪게 되면, 그 부모가 정서적인 관계를 위한 새롭거나 부가적인 자원이 되지 못할 가능성도 있다.

그러나 더욱 전형적인 모습은 우울한 여성들이 정서적으로 도움을 줄 수 없는 부모나 경멸, 조롱, 또는 노골적인 적대감을 갖고 부모와 접촉하려는 우울한 여성들의 충동과 시도에 반응하는 부모와 깊게 단절된 상태를 지속하면서 일생을 통해 상실을 경험하는 것이다. 이러한 경험이 수년에 걸쳐 쌓이면 아동은 관계를 유지하거나 상대방을 기쁘게 하는 것에 관해 심한 무력감에 젖을 수 있다. 이것은 핵심적인 자기가치감을 느끼는 것이 아주 부당하다고 입증하는 것이나 마찬가지다. 더 나아가, 이러한 거부는 아동에게 기본적인 소망과 욕구가 본래부터 타인에게 해를 끼치는 것이라는 느낌을 갖게 한다. 그러므로 많은 우울한 여성들의 개인사에서 근본적 상실은 타인으로부터 기쁨을 얻는 것에 대한 상실이라기보다는 핵심적인 자아 구조에 대한 확신을 잃어버리는 것이다.

면접했던 여성들 중 한 명은 이 순환 구조를 자세히 설명했다. 그녀의 아동기 대부분은 아버지를 잃지 않으려는 시도로 점철되었는데, 그녀의 아버지는 가족을 떠나겠다고 끊임없이 협박했다. "아버지가 떠난다는 생각은 나를 황폐하게 만들었어요. 그래서 책임감 있고, 성숙하고, 똑똑해지려고, 아버지가 원하는 것을 들어주려고, 엄청나게 노력했죠. 나는 아동기를 희생했다고 생각해요. 모든 것이 그렇게 됐어요. 내가 컸을 때, 아버지가 내 생명줄이었죠. 아버지가 떠난다는 공포가 끊이지 않았어요. 나는 아버지를 기쁘게 해드려서 아버지가 나를 **사랑하고** 떠나지 않게 하려고 엄청난 에너지를 쏟았어요. 아버지가 나를 사랑**해야만** 했어요."

행동과 자기주장을 억압하기

일반적으로 여성이 타인과 정서적 관계를 맺으려는 시도에서 실패와 좌절을 경험할 때 여성들은 자기가 더 "잘했더라"면 이런 문제가 생기지 않았을 것이라 생각하며 스스로에게 책임을 묻는다. 그러고 나면 다소 역설적이게도, 관계의 실패가 더욱더 관계를 맺고자 시도하도록 자극한다. 새로운 노력을 통해 과거에 실패했던 곳에서 성공할 것이며, 핵심적 자아 구조를 입증할 수 있다는 희망 속에서 말이다. 그러나 남아 있는 자기회의는 다른 형태의 행동을 억압하는 역할을 한다. 이는 여성들이 좀 더 확실한 관계 조건하에서 관계를 추구하려는 노력을 절감하게 한다. 에밀리 디킨슨Emily Dickinson은 관계적 맥락 안에 직접적으로 깊게 뿌리내린 행동에 대한 이러한 억압을 아름답게 표현하고 있다(Dickinson, 1861, 1960).

왜-그들은 나를 천국에서 쫓아내려 하나요?
내가 너무 큰 소리로-노래하나요?
하지만-난 약간의 "단조"로 말할 수 있어요
새처럼 수줍게!

천사들은 나를 위해 애쓰지 않겠죠-
딱-한 번만-더?
그저-내가 천사들을 괴롭히는지-보세요-
문을 닫지-말아요.

오 만일 내가-신사였다면 좋았을텐데
"흰 가운"을 입고
그리고 그들이-작은 손으로-문을 두드린다면
내가-막을-수 있을까요?

우울해지는 여성들에게 관계가 대부분 붕괴할 것이라는 깊은 공포, 그리고 이와 동시에 일어나는 핵심적 자아 구조의 확실함과 온전함에 대한 근본적인 위협은 넓은 범위의 활동성과 표현 방식을 심각하게 위축시킬 수 있다. 그러나 위에서 설명한 표준적 모델처럼 위축은 전면적이지 않다. 즉, 적어도 다른 사람을 지지하거나 강화하는 행동에 적용되는 것만큼 강하지는 않지만, 자신의 목적을 발전시키는 행동에 강하게 적용되는 뚜렷하게 **선별적인** 억압이 있다.

관계를 지키기 위한 노력과 행동을 심하게 억압하는 여성들의 이러한 패턴은 우울한 여성들과 함께하는 임상 작업에서 반복적으로 나타난다. 예를 들어 한 여성은 현재 친절한 상사 밑에서 평범한 일을 하고 있다. 이 상사는 친절하지만 직원들에게 일에 필요한 시간보다 훨씬 더 많은 시간을 헌신하라고 재촉하는 데는 사정없는 사람이다. 이 여성은 상사를 실망시킬 것이라는 두려움에 슬퍼하고 있고, 상사의 요구를 만족시키려고 분투하고 있다. 그러나 이러한 헌신으로 인해 그녀는 비록 돈벌이는 되지 않지만 그녀가 선택한 분야에서 자신이 가진 상당한 재능을 추구할 수 있는 시간을 빼앗기고 있었다. 가장 생산적인 세월을 낭비하고 있다는 것을 알고는 있지만, 그녀는 다른 사람들의 욕구보다 자신의 흥미를 추구하는 걸 우선시한다는 것은 자신이 나약하기 때문이라고 여기며, 여전히 자신의 나약함이 상사를 실망시키고 있다고 생각한다.

남편의 직업적 포부를 지원하는 데 엄청난 노력을 쏟았던 또 다른 여성은 자신을 위해서는 전혀 그렇게 하지 못하고 있었다. 그녀는 몇 번 정도는 자신을 도와줄 수 있는 누군가에게 접근하기 위해 용기를 끌어 모았다. 만일 첫 번째 대답이 부정적이었다면, 그녀는 그저 온순하게 "네, 감사합니다"라고 대답하고 떠났을 것이다. 과거를 회상해보면서, 그녀는 "용기"는 부족하면서, 남편의 마음을 바꾸기 위해 할 수 있는 말에 대한 생각은 가득했던 것에 오싹해한다. 대부분의 경우 생생하고 활기차게 말하는 그녀는 별일 아니라는 듯한 말투로 자신이 최근에 직업에서 이룬 중요한 성취를 자세하게 설명했기 때문에 그녀의 말을 이해하지 못할 정도였다. 그녀가 여기에 주의를 기울이게 했다. 우리 둘 다 유쾌하고 확신에 찬 웃음을 지었고, 그녀는 "내가 또 그러고 있네요"라고 말했다. 이들과 반대되는 예가 우울하지 않은 한 여성의 경험이다. 이 여성은 말로는 자신이 "아주 내성적"이라고 하지만, 스스로가 "내 주변에서 일어나는 일을 통제하는 것을 좋아한다"는 것을 아는 사람이다. 그녀는 "나는 사람들이 나한테 어떻게 반응하는지 매우 잘 알고 있어요. 그리고 그것에 적응할 수 있죠. 하지만 내가 사람들의 욕구에 맞추는 것과 상관없이 드러나는 분명한 성격을 여전히 가지고 있다고 느껴요. 나는 여전히 정말로 나답죠"라고 분명히 말한다.

분노와 공격성을 억압하기

밀러(1976; 이 책의 1장)는 여성들은 분노를 표현하는 것을 억압하는데, 그 이유는 ― 자주 입증되는 바와 같이― 분노를 표현하는 것이 중요한 관계를 파괴할 것이라는 두려움 때문이라고 주장했다. 그러나 밀러는 분노를 감추는 것은 권력을 박탈하며, 감정을 위축시키고, 자신이 비효율적이라고 느끼며, 심지어 분노를 느끼는 것 자체도 잘못되었다고 느끼도록 한다고 덧붙였다. 그래서 분노 때문에 상호적인 정서적 관계를 맺고 싶다는 목표를 이루지 못한다고 느낀다. 비록 직접적이고 타당하게 표현하는 분노는 두 사람 사이에 긍정적이며 유대감을 형성하는 경험 ― 상호적인 맥락 안에서 일어난다면 ― 이 될 수 있음에도 불구하고 말이다. 그다음에는 무력감이 더 많은 분노를 일으킨다. 하지만 이 분노도 매우 과장되거나 "목표를 벗어나는" 방식으로 폭발할 때까지 더 깊은 무력감을 낳으면서 위축된다.

우울해지는 여성들에게 이 패턴은 다시 심하게 악화된다. 자신의 이익을 위한 행동에 대한 느낌과 비슷하게, 분노는 "파괴적인 것"과 연관된다. 즉, "사악"하다는 내면의 느낌이 표현된 분노는 폭발적이고, 통제할 수 없고, 상대방을 황폐하게 만들 것이라는 공포를 낳는다. 우울한 여성들은 때로 분노의 느낌을 깨닫고 그것과 접촉한다. 하지만 이러한 분노의 결과에 대한 공포는 심각하다. 왜냐하면 이러한 여성들은 자신들의 분노를 힘에 대한 효과적인 신호가 아니라, 사악하고 가치 없는 자아에 대한 확증으로 경험하기 때문이다. 분노를 유지하기 위한 힘겨운 노력은 위에서 설명한 바와 같이 행동에 대한 억압을 더욱

야기할 뿐이다.

많은 여성들이 분노가 가져올 파괴적인 결과에 대한 공포를 표현했다. 어떤 여성에게는 이 공포가 자기 어머니와 여동생에 대한 강렬한 분노 때문에 일어났다. 그들과 싸우면서 그녀는 "황폐해진" 느낌이 들었고, 울려고 혼자 방으로 가버렸다. 그녀는 "내가 두려워하는 건, 만일 내가 얼마나 화가 났는지 표현했더라면 그들을 죽이게 되었을 것이라는 사실"이라고 대답했다. 또 다른 여성은 남편에 대한 분노를 행동으로 옮기는 데 무력하다고 말했다. 이 여성은 즉각적인 분노를 행동으로 옮기는 것을 방금 설명한 여성보다 더욱 어려워했고, 자신의 느낌과 공포를 남편에게 투사했다. 자신이 만일 그렇게 하면 남편은 자살할 것이고 이에 대해 전적으로 자신이 책임을 져야 할 것이기 때문에 이 어려운 결혼 생활을 떠날 수 없었고, 심지어 불만을 드러내지도 못했다고 회상했다.

또 다른 여성은 어머니와 문제가 있었고 갈등을 겪고 있었다. 그녀는 몇 년 동안 어머니를 만족시키고 돌보기 위해 분투해왔는데, 노력은 끊임없이 거부당했다. 청소년기까지 그녀는 어머니를 향해 느끼는 분노를 자신이 "나쁘기" 때문에 그들이 어려움을 겪고 있으며 책임이 자신에게 있다는 강한 느낌과 오랫동안 연결시키고 있었다. 청소년기에 어머니가 그녀에게 근사한 생일 파티를 해주겠다고 강하게 주장했을 때 이것이 통렬하고 명확하게 드러났다. 생일 파티는 그녀가 원한 것이 아니었다. 왜냐하면 그녀는 "받을 만한 가치가 없기" 때문이었다. 그러나 파티는 벌어졌고, 파티 후에 어머니는 심각한 심장 발작으로 고생했다. 이 젊은 여성은 어머니의 병이 자기 때문이라고 느꼈고, 어머니의 병이 그녀 안에 내재되어 있는 "파괴성"에 대한 직접적인 확증이라 여기면서 황폐해졌다.

이러한 상황은 우울하지 않은 여성들 중 한 명이 하는 설명과 대조를 이룬다. 그녀는 남자 친구 두 명과 작은 차를 타고 포장이 형편없는 어두운 도로를 너무 빨리 달렸던 것을 회상했다. 그녀는 차가 새것이었고, 그들도 그 차가 익숙하지 않았기 때문에 격노했다. 그녀는 그들의 무모함에 대해서는 차치하고,

그 차로는 여행을 하지 말자고 계속 간청했다. 그녀는 화를 내면서 속도를 늦추라고 해도 그렇게 하지 않을 것이라는 걸 알고 있었다. 그 대신 그녀는 다른 전략을 찾았다. 그녀는 이렇게 말했다. "자, 이건 불공평해. 이제는 내가 운전할 차례야." 그 말을 들은 운전하던 친구는 차를 길가에 세웠다.

낮은 자아존중감

여성들의 일반적인 낮은 자아존중감은 위에서 묘사한 상황들의 최종 결과일 뿐만 아니라 원인이 되는 요인이기도 하다. 서로 확신하는 관계를 맺는 데 실패한 것에 대해 느끼는 책임감은 여성들이 자신이 관계를 맺을 만한 가치가 있는가에 대한 가치 평가에 의심을 품게 한다. 이 점을 재차 강조하기 위해, 우리는 여성들의 자존감은 상당 부분 관계를 만들고 쌓아가는 능력에 대한 느낌에 달려 있다고 제안해왔다. 더 나아가, 여성들은 자신의 소망을 자유롭게 표현하고 확신하는 데서 오는 자아존중감을 획득하는 것에 제약을 받고 있는데, 여성들은 이러한 자유는 관계를 위협할 것이라고 두려워하고 있다 ― 혹은 그렇게 알고 있다. 그러나 문화적으로 가장 강력하게 지지를 받는 것이 바로 자신이 추구하는 욕망을 자유롭게 표현하는 것이며, 특히 남성들이 이를 표현할 때 그러하다. 일반적으로 여성들에게는(특히 여성들이 문화적으로 가치가 부여된 남성들의 규범을 기준으로 자기 자신을 평가할 때) 낮은 자아존중감으로 바로 이어지는 확실한 부적절감이 남아 있다.

다시 말해 이 패턴은 우울한 여성들에게만 드러나는 것이 아니다. 우울한 여성들은 단지 조금 더 극단적인 형태를 보일 뿐이다. 생애 초기와 그 후 계속되는 타인들과의 정서적 단절은 관계를 유지하려는 시도에 대해 처벌이나 철회로 응답하는 것으로 종종 나타난다. 이는 행동에 대한 근본적인 개인적 무가치함과 행동의 무익함의 원인이 된다. 우울한 여성들이 이러한 실패에 대해 떠맡은 깊은 책임감은 자신의 "파괴성"에 대한 뼛속 깊은 느낌을 낳는다. 그리고 나면 내면의 느낌은 행동을 심하게 억압해 다른 사람들의 성장을 촉진하는 데 직접적으로 이바지하지 못하게 된다. 이러한 행동 억압은 더 나아가 무가치감을 부채질하고, 그렇게 이 순환은 계속된다.

내재된 "사악함"이라는 주제들, 즉 누군가에게 다가가는 상황에서도 다른 사람들을 해칠 거라는 공포와 자신에 대해 느끼는 진실성의 결여는 우울한 여성들의 치료에서 반복적으로 나타난다. 이것은 일상생활의 비교적 사소한 영역에도 반영된다. 한 여성은 그녀를 만나려고 대기실로 들어갔을 때 필자를 쳐다보지 못했는데, 그것이 나를 심하게 모욕하는 것이라 느꼈기에 끔찍함을 느꼈다. 또 다른 여성은 심지어 그녀가 전화번호를 잘못 눌렀을 때조차 뭔가 틀린 말을 하고 있는 것 같다는 강렬한 공포를 묘사했다. 이런 때면 그녀는 손바닥에 땀이 흥건해지고, 심장이 떨리고, 얼어붙은 것 같은 진짜 불안 반응을 보이곤 했다. 그녀가 유일하게 의지하는 것은 다른 사람들이 말하려는 것을 예상하고 적절한 대답을 준비할 수 있게 되는 것이었다. 이런 예에서 놀라운 것은, 이런 여성들은 비교적 사소한 행동들에 의해 자아존중감이 낮아지는 것을 느낄 뿐 아니라 시간이 지나면서 자신의 충동을 신뢰할 수도, 심지어 인식할 수도 없게 된다는 것이다. 이것은 위에서 논의한 행동의 억압을 조장한다.

또 다른 상황은 다른 사람들에게 해를 끼칠지 모른다는 공포가 어떻게 자아존중감을 황폐하게 만드는지에 대한 좀 더 극단적인 예를 보여준다. 한 여성은 자신의 행동이 너무 끔찍해서 말할 수조차 없고, 그 행동 때문에 자신이 매우 파괴적이고 다른 사람들에게 해를 끼친다고 느끼게 되었다며 긴 시간 울었다. 그녀는 결국 그 행동이 무엇인지 이야기했는데, 그것은 내가 보낸 청구서를 보험회사에 제때 제출하지 않은 것이었다.

대조적으로, 다른 사람들과의 관계가 잘 진행되지 않을 때 자신이 나쁘다고 느끼는 우울하지 않은 한 여성은, 관계가 잘 진행되지 않으면 상황을 개선하기 위한 행동을 할 수 있었다. "내가 나에 대해, 친구들과 잘해나가는 것에 대해 좋게 느끼지 않을 때, 억지로라도 사람과 사귀고 내 시간과 이해심을 내어 줄

거예요. 그리고 나면 결국 그들에 대해, 다음에는 나 자신에 대해 더 좋게 느끼게 되겠죠."

기존 우울증 이론에 대한 비판

여성들의 우울 경험에 대한 이 새로운 공식은 이제 좀 더 전통적인 우울증 모델 안에서 구성되는 상실에 상처받기 쉬움, 행동 억압, 자기주장 억압, 낮은 자아존중감이라는 개념을 개선하고 확장하는 데 쓰일 수 있다. 일반적으로 우리의 이론은 여성들의 우울에 대한 경험을 더 명확하게 비춤으로써 현존하는 이론에서 설명하고 있는 역동에 대한 중요하고 새로운 해석을 제공한다. 우리의 기본적인 시작점은 비록 우울증에 대한 정신분석학적 개념과 일치한다 하더라도 중요한 방식에서 정신분석학적 개념과는 다르다. 즉, 정신분석학적 문헌들에서 관계적(예를 들면, 대인 관계) 요인들은 우울한 사람들의 성격을 발달시키는 데 핵심적인 역할을 한다고 여겨지고 있다. 샐즈만은 이것을 간단하게 말했다(Salzman, 1975). "우울증은 다른 사람들에 대한 반응 안에서 개인에게 일어나는 어떤 것이다." 그러나 이러한 관계적 요인에 대한 전통적 분석 구조는 우리의 모델이 제시하는 사용법과는 다르다. 우리의 이론과 정신분석 이론 모두 우울증을 나타내는 관계적 전조 징후들을 정서적 상실 또는 상실에서 오는 상처에서 기인한 어떤 것과 연관시키고 있다. 그러나 정신분석 이론은 이러한 상실이 미치는 영향을 개인에게 주어진 무언가를 잃어버린 것에 놓고 있다. 즉, 그들의 전문 용어로는 "자기애적 공급"이다. 구강기적 욕구를 만족시키지는 못하는 것뿐만 아니라 다른 사람들에게 거부당하거나 실망했다는 면에서, 관계에서의 불만족도 이 개념에 포함된다. 정신분석 이론으로 언급하자면, 상실은 "외부적으로 공급을 해주는 사람"에서 자기로 향하는, 일방적인 대인 관계 방향에서 일어난다. 만족은 지연되고, 욕구는 충족되지 않은 채 남아 있다. 정신분석 이론은 이러한 만족의 상실은 자아존중감을 황폐하게 만든다고 가정한다. 다시 말해, 이 영향은 관계적 측면에 놓여 있는데, 이것은 우리가 말하는 것과는 다르다. 주안점은 한쪽에만 작용하는 것으로 남아 있다. 즉, 낮은 자아존중감은 타인과의 관계에서 상처를 받고 다치거나 무시당한 느낌에서 직접적으로 비롯된다. 코헛은 이러한 생각의 연장선에 있다(Kohut, 1971).

관계적-속-자아 이론은 이 과정을 이해하는 데 중요한 개선을 이루었다. 우리의 이론은 이른바 주는 사람에서 이른바 받는 사람으로 가는 한 방향의 상실을 강조하기보다는 쌍방향, 즉 상호과정을 훨씬 더 중요하게 여긴다. 우리의 이론이 강조하는 것은 심리적 발달은 상호적 이해와 상호적으로 미치는 영향에 기반을 두고 있으며, 이는 특히 소녀들에게 그러하다는 것이다. 아동에게 돌봄을 받는다는 느낌을 허용하고, 아동이 돌보는 존재로서, 즉 자신의 관계적 능력에서 힘과 자신감을 얻는 존재로서 자아감을 발달시키기 시작하는 것은 바로 이 사람에서 저 사람으로 가는 정서적 의사소통의 순환과 상호적인 관심이다. 그러므로 우리의 이론에서 궁극적으로 잃어버린 것은 단지 다른 사람에게서 제공되어야 하는 어떤 것이 아니다. 중요한 것은 서로 긍정적인 확신을 갖는 관계에 참여할 수 있는 기회, 즉 다른 사람들과 정서적으로 연결되어 있고 그로 인해 관계 속의 개인으로서 자아의 타당성에 확신을 가질 수 있는 기회이다. 그리고 상실이 미치는 영향력의 특징은 바로 타인과 관계를 맺는 능력의 부재, 관계의 목표를 완전하게 발달시키기 위한 기회를 거부당하는 것이다.

최근의 조사 연구에서 발견한 내용들 또한 우울한 여성들에게 관계적 요인이 일반적으로 중요하다는 것을 지적하고 있다. 몇몇 연구에 따르면 관계 상실은 우울증을 겪고 있지 않은 여성들에 비해 우울증을 겪고 있는 여성들의 어린 시절 경험에서 두드러지게 나타난다(Brown and Harris, 1978). 이와 관련하여, 친한 친구가 있는 것이 스트레스를 받는 생활환경에서 우울증에 대한 주요 보호 요인이 된다는 것이 드러났다(Belle, 1982). 다른 연구들은 우울증 때문에 치료를 찾는 여성들의 대다수가 우울증이 시작되기 전 6개월 이내에 관계적 상실을 경험했다는 것을 발견했다(Weissman and Klerman, 1979; Schwartz and Juroff, 1979). 유사하게, 우울한 남성보다 우울한 여성이 우울한 상태를 막기 위한 방법으로 다른 사람들로부터 도움을 구한다(Padesky and Hammen, 1981). 이 조사연구들은 모두, 중요한 관계를 잃어버리는 것과 우울증 사이의 연관성은 다른 사람들로부터 만족을 경험하지 못하는 것으로부터 초래된다고 암묵적으로 혹은 명백하게 주장한다. 이러한 종류의 상실이 우울증 발달에 영향을 미친다는 것에 동의한다. 그러나 다시 한 번 말하지만, 우리는 여성들은 이 밖에도 관계적 자아 구조에 대한 확신, 즉 관계적 과정에 기여할 수 있는 기회를 잃어버리는 것으로 인해 어려움을 겪는다는 점을 포함시키고 있다. 만일 다른 사람들로부터 지지와 사랑을 받지 못하게 된다면, 친밀함의 부재는 더욱 집중적으로 **자아의 실패**로 경험된다.

관계-속-자아 이론은 또한 다른 사람들이 설명한 행동과 자기주장을 억압하는 과정에 대한 이해를 풍부하게 한다. 셀리그만은 "학습된 무기력"이라는 틀에서 이러한 억압에 대한 설명을 제시했다(Seligman, 1975). 그는 행동 재강화 방법을 통제할 수 없는 것이 우울증을 낳는다고 주장했다. 변화를 이루기 위해 행동할 수 있다고 느낄 수 있으려면 자신의 행동에 대한 결과를 예측할 수 있어야만 한다. 만일 사람이 자신의 행동에 대한 결과를 예상하거나 예측할 수 없다면 우울증이 생길 수 있다. 이러한 통제의 부재 안에서, 사람은 어떤 의미에서는 무력감과 무가치감을 동시에 느끼면서 "포기"한다. 이 구조는 우리가 말하고 있는 것과 일치하지만 차이가 있다. 우선, 셀리그만은 이러한 "통제 상실"이 핵심적 자아 구조에 미치는 영향에 대해서는 말하지 않았다. 우리가 여기서 핵심 이슈로 삼는 것은 무력감뿐만 아니라 자기비난과 책임감이기도 하다. 또한, 셀리그만은 관련된 다양한 행동에 따른 "무력함"의 상대적인 정도 사이에 구별을 두지 않았다. 위에서 설명한 것처럼 우울한 여성들은 행동의 모든 방식에서 똑같이 억압당하지 않는다. 이러한 억압은 관계적인 맥락 안에서 이기적이고 파괴적이라고 느껴지는 행동 안에서 특히 잘 나타나고, 여성이 다른 사람을 조력한다고 느끼는 행동 안에서는 특히 훨씬 적게 나타난다. 밀러 (1976)가 지적한 것처럼, 만일 우울한 여성이 "적절한 맥락"안에서 일어나는 것으로 자신의 행동을 이해할 수 있다면 매우 활동적이 될 수 있다.

여성의 우울증과 남성의 우울증에 관한 비교

여성들의 심리 발달의 주요 특성과 우울증의 주요 양상 사이를 연관 짓는 몇몇 핵심 역동을 자세히 설명하는 데 있어, 이제 설명하는 특성들이 우울한 남성보다 우울한 여성에게 정말로 더욱 잘 맞는지 숙고해야 할 필요가 있다. 그것들은 일반적으로 우울증과 관련이 있거나 또는 우울한 여성들과 더 특별히 관련이 있는가? 우리가 설명했던 연관 관계가 도움이 될 것이다. 우울한 여성과 남성이 기본적으로 똑같은 역동 패턴을 보일지라도, 남성보다는 여성이 이 패턴에 더 잘 들어맞는다. 표준적인 발달 경로는 남성보다는 여성에게서 우울증이 더 많이 발생한다는 것에 대해 중요한 설명을 제공한다.

그러나 우울증에 관한 문헌들은 여성과 남성 사이에는 다른 우울증 패턴이 있을지 모른다는 가능성에 대한 약간의 실마리를 제공한다. 이것들은 그저 실마리일 뿐이며, 두 가지 근거에서 기인한다. 첫 번째 근거는, 연구자들이 언급하긴 하지만 상세히 설명하지는 않은, 우울증의 특별한 패턴이 다른 성보다 한쪽 성에서 좀 더 일반적이라는 경험적인 발견 안에 있는 사례들이다. 두 번째 근거는 조사 인구 안에서 이루어진 몇 가지 다른 우울증 패턴에 대한 식별이다. 이 패턴들 중 하나는 여성의 발달 특성을 밀접하게 따르고 있고, 다른 하나는 남성의 발달 특성을 밀접하게 따른다(그러나 보통 이것은 강조되지 않는다). 몇 가지 예가 이 경향을 예증한다.

아리에티와 벰포라드는 이러한 차이를 제시했다(Arieti and Bemporad, 1978). 이들은 "위로하는 성격"이라는 묘사를 했는데, 이것은 필자가 예전에 인용했다. 간단히 말하자면, 이 설명은 자기 자신의 소망에 귀 기울이는 데 무능력함, 타인을 만족시키려는 욕구, 그리고 일이 잘못되면 자기를 비난하는 느낌을 구성하는 요소에 초점을 맞춘다. 이 설명은 우리가 여성과 우울증에 관해 강조해왔던 몇몇 핵심 요소와 매우 유사하다. 아리에티와 벰포라드는 그 내용을 "알게" 되었지만, 이 패턴이 남성보다 여성에게서 정말로 더 자주 발생한다는 자신들의 발견이 함의하고 있는 것들을 탐색하지 않고 연구를 중단했다.

아리에티와 벰포라드는 이 설명을 다른 유형의 우울증 이전 성격과 대조했는데, 이는 남성 경험의 원형인 것 같다. 이것은 핵심적인 관계-속-자아와는 일치하지 않지만 발전적 자아, 즉 "성취하는 자아"와는 일치한다. 아리에티와 벰포라드의 말에서 이 유형의 사람은 아래와 같이 규정된다.

> 현저한 목표를 추구하고 이 지배적인 목표에 점차로 사로잡힌다. 이 지배적인 목표는 어디에나 있다. 이를 재는 척도가 노벨상을 타거나 기업의 사장이 되는 것과 같이 웅장하기 때문에, 웅대한 자아상이 요구하는 것을 얻고자 하는 시도는 환자의 행동에 동기를 부여한다고 해석할 수 있다. 영광에 대한 갈망이 지배적인 목표에 도달하고자 하는 동기를 부여하는 것 같다. 무의식적으로, 환자는 지배적인 목표를 성취하는 데 성공할 때에만 다른 사람들로부터 혹은 자기 자신으로부터 사랑을 받을 가치가 있을 것이라고 느낀다(Arieti and Bemporad, 1978: 141).

아리에티와 벰포라드가 묘사한 두 가지 성격 모두 사랑을 추구하는 것을 향하고 있다. 그러나 그들이 채택하는 경로는 정반대이다. "위로하는 성격"의 경우, 감정을 가지고 관계를 맺는 과정 안에 있으면서 사랑을 추구한다. 이러한 사람의 자아는 자신에 대한 책임감을 갖고 있는 여성과의 관계를 유지하기 위해 바뀌고 모양이 만들어진다. "성취하는 자아"의 경우 자아의 확장을 거쳐 사랑을 추구한다. 자아 확장이 먼저고 그다음 타인과의 관계를 진척시킨다. 다른 사람들은 그가 **그 자신을 위해 해왔던 것** 때문에 그 사람을 사랑할 것이다.

그러나 그 자신의 행동은 관계를 형성하는 데 기여하지 못할 뿐만 아니라, 그의 자아존중감이 관계를 맺는 능력에 놓여 있지 않다는 것도 보여주는 것이다.

유사한 이분법을 그린커R. R. Grinker와 그의 동료들의 저작에서 발견할 수 있다. 그린커는 광범위한 면접 연구에 기반을 두고 우울증의 몇몇 주요 요인들을 밝혔다. 이 중 두 가지가 흥미를 끈다. 첫 번째는 여성의 우울증에 대한 우리의 설명과 일치하는데, 근본적인 무가치감에서 유래한 슬픔, 수치심, 그리고 죄책감에 의해 규정된다. 이 나쁜 자아는 그다음으로 자기 처벌과 침습적인 낮은 자아존중감으로 이어진다. 두 번째 요인은 외부의 문제들에 대한 완벽에 가까운 염려, 대부분 분명한 물질적 상실 그리고 자신들에게 무언가를 제공하는 외부 세계에 의해서만 내면의 상태가 바뀔 수 있다는 느낌에 의해 규정된다. 그린커와 그의 동료들은 두 번째 요인이 남성에게서 훨씬 높다는 것을 발견했다. 이러한 설명들은 더 분명한 내용을 제시함에도, 내적 또는 외적 존재로서의 실패와 책임 (그리고 비난) — 첫 번째 예에서는 자기에게, 두 번째 예에서는 외부 세계에게 책임을 지운다 — 사이에 여전히 근본적 이분법을 제시하고 있다(Grinker et al., 1961).

결론

우리는 심리학 영역에서 여성들 안에 있는 우울의 역동, 사실은 일반적인 여성 심리에 관한 생각에 근본적인 수정을 가해야 할 필요가 있다고 주장한다. 이러한 생각은 관계 속 성장을 통해 강화되고 발달하는 — 그리고 이 성장은 관계를 맺는 능력에 대한 사회적 모욕에 의해 좌절된다 — 여성들의 핵심적 자아 구조에 대해 발달에 근거를 두고 이해할 수 있도록 한다. 이 생각은 여성들이 추구하는 관계의 목표를 가로막는 장애물 앞에서 많은 여성들이 느끼는 부적절감을 이해하는 것을 허용한다. 이러한 타당화는 여성들이 실패에 대한 책임을 자신에게 돌리는 현재의 경향에서 벗어나도록 하기 위한 중요한 근거가 된다. 자기비난을 줄일 때 관계의 목표와 일치하는 더 효과적인 행동을 할 수 있도록 여성들이 자유로워질 수 있다.

이러한 작업의 일부는 상담에서 수행할 수 있다. 비록 개인적 해결이 널리 퍼진 사회적 문제에 대한 적절한 답이 될 수는 없다고 해도 말이다. 그러나 적절한 조건하에서 이루어지는 상담은 여성들이 자주 묘사하는, 계속 악화되는 무가치함과 발전할 수 없는 느낌을 교정하는 경험을 제공할 수 있다. 그러나 "적절한 조건"이 매우 중요하다. 가장 중요한 점은 여성들의 내면 상태를 관계적 의미와 목표라는 관점에서 이해해야만 한다는 것이다. 그렇지 않으면, 여성들의 자기 보고가 임상가들이 붙이는 "의존" 혹은 "결핍" ― 여성들의 "나약함"을 강조하고, 여성들이 처한 상황 뒤에서 벌어지는 적극적으로 관계를 맺으려는 노력과 모순된 용어 ― 이라는 이름표와 너무 쉽게 연결된다. 관계적 틀이 없다면, 여성들은 상담에서 "너무 지나치게" 노력하고 있다는, 즉 포부를 더 낮추고 도움을 구하기 위해 다른 사람들을 더 많이 찾아야만 한다는 말을 들을 것이다. 사실 이것은 남성들의 우울 경험과는 일치할지 모르나 여성들의 우울 경험과는 일치하지 않을 수 있는 우울 상태의 직접적인 기원이다. 여기서 우울증은 "지배적인 (수행) 목표"를 달성하는 것에서 실패하는 것과 관련이 있다. 이는 많은 임상가들이 다른 우울증 유형을 보여주는 임상관찰을 해왔지만, 그들의 상담이 더 "남성적"인 유형의 우울증에 적합하곤 하다는 것을 시사한다. 우울증 내담자의 대다수가 여성들임에도 불구하고 말이다.

내담자와 상담자 사이의 관계의 질도 적절한 치료 조건의 중요한 구성 요소이다. 핵심적으로, 내담자와 상담자 사이의 공감적 유대는 상담자가 아니라 내담자 자신이 구성한 경험을 듣고 타당화하려는 상담자들에게 필수적이다. 공감적 방식의 의사소통이 이루어지지 않는 곳에서는 여성들의 공포 혹은 실재적 슬픔과 부적절감은 무시당하거나 상담자에 의해 "병리적"이 되어버린다. 특히 이러한 감정들이 여성들에 대한 상담자의 기대, 즉 지나치게 감정적이며 의존적이고, 혹은 그와 유사할 것이라는 기대에 부합할 때 그렇다. 상담은 성장을 위한 상호적인 정서적 관계의 장소가 될 수 있다. 이 논문을 준비하면서 내담자들에게 그들 이야기의 일부를 포함하는 것을 허락해달라고 부탁했을 때, 이것을 새롭게 경험했다. 우울증에 대한 나의 이해가 그들에게 도움이 될 수 있다는 것에 내가 기뻐하는 만큼이나, 그들은 자신들의 경험이 우울증을 이해하는 데 기여한다는 것에 기뻐했다.

상담을 넘어 변화된 삶의 조건이라는 관점에서 분명히 궁극적인 "교정적 경험"의 과정이 존재한다. 그러나 또한 중요한 시급한 단계가 있는데, 다른 여성들과 자신이 알고 생각하는 새로운 방식을 공유하는 것이다. 지식은 정말로 권력을 강화시킨다. 다른 여성들과 함께하는 여성들은 여성 내담자와 하는 상담에서 현재 수행하는 많은 작업을 잘 혹은 아마도 더욱 잘할 수 있을 것이다. 이는 특히 자신들의 경험을 이해하고 확인하는 적절한 모델에 접근할 수 있을 때 그럴 것이다. 여성들은 지금까지 그러한 모델에 접근하지 못해왔다. 더 큰 문제가 되는 점은, 그들이 접근했던 모델이 종종 자신의 경험을 아무 소용없게 만드는 데 기여해왔다는 것이다. 여성들과 관계에 대한 최근의 저작들이 이 목표에 기여하기를 바란다.[1]

---

1   이 논문은 1983년 12월 스톤센터 콜로키움에서 발표한 것이다.

일 영역에서 여성들이 억압하는 것

아이린 스타이버

다음 두 가지 연구는 여성들이 일에서 겪는 문제들 중 몇 가지를 자세히 보여준다. 루스 몰턴Ruth Moulton은 200명의 정신분석가들 — 남성 150명과 여성 50명 — 에게 물었다(Moulton, 1977). 그들은 간단한 질문에 대답했다. "당신은 대중적인 연설을 해달라는 요청을 거부하시겠습니까?" 여성의 50%가 연설을 거절할 것이라 답했다. 반면에 남성은 20%가 거절하겠다고 했다. 이 결과는 연구 참여자들이 아마도 지적이고 자각 수준이 높은 여성들이기 때문에 특히 놀라운 것 같다. 잠복기의 소녀들과 소년들을 대상으로 한 또 다른 연구(Crandall, Katkovsky and Preston, 1962)에서는 앞으로 더 잘할 수 있다고 생각하는 더 똑똑한 소년일수록 자신이 받은 좋은 점수는 자신의 능력으로 인한 결과라고 생각하는 경향이 더 높았다. 반면, 더 똑똑한 소녀일수록 자신이 이룬 좋은 성과는 자신의 능력의 반영이라고 생각하는 경향이 더 낮았으며, 앞으로 더 잘할 것이라고 기대하지 않는 경향이 있다는 것을 보여주었다.

이러한 관찰에도, 여성들은 일에서 현재 벌어지고 있는 문제를 상담에 거의 가져오지 않는다. 일에서 어려움을 겪는 남성들은 이 문제들이 상담을 시작하는 합법적인 이유라고 여기는 것 같다. 여성들은 개인적인 관계에 대한 걱정으로 상담을 시작하는 것이 더 전형적이다. 그리고 일에 관한 문제에 초점을 맞추는 것은 단지 상담의 과정으로만 여기는 것 같다.

일 관련 문제가 드러날 때 여성들이 얼마나 빈번하게 그리고 보편적으로 여전히 직장에서 갈등과 다양한 정도의 스트레스를 경험하고 있는지 알게 되면 매우 놀라게 된다. 어떤 여성들은 일자리를 얻으려고 시도하지 않았던 영역에 진입하거나 재진입하는 것을 매우 불안해한다. 심지어 그녀들이 재능과 능력을 써서 무언가를 하는 것에 강한 흥미를 갖고 있음에도 불구하고 말이다. 경제적 필요 때문에 일을 하러 나왔고 직업에 만족하지 못하는 여성들은 자신의 능력으로는 더 의미 있는 일로 옮겨갈 수 없다고 생각한다. 직업적 흥미를 추구하고 전문직을 준비하지만 어느 지점에서 막혀 더 이상 나아가지 못하는 여성들이 있다. 예를 들어, 박사논문을 쓰기까지 잘해왔던 대학원생이 장애물을 만나고 논문을 끝내지 못하거나, 중간관리자 수준까지 이른 산업 현장의 여성이 앞으로 더 나아갈 수 있는 기회를 걷어차거나 승진 기회를 이용하지 않는 경우가 있다. 심지어 명백하게 성공했고 능력도 있으며 자신감 있는 여성 노동자들조차 개인적으로는 직장의 조건에서 겪는 어려움과 불안으로 인해 지식이나 흥미가 상당히 제한된다는 것을 종종 느낀다.

이 주제를 다룬 몇몇 최근 저작들이 성급한 설명들을 제공해왔다고 생각한다. 이러한 성급한 설명들은 더 깊은 영역들을 규명하지 못하도록 방해했다. 이 설명들 중 몇 가지는 심지어 대중매체 안에서조차 악명 높은 평판을 받아왔다. 대중매체에서 그 설명들은 선전 문구를 반복하는 것 같은 양상을 띠었다. 이 때문에 여성들이 심리적으로 더 좋지 않게 느끼게 되었다고 생각한다. 이 논의에서는 일과 관련한 여성의 경험에서 보이는 몇 가지 측면들을 설명할 것이다. 이는 어떤 경우에는 현재 통용되는 설명에서 보이는 문제점들을 강조하기 위해 제시되고 있는 새로운 설명들과 관련해 떠오르는 쟁점들을 보여준다.

"여성들이 가지고 있는 문제들"의 목록에 더 이상 내용을 추가하지 않고서 여성들이 분투하고 있는 일과 관련된 문제들에 대한 더 복잡하고 적절한 설명을 발전시킬 수 있을 것이다.

여성이 일에서 겪는 문제들은 남성의 문제와 다른가? 만일 그렇다면 어떻게 다른가? 당장 알 수 있는 것은 남성에게는 일이 남성으로서의 정체성을 지지해주고 남성으로서의 경험을 강화해주는 수단이며 언제나 자아존중감의 중요한 원천이 되어왔다는 것이다. 성공한 남성은 덜 성공한 남성보다 더 남성적이라고 인식된다. 반면, 많은 여성들은 일에서의 자아감과 개인적 삶에서의 자아감 사이에서 상당한 갈등을 겪는다. 전형적으로, 여성들에게 일은 자아존중감의 원천이 아니었다. 그러나 여기에서 중요한 점은, 이러한 설명은 백인 여성들에게 해당한다는 것이다. 예를 들어, 흑인 여성들은 일을 자아감과 자아존중감에 다른 방식으로 통합시키는데, 그 방식은 흑인 남성들의 경험과도 다르다(1983년 2월 맬슨M. Malson의 개인적 서신; 1983년 2월 넬슨B. Nelson의 개인적 서신).

여성들의 일을 완전하고 적절한 방식으로 이해하기 위해서는 경제와 문화 그리고 직업 제도의 구조와 세력을 이해해야만 한다. 오늘날 수많은 저자들이 이것들을 조명하고 있다. 필자는 많은 연구들을 검토하지는 않을 것이다. 심리학 분야에 몸담고 있는 우리에게 여성들이 알려주고 있는 몇 가지 문제들로 이 논의를 제한하려 한다.

여성들과 일에 관한 현재의 저작들은 이러한 문제들을 논의하고 있지만 제안되고 있는 해결책은 대개 여성들이 직장에서 요구되는 경쟁적인 상황에 대해 더 배울 수 있도록 도움을 주어야 한다는 내용을 포함하고 있다. 예를 들면, 어떻게 하면 더 많은 권력을 쥘 수 있는지, 더 경쟁적이고 일 중심으로 생활할 수 있는지, 더 냉정해질 수 있는지, 피드백에 대해 더 무덤덤해질 수 있고 분석적으로 생각할 수 있는지 등이다.

필자는 이러한 해결 전략에 의문을 품고 있다. 왜냐하면 이 해결 전략은 여성이 분투하고 있는 바로 그 문제들 중 몇 가지를 포함하고 있다고 생각하기 때문이다. 그러므로 여성들이 일에서 겪는 어려움을 이야기할 때 자주 나타나는 여러 가지 측면에 귀 기울이는 것에서 시작해, 그것들을 자세히 설명하고 배후에 있는 내용에 대해 고찰해보려 한다.

자기회의

여성들이 자신의 능력과 자신감에 대해 얼마나 자주 많은 의심을 표현하는지 주목해볼 만하다. 여성들이 자신이 유능하다는 표시, 그리고 알고 있는 것과 할 수 있는 것을 과소평가하고 부정하는 정도에 거듭 놀라곤 한다. 종종 여성들의 지성과 확신은 신중함보다 커서 여성들은 자신의 의견을 표현하기도 하지만, 그 후에는 바보 같은 짓을 한 것은 아닌지 반추하기 시작한다. 여성들은 자신들이 너무 공격적인 것은 아닌지 걱정한다. 이렇게 말했어야 했는데, 저렇게 말했어야 했는데 걱정하기도 한다. 어쩌면 그렇게 오랫동안 말하지 않았더라면, 혹은 그렇게 적게 말하지 않았더라면, 그렇게 많이 말하지 않았더라면 하고 걱정할 수도 있다. 만일 가치 있는 말을 하고 있다고 누군가 인정한다면 그녀들은 순간적으로 만족한다. 그러고 나서 자기들이 어떻게 그런 속임수를 썼는지, 자신들이 얼마나 사기꾼이고 사람들을 기만했는지 걱정하기 시작하고, 머지않아 사람들이 그것을 알아챌 것이라고 생각한다. 여성들은 종종 이런 행동을 하고 그런 자신에게 짜증을 내고 있다는 것을 알아채면서, 자신들이 사람들을 속이고 있거나 다른 사람들이 생각하는 것만큼 지식이 많지 않다고 생각한다. 그뿐만 아니라 전형적으로 여성들은 자신들의 성공이 행운 때문이었다고 여긴다. 여성들은 적당한 시간과 장소 덕분이었다고 이야기하거나 그저 운이 좋았다고 말한다.

그저 운이 좋았던 것이 아니라고 말해주는 정보와 다른 역동적인 해석들이 있음에도, 많은 여성들이 자신에 대한 태도를 변화시키지 못하는 모습을 관찰하는 것이 특히 흥미롭게 느껴졌다(Applegarth, 1977).

자신의 부적절감에 관해 여성들이 말할 때 그것은 종종 그들이 결함이 있다고 느끼는 맥락에 닿아 있다. 여성은 대개 남성을 과대평가하고 여성을 과소평가한다. 그리고 자신들이 어딘가 부족하다고 느낀다. 정신분석학적으로 대답해보면, 이것을 남근선망, 혹은 최소한 일에서 남성들이 가지고 있는 권력적 지위에 대한 선망을 반영하는 것이라 말할 수 있을 것이다. 그러나 이런 해석은 여성들의 태도를 변화시키는 데 다른 종류의 해석보다 더 효과적이지는 않다.

우리는 왜 여성들이 자신에 대해 부적절하고, 무력하고, 많은 것을 알지 못한다는 느낌을 계속 가지고 있는지 대답해야만 한다.

『신데렐라 콤플렉스The Cinderella Complex』라는 최근 책에서, 콜렛 다울링 Colette Dowling(1981)은 여성들은 강한 남성이 나타나 자신들을 구해주기를 기다리면서 무력감과 의존을 이용하고 있다고 거세게 비난했다. 콜렛 다울링은 또한 그런 남자는 절대 나타지 않을 것이기 때문에, 여성들은 "독립적"이며 "강해져"야 하고 "자기 자신에게 의지"해야 한다고 말했다. 확실히 우리 문화가 여성이 의존적인 역할을 떠맡고 자신을 무력하게 보이게 하는 것 ─ 비록 대개는 실망하게 되지만 돌봄을 받을 것이라는 매혹적인 희망을 가지고 ─ 을 지지한다는 생각에는 일말의 진실이 있다. 이 매혹적인 판타지는 그 자체로 매우 큰 만족감을 주기 때문에, 여성들은 비록 자아존중감을 해치더라도 무력한 위치를 유지하게 된다. 그러나 이 공식은 믿을 수 없는 것이며 여성들의 "의존"이 뜻하는 바를 너무 단순화시키는 것이다.

우리 문화에서는 다른 사람들과 관계를 맺고 싶어 하는 욕구를 너무 쉽게 의존과 동일시한다. 공감과 여성들의 자아감에 관한 가장 최근 콜로키움에서 중요한 설명이 강조되고 확장되었다. 그것은 여성들의 자아감은 **관계적**인 것 (Gilligan, 1982; Applegarth, 1977; 서리가 집필한 이 책의 2장)이며, 타인과 관계를 맺고 있다고 느끼고 싶은 욕구는 여성의 정체성에 매우 중요한 측면이라는 생각을 담고 있다. 관계를 맺으려는 여성들의 시도에 의존을 표현하고 있다는 잘못된 이름을 붙이고 있는 것이다. 그러나 많은 여성들에게는 의존적 위치를 떠맡는 것이 관계를 맺는 데 있어 활용할 수 있는 유일한 방식 — 특히 남성들과 관계를 맺는데 있어 — 이라는 점 또한 사실이기도 하다.

우리 문화에서 **의존**이라는 용어가 경멸하는 의미로 쓰이는 정도에 주목해 보는 것은 흥미로운 일이다. 이는 의존을 남성적 특성이라고 보는 경향보다 여성적 특성이라고 보는 경향이 더 많은 것과 관계가 있다. 그러나 여성과 남성 모두 퇴행과 "돌봄"을 받는다는 매혹적인 기대에 취약하다. 여성들은 그것이 더 허용되기 때문에 더 잘 인식한다. 그러나 역설적이게도 남편보다는 아내가 정서적 의존 욕구를 더 잘 충족시켜주기 때문에 남성들은 결혼 안에서 정서적으로 더 의존적인 상태로 지낸다. 여성들은 자애롭게 돌봐주는 사람이 되도록 더 잘 훈련받는다. 다시 말해, 성공한 남성은 돌봄을 받는다. 그리고 성공한 여성은 자기 자신을 돌볼 줄 아는 사람이 되는 것이라고 여겨진다.

우선순위 정하기

여성들이 일에 관해 이야기할 때 듣게 되는 또 다른 영역은 일의 우선순위 설정에 관한 것이다. 문헌들은 여성들이 기회와 도전을 인식하는 것에 관해 모든 종류의 맹점을 가지고 있다고 한다. 우리는 여성이 승진 기회를 거의 추구하지 않는다고 배운다. 사실 여성들은 종종 이러한 기회를 부담스러운 의무로 경험하며, 여기에 고마워하기보다는 분개한다.

이러한 생각에 관한 좋은 예가 헤니그M. Hennig과 자뎅A. Jardim이 쓴 『여성경영인The Managerial Woman』에 언급되어 있다(Hennig and Jardim, 1977). 여성들이 산업 현장에서 어떤 역할을 하는가에 관한 저자들의 연구에서 헤니그와 자뎅은 업무 환경에 있는 여성들을 조사하고 수많은 회의에 참석했다. 이 책에 나온 다음의 일화는 어떻게 여성들이 바로 코앞에 있는 기회를 인식하는 데 실패하는지를 상세히 묘사하고 있다.

회의에서 젊고 전도유망한 한 여성 임원이 인상적인 계획을 제시하고 있는데, 그 회사의 부사장이 매우 긍정적인 말로 답한다. "이번 주말에 회장과 만날 예정입니다. 금요일에 나를 위해 이 계획의 초안을 준비해줄 수 있겠습니까?" 이 여성은 "금요일이요? 초안을 금요일까지 제출하는 것은 불가능합니다. 다른 도시에서 열리는 컨퍼런스에 참석해야 해요"라고 대답한다.

"그렇다면, 당신이 목요일까지 나에게 초안을 준다면 반대하지 않겠습니다."

"목요일이요? 컨퍼런스를 위해 준비한 시청각 자료를 모두 내가 가지고 있어요. 나는 일찍 떠나야 합니다."

"그러면 수요일에 받겠습니다."

"하지만 난 화요일에 갈 예정이고, 내 책상을 정리해야만 하고, 그 외에도 여러 가지를 해야만 합니다."

그들이 방을 나오자, 그녀는 헤니그와 자뎅에게 말했다. "부회장이 하는 말 들었죠? 모든 일을 미루라니요! 저것을 우선순위에 놓으라니요!" 저자들은 그녀에게 회장 귀에 들어갈 수 있는 큰 기회를 얻었는데, 그것을 날려버렸다고 설명했다. 그 여성은 "세상에! 난 전혀 몰랐어요"라고 말했다(Hennig and Jardim, 1977: 27~28).

이 설명을 읽었을 때 내 마음은 이 젊은 여성에게로 기울어졌고, 부사장에게 매우 화가 났다. 아무도 이 여성에게 그녀의 우선순위가 무엇인지를 묻지 않았다. 그녀는 눈앞에 있는 아주 분명한 것도 보지 못하는 불쌍한 바보라는 것이 전제되어 있다. 아무도 회장이 초안을 일주일 후에 받을 수 있을지도 모른다고 생각하지 않는다. 그저 그녀가 승진을 우선순위에 두어야 하고, 어떤 것도 문제가 되지 않는다고 전제하고 있는 것 같다. 사람들은 이 생각 자체에 의문을 던져야만 한다.

그것은 『여성 경영인』의 저자들이 제시한 것만큼 간단한가? 여성들은 직업 세계에서 더 순진한가? 여성들은 경쟁 상대로서 충분히 훈련되지 못해왔나? 여성들은 새로운 가능성에 관해 맹점을 가지고 있는가? 답은 도처에 널려 있다. 우선, 여성들은 심지어 일할 때조차 여전히 가사노동의 책임을 상당히 떠맡고 있다. 어떤 가사노동은 남성들이 조금 더 책임을 떠맡는 변화가 일어나고 있음에도 불구하고 말이다. 아울러, 여성들이 가족 안에서 하는 일은 충분히 이해를 받지 못하고 있다.

가사를 처리하는 데 필요한 시간은 각 일을 집행하는 시간의 총합 이상이다. 우리는 여성들에게 관계가 가지는 중요성을 이미 강조해왔다. "가정에서"의 정서적 유대와 강도는 중요한 정서적 에너지와 연관되어 있다. 그러므로 가정에서 직장으로, 직장에서 가정으로 "갑작스럽게 전환하는 것"은 남성들보다 여성들에게 더 많은 손실을 초래한다. 이 문제 때문에 여성들은 집에서 하는 일과 직장에서 하는 일 사이에서 위태로운 균형 잡기를 종종 계속한다. 이 균형을 위협하는 어떤 일, 예를 들면 누군가 직장에서 더 많은 요구를 한다든지 하는 일이 발생하면 많은 여성은 엄청난 불안을 경험하고 자신들이 효과적으로 일을 통제할 수 없을 것이라고 느끼기 시작한다. 모든 새로운 의무와 일은 이 균형에 불안정을 초래할 잠재력을 가지고 있다.

또한 여성들은 자신보다 타인을 위해 행동해야만 한다고 배운다. 결과적으로 여성들이 다른 사람들을 위해 무언가를 하기에 앞서 자신의 승진을 위해 무언가를 한다면, 여성들은 이기적이고 기회주의적이라는 불편한 자아상을 느낀다.

또 다른 요인은 자기회의와 부적절감 때문에 여성들은 위험을 무릅쓰고 새로운 영역으로 나아가는 것에 관해 더욱 소심해진다는 것이다. 이것은 중요한데, 왜냐하면 여성도 기회를 놓치게 될 때 분개할 수 있기 때문이다. 이것들은 『여성 경영인』을 보면서 떠올린 몇 가지 요인들일 뿐이다. 다른 요인들도 있다.

"전문가다운" 행동

여성들이 일에 관해 이야기할 때 종종 듣게 되는 또 다른 것은 자신들이 "전문가답지 못하게" 행동했다는 염려와 "전문가답지 못하게" 행동하는 다른 여성들에 대한 토론이다. 필자와 이야기를 나누었던 일에서 성공한 남성 대부분은 누군가가 전문가답지 못한 일을 하든지 말든지 결코 걱정하지 않는다. 왜 여성들은 이것에 대해 끊임없이 속을 끓일까? 누군가 "전문가답지 못하게" 행동했다고 여성들이 말할 때, 여성들이 의미하는 바는 무엇인가? 여성들은 그 사람이 "남성처럼" 행동하지 않았다고 말하는 것 같다. 판타지는 남성들은 모든 업무 상황에서 강하고, 자신감 있고, 자족감 있게 움직이며, 전혀 감정적이지 않다는 것이다. 왜냐하면 감정적인 것은 전문가답지 못한 것 중 최악이기 때문이다.

최근에 고위 관리직이 된 한 여성은 "나는 내 개인적 의견과 전문적 의견을 분리해야만 해요"라고 말했다. 왜냐고 묻자 그녀는 깜짝 놀라 대답했다. "그게 남성들이 하는 거죠." 그게 남성들이 하는 것이라고? 남성들은 일하는 환경에서는 자신들의 "전문적 의견"에 따라 행동한다. 또한 결정을 내리는 데 영향을 미치는 개인적 걱정의 유형에서 여성과 남성은 차이가 있다. 여성들이 의미하는 것은 "직원들의 업무 수행에 대한 객관적인 평가와 내가 좋아하거나 좋아하지 않는 사람에 대한 의견을 분리해야만 해요. 누군가를 좋아하거나 좋아하지 않는 것이 내 직업적 의견에 영향을 미치게 해서는 안 되죠"와 같은 것이다. 그러나 남성들은 개인적인 이해관계를 결정에 포함하는 것에 관해 훨씬 더 합법성을 부여한다. 그리고 그것이 권력, 경쟁, 심지어 복수에 관한 이슈를 포함할 때, 옳다고 느낀다. 한 남성이 최근에 누군가를 해고한 것에 관해 말하는 것을 들었다. "그는 내 권위를 인정하지 않았어요." 그는 그것이 직원을 해고하기에 더 없이 좋은 이유라는 생각 속에서 완벽한 편안함을 느끼지만, 그 이유는 사람의 능력과 거의 상관없는 매우 개인적인 이유이다. 결정을 내리는 방식에 그

같은 개인적 감정이 영향을 미치도록 놔두는 것은 여성에게 매우 힘든 일임이 틀림없다.

많은 똑똑한 여성들이 연속선상의 한끝에는 여성적 특성이 있고, 다른 한편에는 남성적 특성이 있는, 양극화된 특성이 있다고 생각하는 것 같다. 남성적 특성은 일에 "능숙한" 것이고, 여성적인 것은 일에 "서투른" 것이다. 그리고 이 둘은 틀림없이 분리되어 있다. 일에서 여성적 특성을 너무 많이 드러내는 것은 실패의 전조이다. "전문가답지 못하게" 되는 것이다. 즉, 어쨌거나 감정이 새어 나오면 머리는 일하는 것을 멈출 거라는 것이다. 혹은 사람들이 감정이 새어 나오는 것을 일하는 것을 멈춘다는 뜻으로 받아들일 거라는 것이다.

관계에서, 여성이 가진 가장 큰 공포 중 하나는 ― 최악의 "전문가답지 못함"은 ― 은 직장에서 우는 것이다. 한 친구로부터 근무 조건에 관해 들었는데, 그녀는 회의에서 극소수의 여성 중 하나였다. 그녀는 희생양처럼 느껴졌고 눈에서 눈물이 솟구쳤다(이것은 모든 사람을 불편하게 만든다). 그러자 회의를 진행하던 남성이 회의를 너무 일찍 끝내버렸다. 참가자들이 떠났을 때 한 남성이 깔보는 듯한 태도로 "괜찮아요?"라고 말했다. 그녀는 "만일 내가 울지 않았다면, 많은 것을 더 악화시켰을 거예요"라고 말했다. 그는 이 말에 약간 놀랐다.

우리는 일하는 환경에서 정확히 어떤 감정이 "허용"되고 어떤 감정이 "허용" 되지 않는지에 관해 의문을 품어야만 한다. 우리의 삶에서 의사소통의 본질을 생각해보자. 여성들이 강한 감정적 어조로 의사소통할 때 여성들은 종종 "히스테릭hysterical"하다고 불린다. 그리고 여성들이 전달하려는 메시지는 재빨리 버려진다. 그러나 감정 표현은 말하고 있는 내용만큼이나 많은 내용을 전달하는 의사소통 수단이다. 일반적으로 여성이 감정 표현을 쉽게 하지만 남성은 이를 잘 듣지 못하는 것 같다.

한 일화를 통해 자세히 설명해보겠다. 최근에 매우 중요하게 여기는 어떤 것에 관해 남성 동료와 이야기하고 있었다. 그의 지지가 필요했고, 상당한 감정을 담아서 이야기했다. 그는 내가 말하는 것을 과소평가하면서 그 중요성을 가볍게 여겼다. 나는 그 말에 동의할 수 없었고, 점점 더 감정을 담아 이야기했다. 그는 계속 "음, 그건 정말 중요한 건 아닌 것 같아요"라든가 "지켜봅시다"라고 말했다. 마침내, 냉랭한 분위기 속에서, 이번에는 어떤 감정도 담지 않고 요점을 열거하며 조용히 "이런 것, 이런 것이 있어요. 그리고 저런 것…"이라고 말했다. 그는 "오! 왜 아까는 빗자루를 탄 마녀처럼 나오는 대신, 그렇게 말하지 않았나요?"라고 말했다. 처음에는 상처를 받았다. 그리고 나서 더 깊이 생각해보았다. 나는 그에게 무언가를 말하려 했고, 그에게 그것이 중요하다는 것을 알게 하려 했다. 그러나 그는 내 말을 듣지 못했다. 내 강렬한 감정 표현은 그를 너무 불안하게 해서 메시지를 듣지 못하게 했던 것이다. 그러나 나는 감정이 말만큼이나 의사소통에서 중요하다고 느꼈다. 요점은, 마치 사람은 인지적 효과성과 정서가 조화를 이루게 만들 수 없다는 듯이, 감정을 줄일 필요가 있다고 느끼게 된다는 것이다(조던이 집필한 이 책의 2장). 그러나 사람은 확신을 강하게 드러내면서도 정서적인 표현을 풍부하게 할 수 있다. 일에 몰두하고 능숙해지면서도 사람들에게 관심을 가질 수 있다. 문제를 해결하는 데 분석적이면서도 직관적이 될 수 있다. 이러한 특성들 가운데 어느 것도 양극화되어서는 안 된다.

경쟁

여성들을 힘들게 하는 또 다른 영역은 경쟁이다. 우리는 남성과 비교해서 여성이 경쟁 상황을 더 피하고 싶어 하고, 경쟁하고 싶은 소망을 덜 깨닫고 싶어 하며, 더욱이 경쟁 안에서 일하고 싶어 하지 않는다는 것을 알고 있다. 다시 말해, 전제는 남성들처럼 경쟁적으로 되는 것이 바람직하다는 것이다. 이것은 미국 방식이다. 그리고 또 여성과 일에 관한 저작들은 여성은 더 경쟁적이 되고 그것에 더욱 능숙해지는 것을 배워야만 한다고 이야기한다. 이러한 입장에 대해 단지 두 가지 예외적 입장만을 발견했는데, 특히 진 베이커 밀러(1976)의 책 『새로운 여성 심리학을 향하여』와 헬렌 블록 루이스Helen Block Lewis의 책 『남성들과 여성들 안에서 벌어지는 심리적 전쟁Psychic War in Men and Women』에서 발견했다(Lewis, 1976). 이 책들은 업무 환경에서 "여성적" 특성의 가치를 설명한, 필자가 아는 유일한 저작들이다.

몇 가지 이유로, 여성들이 경쟁적이 되는 것은 어렵다. 우선, 한 여성이 눈에 띄게 경쟁할 때, 그녀는 자신이 공격적이고 파괴적이라는 경험을 자주 한다. 다른 사람들이 자신을 이런 식으로 생각할 것이 두렵고, 사람들에게 불릴 수 있는 최악의 호칭이 "거세하는 여자"라고 느낀다. 그러나 다른 사람들이 붙이는 이름표보다 더 뿌리 깊은 것이 있다. 여성들은 다른 사람들에게 관심을 갖고 공감하도록 훈련받는다. 그래서 여성들이 경쟁자에게 한편으로 공감을 느낀다면, 경쟁자를 무찌르는 것을 즐거워하기는 매우 힘들다.

남성들보다 여성들에게서 좀 더 복잡해지는, 경쟁을 둘러싼 또 다른 문제가 있다. 누구와 경쟁을 하고 있는가이다. 흥미롭게도 비록 여성들은 남성들이 하는 방식으로 경쟁하도록 허용되지는 못하지만, 남성들을 위해 다른 여성들과 경쟁하는 것은 허락될 뿐만 아니라 심지어 격려받고 그렇게 하라고 부추김을 당한다는 것이다. 남성들은 남성들과의 경쟁 속에서 투쟁한다. 어쩌면 어머니를 차지하기 위한 아버지와의 상징적인 경쟁에서 성공은 복수에 대한 공포, 죄책감, 그리고 불안을 야기할 것이다. 따라서 어떤 남성들은 일에서 어려움을 겪고 있고, 성공에 대한 공포를 가지고 있다.

여성들에게는 더 복잡한 것들이 많다. 여성이 남성과 경쟁할 때 몇 가지 문제들이 즉시 발생한다. 첫째는 여성답지 못하고, 공격적이며 파괴적으로 여겨질 위험, 잠재적으로는 "거세하는"이라고 불릴 수 있는 위험이다. 둘째는, 어떤 여성은 남성을 이상화해야 하고, "구원 판타지"를 위해 남성이 더 강하고 더 권력이 있다고 생각해야 할 필요가 있기 때문에, 이상화하고 싶어 하는 남성보다 "더 잘하는" 것은 너무 위협적이며, 따라서 할 수 없다. 그러나 여성이 다른 여성과 경쟁할 때, 여성은 또한 자신을 지지해주기 바라는 바로 그 사람들과 경쟁하고 있는 것이다. 또한 여성들은 어머니와 상징적으로 경쟁하고 있는데, 그것은 죄책감과 불안이라는 면에서 다른 골칫거리를 불러일으킨다. 이것들은 남성들이 자기 아버지나 어머니와 겪는 것과는 다르다.

어머니로부터의 분리

내가 설명하고 싶은 가장 중요한 영역은 여성들이 일과 경력을 향해 나아갈 때 겪는 어머니와의 동일시와 분리에 관한 이슈이다. 많은 이유로 일에 관한 이슈는 여성들이 어머니와 동일시하는 방식을 강조한다. 많은 여성에게 이러한 이슈는 평가절하당하고 있는 어머니와 동일시하는 것에 맞선 자신들의 어려움을 드러내며, 여성들은 종종 외로움과 상실을 느낀다.

　두 가지 예를 들어보겠다. 의사인 한 여성은 수련의였을 때, 회진을 도는 동안 다소 드라마틱하게 정확한 진단을 내렸다고 내게 말했다. 사람들은 그녀의 능력에 놀라고 감동을 받았다. 그녀는 꽤나 대성공을 거둔 것이 명확했다. 그녀는 거나한 기분을 느꼈지만, 갑자기 엄청난 불안을 경험했고 사무실로 돌아가야만 했다. 그리고 외로움과 고독감을 예리하게 느꼈다. 최근에 40대에 다시 직업을 갖게 된 또 다른 여성은 직장에서는 소심했지만, 점점 더 큰 소리로 말하기 시작했다. 자신의 생각을 더 완벽하게 표현했던 한 컨퍼런스에서, 그녀는 공로를 인정받았고, 고무되었으며 기뻤다. 그러나 밤이 되자 악몽을 꿨는데, 꿈속에서 그녀는 침대에 누워 절망적으로 어머니를 부르며, 무기력하고 꼼짝도 못하는 상태였다. 그녀의 어머니는 약 20년 전에 죽었다.

　이 문제를 이해하기 위해서는 여성들과 남성들이 어머니와 발달시키는 애착 유형과 어머니와의 애착 관계를 성숙시키고 변화시키는 방식에서의 차이를 탐색할 필요가 있다. 현재의 이론은 이 과정을 "분리"라는 관점에서 설명한다.

성장하고 있는 소녀들은 분리를 위해 노력하도록 격려받지 못하며, 또한 소년들처럼 어머니로부터 분리된 정체성을 획득해야 한다고 격려받지도 못한다. 재닛 서리의 논문(이 책의 2장)은 어머니가 딸과 유대를 맺는 방식을 논의했다. 그리고 상호적 돌봄과 정서적 상호작용을 할 것이라는 일말의 기대를 가진 채 어머니들이 어떻게 딸들에게 어머니 노릇을 하는 행동들을 가르치는가에 관해 논의했다. 그러므로 소녀들이 어머니와 강한 애착을 계속 경험하는 것은 놀라운 일이 아니다. 소녀들은 어머니**처럼** 되어야만 하고, 진심을 다해 어머니를 **심리적으로** 돌봐야 한다는 훨씬 더 뿌리 깊은 감정을 가지고 있으며, 어머니와의 강한 애착은 이 모든 것을 함축하고 있다. 결과적으로 여성들은 어머니와의 분리에서 남성들이 겪는 것과는 다른 종류의 문제를 겪는다.

결국, 어머니들은 어머니 역할을 계속해야 할 필요를 자주 느낀다. 그것은 어머니들의 여성 정체성의 필수 부분이었다. 어머니들은 아들보다 딸에게 더 편안하게 이 역할을 계속할 수 있곤 했다. 어머니들은 아들에 대해서는 좀 더 독립적인 분리와 발달을 도와야만 한다고 느끼는 반면, 딸과는 애착을 유지하는 것으로 더 직접적으로 상호적 대인 관계를 맺고 싶은 욕구를 충족시킬 수 있다. 그러나 어머니가 자신의 부적절한 감정을 딸에게 투사하는 경향은 어머니와 딸이 맺는 유대가 지닌 더 긍정적인 측면에 대항한다. 이것은 딸에게서 손을 떼지 않고 "어머니"로 있어도 된다는 느낌을 어머니에게 줄 수는 있지만, 어머니와 딸의 상호관계가 가지고 있는 심각한 양가감정의 측면에 기여한다. 어머니들은 딸을 붙잡고 있는 동시에 심하게 비난하는 양가감정을 표현할 수 있다. 또한 어머니들은 딸이 바람직하고 유능하게 되는 것을 볼 때, 만족스러울 뿐만 아니라 경쟁적이 되고 두려워할 수도 있다. 그리고 여성들과 함께하는 상담에서 종종 듣게 되는 바에 따르면, 딸들은 종종 어머니와 동일시하려는 자신을 방어하기 위해 싸우는데, 어머니를 비판하고 평가절하하며 불행하다고 여긴다. 그런데 바로 이 여성들이 어머니를 배신하는 것을 두려워하며, 자신이 성장해서 어머니와 "다르다는 것"을 증명하면 상당한 죄책감을 경험한다. 이러한 유대를 깨려고 시도하면서, 여성들은 유일한 대안은 완전히 독립적이 되는 것이라고 느끼는데, 이는 또다시 가치가 더 부여된 남성적 목표와 동일시하려는 시도가 된다. 그러나 여성들은 어떤 지지도 받지 못하고 어머니와의 단절 속에서 상당한 상실감을 갖게 되며, 세상에서 완전히 혼자라는 느낌 속에 남겨진다. 자신을 돌봐줄 강한 남성을 찾는 것으로 이 딜레마를 해결하려는 여성의 시도는 상당한 실망으로 이어지곤 한다. 다른 말로 하자면, 강한 남성과 동일시하는 것을 통해 대리만족을 얻으려고 노력하는 것은 여성에게 오래 지속되는 분노와 낮은 자아존중감을 남길 뿐이다.

여성과 일에 관한 이슈와 깊게 관련되어 있는 또 다른 영역은 여성이 아이를 갖는 것과 직업을 갖는 것 사이에서 부딪히는 갈등이다. 그러나 이것은 매우 복잡한 주제로서 이와 관련이 있는 모든 이슈에 대해 독립적인 논문에서 다룰 필요가 있다. 여성들은 이 영역에서 매우 가혹한 어려움에 처해 있음이 분명하고, 이 갈등을 해결하고자 투쟁하면서 여성들이 겪는 고통의 정도를 아무리 강조해도 지나치지 않다고 생각한다. 여성들은 이 힘겨운 투쟁이 불가능한 것처럼 보이기 때문에, 때로는 이를 축소해서 말하기도 하고, 때로는 갈등의 한 측면에 대해서는 과장해서 말하고 다른 측면에 대해서는 말을 아낀다.

성공 공포

성공이 여성들의 여성성과 남성에게 매력적으로 보이는 것을 위태롭게 한다는 생각이 미치는 영향력을 과대평가할 필요는 없지만, 재심사해볼 가치는 있다. 여성들은 성공한 여성은 남성과 여성 모두로부터 소외당한다는 느낌을 반복해서 보고한다. 독신 여성들은 종종 성공하면 할수록, 만족할 만한 남성을 선택할 기회가 더욱 좁아진다고 느낀다.

문헌은 매우 지지적인 아버지를 둔 여성들이 보통 더 성공한다고 제시하고 있다(Hennig and Jardim, 1977). 그러나 필자의 임상 경험에서는 힘들 때와 개인적인 삶과 직장 생활 사이에서 갈등이 있을 때, 이 아버지들은 갑자기 지지를 중단한다. 여기 한 예가 있다. 상담에서 만난 한 여성은 일에서 매우 성공했고, 그녀의 아버지는 항상 그녀가 경력을 추구하는 것을 격려하고 그녀의 성공에 자부심을 가진 매우 지지적인 아버지였다. 그녀는 일에서 더 많은 의무와 책임감을 동반하는 매우 중요한 승진을 했고, 저녁과 주말에 일을 집으로 가지고 오곤 했다. 또한 그녀는 결혼 생활에 어려움을 겪고 있었는데, 이것이 몇 년 전에 그녀가 상담을 받으러왔던 최초의 이유였다. 승진 이후에 결혼 생활은 더욱 문제를 일으키게 되었고, 그녀는 결국 부모에게 어려움을 말했다. 그녀의 아버지는 격노했다. 아버지는 최근 승진은 너무 과한 것이었으며, 그녀가 가족보다 일을 앞세우고 있다고 말했다. 그리고 남편이 첫 번째여야 한다고 말했다. 더 나아가, 만일 그녀가 이 모든 어리석은 짓을 그만두고 일이 아니라 결혼 생활에 에너지를 쏟는다면, 달라질 것이라고 말했다. 그녀는 망연자실해졌다. 아버지의 반응은 예상치 못한 것이었고, 직업에서 성공함으로써 개인적 삶이 손상되었다는 그녀의 믿음을 확인시켜주었다.

"성공 공포"가 여성들의 개인적 삶을 위협한다는 생각은 마티나 호너Matina Horner(1972)가 제시한 논문 주제의 일부이다. 매우 성공한 여성들과 작업하면서, 호너는 부정적 결과를 낳으리라는 예측 — 예를 들면 사회적 거부, 비난, 사랑받지 못함, 여성성의 상실 — 이 경쟁적 활동에서 성공하리라는 기대에 반격을 가하는 것에 관해 설명했다.

호너의 논문이 여성들이 왜 성공을 멀리하는지 설명하는 데 사용된다면, 필자는 이 논문에 대해 몇 가지 중요한 질문을 던짐으로써 결론을 내리고자 한다.

여성들은 확실히 성공에 관해 어려움을 겪는다. 그러나 "성공 공포"는 주로 다른 사람들과 관계를 맺지 못하는 것에 관한 공포이다. 왜냐하면 여성들에게 성공은 때로 다른 사람들과 연결되어 있다는 느낌을 위협하기 때문이다. 그러나 우리는 이러한 질문에 답을 해야만 한다. 우리 문화에서 정의하는 성공은 경탄할 만한 목표인가? 그 성공을 이루기 위한 방법은 여성들이 모방해야 할 그런 것인가? 이런 질문에 내재된 몇몇 문제점을 더 명확하게 보여줄 두 개의 임상 일화를 자세히 설명하고자 한다.

수잔Susan은 두 명의 어린아이를 둔 35세의 이혼녀이다. 그녀는 상담을 받는 동안 학사학위에 필요한 자격을 갖췄는데, 이것은 그녀가 10년 이상 미뤄두었던 것이었다. 그녀가 알코올 중독에 빠진 남편과 이혼하고 대학원에 지원한 것도 그 무렵이었다. 그녀가 석사학위 과정을 마치자, 교수들은 훨씬 더 이름 있는 대학에서 박사학위를 따라고 그녀를 격려했다. 그녀는 약간 두려워했고, 한부모 가정을 꾸려나가야 하는 책임과 매우 경쟁적인 학과에서의 학업을 양립할 수 있는 능력이 자신에게 있는지 여전히 확신하지 못했다. 그럼에도 그녀는 박사학위 과정에 입학했고, 막대한 노력이 필요한 학업 과정을 시작했다. 이 시기 동안, 그녀는 이미 자신의 분야에서 전문가로 확고하게 자리 잡은 한 남성과 사귀기 시작했다. 그도 역시 이혼을 했고, 아이가 둘 있었다. 그러나 그의 아내가 아이들을 보호하고 있었기 때문에 그는 열심히 야심차게 일하며 독신자처럼 혼자 살고 있었다. 이 관계는 특히 중요했는데, 그녀가 처음으로 남성과 맺은 진짜 친밀한 관계였기 때문이었다.

한 회기에, 그녀는 지난 주말 전 남편이 아이들을 데리고 있었고, 처음으로 긴 시간 동안 자신의 일을 만회할 수 있는 제한 없는 자유 시간을 갖게 되었다고 보고했다. 그녀가 사귀는 남성은 주말을 대부분 함께 보냈는데, 주중에는 각자 너무 바빴기 때문이었다. 그녀는 그가 편히 쉬면서 서로를 즐기기를 기대한다는 것을 알고 있었다. 그는 완전히 일에 몰두할 수 있고 방해를 받지 않는 한 주를 보냈다. 하지만 그녀는 수업에 가야 했고, 심부름을 해야 했으며, 딸의 학교를 방문해야 했고, 아픈 어머니에게 잠깐 들러야 했고, 곤경에 빠진 친구를 도와야만 했으며, 기타 여러 가지 일들을 해야만 했다. 그녀는 그에게 자신은 주말 내내 놀 수 없는데, 이것이 이기적이고 너무 야심찬 것 같이 느껴진다고 말하고 싶었다. 그녀는 용기를 그러모아 그에게 말했다. 그의 반응은 놀라웠다. 그는 "당연히", "일이 항상 나보다 먼저지"라고 말했다. 그는 매우 수용적이었고, 그녀가 주말의 대부분을 일을 하는 데 쓰도록 도와주었다.

또 다른 예는 약간 다른 내용이다. 상담을 종결한 지 약 1년이 지나서, 조앤 Joanne은 상당한 불안과 강박적인 몰두를 불러일으키는 일에서의 위기에 관해 상담받기 위해 돌아왔다. 그녀는 12년 동안 일한 회사에서 관리직으로 일하며 많은 직원을 감독하고 있었다. 그녀가 알려주었기 때문에 그녀가 6개월 전에 아이를 낳았다는 것을 알고 있었다. 그러나 그녀는 일에 관해서만 이야기했다. 그녀는 어린 직원들로부터 느끼는 적대감 때문에 곤란해하고 있었고, 그것이 최근에 회사에서 더 많은 책임을 부여받게 되면서 집중되었다고 생각했다. 상당한 격변이 있었고, 이로 인해 그녀는 사장이 그녀가 일을 효과적으로 하지 못한다고 여기고 있을 것이라 두려워하고 있었다. 그녀는 어린 직원들에게 상당한 화를 내고 있었는데, 이들은 그녀가 항상 친구라고 생각해온 사람들이었다. 이제는 그들이 자신을 싫어한다는 생각에 그녀는 꽤 화가 나 있었다. 이에 관해 이야기한 두 회기가 지나고 나서, 그녀가 갓난 아들에 관해 거의 아무것도 말하지 않았다는 것을 언급했다. 그녀는 아들과 그녀의 시간을 가정과 일 사이에서 나누어야 하는 것에 관해 격렬한 감정을 느끼고 있었기 때문에 자신이 아들에 대해 거의 언급하지 않았다는 것을 알고 깜짝 놀랐다. 곧이어 드러난 것은 그녀의 직원들이 하는 불평이었는데, 아들이 태어나기 전 그녀의 스타일과는 너무나 대조적으로 그녀가 무관심하고 냉담해졌다는 것이었다. 그녀는 모성과 직업을 결합할 수 있다는 것을 증명하는 것뿐만 아니라, 직장에 가기 위해 아이와 떨어지는 것에도 상당한 어려움을 겪고 있다는 것을 깨달았다. 집에서 그녀는 아들을 거의 가정부나 남편에게 넘겨주고 있었다. 직장에서 그녀는 아이를 가진 후에도 일을 계속할 수 있는 능력이 있다는 것을 증명하기 위해 직원들을 향한 양육적이고 민감한 감정을 깎아내리고 있었다.

이 두 여성은 여기서 설명하는 문제들의 다른 측면들을 자세히 보여준다.

수잔은 그녀의 인생에서 애인에게 민감하게 반응하고 싶어 하면서, 동시에 자신이 상처받거나 그에게 상처주지 않으면서 ― 여성들에게 보편적인 딜레마이다 ― 자신이 성장할 수 있기를 바랐다. 자기 자신을 위해 행동할 때 그녀는 자기가 이기적이고 다른 사람들을 파괴한다고 느꼈다. 비록 그녀는 그의 반응에 안도했지만, 자신에게 소중한 것을 완전히 받아들일 수 없으며, 이것이 그녀를 그 남성보다 덜 유능하게 만드는 것은 아닌지 사람들이 의문을 가질 것이라고 느꼈다. 조앤은 그녀가 유능하다는 것을 증명하기 위해 다른 사람들에 대한 관심을 억눌러야 한다고 느꼈다. 사실, 그녀는 직원들에게 덜 민감해졌고, 결과적으로 덜 유능해졌다.

그래서 여성들의 목표는 무엇인가? 회사의 사장이 되고 어떤 대가를 치르더라도 성공의 사다리를 오르는 것인가? 더 높은 지위를 얻는 것에 방해가 된다면 여성들이 정말로 소중하게 여기는 가치들을 포기하는 것인가? 필자 생각에는 다른 목표가 있을 것 같다. 관계를 둘러싼 모든 풍부함과 복잡함과 더불어 직업적 흥미를 추구할 수 있는 자유를 얻는 것, 재능과 권력을 다른 사람들이 일을 해낼 수 있는 능력을 성장시키는 데 쓰는 것, 유능한 사람으로 인정받고 여전히 다른 사람들과 관계를 유지하는 것이다. 여성들은 원래 다른 사람들의 욕구가 항상 더 중요하고 타당하다는 믿음에 의해 저지당한다는 느낌 없이, 이기적이고 파괴적이라는 느낌 없이, 일에서 흥미를 추구할 권리가 있다고 느껴야 한다. 결국, 이러한 감정은 여성들의 분노를 더하고, 다른 사람들의 욕구에 효과적으로 반응할 수 있는 능력을 가로막는다.

로이스 호프만Lois Hoffman은 논문에서 "관계에 대한 걱정 때문에 딴 데로 빗나가지 않고 가정에 초점을 맞추는 것, 논쟁에서 이기는 것, 경쟁에서 다른 사람들을 물리치는 것, 그리고 가까이에 있는 일에 주의를 집중하는 것은 모두 여성들이 뛰어넘는 데 어려움을 겪는 장애물들이다. 어쨌든 간에, 여성들은 타고날 때부터 똑똑한 것 같다"라고 말한다(Hoffman, 1972). 이것이 우리가 받아들여야 하는 것인가? 아니면 여성들이 상당한 죄책감, 수치심, 좌절과 소외를 경험하지 않고도 일하는 조건에 대처하고 만족을 얻을 수 있는 대안적인 방법이 있는가?

일에서 겪는 이슈에 관해 여성들과 상담하면서, 우리 문화에서 정의하는 성공과 여성들이 자신에 관해 중요하게 여기는 특성들 사이에 있는 고유한 갈등을 확인하는 것이 중요하다는 것을 배우게 되었다. 여성들이 남성적 성공 모델에 기반을 둔 가정, 태도, 그리고 더 좋은 것, 더 나쁜 것, 가치 있는 것, 가치 없는 것에 대한 고정관념 — 이것은 때로는 파괴적이고 비인간적이라고 해도 좋다 — 을 얼마나 뿌리 깊이 내면화해왔는지 이해하도록 돕는 것은 매우 중요하다.

여성들은 자신이 가지고 있는 더 사람 지향적인 공감적 특성을 긍정하는 것이 매우 중요하다고 느낄 수 있도록 도움이 필요하다. 만일 이것들이 더 높은 지위를 얻고 더 권력을 얻는 것을 방해한다면, 근본적인 문제는 여성 내부에 있는 것이 아니다. 그리고 여성들은 직업적 흥미를 추구하도록 격려를 받아야만 하며, 자신들이 가지고 있는 지적이고 창조적인 잠재력을 인식해야만 한다. 만일 여성들이 이것을 이기적인 것이라고 인식하고 있다면, 문제는 역시 여성 안에 있지 않다. 필자의 희망은 여성들이 이러한 갈등을 불러일으키는 속성들을 여성과 자신감 있고 유능한 인간 양쪽 모두로서의 자아감과 덜 상반되는 것으로 경험하는 것을 배울 수 있다는 것이다. 이러한 갈등에는 이유가 있다. 오늘날 이러한 갈등은 단지 여성이 되는 것에 내재하고 있는 것처럼 보이기에 여성 자아감의 모든 부분에 존재한다. 이것들을 받아들이기보다는, 혹은 여성들을 계속 평가절하하는 극도로 단순한 해답을 제공하기보다는, 이 갈등들을 계속 탐색해보자.[1]

---

1   이 논문은 1982년 5월 스톤센터 콜로키움에서 발표한 것이다.

여성의 발달을 반영하는 섭식 패턴

재닛 서리

음식, 몸무게, 섭식 패턴 그리고 몸에 대한 이미지는 오늘날 많은 여성들이 삶에서 격렬하게 몰두하고 있는 것이 되었다. 임상가와 교사로서, 우리는 이 주제들이 직업적 역할에서뿐만 아니라 개인적 삶과 관계 속에서도 매우 중요하다는 것을 발견했다. 물론 문제는 심지어 정신의학적으로 "섭식 장애"라고 진단 내려지는, 삶을 위협하는 심각한 섭식 패턴 장애를 겪고 있는 젊은 여성들의 수가 명백하게 늘어나고 있다는 것이다. **식욕부진증**과 **과식증**은 이상적인 몸무게에 도달하려는 극단적인 집착, 음식 섭취를 엄격하게 통제하려는 시도, 몸의 이미지를 유지하는 데 겪는 혼란, 단식과 그에 뒤따르는 극단적인 식이요법 또는 심각한 폭식과 구토, 완하제 사용 또는 강박적인 신체 활동을 통해 음식물을 제거 하는 순환 과정 등으로 특징지을 수 있다. 그러나 이 문제의 범위는 이러한 극단적인 예에 제한되지 않는다(조사에 의하면, 아주 대략적으로 추산하면 현재 젊은 성인 여성 인구의 10%에 영향을 미치는 것으로 예상된다). 이 논문에서 심각한 장애들을 탐색해보는 것은 오늘날 많은 여성들이 가지고 있는 "정상적-비정상적" 섭식 패턴의 특징을 잘 이해하는 데 시사하는 바가 있을 것이다.

간단하게 최근 국가적 통계를 몇 가지 살펴보자. 미국인 2000만 명이 현재 몸무게를 줄이기 위한 "위험한 식이요법"을 행하고 있는 것으로 예상되어왔다. 한 해에 약 10조 원이 책, 건강관리 시설, 다이어트 집단 등등을 포함한 미국의 다이어트 산업에 쓰인다(Millman, 1980). 전 세계 인구의 상당수가 기아와 아사로 고통을 당해왔던 인류의 경험에서 볼 때, 이것은 비정상적인 상황이다. 이 것은 지나치게 먹고, 음식에 의해 지나치게 자극을 받고, 신체적 활동을 하지 않고, 영양학상으로 불균형을 이루고 있으며, 스트레스를 받는 부유한 사회의 기능이라고 여겨져 왔다. 다이어트에 대한 집착은 진정 국가적 문제이다. 2년 에서 5년 사이의 추수 평가를 해보면, 몸무게를 줄이는 다이어트에 "성공한" 사람들의 90~98%가 빠진 몸무게 혹은 그 이상의 몸무게를 회복한다고 시사하는 보고서들은 우리를 더욱더 좌절에 빠지게 하고 있다. 솔직히 말해, 이 설명은 중대한 문화적 현실 **부정을** 보여준다.

통계를 좀 더 자세히 들여다보면, 여성들에게 미치는 영향을 알 수 있을 것이다. 비록 훌륭한 전염병학 연구가 거의 없음에도, 1978년 닐슨Nielson의 조사는 24~25세의 모든 미국 여성의 56%가 "다이어트 중"이라는 것을 보여주었다(Nielson, 1978). 최근의 의학적 정의(생명보험 산출료를 반영하는)에 따르면, 미국 여성의 50% 이상이 과체중으로 간주된다. 자기보고식 연구는 50~70% 사이의 미국 여성들이 자신이 과체중이라고 생각한다는 것을 보여준다(Nielson, 1978). 민족과 연령 집단에 따라, 이상적인 몸무게에 도달하는 것에 대해 걱정하는 정도에는 약간의 차이가 있다. 더 나아가 집착 정도, 심각한 다이어트 시도 정도, 그리고 이상적 몸무게를 달성하는 데 실패한 것과 관련된 자아존중감의 혼란 정도는 여성 개인에 따라 상당히 다양하다. 그러나 만약 미국 여성의 50~70%가 몸무게를 통제하는 것에 관해 날마다 걱정하며 살고 있다면, 이것을 **일반적인 일로** 받아들여야 한다. 이 사회에서 여성의 심리적 발달을 이해하는 데 관심이 있는 사람들은 이토록 널리 퍼진 현상이 갖는 함의에 심각한 주의를 기울여야만 한다.

청소년기: 전환점

사춘기와 청소년기는 몸무게에 대한 집착이 발전하는 데 매우 중요한 시기인 것 같다. 소녀들에게 청소년기의 급성장, 몸무게가 증가하는 일반적인 경향, 그리고 사춘기의 발달과 관련하여 전반적인 몸무게에 비례해 체지방이 상당히 증가하는 것은 매우 중요한 요인들이다(Wooley and Wooley, 1980). 마른 것을 매우 가치 있게 여기는 부유한 국가들에서 몸무게가 늘고 몸이 "더 뚱뚱해지는" 경험은 몸의 이미지에 관한 심리적 혼란과 몸무게를 줄이려하는 경향을 야기하는 것 같다. 미국, 영국 그리고 스웨덴의 면밀한 연구들은 청소년 집단에서 섭식 장애가 증가하고 있는 것을 보여준다. 신경성 식욕부진증이 시작되는 평균 연령은 17~19세로 여겨진다. 닐랜더I. Nylander(1971)는 1970년에 스웨덴 도시의 모든 연령대의 청소년들(2370명 대상)에 대한 훌륭한 조사 연구를 수행했다. 대부분의 소녀들이 이 시기에 자주 "뚱뚱하다"고 느낀다고 답했다. 14세 소녀들 중 26%가 뚱뚱하다고 느낀다고 대답했다. 18세 소녀들 중 그렇게 대답한 인구는 약 50%이다. 반면 18세 소년들의 7%가 "뚱뚱하다고 느낀다"고 답했다. 소녀들의 경우, 음식 섭취를 줄이려고 시도하고 있는 비율은 14세 소녀들의 10%, 18세 소녀들의 40%였다. 반면 소년들이 다이어트를 하고 있다고 대답하는 경우는 거의 없었다.

소년들은 사춘기 때 전체 몸무게에서 차지하는 근육량이 증가한다. 그리고 이것은 문화적으로 매우 바람직한 것으로 간주된다. 다시 말해, 여성의 몸에서 청소년기에 일어나는 일반적인 변화와는 대조적이다. 보통의 청소년기 소년들은 일반적으로 급성장과 관련된 변화를 긍정적인, 즉 자아 긍정적인 사건으로 경험한다. 청소년기와 젊은 성인 인구에서 발전하고 있는 심각한 섭식 장애의 발생률을 설명하는 데 필수적인 생리학적·심리학적·사회문화적 요인뿐만 아니라 몸무게와 관련된 다양한 유전적 소인의 미묘한 상호작용을 이해하기 위해서는 명백히 훨씬 더 많은 연구가 필요하다. 우리는 섭식 패턴과 연관된 심리적 장애가 10대와 초기 성인기에 가장 많이 발생한다는 것을 알고 있다. 오늘날의 문화적인 맥락 안에서 젊은 여성들의 신체적·심리적 발달을 연구하는 데 이 시기가 매우 중요하다는 것이 드러나고 있다.

몸무게에 대한 걱정은 일반적인 현상이다

몸무게를 걱정하는 정도와 장애가 있는 섭식 패턴이 요즈음은 일반적인 현상이라는 것을 시사하는 좀 더 중요한 연구들을 언급하려 한다. 로젠바움M. -B. Rosenbaum은 11~17세의 정상적인 소녀 30명을 표본으로 연구를 했다(Rosenbaum, 1979). 자신의 몸에 관해 싫어하는 것을 설명해보라고 요청했을 때, 주된 걱정은 몸무게와 관계있는 것이었다. 원하는 것이 마법처럼 이루어진다고 할 때 바라는 점을 물어보면 대부분의 소녀가 으뜸가는 소원으로 "살을 빼고 몸무게가 느는 것을 막는 것"을 꼽았다. 가너D. M. Garner와 가핀클P. E. Garfinkel은 거식 행동을 측정하는 객관적인 검사인 섭식태도검사the Eating Attitudes Test를 고안했다(Garner and Garfinkel, 1979). 다른 연구자들이 여자 대학생 집단을 대상으로 검사를 실시했을 때, 정상인을 대상으로 한 대규모 집단은 임상 집단의 신경성 식욕부진 점수만큼 높고 극단적인 검사 점수를 받았다. 가너와 가핀클은 신경성 식욕부진과 유사한 행동이 명백히 잘 기능하는 많은 여자 대학생에게 일반적인 것 같다는 결론을 내렸다(Thompson and Schwartz, 1981).

　1982년 봄, 웰즐리대학교에서 소규모 표본(사례 수 = 106, 학생 인구의 5%)을 대상으로 한 섭식 패턴에 대한 예비 연구가 수행되었다. 연구 결과는 다음과 같다.

평균적으로, 몸무게에 관한 걱정이 상당한 수준인 것으로 나타났다. 학생들의 64%가 자신들을 과체중이라고 판단했고, 72%가 이상적 몸무게에 도달하는 것에 관한 중간 혹은 극단적 염려를 나타냈다. 학생들의 36%는 자신들의 섭식 패턴에 대해 "상당히" 혹은 "극단적으로" 걱정하고 있었다. 그러나 검사는 학생들의 평균 몸무게와 섭식 패턴이 자신들이 생각하는 이상적인 몸무게의 0.5~4.5kg 이내의 몸무게였으며, 섭식 패턴은 일반적으로 정상 범위 안에 있다는 것을 보여주었다. 이것은 줄이기를 원하는 실제 몸무게와 비교했을 때 심리적 염려 수준이 과장되어 있다는 것을 시사한다. 비록 학생들의 58%가 1학년 때 상당히 체중이 늘었다고 대답했지만, 72%가 2학년 때까지 1년 동안 체중 변화가 없었다고 대답했다. 이 조사 연구는 비록 학생 중 상당수(22%)가 "몸무게에 대해 심각하게 걱정"하는 문제를 가지고 있지만, 학교 내에 섭식 장애가 "유행하고"있는 것은 아니라는 것을 시사한다. 그러나 자료는 또한 심각한 섭식 장애를 가지고 있는 소수의 학생들이 있다는 것도 시사한다.

먹는 것에 대한 걱정과 집착에 대한 전반적인 수준은 충격적이다. 학생들의 25% 이상이 현재 몸무게가 자신의 자아상에 상당한 정도로 부정적인 영향을 미친다고 지적했다. 학생의 3분의 1이 항상 그리고 대부분 언제나 먹는 것을 통제하는 데 집착하고 있다고 대답했으며, 반 이상이 섭식 패턴을 바꾸는 데 도움을 받을 수 있었으면 하는 바람을 나타냈다. 조사에 응한 학생들의 절반이 "과체중이 되는 것에 대한 공포", "먹고 난 후 죄책감을 느낌", 그리고 "먹는 것에 대해 너무 많은 시간과 생각을 소비"한다고 했다. 이 젊은 여성들은 특히 밤에, 혼자 있을 때, 그리고 정서적 혹은 학업적 스트레스를 받는 기간에 먹는 것을 통제하기가 힘들다고 대답했다.

이론과 연구에서 방치된 영역

이제는 몸무게 통제와 연관된 여성들의 자아상에 관한 현재의 "위기"를 심도 있게 탐색해봐야 할 때임이 분명하다. 생물학, 생리학, 인류학, 그리고 사회학으로부터 나온 새로운 자료를 우리의 이해에 통합시켜야 한다. 그러나 교육·예방·개입을 위한 새로운 전략을 배울 수 있으려면, 이러한 자료를 여성들의 심리적 발달에 관해 진화하고 있는 우리의 이론 틀 안에서 모아야만 할 것이다. 최근 젊은 여성들이 겪는 이 명백한 "위기"는 과소평가되어왔고, 사소한 것으로 여겨져 왔으며, 특정한 개인의 문제로 여겨왔다. 개인들은 이상적인 몸무게 달성에 실패하는 것을 개인적으로 부족하다고 느껴야 했다. 그들은 의지가 빈약하고, 수동적이고, "무의식적으로" 자기파괴적이거나 "분노에 차 있다"는 평가를 받아왔고, 스스로를 그렇게 평가해왔다.

이러한 성격 묘사를 하는 데에는 여러 가지 중요한 이유가 있다. 첫째, 비만과 체중 감량을 위한 식이요법을 이해하는 것에 관한 의학적 모델은 남성의 신체 유형과 생리 기능에 기반을 두고 있다. 의사 바버라 에델스테인Barbara Edelstein은 더 낮은 칼로리를 섭취하고 탄수화물을 꺼리는 낡은 식이요법 모델은 여성의 신진대사적·생리적·사회심리학적 상태에 전혀 적합하지 않다는 것을 처음으로 지적했다(Edelstein, 1977). 우리의 전반적인 문화적 "비만 혐오" 정도는 뚱뚱한 것이 개인이 선택한 것이든 충분히 관리하지 않는 것"이든 자발적인 상태라는 해석 또는 "구강기" 충동을 통제하지 못하는 의지박약하고 고분고분하며, 소극적이고 의존적인 개인의 심리 프로파일을 보여주는 것이라는 해석을 반영하고 있다고 지적한 점도 흥미롭다. 이러한 특질들이 일반적으로 더 "여성적"인 것이라고 여겨지는 바로 그 특질들 중 많은 것과 높은 상관관계가 있다고 할 수 있는가? 브로버만I. K. Broverman과 동료들이 수행한 고전적인 연구에서, 임상가들은 이와 같은 특성 중 몇 가지는 건강한 성인의 기능을 설명하고 있다고 평가했다(Broverman et al., 1907). 여성들의 경험을 타당화하는 연구가 부족한 것은 여성에게 "결함이 있다"고 정의하는 부적절한 의학적·심리학적 모델을 통해 여성들을 보고 있다는 또 다른 예인가? 연구에서의 이러한 침묵은 음식과 섭식이 주로 "여성적인" 영역이라는 사실을 반영해온 것인가? 제임스 힐먼James Hillman은 "음식은 성과 공격성 또는 학습 이상으로 너무 기본적인 것이기에 심층적인 심리학에서 음식과 섭식을 무시하고 있다는 것을 깨닫는 것은 놀라운 일이다"라고 지적했다(Hillman, 1981). 최근까지 여성들이 공개적으로 말하지 않았기 때문에 이를 사소하게 여기고 무시해왔다고 할 수 있는가? 여기에서 특히, 이 침묵을 깨왔던 여성 다섯 명과 그들의 저작에 감사하고 싶다. 마샤 밀만Marcia Millman(1980)과 그녀의 저서 『매우 아름다운 얼굴Such a Pretty Face』과 『미국에서 뚱뚱해지는 경험The Experience of Being Fat in America』. 바버라 에델스테인(1977)과 그녀의 저서 『여성들을 위한 여의사의 식이요법The Woman Doctor's Diet for Women』, 수지 오바흐Susie Orbach(1978)의 『비만은 여성주의적 이슈다Fat is a Feminist Issue』, 힐다 브루흐Hilda Bruch(1973)의 『섭식장애Eating Disorders』 그리고 킴 체닌Kim chernin(1981)의 『날씬함의 횡포를 반영하는 강박관념The Obsession: Reflections on the Tyranny of Slenderness』. 비록 이 저자들 모두에게 전적으로 동의하지 않더라도, 더욱 중요한 여성주의적 분석을 위한 주제들을 개시한 것에 관해 이들에게 큰 빚을 지고 있다.

둘째, 정신 건강 분야는 "정상적"인 젊은 여성들의 섭식 장애에 대해 충분한 주의를 기울이고 심각하게 염려하지 않았다. 슈가M. Sugar(1979)가 발행한 『여성의 청소년기 발달Female Adolescent Development』이라는 최근 논문 모음집은 몸의 이미지에 관해 단지 하나의 논문만을 담고 있으며, 심각한 문제인 다이어트와 몸무게 걱정에 관한 언급은 없다. 청소년기 소녀들이 제일 자주 걱정하는 것이 몸무게라는 것을 발견한 로젠바움(1979)은 자신이 집필한 장에서 다음과 같이 서술했는데, 이것은 몸무게 걱정이 진짜로 뜻하는 바를 명백히 무시하고 있다.

내 여성 내담자들 중 많은 이들이 자신의 몸에 대해 걱정한다는 **말로** 불안과 갈등을 표현한다. 다양한 몸의 부분과 고르지 않은 성장에 대해 몰두한다. 몸무게 조절로 **가장한** 정상적인 상태에 대한 수많은 의문과 셀 수 없는 걱정들이 있다(강조는 저자).

이것은 "더 깊은 곳에 있는" 심리적 문제를 감추는 것이라고 진짜로 몸에 대해 걱정하는 것을 과소평가하고, 무시하고, 해석하는 임상 분야의 경향성을 반영하고 있다.

마지막으로, 다이어트와 몸무게 조절에 관한 이슈는 현재 우리 문화의 지배적인 가치 안에 너무나 뿌리 깊게 박혀 있기 때문에 비판적인 시각으로 이 문제의 범위와 실재를 보는 것이 매우 힘들다. 에델스테인은 여성들이 몸무게 조절과 연관된 독특한 신체적인 이슈를 가지고 있다는 것을 명확히 인식했는데, 1977년에 다이어트에 관해 다음과 같은 충고를 썼다.

10대 중반은 **심각한** 다이어트를 시도할 수 있는 아주 적절한 시기이다. 여성적 성장은 대개 완료된다. 월경 이상은 대개 해결된다. 수분 유지는 아직 문제가 아니다. 특히 소녀들이 흥미가 있다면, 동기가 강해진다. 청소년기의 특징인 완고함은 허영심에 지배당할 수 있고 다이어트 치료의 유용한 협력자가 될 수 있다(강조는 저자).

사회적·발달적 영향

이제 주요한 사회적 장애 또는 사회적 "질병"인 신체 이미지와 몸무게에 대한 집착을 상세히 설명하려고 한다. 섭식 패턴에서 겪는 어려움의 기저에 놓인 의미를 탐색하고 이것들을 이 사회에서 성장하는 여성들의 경험에 관한 의사소통으로 이해하는 것은 매우 중요하다(Steiner-Adair, 1986). 문화 안에서의 여성들의 심리적 발달에 관한 현재의 개념이라는 맥락 안에는 떠오르고 있는 수많은 중요한 이슈들이 있다.

날씬함에 대한 문화적인 추구는 문제의 증상이 아니라 원인이다

무엇이 여성적 매력을 구성하고 있는가에 관해 널리 퍼져 있는 규범과 기준은 상세하게 탐구해야 한다. 많은 문화권에서, 여성적 아름다움에 대한 기준은 풍만함, 통통함, 그리고 둥글둥글함에 대한 찬미를 암시하는데, 이러한 문화권에서 여성의 몸은 다산과 풍요의 상징을 반영한다. 우리의 문화적 규준은 사춘기 소녀 혹은 젊은 남자의 체형이 가슴을 제외한 모든 부분에서 극단적으로 날씬하고, 평평하고, 빈약한 것에 가치를 두는 것으로 변하고 있는 것을 반영하고 있다.

어쩌면, 우리 사회의 이 "비만 공포"가 성인 여성의 완전한 발달에 대한 문화적인 평가절하와 가치절하를 반영하고 있는 것은 아닌지 의문을 가져야 한다. 아마도 새로운 문화적인 신체 이상형은 더 전통적인 남성적 가치에 따른 문화적 강박관념을 반영하는 것 같다. 문화적인 신체 이상형은 유동성보다는 직선적 사고를, 좀 더 투과적이고 유연한 경계보다는 확고한 자아 경계를, 양육과 접촉에 대한 분명하고 기본적인 인간의 욕구를 불편해하고 회피하는 것을 강조한다. "뚱뚱함"에 대한 혐오는 구강기의 이슈, 즉 정서적이고 신체적인 욕구와 의존에 대한 이슈를 둘러싼 문화적인 갈등을 반영하는 것 같다.

미국 보험 회사의 산출표에 의해 정해진 이상적 몸무게의 기준은, 소위 과체중 정도가 전반적인 인구의 더 큰 건강과 행복을 예언한다는 것을 보여주는 연구들에 기초하여 최근 상향조정되고 있다. 그러나 가너, 가핀클, 슈바르츠D. Schwartz 그리고 톰슨M. Thomson이 수행한 연구는 20년에 걸쳐 미스아메리카 출전자들과 **플레이보이** 잡지의 센터폴드centerfold 기준을 개괄했는데, 여성은 더 날씬한 것이 이상적이라는 쪽으로 우리 사회의 기준이 진화해왔다는 인상을 지지하고 있다는 것을 발견했다(Garner, Garfinkel, Schwartz and Thomson, 1980). 그러므로 의료 업계가 최근 "날씬함"에 대한 일부 과대평가를 — 적어도 기준표에서는 — 수정하고 있는 반면, 이상적인 신체 사이즈에 대한 일반적인 대중적 기준은 상당히 감소하고 있는 것이다. 이것은 대부분의 젊은 여성에게 격려되고 "이상적" 몸무게는 몸이 적절하게 기능할 수 있는 정상적이고 건강한 몸무게보다 좀 더 낮은 수준이라는 것을 시사한다.

"설정점" 이론에 대한 새로운 연구는 식욕과 대사 기능이 개인별로 몸무게와 뚱뚱한/야윈 몸의 특정한 생리학상의 수준에 "고정되어" 있다는 것을 시사한다(Polivy와 Herman, 1983). 이것이 사실이라면, 많은 사춘기 소녀가 약간 높은 몸무게에 도달해야 편안해지는 몸의 욕구에 맞서 평생에 걸친 투쟁을 시작하고 있는지도 모른다(Wooley and Wooley, 1980). 이것은 분명히 "정상적" 몸무게를 가진 다수의 여성들이 보여주는 몸무게 관리에 대한 불쾌감과 강박관념의 일부를 설명하는 것 같다. 그러나 이른바 이상적 몸무게에 도달하지 못하는 사람들에게 훨씬 심각한 문제는, 낮은 자아존중감과 부족하다는 만성적인 느낌으로 이루어진 심리적 증후군이 젊은 여성들의 자아감에 기본이 될 수 있다는 것이다. 이러한 결과는 여성의 삶 속 여러 다양하고 중요한 측면에서 전반적인 심리적 기능에 대한 부정적인 결과로 반영될 수 있다.

마법 숫자 증후군: 극단적 기준을 만족시키려는 시도

중요한 이슈들 중 하나는 내적 기준에서 외적 기준으로 전환되고 있다는 것이다. 엄격하고 극단적인 외적 기준을 만족시키는 것을 강조함에 따라, 내적 경험에 대해서는 매우 심각할 정도로 주의가 부족해지고 인식이 떨어질 수 있다. 힐다 브루흐는 거식증에 대한 뛰어난 분석에서, 이 현상이 사춘기 여성의 신경성 식욕부진증(소녀들이 배고픈 상태를 인식하는 능력을 상실하는 것)의 기본적인 정의라고 지적했다. 현재의 연구는 기아에 이르거나 대사 기능이 억제된 모든 사람에게는 공복 메커니즘이 매우 허약하며 불안정하다는 것을 가리킨다. 젊은 여성들에게 이런 변화는 삶에서 중요한 사람들이 기대하는 기준과 규범을 만족시키는 것에 여성들이 매우 민감한 경향이 있다는 것을 반영한다. 다른 사람들을 기쁘게 하거나 헌신하는 것이 자기 자신에게 귀 기울이는 것을 배우는 것보다 더 중요해지고 있는 것 같다. **내면의 목소리를 잃어버리는 것, 즉 외부의 기대에 부응하려는 노력 속에서 자신의 욕구·욕망·흥미를 깨닫는 것을 상실하는 것은 여성들의 심리적 발달의 기본 측면을 이해하는 데 매우 결정적인 이슈이다.** 문화적으로 정의된 기준을 만족시키는 것을 강조하는 것뿐만 아니라 엄격하고 만성적인 다이어트를 향한 분투도 기본적인 자아감을 결정적으로 상실하는 데 중요한 요인인 것 같다. 이것은 자아 인식과 건강한 자기표현의 기반인 내적 감각과 인식으로부터 주의를 돌리는 것에 반영된다. 내면적으로 "살아" 있다고 느끼는 것, 즉 자기 자신과 연결되어 있다는 느낌은 모든 인간 기능에 중요한 것이다. 그것의 상실이나 축소는 다른 흔히 일어나는 사건 ─ 예를 들면, 우울증에 취약해지는 것 ─ 뿐만 아니라 문제가 있는 섭식 패턴을 이해하는 데 중심이 된다.

더 나아가, 이런 식으로 "연결되어 있다"고 느끼는 능력, 즉 신체적인 기쁨을 느끼고 즐기는 것은 부분적으로는 건강하게 음식을 즐기는 기능인 것 같다. 왜냐하면 음식은 삶에서 매우 기본이기 때문이다. 먹는 것과 관련되어 커지고 있는 두려움과 죄책감이 갖는 위험 중 하나는 먹는 것을 단순한 즐거움으로 경험하는 능력이 떨어지는 것이다. "먹는 것을 허용"하지 못할수록 배고픔은 참을 수 없는 긴장 상태까지 상승하고, 섭식과 폭식은 이러한 상태에 대한 반응이 된다. 그리고 나면 이러한 패턴은 심각한 기본적 신체 변화를 일으킨다. 즉, 양분이나 특별한 식품을 섭취하는 것이 음식을 섭취한다기보다는 약물 복용 행동에 더 가깝게 만든다. 이것은 매우 심각한 섭식 장애로 발전하는 중요한 원인이 된다.

삶의 방식인 다이어트

많은 여성들에게 오늘날 여성으로 성장하는 것은 "다이어트 잘하는 사람"이 된다는 것을 뜻한다. 친구 중 한 명은 여덟 살 난 딸(정상 사이즈와 체중을 가진)이 감자가 "매우 살찌게 하는 것"이어서, 전에는 제일 좋아하는 음식이었던 감자를 더 이상 먹지 않겠다는 선언을 했다고 최근에 이야기했다. 여성들 사이의 경쟁과 비교는 날씬한 정도나 다이어트 성공과 관련되어가는 것 같다. 이것은 "심리적 결핍" 만드는데, 자아존중감이 얼마나 음식 섭취를 잘 통제하고 있는가와 동일시된다. "훌륭하게" 된다는 것은 다이어트를 계속 하고 있다는 뜻이고, "나쁘게" 된다는 것은 다이어트를 그만둔다는 뜻이다. 좀 더 일반적인 의미에서, 자아존중감이 식욕·본능·욕구를 통제하고 줄이는 것과 밀접한 관련을 맺게 되어버린다. 효능감 또는 주도성은 먹는 것을 통제하는 것과 관련되는데, 이것은 전반적인 자아존중감의 중요한 지표가 된다. 내면의 통제, 주도성에 대한 감각, 또는 효능감 그리고 자아존중감 사이의 관계는 기본적이고 다소 숨겨진 좀 더 일반적인 여성들의 자아존중감의 측면을 표현하는 영역을 반영한다. 효능감은 자기 자신을 **표현**하는 능력이라기보다는 **통제**하는 능력을 나타내는 것이 된다.

충동을 통제하는 능력은 분명 가치 있는 인간 특성이다. 욕구의 표현과 통제를 조화시키는 것을 중시하지 않을 때 그 상황은 건강하지 않은 방향으로 기울어진다. 게다가 이 패턴은 "통제 상실" 시기를 열매로 맺을 씨를 뿌린다. 왜냐하면 여성들은 실패가 예정된 부적절한 음식 통제 방식을 시도하고 있기 때문이다. 이것은 기준을 정하는 데 더 엄격해지는 것으로 이어지고, 뒤이어 통제가 실패할 때, 예정되어 있는 바와 같이 자아존중감이 낮아진다. 과잉 통제(다이어트와 단식)의 순환 다음에는 과식과 폭식의 시기가 오는데, 이다음에는 몸무게를 통제하는 더 심한 인위적 방법을 취하게 된다(구토 혹은 완하제를 이용해 장을 비우는 것). 이러한 순환은 여성들의 자아존중감의 심리에 중요한 통찰을 제공해주는 자기 인식 영역이 될 것이다. 이 모델에서 욕구를 건강하게 인식하고 표현하는 것을 발달시키는 전반적인 영역은 줄어들고 분리되는데, 비현실적이고 혼란스러운 자아상을 갖게 되고 욕구를 개방적이고 분명하게 표현하는 데 무능해지는 것으로 이어진다. 여기서 다시 제시하는 내용은 섭식 패턴의 혼란은 더 심각한 정서적·심리적 문제의 **실질적인 원인일 뿐만 아니라** 심리적 갈등을 표현하는 것에 대해 취약한 영역도 모두 보여준다는 것이다.

자기통제로 정의되는 주도성의 지표는 문화에 의해 지지된다. 역사적으로, 여성들이 충동을 바로 행동에 옮기는 것에 관해 커다란 공포와 위기감이 존재해왔다. 이브의 유혹이 지식의 나무의 열매인 선악과 — 종종 지식 그 자체로 묘사되는 — 를 먹게 했다는, 이브에 대한 신화를 잘 생각해보라. 이브의 행동은 모든 인류가 에덴동산에서 쫓겨난 것에 대해 책임이 있다.

여성들의 관계적 자아

여성들과 음식 사이의 기본적 관계는 여성 심리학에서 심도 있고 보편적인 주제인 어머니와의 관계와 자아와의 관계를 반영한다. 어머니 노릇을 하는 것에 관한 전반적인 표현은 생애 주기를 통틀어 음식과 여성이 맺는 관계 속에 반영되어 있다. 어머니가 되는, 즉 삶을 유지하고 아이들의 신체적·정서적 욕구에 주목하고 정서적으로 반응하는 여성의 능력은 음식의 공급에서 활성화되고 드러나게 된다. 심리학적으로 말하자면, 기본적인 주제는 친밀함, 돌봄, 타인에 대한 반응이라는 가치를 발달시키는 것과 사람들 사이에서 친밀하고 정서적인 관계를 유지하는 것과 관련된다(브루흐, 1973; Gilligan, 1982).

이전의 콜로키움에서 우리는 여성들의 자아 발달에서 정서 발달의 중요성을 토론했다. 여성에게 상호적인 관계는 전반적인 행복감과 건강한 성장과 발달을 촉진시키는 데 핵심이다. 이러한 관계는 상호적인 이해, 정서적 지지, 그리고 각 개인들과 집단의 발달과 관계된 모든 개인의 약속을 통해 만들어진다.

이러한 여성들의 핵심적인 자아 구조를 "관계-속-자아"라고 설명해왔다. 즉, "자아"는 인간의 유대와 관계의 맥락 안에서 발견되고, 경험되고, 표현된다. 이론가들은 "분리-개별화"를 건강한 남성 발달의 목표와 방향으로 가정해왔고, 초기 애착에서 어머니로부터의 분화를 향한 소년의 변화를 통해 이 발달 경로를 설명해왔다. 우리는 여성의 발달 경로는 관계적이며 발달의 목표가 "관계 안에서의 분화"라고 정의해왔다. 이 모델에서 발달의 다른 측면들(자신감, 주도성, 결단력, 근면성 등등)은 관계의 맥락 안에서 진행된다. 여성들에게 "구강기"는 초기 아동기에서 "떨어져 나오는 것"이 아니라 여성 발달의 기본 경로로 남아 있으며, 정서 발달은 더 깊은 정서적·인지적 정교화를 동반하며 이 경로를 따라 계속된다. 남성에게 한정된 오이디푸스 단계 없이, 소녀들은 아동기 내내 어머니와 더 친밀하고 편안한 관계 수준과 동일시를 유지한다. 여성들에게 핵심적인 자아 구조로 정의되는 것은 바로 이 초기의 어머니와 딸의 관계 안에 있다. 정체성은 긍정적인 동일시에 기반을 둔다. 즉, 관계는 모녀의 건강한 상호작용 안에서 발견되는 초기의 상호적인 돌봄과 함께 개방적이고 신체적이며 정서적인 공유에 기반을 둔다.

여성 발달의 복잡한 여정은 이제야 이해되기 시작하고 있다. 그러나 이러한 이해는 오늘날 젊은 여성들 안에서 "표준적인" 것으로 묘사되고 있는 "섭식 장애"에 대한 우리의 분석에서 필수적인 것이다. 여성들에게 일생 동안 마주치는 타인들과의 관계가 얼마나 중요한지에 대해 타당성과 관심을 적게 기울이고 있다는 더 큰 맥락 안에서 여성들이 음식과 섭식과 맺고 있는 기본적인 관계에서의 혼란을 볼 수 있을 것이다. 이 문화 속에서 소녀들이 청소년기와 성인기로 성장함에 따라, 관계를 맺고자 하는 욕구에 대한 기본적이고 건강한 표현은 갈등과 장애에 부딪히게 된다.

문화가 기초적인 자아 구조와 기본적인 공명을 하지 못하면, "적응"하려는 시도는 방해를 받고 갈등을 일으킬 것이다. 섭식 패턴 장애는 여성들이 청소년기를 거치면서 초기 아동기의 자아 발달과 현재의 문화적 환경이 요구하는 것과 가치 사이에서 겪는 단절의 핵심 측면을 반영하고 있다.

근본적이라고 여기는 주요한 불일치 중 두 가지만 간단하게 언급하려 한다.

첫째, 청소년기 이전의 모녀 관계와 청소년기 이후의 모녀 관계 사이에 불일치가 있다. 초기 모녀 관계의 안락함과 편안함은 섹슈얼리티의 출현과 체중 증가를 불러오는 급성장으로 위기에 빠진다. 오늘날 청소년기 딸에게 어머니 노릇을 한다는 것은 딸이 성인 여성의 역할로 이동하도록 돕기 시작한다는 것을 의미하는데, 성인 여성의 역할에서 신체적 매력, 날씬함, 그리고 동기화된 상태를 억제하는 것은 중요한 일이 된다. "분리" 이슈와 섹슈얼리티는 오늘날 종종 음식과 섭식을 둘러싼 갈등보다 덜 갈등적이다. 어머니들은 종종 소녀들이 매력에 대해 문화적으로 부여된 엄격한 기준을 만족시키려고 시도하는 것에 적극적이 된다. 그 결과는 갈등, 상호 비난 그리고 심각한 관계 불화이다. 필자가 봐왔던 몸무게 통제에 어려움을 겪었던 거의 모든 여성들이 기본적으로 서로 사랑하고 돌보는 관계였던 어머니와 심각하고 고통스러운 갈등을 겪었다고 대답했다. 이것은 단지 "분리"와 "경계" 이슈에 대한 비유가 아니라 실재하고 있는 심각한 문제이다. 전반적으로 문화 안에서는 이에 대한 도움이나 정확한 이해가 거의 없다. 임상가들은 여성들이 "과잉 개입"한다고, 곤란에 빠뜨린다고, 분리를 견디지 못한다고 어머니를 비난할 때, 여성들을 도와주지 않는다. 그리고 여성들이 청소년기의 주된 과업이 "분리-개별화"라고 계속 정의할 때, 여성들을 도와주지 않는다.

둘째, 어린 소녀들의 관계적 자아 발달 경로와 학업적 자부심, 자율성, "자기주장", 그리고 경쟁심을 통한 자아 발달을 강조하는 현재의 문화적 가치 사이에는 상당한 문화적 불일치가 있다. 예를 들면, 고통을 겪고 있는 어떤 여성이 친구와 이야기할 필요를 느꼈다. 그러나 시험 기간이었고 대학의 규범은 학업적 요구가 다른 모든 욕구에 우선한다는 것이었다. "자기주장이 강한 새로운 여성" 혹은 "새로운 여성 경영자"는 자립적이고 대립적인 자세를 취하며, "1등을 추구" 해야 하고, 남성의 세계에서 경쟁할 수 있어야 한다. 정서적 개방과 공유, 협력, 타인의 욕구에 대한 관심과 염려, 그리고 타인의 성장에 참여하는 것은 이세상에서 직접적인 가치가 없다. 관계에 대한 기본적 욕구가 가치를 인정받지 못하거나 발달의 표현 수단이 되지 못할 때, 자기 자신과 접촉하지 못하고 단절되어 있으며 지지받지 못한다고 느낀다. 심리학적으로, 내면화된 모녀 관계가 붕괴되면 음식이 이 붕괴를 행동으로 옮기는 중요한 영역이 될 수 있다. 그러나 여러 이유 때문에 이 붕괴를 행동으로 옮기고 싶은 충동에 굴복하는 것은 심한 갈등을 불러일으키며 점진적인 혼란과 붕괴를 낳는 경향이 있다. 신체적으로 또는 심리적으로 더 심각한 장애로 발전하기 쉬운 사람들에게 특히 그렇다.

예방적이고 치료적인 접근

오늘날 젊은 여성들의 섭식 장애를 이해하는 데 필요한 심리적 배경에 대한 개요를 대략적으로 그려보고자 한다. 이것은 막 시작되고 있는 것이다. 새로운 이론과 창조적인 해결책으로 이 문제를 설명할 필요가 절박해지고 있다. 이러한 장애로 인해 치러야 하는 신체적·심리적 대가에 대한 연구들이 막 시작되었을 뿐이다. 확실히 교육과 예방 프로그램이 필요하다. 왜냐하면 이 문제는 개인적인 수준에서 시작된 것이 아니기 때문이다.

모든 여성 내담자들과 함께 섭식 습관의 중요성을 입증하고 탐색하는 것이 중요하다. 심지어 심각한 섭식 장애를 보이지 않고 있는 내담자일 경우에도 마찬가지이다. 우리는 임상가로서 내담자들과 신중하고 사려 깊은 방식으로 이 문제를 받아들이지 못해왔던 것에 대해 책임을 회피해왔다.

치료 프로그램을 위해 여성 심리를 더 깊게 이해하는 것이 여성들의 특별한 힘과 적응 능력을 활용하는 창의적이고 혁신적인 전략을 제안하는 데 도움이 될 것이다. "다이어트" 접근과 전통적인 정신분석적 심리치료는 별로 도움이 되지 않았다는 것이 명백하다. 웰즐리대학교 학생의 64%가 "다이어트 집단"과는 정반대로 "개인적인 지지적 관계망"이 섭식 패턴을 돕는 데 유용했다고 말했다는 사실은 치료적 접근을 하는 데 이 문제의 복잡함에 대한 심도 있는 이해를 제공하고 관계적 전략을 활용할 필요가 있다는 것을 시사한다. 한 예는 자조적 회복 집단에서 발견할 수 있는 상호적 권력강화 기법들을 사용하는 것이다. 어떻게 다이어트 증후군을 지속시키고 있는가가 **아니라**, 어떻게 두려움과 죄책감 없이 먹느냐를 다시 배우는 것을 강조할 필요가 있다. 보스턴의 대도시 지역 안에서, 필자는 여성들의 전반적인 건강과 발달에 우선 전념하는 곳에서 요즘 계발하고 있는 새롭고 창의적인 프로그램과 함께, 과식자 모임 Overeaters Anonymous: OA, 거식증지원협회Anorexia Aid Society, 그리고 "스스로 먹기" 프로그램을 추천했다. 유사한 집단들이 우리 도시에 있다. 이러한 조직들은 여성 자신에게 귀 기울이는 것으로부터 나오는 직접적인 행동을 취하기 위한 효과적인 수단뿐만 아니라, 섭식 장애의 더 깊은 의미에 관해서도 가르쳐왔다. 여성들의 삶의 경험과 영향을 미치는 더 큰 사회적 압력에 대한 더 심도 있는 분석을 통해 계발된 연구와 행동 프로그램을 여성들이 계속 만들어야 한다고 촉구하는 바이다.[1]

---

1   이 논문은 1983년 스톤센터 콜로키움에서 발표한 것이다.

돌봄의 의미

상담 모델의 재구성

아이린 스타이버

언뜻 보기에는 돌봄과 상담 사이의 관계는 분명한 것 같다. 그러나 전통적 상담 모델 안에서 훈련받은 많은 이들은 내담자에 대한 관심과 보살핌이 종종 효과적인 상담을 방해할 수 있다고 생각한다. 관심을 표현하는 것을 일반적으로 금지할 뿐만 아니라 상담자와 내담자 사이에 거리를 유지하는 것은 이 전통적 모델의 기조를 이루는 두 가지 주요 전제 덕분이다. 첫 번째 전제는 더 광범위한 상담 모델과 연결되어 있는데, 이 모델에 따르면 내담자에게 가장 도움이 되기 위해서는 상담자가 상담에 대해 객관적이고, 정서적이지 않으며, 비교적 냉정해져야 한다. 여기에는 예를 들어 약 처방, 적절한 상담 전략의 운영 등을 통해 관리하는 것이 포함된다. 따뜻함과 친절함 같은 개인적인 특성은 확실히 중요한 이점으로 간주된다. 그러나 이것들은 상담자가 "너무 관련되지" 않도록, 즉 내담자를 "너무 지나치게" 보살피지 않도록 주의 깊게 감시되어야 한다.

여기서 "돌봄"의 복합적인 의미에 대해 설명하고자한다. "돌보기" ― 좀 더 부모가 자식에 대한 돌봄을 암시하고, 따라서 평등하지 않은 관계가 전제되는 ― 와 지위가 다르거나 평등하거나에 상관없이 다른 사람들에게 좀 더 정서적인 신경을 쓰는 것을 암시하는 "관심을 가지고 돌보는 것"이라는 개념 사이에 구별이 필요하다고 생각한다. 두 가지 돌봄 모두 상담 과정 안에서 상담을 방해하는 용의자로 간주되지만, "돌보기"는 내담자에게 가장 이익이 되는 것을 하고자 하는 의도를 나타내는 상담자의 태도로서 비교적 받아들여지고 있는 반면, "관심을 가지고 돌보는 것"은 돌보는 감정에 대한 **표현**을 동반한, 상담 과정을 좀 더 위협하는 것으로 여겨지고 있는 것 같다. 뒤에서 이 차이에 관해 좀 더 세부적으로 살펴볼 것이다.

두 번째 전제는 성장과 변화는 상담자가 내담자를 만족시키지 않을 때만 일어날 수 있다는 것이다. 상담 과정에서의 좌절 경험, 그리고 박탈에 대해 어떻게 참고 반응하는가를 배우는 것은 가치 있고 치료적인 것으로 간주된다. 이 가정은 또한 상담자가 비교적 중립적이고 객관적이어야 한다고 주장한다. 초기의 극단적인 정신분석 모델에서는 특히 분석가의 중립성을 강조했고, 내담자에 대한 개인적인 반응은 "역전이"라고 이름 붙여졌는데, 이것은 거리를 두고 분석되어야 했다.

세월이 흘러, 상담 과정에서 "버텨주는 환경"과 같은 개념과 공감의 역할이 중요해지면서 이 모델이 변형되어왔음에도, 상담자가 내담자를 향해 자신의 감정을 좀 더 개방적으로 표현하는 것은 여전히 강하게 금지된다. 이 점에 관해 좀 더 명확히 정리해보자. 필자는 자신의 욕구를 채우는 서비스나 내담자의 욕구를 잘못 이해하는 것을 통해 내담자와 정서적으로 관계를 맺는 것을 지지하지 않는다. 하지만 내담자를 돌보려는 감정을 가지고 이를 표현하는 것에 관해 많은 상담자들이 경험하고 있는 모든 것을 망라하는 불편함에 대해 심각한 의문을 가지고 있다.

이 논문에서 객관성 및 내담자와 거리를 두는 태도를 중요한 부분으로 여기는 상담 모델을 검토해볼 것이다. 특히, 이 모델은 여성보다 남성에게 훨씬 더 성향에 맞고 친숙한 양식, 즉 객관적이고 감정적이지 않으며 냉정한 태도 등을 반영하기 때문에 본질적으로 남성적 모델이라고 생각한다. 정확하게는 그 이유 때문에 이 모델은 여성뿐만 아니라 일부 남성에게도 잘 맞지 않는 것 같다. 내담자와 거리를 두기 위해 장벽을 세울 필요가 있다는 것은 남성 상담자들 사이에 중요한 방식에서 다른 여성 내담자들을 향해 역전이 행동들이 일어난다는 것을 반영하기도 하는 것 같다. 뒤에서, 여성과 남성의 자아 경험 사이에 있는 중요한 차이점과 남성과 여성의 발달 경로의 중요한 차이점을 추적할 것이다. 이는 역전이 반응의 본질을 이해하는 데 도움이 될 것이다.

상담에서 거리를 두는 데 일조하는 다양한 전략들이 있지만, 필자는 진단과 이름 붙이기에 쓰이는 공식적·비공식적 언어들이 상담자와 내담자 사이에 장벽을 만들고 불평등한 상태를 유지·강화하는 방식에 대해 이야기해보고자 한다.

동료들과 친구들의 경험을 묘사한 간단한 일화는 이제까지 개요를 설명한 몇몇 문제들을 구체적이면서 상징적으로 자세히 보여줄 것이다. 필자의 친구는 ― 이 친구를 앨리스 스미스Alice Smith라고 부르겠다 ― 50대의 임상심리학자이다. 그녀는 일에서 매우 높은 평가를 받으며 존경받고 있다. 활동적이고 생산적으로 일해온 동시에, 그녀는 또한 깊고 점점 악화되는 우울증으로 몇 년 동안 고생하고 있다. 몇 년 전, 다양한 항우울제를 여러 번 시도해본 후에 새로운 약이 그녀에게 매우 효과가 있었고, 그녀는 이 새로운 약이 약들 중에서 제일 좋았다고 보고했다. 이 시기에 그녀는 정신과 의사이면서 정신분석가인 여성과 심리치료를 하고 있었다. 여성 정신과 의사는 자신이 정신약리학 분야에 충분히 익숙하지 않고, 약물치료가 친구에게 매우 중요한 것이라고 판명되었기 때문에, 친구를 정신약리학 전문가인 또 다른 정신과 의사에게 의뢰하는 것이 최선이라고 생각했다. 그는 상태를 검토해본 후, 지금 진행하고 있는 심리치료에 더불어 약물치료를 병행하도록 했다. 이러한 진행은 확실히 모두의 마음에 들었고, 일은 잘 진행되었다.

1년쯤 후에, 몇 가지 신체적 문제가 나타났다. 등에 통증을 겪은 후에 친구는 골다공증이라는 진단을 받았다. 이때 친구는 신체적으로 상당히 약해졌으나 놀랍게도 심리적으로는 꽤 좋은 상태였다. 그 이후에 또 다른 충격적인 일이 일어났다. 친구가 유방암 진단을 받은 것이다. 친구는 이것을 매우 잘 감당했다. 그녀는 눈에 띄게 우울해하지 않았고 몇 가지 진찰과 다른 의사들의 의견을 조정하여 결국 유방종양 절제술과 방사선치료를 받기로 결정했다. 방사선치료를 받는 동안 그녀는 종종 매우 아팠고, 아울러 등의 통증과 관련한 문제를 계속 겪었다. 그리하여 그녀는 자주 심각한 신체적 고통을 겪었다. 그녀의 치료자는 심리치료를 받기 위해 오는 것이 신체적으로 무리를 주는 일이라는 것을 조심스럽게 언급하면서, 그녀가 나아질 때까지 전화로 심리치료를 진행하자고 제안했다. 친구는 이 제안에 매우 안심하며 매우 긍정적으로 받아들였다. 치료자는 융통성을 발휘했고, 자신의 걱정이나 자신이 내담자에게 관심을 가지고 신경을 쓰는 것이 효과적인 치료를 방해하고 있다는 것을 찾아낼 수 없었다. 친구는 그녀가 만나고 있는 정신약리학 전문가인 정신과 의사와 심리치료자가 제안한 것과 비슷한 것을 하려고 계획을 세웠다. 그러나 그에게 한동안 사무실을 방문하는 대신 전화 치료를 하자고 요청하자, 그는 화를 내며 그녀가 특별한 치료를 받으려고 "연기를 하고 있다"고 비난했다. 그 정신약리학 전문가인 정신과 의사는 그녀가 치료 약속을 완벽하게 잘 지킬 수 있으며, 객관적인 입장을 유지하고 환자의 이익을 위해 환자를 만족시켜주지 않는 것이 중요하다고 생각하고 있었다. 그러나 친구는 상처받았고 이해할 수 없었다. 하지만 그 상황을 받아들였다. 얼마 후 그녀는 치료 날짜를 변경하기 위해 전화를 해야 했다. 그의 비서가 누구냐고 물었을 때, "스미스 박사"라고 말했고 그와 직접 전화 통화를 하려고 했다. 그는 그녀가 누군지 듣자 매우 화를 내며, 메시지를 남기는 대신 직접 통화를 하려고 조종을 하고 있다고 말했다. 친구는 이 같은 폭발적 분노에 너무나 화가 나서 물었다. "아니 왜 그렇게 화를 내세요?" 이에 대한 그의 답은 "당신은 내 환자라고 말해야만 했어요"라는 것이었다.

이 이야기에서 주로 관찰한 두 가지를 강조하고 싶다. (1) "연기하다"와 "조종하다"라는 용어는, 상담 관계에서 거리뿐만 아니라 힘의 균형을 둘 다 유지하고 돌봄의 과정을 상당히 방해하는 방식으로 내담자에게 그리고 내담자에 관해 이야기하는 비난적인 이름 붙이기로 종종 쓰인다. (2) 자신에게 "연락을 하려는 것"에 대해 이 정신약리학자가 환자에게 품은 분노는 그 자신 안에서 일어난 분노를 반영하는 것이라고 생각한다. 그가 화를 내는 이유는 그가 자신과 그녀 사이에(그리고 아마도 그의 다른 여성 환자들 사이에) 세울 필요가 있는 장벽을 그녀가 건너려고 했기 때문이다.

그러므로 일반적인 상담 환경과 상담에서 전형적인 "돌봄"의 기준은 정신건강 전문가들과 내담자 사이에 장벽을 세워야 한다는 것을 명시적·암묵적으로 지지하는데, 이는 상담을 받는 쪽보다 상담을 하는 쪽의 열망을 담아내는 역할을 한다. 지금까지 우리가 본 것처럼 몇 가지 장벽은 상담자가 어떻게 일을 가장 잘할 수 있는가에 대한 합리적인 이유로 발전되어왔다. 이것은 내담자들의 이익에 최우선으로 이바지한다는 이유로 상담자들을 정당화시켜준다.

이제 내담자를 "진단"하고 평가하는 데 사용되는 공식적·비공식적 언어에 의해 만들어지는 장벽을 탐색해보자. 상담에서 어떻게 이것들이 돌봄보다는 냉정함으로 이어지는지를 보여주고 싶다. 정신의학의 명명에 의해 여성이 더 쉽게 피해자화된다는 믿음은 체슬러P. Chesler의 저서 『여성과 광기Women and Madness』(1972)의 주요 주제였으며, 또한 브로버만과 그의 동료들의 고전적인 연구는 이것을 드라마틱하게 예증했다(Broverman et al., 1970). 브로버만의 연구는 정신 건강의 이중 기준을 자세히 설명했다. 건강한 남성들과 성인들에 대한 임상 기준이 건강한 여성들에 대한 기준과 다르다는 것이었다. 건강한 여성들을 묘사하기 위해 사용되는 용어에는 여성은 건강한 남성 또는 일반적으로 건강한 성인보다 "더 순종적인, 덜 독립적인, 더 영향을 받기 쉬운, 덜 경쟁적인, 작은 혼란에도 더 흥분하는, 더 감정적인, 외모에 대해 더 걱정하는"것이 있다. 체슬러는 건강에 관한 이 이중 기준의 또 다른 측면은 여성을 너무 수동적이고 의존적이며, 지나치게 감정적이라고 병리적으로 명명하고 있다고 생각했다. 체슬러는 이것이 브로버만의 연구에서 건강하다고 명명되는 "여성적인" 행동들에 대한 단순한 묘사인, 여성 성역할 고정관념과 지나치게 일치한다고 생각했다. 체슬러는 병리적 명명이 이러한 성역할 고정관념을 따르지 않고 공격적이며 남성을 거세시킨다고 불리는 여성들에게도 적용된다고 지적했다. 그러므로 여성들은 너무 여성적 ─ 즉, 히스테릭하고 의존적인 ─ 이거나 충분히 여성적이지 않은 것 ─ 예를 들면, "분노하는 여성 증후군"(Rickles, 1971)에 묘사된 것처럼 ─ 사이의 좁은 틈을 따라 걸어야만 한다. 반면 남성들이 건강하다고 판명되기 위해서는 오로지 우리 문화 안에 있는 남성 성역할 고정관념을 따라야만 한다. 만일 남성들이 전형적인 여성성 ─ 즉, 의존적이고 수동적인 ─ 으로 간주되는 특성들을 보인다면, 건강하지 못하다고 이름 붙여진다.

「정신질환 진단 및 통계 편람 III Diagnostic and Statistical Manual of Mental Disorders: DSM-III 을 보는 여성의 관점」이라는 최근의 논문에서, 마키 캐플런Marcie Kaplan (1983)은 어떤 행동이 건강한 것으로 간주되고 어떤 행동이 건강하지 못한 것으로 간주되는지에 대한 남성 편향적인 가정들이 진단 범주에 체계적으로 정리되어 있는 정도, 그리고 이것이 평가와 처치에 미치는 영향을 자세히 설명했다. 『DSM-III』(American Psychiatric Association, 1980b)는 미국정신의학협회가 만든 진단 편람의 세 번째 판이다. 이것은 정신건강 분야 도처에서 쓰이는 기준이다. 캐플런은 『DSM-III』에 따르면 이러한 편견들이 "사회적 또는 직업적 역할 또는 주관적인 고통에서 상당한 장애를 수반하는" 성격장애를 체계적으로 분류하는 데 주로 반영되어 있다고 지적했다. 연극성 성격장애와 의존성 성격장애에 대한 캐플런의 분석은 특히 흥미롭다. 체슬러와 브로버만이 그들의 생각과 자료를 이미 약 10년 전에 발표했음에도 여성들의 진단명에 관해 관찰한 것들은 이러한 진단 범주 양쪽에 여전히 생생하게 남아 있다. 그러므로 연극성 성격장애 진단을 타당화하는 목록은 "사소한 사건에 대한 과잉반응", "허영심", "의존적"과 같이, 임상가들이 건강한 여성들을 식별하기 위해 사용하고 있는 기준과 유사하다고 브로버만과 다른 사람들이 지적한 것들을 포함하고 있다. 또한 체슬러가 여성에 대한 고정관념 또는 여성 행동에 대한 단순한 묘사와 지나치게 일치시키고 있다고 한 것을 대변하는 목록을 포함하고 있는데, 예를 들면 "지나치게 극劇적인, 반응이 빠르고 격렬하게 표현하는"(Chesler, 1980) 행동이 이에 해당된다. 의존성 성격장애는 "독립적으로 기능할 수 없고, 자기 자신에게 의지하는 것을 회피하기 위해 자신의 욕구를 의존하는 사람들의 욕구에 종속시키기 때문에 삶의 주요한 영역에서 다른 사람들에게 수동적으로 책임을 떠넘기는"(Chesler, 1980: 324)이라고 정의되고 있다. 일반적으로 우리 문화에서 여성은 남성보다 더 의존적이고 덜 성숙하다고 여겨지기 때문에, 그리고 여성은 자신의 욕구보다 타인의 욕구를 우선시해야 한다고 조장되기 때문에, 여성은 이러한 진단에 쉽게 영향받기 쉽다. 사실, 이 진단 편람은 연극성 성격장애와 의존성 성격장애 모두 남성보다는 여성에게서 더 자주 발견된다고 보고하고 있다. 진단 범주에 대한 이러한 설명들이 바로 연관된 행동들에 대한 오해를 반영하고 있는 것이다. 이것은 나중에 좀 더 철저하게 설명할 것이다. 그러나 캐플런은 『DSM-III』은 남성들이 의존을 표현하는 방식이 아니라 여성들이 의존을 표현하는 방식을 세밀히 조사했다고 지적했다(Kaplan, 1983). 예를 들면, 남성들은 가정을 유지하고 아이들을 돌보고 정서적 욕구에 반응하기 위해 다른 사람들에게 의존하지 않는다. 그러나 더욱 중요한 것은 『DSM-II』뿐만 아니라 현재의 『DSM-III』도 남성성의 단순한 묘사인 남성적 행동, 즉 만일 남성들 내면에 주관적 고통을 낳지 않는다면 함께 살고 있는 사람들 내면에 주관적인 고통을 자극할지도 모르는, 사회적 기능을 손상시키는 것으로 간주되는 행동들에 대해서는 설명하고 있지 않다는 캐플런의 관찰이다. 캐플런은 이러한 생각을 따라 상상력을 발휘해 『DSM-III』에 포함되어야 하는 두 가지 실존하지 않는 범주를 발전시키고 있다.

하나는 그녀가 독립성 성격장애라고 부른 것이고, 다른 하나는 제한성 성격장애라고 부른 것이다. 여기 그녀가 독립성 성격장애 목록에 올린 몇 가지 기준이 있다. "(1) 사랑하는 사람들과의 관계보다 일과 경력을 우선시함. 예를 들면, 사업을 위해 여행을 많이 다님. 밤 늦게까지 그리고 주말에도 일함. (2) 결정을 할 때, 특히 개인의 경력과 관련된 결정을 내리거나 여가 시간을 사용할 때, 타인의 욕구를 고려하는 것을 꺼림. 예를 들면 개인 경력상의 계획 때문에 배우자와 아이들을 다른 도시로 데려가려 하는 것."

제한성 성격장애를 위한 그녀의 진단 기준은 다음을 포함한다.

"A. 지나치게 자제하고, 냉담하고, 거의 표현하지 않는 행동. (1) 감정에 관한 제한된 표현, 예를 들면, 슬픈 순간에 울지 않음. (2) 예를 들면, 상처를 느끼는 것과 같은 정서적 욕구를 반복적으로 부인함. (3) 자기 과신을 끊임없이 드러냄. (4) 주요한 사건에 대해 눈에 띄게 조심스러운 반응을 보임. 금욕적이라고 묘사될 수 있음."

"B. 대인 관계에서의 성격적 혼란. (1) 다른 사람들과 거리를 둠. 예를 들면, 다른 사람들 앞에서 자신의 감정에 대해 이야기하는 것을 불편하게 느낌. (2) 다른 사람들이 감정과 연관된 대화 주제를 시작할 때 주제를 바꾸거나, 침묵하거나, 짜증을 내거나, 신체적 행동을 하거나, 떠나버리는 것을 포함함. (3) 다른 사람들이 표현한 욕구에 반응하는 것에 저항하는 것을 간접적으로 표현함. 예를 들면, 잊어버리거나, 잠들거나, 담당을 바꿀 필요가 있다고 주장하는 것(Kaplan, 1983: 790~791)."

정신 질환의 형식적인 분류 안에 반영되어 있는 이러한 편향은 비형식적인 언어 안에서 훨씬 더 극적으로 드러난다. **조종하는, 유혹하는, 통제하는, 탐욕스러운, 게걸스러운, 냉담한, 거세하는, 피학적인, 히스테릭한**과 같은 용어들은 이런 내담자들은 참을성이 거의 없고, 다룰 수 없고, 만일 이들을 조심스럽게 다루지 않는다면 떠맡겨지고 융합되어 집어삼켜질 것이라는 명백한 암시와 함께 주로 여성 내담자를 묘사하는 데 널리 쓰여왔다. 내담자들에 대한 인식이 더 온화할 때조차 기껏해야 "의존적", "유혹하는" 등등의 명명이 애용되었다. 이러한 명명으로 인해 내담자들은 제대로 이해받고 돌봄을 받지 못하는 것이다.

간단한 임상 사례를 보자. 상당히 괜찮은 적응 기간을 보낸 후에 재입원해야 할 만큼 불안하고 우울해진 한 젊은 여성에 대한 자문을 요청받았다. 이 여성은 젊고 매력적인 19세의 아이비리그대학교의 우등생이며, 매우 지적이고 감수성이 풍부하며 똑 부러지게 말을 잘했다. 그녀는 자신에게 비현실적으로 느껴지는 세상에서 종종 경험하는 고통에 대해 몇 차례 쉽게 이야기했다. 이 사례를 의논하기 위해 행정을 담당하고 있는 정신과의사를 만났을 때, 그는 즉각적으로 그녀가 매우 "조종하려"하며 "감당하기 힘든 환자"가 될 것이라고 말했다. 필자는 좀 놀랐는데, 왜냐하면 그녀는 항상 매우 예의 바르고 교양이 있었기 때문이다. 그에게 그의 말이 무슨 뜻인지 물었다. "우리가 회진을 돌 때 그녀와 이야기하고 있는 사람들을 둘러본다면, 모두가 긴장하고 불편한 것처럼 보일 겁니다." "조종하는"에 대한 이 궁금한 정의에 대해 곰곰이 생각해보면서, 그녀의 주된 걱정이 무엇인지 생각했다. 그녀는 외모를 잘 꾸미고, 매우 사교적이고, 학업 목표를 성공적으로 완수할 수 있는 능력이 있는지에 대해 두려워했다. 그리고 그녀가 "진정한 자기"라고 부르는, 매우 겁먹고 있고, 불확실하며, 혼란스러워하는 자기를 감춰왔다. 그녀의 걱정은 그녀가 오해를 받는 것이었다. 필자는 심한 혼란과 고통을 이야기하는 비범한 그녀의 능력에 종종 감동을 받았다. 매 회기마다 그녀가 "연기하는 것" — 다른 사람들이 어떻게 그녀에게 반응할지에 관해 경계를 늦추지 않으면서, 다른 사람들이 그녀의 겉모습 아래 있는 것을 보지 못할 때 그녀가 무기력해지고 절망하는 것 — 에 대해 상상할 수 있었다. 또한 한때 그녀가 다른 사람들이 자신을 이해하지 못한다고 느꼈고, 깊은 실망과 내재된 분노를 느끼며 포기했던 것을 알고 있다. 그녀가 이해를 받고 싶은 것에 대한 불안과 이해받지 못하는 것에 관한 분노를 회진을 돌고 있는 사람들에게 이야기한 것이 그들을 불편하게 만든 것이 틀림없었다. 또한 회진을 하는 사람들이 그녀에게 내재된 감정의 강렬함을 물리치는 것이 필요했을 것이라고 생각한다. "조종하려 한다"는 그녀에 대한 명명은 또한 그녀에게 거리를 두고 그녀를 이해하거나 의미 있는 방식으로 그녀와 함께할 수 있는 가능성을 잘라

버리는 분위기를 만들었다.

  남성 내담자들도 역시 오해를 받는 것 같다. 그러나 여기서는 특히 여성들에게 영향을 미치는 특별한 언어의 종류에 대해 초점을 맞출 것이다. 언어가 비난의 의미를 담고 있고 상담자와 내담자 사이의 거리를 유지하는 데 기여할 때, 그 과정에서 여성들이 남성들보다 더 쉽게 피해자화된다는 것을 이야기하고 싶다. 우리는 상담에서 여성 내담자가 훨씬 더 많으며, 상담자들 중에는 남성이 여성보다 상당히 높은 비율을 차지하고 있다는 것을 알고 있다. 이것은 그렇게 단순한 문제가 아니다. 이 영역에 진입하는 여성들은 대개 남성들에게 교육을 받는다(그리고 남성들에게 상담을 받는다). 그리고 직업에서 살아남기 위해 직업과 관련된 기준과 가치에 적응해야만 한다. 그러므로 남성이건 여성이건 대부분의 상담자는 위에서 설명한 남성적 상담 모델이 반영된 정신 건강과 질병을 분류하는 기준에 매우 큰 영향을 받을 것이다.

  밀러(1976; 이 책의 1장), 길리건(1982), 서리(이 책의 3장), 그리고 다른 사람들이 여성 심리에 관해 최근에 쓴 저작들은 성격 이론과 발달심리학의 남성적 모델에 따라 평가할 때 여성이 부족하고 방어적으로 여겨지는 정도에 관해 알게 해주었다. 이러한 모델들은 여성 발달과 경험의 독특한 특성을 인식하지 못했다. 길리건은 콜버그가 선택한 남성 표본에 근거하여 모은 자료들과 비교했을 때 여성들은 도덕 발달에서 결핍이 있는 것으로 간주된다는 점을 지적했다. 도덕성에 관한 여성들의 경험을 탐색하면서, 길리건은 관계 속에서 여성들이 쏟아 붓는 것에 대한 맥락 안에서 다른 사람들에 대한 책임이라는 이슈를 둘러싸고 도덕성이 얼마나 많이 형성되는가를 상세하게 설명했다. 같은 방식으로 현재의 발달 이론은 성숙의 지표로 분리와 개별화 과정, 독립성과 자율성의 성취를 강조해왔다. 그러나 이 모델은 우리 문화에서 여성보다 남성에게 더 적용 가능하다. 이 모델을 여성에게 적용했을 때 여성들은 상대적으로 미성숙하다고 여겨진다. 왜냐하면 이 모델은 여성에게 권력과 인간관계가 갖는 중요성을 간과하고 있으며, 여성과 남성이 따르는 발달 경로의 중요한 차이점을 무시하고 있기 때문이다. 실제로, 초기에 부모와 맺는 관계로부터 청소년기를 거쳐 성인기로 나아갈 때 남성과 여성이 거치는 과정을 비교해보면, 상당한 비대칭이 있다. 어머니들은 자신과 더 비슷하고 연속적인 존재로서 딸을 경험하기 때문에 상호적 돌봄과 정서적 상호작용 그리고 상호 의존에 대한 기대를 포함하는 모녀 사이의 특별한 관계를 시작한다. 딸은 어머니와 다른 사람들에 대한 초기의 의존과 같은 과거의 관계와의 연속성을 발달과 성숙을 위협하는 것으로 여기지 않으면서, 아들에 비해 더 경험한다. 모자 관계의 역동은 또 다른 발달 경로를 따른다. 어머니들은 아들이 자신과 다르다는 것을 경험한다. 그리고 이 차이를 인정하라는 내적 압력과 외적 압력 모두를 받고 있다. 어머니들은 소년들은 어떠해야 한다는 문화적 기대를 내면화한다. 어머니들은 아들이 강한 남성 정체성을 발달시키는 것을 돕기 위해 공격적인 행동과 분리를 위한 노력을 격려해야만 한다고 믿고 있다. 이러한 압력은 성인기를 향한 여정에서 자아를 분리해야 하는 남성들에게 계속 강하게 영향을 미쳐왔다.

이러한 발달의 다른 경로를 인식하고 여자아이들과 성인 여성들의 경험을 주의 깊게 살펴보는 것은 여성에 대한 새로운 이해, 즉 발달에 관한 "관계-속-자아" 이론으로 이끈다. 특히 밀러(1976), 서리(이 책의 3장), 조던(이 책의 4장)의 저작들은 초기 모녀 관계가 공감, 다양한 정서적 경험 그리고 다른 관계의 기술을 촉진하는 방식을 추적하려고 시도해왔다.

밀러는 여성들의 자아 발달에 관한 저작에서 주 양육자(대개 여성)와 관계를 맺는 과정의 역동적 특성을 자세히 설명했다. 이러한 관계는 고정된 사람과 맺는 것이 아니라 관계에 관여하는 사람과 계속해서 맺어나가는 것이다. 그러므로 모성의 내면화는 사람들 사이에서 일어나는 것을 반영하며 관계 양식 안에서 표현되는 것을 반영한다. 진화하는 자아는 둘 혹은 그 이상의 사람들 사이에서 타인들과 관계 그 자체 모두를 돌보는 것이다. 서리는 소년들은 더 제한적이고 경계가 강한 자아를 갖는 반면, 소녀들 안에 있는 초기 자아표상은 좀 더 투과적 경계를 가진 더욱 개방적인 자아감이라고 설명했다. 밀러는 여성들이 어떻게 관계를 맺는가에 대한 오해가 있다는 것도 지적했다. 이것은 여성들에게 의존적이라는 이름을 붙이는 경멸적인 방식뿐만 아니라 여성을 이타적이라고 언급하는, 명시적으로는 좀 더 긍정적인 방식 안에서도 드러난다. 그러나 후자의 설명 또한 그것이 자기 이익을 희생하는 것을 시사하는 한, 관계적 상호작용에 참여하는 여성들은 자신을 커다란 기쁨과 만족의 원천으로 경험하면서 자아가 강화되는 것을 경험한다는 중요한 점을 놓친다.

여성의 경험에 관한 이러한 새로운 개념화에 대해 세세하게 설명하는 것이 이 논문의 목적은 아니다. 그러나 여성들이 어떻게 자신의 경험과 상관없는 기준에 의해 평가되고 비교되는지에 관해 설명하는 것은 중요한 맥락이며, 이 논문이 도움이 될 수 있다고 생각한다. 또한 여성 내담자를 상담하는 많은 남성 상담자를 자극하는 역전이라는 이슈가 명명과 진단 과정을 통해 여성에 대한 오해를 유지시키는 데 기여해왔다는 것을 제시할 것이다.

밀러(1976), 스타이버(이 책의 8장), 서리(이 책의 3장)는 분리, 개별화, "남성 자신이 되는 것"을 강조함으로써 남성의 자아 발달에 부정적인 영향을 미쳐온, 때때로 자신과 타인들 사이의 경계를 경직시키고 남성의 관계적 자아 발달을 방해하는 방식에 대해 의문을 제기한다. 베르나르데스는 논문 「남성 역할에 관여하는 여성 상담자The Female Therapist in Relation to Male Roles」에서 이 주제를 더욱 심화시켰다. 그녀는 "상담자들은 남성의 역할에 내재된 사회적 영역에서의 이익과 정서적·심리적 영역에서의 장애 사이에 있는 모순을 자세히 살피지 않았다"고 썼다(Bernardez, 1982: 440). 특히, 베르나르데스는 남성들이 독립심을 키우는 것과 연관된 바로 그 요소들이 또한 "양육, 공감, 소속감, 협력, 감정에 대한 의식과 표현" 능력을 억압하거나 발달을 방해한다는 것을 관찰했다(Bernardez, 1982: 441).

남성들의 사회화 과정을 추적하면서, 베르나르데스는 우리 문화에서 남성들이 어머니와 맺는 초기의 강한 유대에서 분리하거나 유대를 포기해야 한다는 압박을 받는 정도가 특히 중요하다고 언급한다. 그러나 베르나르데스는 또한 이러한 어머니와의 초기 관계의 특성이 남성이 여성에 대한 강한 양가감정을 발달시키는 데 기여한다고 믿고 있다. 한편으로는 어머니를 매우 강력한 힘을 가진 사람으로 경험하는데, 어머니가 주 양육자이기 때문이다. 다른 한편으로, 사회 속에서 어머니의 지위는 부차적이고 종종 평가절하된다. 그 결과 남성들은 양육자로서 여성들이 갖는 명백한 힘에 위협을 느끼면서도 여성들의 낮은 사회적 지위를 대해 경멸한다. 어머니와 맺은 관계를 초기에 잃어버리는 것, 그리고 어머니를 향한 열망이 자연스럽게 해결되고 재편되기 전에 소년들이 어머니에게 지속적으로 의존하는 것을 금지하는 사회적인 압력으로 인해 남성들은 의존에 대한 열망, 즉 타인과의 정서적 유대를 부정하고 방어한다.

베르나르데스에 따르면, 어머니로부터의 이른 분리는 소년들에게 좀 더 독립적인 외면 뒤에 감춰진 버려진 느낌과 상실에 대한 취약함을 남긴다. 베르나르데스는 많은 남성이 경험하는 여성들을 향한 내재된 분노를 이러한 버려진 느낌과 우리 문화 안에서 가치를 인정받은 인물로서 어머니와 맺는 더 연속적인 밀접한 관계로부터 단절된 느낌과 연관된 커다란 맥락 안에서 이해한다. 그러므로 대체로 남성들은 독립을 실행하고 달성해야 한다는 자신들 안에 놓인 엄청난 압박 때문에 관계-속-자아를 발달시킬 수 있는 충분한 기회를 갖지 못한다. 그리고 어머니와 맺는 관계를 발전시키는 데 있어, 이 관계가 가지고 있는 정서적 풍요로움을 가지고 좀 더 완전하게 참여하지 못하게 된다.

우리는 남성 발달 안에 있는 이러한 과정과 정서적 표현, 독립 그리고 상호공감이 촉진되는 관계적 맥락 속에서 일어나는 여성의 경험과 발달에 관한 개념화 사이의 관계를 어떻게 이해할 수 있을 것인가? 만일 남성들이 어머니와의 강한 관계 — 이 관계는 금지되고 평가절하된다 — 를 방어하기 위해 자신 안에 있는 이러한 특성들을 부인해야 한다면, 여성들이 이런 특성들을 표현하는 것을 위협할 수도 있다. 실제로 밀러(1976)가 지적한 바에 따르면, 여성들을 통제하고자 하는 남성들의 욕구는 여성이 남성에게 "전달하는" **감정**을 통제하고자 하는 욕구를 일부 반영한다.

『DSM-III』(American Psychiatric Association, 1980b)에 있는 용어 설명을 개괄해 본다면, 남성들에게 더 자주 발견되는 것보다 여성들에게 더 자주 발견되는 진단 목록 사이에 몇몇 흥미로운 차이가 있다는 것을 알게 될 것이다. 연극성 성격, 의존성 성격, 또한 경계성 성격은 모두 다른 사람과의 상호작용과 강렬한 정서 표현을 포함하는 특성이 있다. 반면, 편집성 성격과 반사회적 성격과 같은 좀 더 전형적인 남성의 병리 유형은 다른 사람들과 관계를 맺기보다는 거리를 두는 것을 반영하는 총체적 증상, 예를 들면 편집증적 의심과 타인에 대한 소시오패스적인 착취 같은 것을 포함한다. 그러므로 여성들은 좀 더 정서적이고 관계적인 용어로 갈등과 걱정을 표현하기 쉽고, 남성들은 감정의 강렬함과 관계에 대한 자신의 열망을 방어해야만 한다. 그 결과는 전통적으로 훈련을 받은 정신 건강 전문가들이 자신과 여성 내담자들 사이에 거리를 만드는 기술을 사용하는 것이다. 남성 내담자들과는 바로 그들의 증상적 특성 때문에 쉽게 거리를 둔다.

이와 관련하여 거리를 두는 전략으로써 약물치료가 사용되는 방식에 대해 검토해보자. 여성들은 심리적이고 신체적인 조건 모두에 대해 균형이 맞지 않는 숫자의 약물 처방을 받는다는 점이 보고되었다(Fidell, 1973). 또한 남성보다 여성이 더 우울과 불안을 약물로 치료하는 것 같다(William, 1974). 한 남성 레지던트의 수련을 감독한 적이 있었는데, 그는 치료를 맡은 한 여성 내담자가 겨우 3일 전에 임신중절을 한 것에 대해 울기 시작하자 재빨리 항우울제를 처방했다. 그와 이것에 관해 이야기했을 때, 그가 그 여성 내담자의 고통과 강렬함을 견딜 수 없었고, 약물 처방을 통해 이를 막고 거리를 두려했다는 것을 분명히 알 수 있었다.

그러나 남성들이 거리를 두려는 욕구는 여성에 대한 강렬한 분노와 종종 쌍을 이룬다. 양쪽 모두 여성이 감정을 표현하는 데 자유롭다는 것에 대한 부러움뿐만 아니라 발달 초기에 버려졌다는 느낌으로부터도 유래하는 것이다. 여성들의 정신 병리를 확인하기 위해 쓰이는 설명의 특성은 강렬한 분노가 이 설명에 불을 붙이는 것이 틀림없다는 것을 암시한다. 문헌을 개괄해보면서, "다루기 힘든 여성 내담자"(Houck, 1972) 또는 "분노하는 여성 증후군"(Rickles, 1971)과 같은 — 폭력과 파괴적인 행동에 대한 처벌로 정신 건강 시설보다는 감옥에 간 남성들을 설명하기 위해 사용되는 더 경멸적인 명명을 기대하게 하는 — 용어와 비교되는 남성 병리에 관한 제목은 없다는 것을 발견했다.

클라인이 정의한 "히스테리성 불쾌감"의 진단 분류에 대한 설명을 예로 들어보자.

> 그들은 변덕스럽고, 정서적으로 불안정하며, 무책임하고, 피상적이며, 사랑에 취해 있고, 충동적이며, 근시안적이다. 그들은 자기중심적이고, 자기애적이며, 자기과시욕이 강하고, 허영심이 강하고, 옷에 열광하는 경향이 있다. 그들은 유혹적이며, 조종하려들고, 착취적이고, 성적으로 도발적이며, 감정적이고 비논리적으로 생각한다. 그들은 쉽게 아첨과 칭찬의 포로가 된다. 그들의 일반적인 태도는 연극조이며, 관심을 끌기 위해 애쓰며, 화려할 것이다. 성적 관계에서, 그들은 소유욕이 강하고, 욕심이 강하며, 요구가 지나치며, 낭만적이고 전희 중심적이다. 좌절하고 실망할 때, 그들은 비난하고, 갈망하며, 학대적이고, 보복적이며 때로는 술에 의지한다(Klein, 1972: 152).

클라인은 이러한 다소 과장된 설명은 여자를 싫어하는 사람으로 여겨질 수도 있다는 것을 알았음에도 이것이 우리 문화에서 여성성에 대한 단순한 설명과 일치한다고 언급했다. 그는 "정상적인 정서적 반응 범주에 있는 여성들은 분별력과 면밀함으로 다양한 자기과시적이고 유혹적인 전략을 이용한다. 히스테리성 불쾌감을 가진 내담자는 여성성에 대한 캐리커처caricature이다. 거부에 대한 병리적 민감함이 그녀가 우리 사회에서 여성에게 허용되는 사회적이고 유혹적이며 자기과시적인 전략으로 자신의 불쾌감을 회복하려는 시도를 하게끔 이끌기 때문이다"(Klein, 1972: 152)라고 설명했다.

하우크J. H. Houck(1972)의 논문 「다루기 힘든 여성 내담자The Intractable Female Patient」에는 "경계성 성격 내담자"의 유형이 특별히 골칫거리로 묘사되어 있다. 저자 하우크는 다루기 힘든 여성 내담자의 유형을 가장 잘 묘사하고 있는 것으로써 "다루기 힘든"의 사전적 정의를 인용하고 있다 – "쉽게 제어되지 않고 다룰 수 없거나 관리할 수 없고 고집이 세며, 쉽게 조종할 수 없거나 변화시킬 수 없다. 쉽게 완화되거나 치료되지 않는다". 그는 또한 상담에서 이런 내담자들이 "자기주장이 강하고 조종하려 든다"는 것을 발견한다. 그의 공식화는 기본적으로 이러한 여성들은 단지 가정에서의 책임감으로부터 벗어나길 원하며 도피처로 병원을 이용한다는 것이다. 그러므로 입원 기간이 짧고 치료가 지지적이어야만 하고 "여성의 주의는 확고하게 가정과 가족, 성인의 의무에 고정되어야 한다"고 권고한다. 그러나 저자가 말하는 가장 중요한 것은, 수동적이며 아내를 "지배할" 능력이 없는 배우자와 인연을 끊어야만 하는 "공격적인 일"이다. 여성 병리에 대한 이러한 설명 안에 있는 명백한 분노는 많은 남성 상담자들이 많은 여성 내담자를 향해 가지고 있는 역전이 태도가 상담에서 거리를 두어야만 하고 상담자와 내담자 사이에 장벽을 세워야 할 필요, 즉 상담자가 권력과 통제의 위치를 유지해야 할 필요에 기여한다는 필자의 주장을 강조한다.

이것은 상담 안에서 이 주제를 더 심도 있게 반영하는 성적인 이슈들로 필자를 이끈다. 의존에 대한 논문에서(스타이버가 집필한 이 책의 8장), 남성들이 어떻게 사회화되는가와 관련된 근거에 대해 남성들은 종종 주로 성적인 경험을 통해 친밀감을 찾는다고 언급했다. 많은 남성들에게 돌봄을 주고받고 싶은 욕구를 표현할 수 있고 깊은 느낌을 표현하고 잘 느낄 수 있는 몇 안 되는 환경 중 하나가 침실이다. 남성 상담자들이 여성 내담자를 돌보는 경험은 종종 강한 성적 감정의 형태를 취하며, 이것을 종종 내담자에게 투사한다. 즉, 상담자들과 관계를 맺고자 하는 여성 내담자들의 욕구는 수용되고 가치를 부여받기 위해 결과적으로 "유혹하는" 것으로 오해를 받고 오인된다. 관계를 성적으로 만드는 여성들의 성향을 염두에 두지 않는 것이 아니다. 그러나 많은 여성들에게

15 _ 돌봄의 의미 **355**

"성적인" 것은 남성과 관계를 맺고 "함께 있는" 방법 중 한 가지이기도 하다. 함께 있는 총체적인 방식의 일부로서 섹슈얼리티를 결합하는 여성들의 독특한 방법뿐 아니라 여성들이 여전히 좀 더 성적 대상으로서 간주되고 그렇게 여겨지는 것에 반응하기 때문에 발생하는 왜곡된 측면을 이해하는 것도 상담자의 책임이다. 베르나르데스는 남성들이 관계를 성적으로 만드는 경향이 애정과 다정한 감정을 막는 데 기여하는데, 이는 종종 분노로 위장된다(Bernardez, 1982). 어떤 남성 상담자들에게는 여성 내담자에게 향하는 성적 감정을 막는 것이 상당한 투쟁이다. 그리고 이것이 훨씬 더 커다란 거리를 만드는 데 기여한다. 다른 남성 상담자들은 여성 내담자들과의 성적인 접촉으로 자신의 충동을 직접 행동에 옮긴다. 이러한 행동이 더 많이 발생하고 있다는 것을 볼 수 있는 자료들이 예전보다 더 많음에도(American Psychiatric Association, 1975), 우리는 여성들의 유혹에 대해서는 끊임없이 듣고 있지만 관계를 성적으로 만들고 싶어 하는 남성들의 욕구에 대해서는 거의 듣지 못하고 있다.

간단한 임상 사례가 설명에 도움이 될 것이다. 꽤 보수적이면서 내성적이지만 친절하기도 하고 사회적 능력이 뛰어난, 40대 여성을 상담했다. 일반적이고 전통적인 방식으로 그녀가 열정과 창조력을 표현하는 한 가지 영역은 옷이었다. 그녀는 비범하지만 항상 수수하고 심미안을 보여주는 옷을 입고 있었다. 그녀는 밝은 색상, 비범한 천 등으로 만든 옷을 입었다. 그녀는 필자를 보러 오기 전 3년 동안 남성 정신분석가와 상담했다. 그가 그녀를 돌보고 관심이 있는 것처럼 보였기 때문에 그녀는 그를 좋아했고 그를 향한 따뜻하고 애정 어린 감정을 인식하고 있었다. 약 1년 동안 상담을 진행한 뒤, 그는 그녀가 그를 위해 차려입는다고 말하며 자신을 유혹한다고 그녀를 비난했다. 그리고 그에 대한 그녀의 성적 감정에 대해 말하라고 촉구했다. 그녀는 상처를 받았고, 무엇보다 그녀가 옷을 입는 방식 ― 그녀가 전보다 자신에 대해 좋게 느끼는 얼마 안 되는 영역 중 하나 ― 에 문제가 있다고 느꼈다. 그러나 그녀는 또한 그녀가 가지고 있을 것이라고 상담자가 추측한 감정을 알아차리지 못했다는 이유로 내담자로서 실패했다고 느꼈다. 상담이 종결을 향해 가고 있을 때, 그녀의 상담자는 자신이 결혼에 실패했으며 상담이 끝난 후 그녀와 다른 관계를 맺고 싶다고 말했다. 이것은 그녀에게 매우 커다란 정신적 충격을 주었다. 마치 그녀가 해냈던 모든 일들이 미완성인 것처럼 느껴졌다. 그리고 상담에서 상담자의 돌봄에 대해 자신이 느꼈던 것이 그가 그녀에게 성적인 흥미를 가진 것에 대한 대가였다고 느껴졌다. 그녀가 가졌던 정확한 느낌은 그녀의 남편에게서 느꼈던 것이었다. 이것이 그녀가 필자와 상담을 하게 된 이유가 되었다. 그녀는 필자와 함께할 때 계속 세련되게 옷을 입을 수 있으며, 필자는 그것을 가치 있게 여기고 감사해하며 이의를 제기하거나 해석할 어떤 이유도 없다고 덧붙였다.

지면의 제한을 고려해, 이 논문에서는 진단 분류에서 매우 경멸적으로 명명되는 여성 행동들의 일부를 선택해 이것들을 여성 경험과 발달에 관한 관계적-속-자아 이론의 관점에서 좀 더 의미 있는 용어로 해석하는 가장 일반적인 방법을 시도할 것이다.

먼저 "히스테릭"한 행동을 살펴보자. 가장 언급할 만한 것은 이와 관련된 강렬한 감정 표현이다. 이 기준은 "사소한 위기에 대한 반응"으로 격렬한 감정 표현을 한다고 암시하는데, 그것은 사회적 맥락에서 봤을 때 비교적 이유가 없고 설명이 되지 않는다는 것을 시사한다. 이에 대해 말하고 싶은 것은 여성들은 다른 사람들이 자신에게 진심으로 귀 기울이게 만들려는 노력이 정서적으로 무시당할 때 깊은 좌절을 경험하곤 한다는 것이다. 그 결과, 여성들은 강렬한 정서적 표현에 대한 초점과 충동 완화를 점점 상실하면서, 격렬한 느낌이 확대되곤 한다. 여성들은 특히 문제에 빠져 있을 때, 정서적으로 의미 있는 방식으로 관계를 맺고 있거나 가까운 타인들을 납득시키려는 절박한 시도에서 종종 비현실적인 자아를 드러내는 경향이 있다. 이러한 표현은 귀 기울이게 하고 주의를 기울이게 하기 위해 과장된 정서 표현 형태를 띨 수 있다. 그것은 또한 여성들이 자신이 어떻게 존재해야만 하는가, 즉 어떻게 자신에게 반응하는 — 심지어 그것이 분노하거나 내버려두는 식이라 해도 — 타인들과 관계를 맺어야만 하는가에 대한 기대를 쫓는다는 것을 반영한다.

　다음으로, 아마도 매우 여성적인 특징을 보이는 의존성 성격장애를 살펴보자. 필자는 이 책의 8장에서, **의존**이라는 용어는 그것이 분명 여성적 특성으로 간주되기 때문에 경멸적인 함의를 갖게 되었다는 입장을 취했다. 가장 중요한 것은 여성이 기본적으로 남성보다 더 의존적이지는 않다는 것이다. 그러나 여성은 타인들과 관계를 맺는 방법으로써 자신이 의존적으로 보이도록 노력한다. 그리고 그것이 예측 가능한 방향에서 남성들과 관계를 맺을 수 있도록 확립된 방식이다. 남성 역시 자신보다 더 의존적인 존재로 여성을 보려고 노력한다. 또한 초기의 논문에서 병리적인 의존은 문헌들이 제시하는 것처럼 "너무 의존적"인 것이라기보다는 오히려 욕구가 충족되지 못한 것에 대한 내재된 분노의 작용이라는 것을 제시했다. "너무 의존적"이라고 불리는 사람들은 종종 자신과 타인 모두에 대한 내재된 분노를 간직한 의사소통으로 인해 매우 반응하기 힘들게 만드는 방식으로 도움을 청하는 사람들이다. 문제가 되는 것은 도움을 요청하는 것, 즉 상대방에게 의존하는 것이 아니라 자신이 원하는 것이 무엇인지 확실히 알고 있는 사람과 있을 때 편함과 안락함을 느끼게 되고 도움을 청할 수 있는가이다. 필자는 이에 관해 여성이 남성보다 더 많은 문제를 가지고 있다고 생각하지 않는다.

　남성들에게서보다 여성들에게서 더 자주 발견되는, 재탐구될 필요가 있는 또 다른 진단 분류는 "우울증"이다. 많은 사람이 발달적·사회적·생물학적 설명을 근거로 남성보다 여성에게 우울증이 더 많이 발견되는 이유를 탐구해왔다(Arieti and Bemporad, 1978; Bart, 1971; Weissman and Klerman, 1977). 특별히 흥미를 끄는 것은 우울증 발병률에서 결혼 생활의 차이이다. 독신자, 배우자와 사별한 사람 중에서는 남성이 여성보다 우울증에 걸리기가 더 쉽다. 반면 여성은 결혼 기간에 남성보다 우울증에 더 걸리기 쉽다(Radloff, 1975). 문헌들은 남성보다 여성에게 더 스트레스를 주는 결혼 생활에 대해 언급해왔다(Bernard, 1971). 결혼한 여성들에게서 발견되는 우울증은 그들이 원하지만 때로는 얻을 수 없는 종류의 관계를 만들어가는 과정에서 그들이 경험한 좌절을 반영할 수 있다는 것을 제안하고 싶다. 12장에서 캐플런이 언급한 것처럼, 여성들의 우울증은 전적으로 심리적 공급에 대한 박탈 또는 상실로 간주될 수 없다. 여성들의 우울증은 적절한 관계적 맥락이 부족한 결과이다. 일부 여성은 상호적 공감과 권력강화를 위한 기회가 제한되어 있는 관계 안에 있을 때 끊임없는 상실감을 경험한다. 또한 여성들은 이타적이고 타인의 욕구에 주의를 기울이는 대가로 욕구를 부정해야만 하기 때문에 방향을 바꿔 내재된 분노를 ― 여성들 안에 있는 분노를 좀 더 개방적으로 표현하는 것을 우리 문화가 금지하는 정도를 고려하면서 ― 키우게 된다(밀러가 집필한 이 책의 10장).

이제 경계성 성격장애의 특징을 살펴보자. 이것은 모든 진단 범주 가운데 가장 경멸적인 명명을 불러일으키며, 또한 여성들에게 더 자주 진단되는 것이다. 『DSM-III』(American Psychiatric Association, 1980b: 322)에서 이 진단을 확인하기 위해 사용되는 주요 특성을 개괄해보면, 다시금 그것들은 정서적이고 관계적인 특성들을 포함하고 있다. "부적절한 격렬한 분노 혹은 분노에 대한 통제 부족, 현저한 기분 전환과 불안정하고 격렬한 대인 관계 패턴과 함께 나타나는 정서적 불안정." 냉정함, 정체성 혼란, 심리적으로 해를 입히는 행동 또한 언급되어 있다. 다시 말해, 이러한 명칭이 이 내담자들의 관계에 대한 욕구를 적절하게 인식하지 못하도록 한다고 생각한다. 이러한 내담자들에 대한 필자의 경험에서 그들은 타인이 자신에 대해 어떻게 반응하는지 매우 신경 쓰고 경계하고 있다는 것을 발견했다. 그러나 양육자와의 초기 관계에서 겪은 혼란 때문에 너무나 많은 분노가 일어나고, 분노가 타인들에 대한 더욱 정확한 인식을 방해하고, 사실상 그것이 그들을 상당히 비틀어 놓았다는 것을 발견했다. 그 대신 초기의 병리적인 관계 경험을 재확인하고 수정하려는 부적응적 시도를 하려는 반복적 충동이 보이는데, 이것은 상담 내내 계속 이어진다. 그러므로 내담자들은 연극성 성격장애에서 설명된 과정과 유사한 감정 고조를 이끌어내는, 계속 반복되어 나타나는 건강하지 못한 관계에 사로잡힌 것 같은 기분을 느낀다. 이는 자신이 무능해서 누구든 도움이 될 수 있다고 믿기 때문이다.

 "피학적 성격장애"에 대한 몇 가지 용어들은 더 이상 『DSM-III』에서 적법한 분류가 아니다. 「여성 마조히즘에 대한 신화The Myth of Women's Masochism」라는 논문에서, 폴라 카플란Paula Caplan(1984)은 마조히즘이 자기희생적이고 이타적인 여성적 행동에 쉽게 적용될 수 있다는 ─ 두 가지 태도 모두가 우리 사회에서 권장되고 가치 있게 여겨질 때 ─ 심각한 이슈들을 제기했다. 카플란은 무의식적인 마조히즘의 개념을 분석하고, 피학적이라고 낙인찍는 대신에 어떻게 여성들을 위한 덜 경멸적인 대안과 정확한 이해를 제공할 수 있는지 보여주었다. 카플란은 남성들의 동기에 대해서는 부차적이라고 여겨지는 것들이 여성들의 동기에 대해서는 일차적이고 병리적인 것들로 초점이 맞춰진다고 언급한다. 이 점을 설명하기 위해 그녀는 "프로 풋볼 선수들의 고통스럽고 위험한 직업"이라는 예를 사용한다. "그는 많은 시간을 추위, 진흙, 그리고 비에 잔인하게 공격당하는 데 소비한다. 그는 고통과 부상을 감수하며, 다른 사람들을 즐겁게 하는 육체적 힘과 의지에 대해 찬양과 박수를 받는 대가로 몸에 잦은 그리고 심각한 부상을 입는 것을 감수할 수 있다."

 행동에 관해 그것들이 내재하고 있는 의미로 해석하는 것을 상담 과정 안에서 돌봄의 개념과 역할을 이해하는 데 적용해보자. 앞서 "돌보기"와 "관심을 가지고 돌보는 것"의 차이에 대해 말했다. "돌보기"를 돌봄을 전달하는 데 더욱 객관적이고 냉정한 입장을 유지하게 하고 상담 관계에서 권력의 불균형에 기여하는 돌봄의 종류로서 언급했다. 필자가 제안하는 "관심을 가지고 돌보는 것"은 이런 종류의 권력 불균형에 묶여 있지 않은 더욱 평등한 것일 수 있으며, 또한 다른 사람의 행복에 정서적으로 투자한다는 것을 함의하고 있다. 우리의 여성 내담자들(아마도 약간의 남성 내담자들 또한)이 원하는 것은 관심을 갖고 돌봐주는 것이라고 생각한다. 그러나 특별한 방식으로, 즉 전통적인 상담 모델에 있는 일종의 거리 두기를 하지 않고 경청해주며 이해를 해주는 방식이기를 바란다고 생각한다. 필자가 경험한 가장 강력한 상담 회기는 내담자와의 관계 속에 매우 깊게 머물렀고 진실로 내담자가 바로 그때 있었던 곳에서 함께 머물렀다는 느낌이 든 회기들이었다. 4장에서 조던은 인지적이고 정서적인 요소들이 공감적인 만남에서 어떻게 조화를 이루는지 아름답게 보여주었다 — 그리고 상담자와 내담자 사이의 유연한 경계의 중요성을 분명히 했다. 이것이 누군가의 내담자에게 "관심을 갖고 신경을 써주는" 데 핵심 역할을 하는 공감의 개념이다.

우리 대부분이 — 남성과 여성 모두 — 내담자들과 "관심을 갖고 신경을 써주는" 방식으로, 즉 실재하는 사람으로서 우리의 현 존재를 관계에 참여하게 하는 진심 어린 방식으로 관계를 맺을 수 있다고 생각한다. 그리고 이것이 상담자의 개인적 정보들로 내담자에게 무거운 부담을 안기는 것을 뜻하는 것이 아니라는 것을 덧붙이고 싶다. 그러나 이것은 비교적 방어적이지 않은 태도와 남성들과 여성들이 사회화되는 과정에 있는 차이에 대한 인식을 필요로 한다.

가장 중요한 것은 상담에서 돌보는 스타일이 상담자의 성과 단순한 일대일 방식으로 연결되지 않는다는 것이다. 즉, 어떤 여성 상담자들은 이 분야에서 살아남고 성공하고 적응하려고 노력한 결과, 거리를 두는 것, 즉 "상담의 남성적 모델"과 과잉일치감을 가지고 있다. 반면, 진실 되고 공감적이며 비권위적인 방식으로 남성과 여성 내담자 모두에게 융통성 있고 반응을 잘하며 "돌보는" 남성 상담자들을 알고 있다. 우리는 모두, 말하자면 극도로 남성적인 냉정한 남성들보다는 이러한 남성들이 이 분야로 들어오기 쉽게 만드는 선택적 요소들을 알고 있다. 그러나 또한 언급하고 싶은 것은 종종 이러한 남성들이 남성 동료들로부터 비판을 받거나 평가절하당하지 않도록 이러한 스타일을 변명하거나 숨기는 경향이 있다는 것이다.

이 호기심을 불러일으키는 딜레마를 꼼꼼하게 보여주는 예를 자세히 보자. 한 여성 정신분석가는 그녀가 수련 기간의 마지막 1년 동안 여성 내담자와 종결했던 것에 관해 설명했다. 그 정신분석가는 그곳을 떠나 다른 도시로 이사를 갔다. 그녀는 이 내담자와 유대감을 느끼고 있었고 상담을 종결하는 것이 슬펐기 때문에 내담자가 어디로 가는지 그리고 연락할 수 있는지에 관해 물었을 때 내담자에게 말해주었고 그녀의 소식을 듣는다면 기쁠 것이라고 덧붙였다. 그녀가 이것을 남성 정신분석가인 슈퍼바이저에게 보고했을 때, 그는 그녀가 매우 유혹적이며 부적절하게 행동했고, 내담자에게 지나치게 관여하고 있다고 말했다. 그녀는 자신이 나쁘다고 느꼈고 그의 비판을 수용했다. 그녀는 또한 선임 남성 분석가와 함께한 자기 자신의 상담을 종결했다. 그녀가 보스턴을 방문할 때 그를 볼 수 있는지 어떤지를 물었을 때, 그는 "정말로 당신으로부터 소식을 들으면 매우 기쁠 것"이라고 말했다. 그녀는 자신이 옳았다고 느꼈고, "닫힌 문 뒤에서 무슨 일이 일어나는지! 이 모든 분석가는 비밀리에 인간처럼 행동하지만 아무도 그것을 알아서는 안 된다니!"라고 말했다. 필자 역시 좋은 돌봄을 제공하는 상담이 아무도 모르게 진행되고 있으며, 이제는 그것을 세상 밖으로 꺼내야 할 시간이라고 생각한다. 여성의 경험과 발달의 독특한 측면을 고려하는 상담 모델과 더욱 평등하게 내담자들을 돌보는 것이 가장 중요한 내용이 될 수 있도록 하는 상담 모델에 적법성과 가치를 부여해야 할 것이다.[1]

---

1   이 논문은 1985년 1월 스톤센터 콜로키움에서 발표한 것이다.

여성을 위한 여성 혹은 남성 상담자

새로운 이론

알렉산드라 캐플런

여성들은 여성 상담자만을 만나야만 하는가? 이 질문은 도발적이다. 여기에 긍정하는 대답은 많은 상담자들의 생계를 위협하고, 부정하는 대답은 상담자의 성별이 상담과 관계가 없다는 것을 암시한다. 이 질문은 "상담 과정에서 젠더가 미치는 영향"이라는 좀 더 학문적인 이슈 뒤에 숨어 있는 개인적이고 경제적인 두려움을 불러일으키는데, 그것이 잠재적으로는 상담자 대다수가(남성들) 내담자 대다수(여성들)를 상담할 자격이 없을지도 모른다는 것을 암시하기 때문이다.

이 이슈에 관한 발전된 논의를 위해, 이 논문에서 몇 가지를 강조하고자 한다. 첫째, 내담자의 의사 결정 과정이 아니라 상담자의 행동에 초점을 맞출 것이다. 어떤 이론도 개인적인 상황을 예측할 수 없다. 최종 선택은 추상적인 "여성"과 추상적인 "남성" 사이가 아니라, 두 명의 특정한 개인 사이의 합의에 달려 있다. 둘째, 상담자에게 초점을 맞추는 것은 이 질문이 여성 혹은 남성을 여성을 위한 최고의 상담자로 제안하는지 여부가 아니라, 어떤 상담 조건이 여성들의 정서적 성장을 가장 촉진할 수 있으며, 어떻게 이러한 조건들이 상담에서 만들어질 수 있는가이다. 이 유도적인 질문은 차례로 하위 질문 두 개를 포함한다. (1) 특히 여성들의 정서적 성장을 촉진하는 특별한 조건이 있는가? (2) 만일 그러한 조건이 있다면, 어떻게 상담자의 젠더가 그것에 영향을 미치는가? 이러한 질문에 답하기 위해 상담 연구와 정신분석에서 얻은 개념들을 여성들의 심리와 발달에 대한 연구로부터 얻은 개념과 통합하려 한다.

젠더가 상담에 미치는 영향

치료자의 성이 임상 작업에 영향을 미치는지 여부에 대한 질문의 답은 연관되면서도 구별되는 두 종류의 문헌들의 본문 — 상담 연구와 정신분석 — 에서 탐구할 수 있다.

상담 연구

최근 상담 연구는 내담자[1]와 상담자의 젠더가 미치는 영향에 꽤 많은 주의를 기울여왔다(Brodsky and Hare-Mustin, 1980). 상담 과정에 관한 연구로부터 끌어온 전반적인 결론은 강력하고 특별한 젠더의 영향력을 분명하고 반복적으로 증명할 수 있는 증거가 아직까지는 없다는 것이다(Mogul, 1982; Zeldow, 1978). 전형적으로 내담자와 (또는) 상담자의 성별은 상담 과정에 영향을 미치는 많은

---

[1] 이 논문에서는 "내담자client"와 "환자patient"를 같은 의미로 사용한다. 우리는 두 단어 모두에 만족하지 않는다. "환자"가 상담을 말하는 데 충분히 적절한 것 같지 않다는 점에서 그렇다. 반면 "내담자"는 공식적이고, 법률적인 관계를 시사한다. 상담을 찾는 사람에 대한 독립적인 단어가 없다는 것은 언급할 가치가 있다(혼란을 피하기 위해 "client"와 "patient"를 모두 내담자로 번역했다 — 옮긴이).

요인들 중 하나일 뿐이라는 언급이 이것을 설명한다. 결과적으로 다중의 요인들을 포함하기 위해서는 연구 방법이 개선되어야만 한다는 주장이 제기되어왔다. 답은 갈수록 복잡해지는 다변량분석에서 발견된다. 그러나 상담을 그 구성 요소의 변인들로 환원하는 것은 아무리 조심스럽게 조작하고 분석한다 하더라도, 젠더가 가장 지대한 영향을 미칠 수 있는 내적 경험과 대인 관계 경험의 섬세한 영역을 포착할 수 없다. 다른 말로 하면, 상담에서 젠더가 미치는 영향력을 반복적으로 검증할 수 없다는 것은 잠재적으로 인식할 수 있는 영향력이 실재로 없어서라기보다는 연구 방법 때문일 것이다. 더 강하게 말하면, 상담 과정에서 상호작용하는 요소들에 주되게 관심을 기울이는 것이 상담에서 젠더가 미치는 영향력을 알아보는 데 더욱 결실을 맺을 수 있는 방법 — 비록 더 어렵기는 하지만 — 일 것이다.

정신분석

상담에서 젠더가 미치는 영향력에 관한 질문과 관계가 있는 문헌의 두 번째 주요 부분은 정신분석 문헌이다. 프로이트가 상담자의 성이 정신분석 관계에 영향을 미칠 것이라는 제안을 했는데도 정신분석가들은 이 가능성에 대한 자세한 의미를 거의 탐구하지 않았다(Freud, 1931). 해석 중심의 훈련이 정신분석의 일반적인 특징으로 여겨지면서 이러한 무시를 낳았다. 유아기적 갈등을 인식하는 것이 상담 시간의 정서적 상호작용에 대해 분석하는 것보다 우선순위를 차지했다. 그러나 이 패턴은 지난 수십 년간 변화를 겪어왔다. 랭R. Langs(1973), 질M. M. Gill(1979), 스톤L. Stone(1981)이 쓴 최근의 저작들은 간단명료하게 "지금 여기에"라고 부를 수 있는 것이 정신분석가들에게 결정적으로 중요하다는 것을 강조한다. 스톤이 관찰한 바에 따르면, 분석은 어느 정도는 "내담자와 상담자 사이의 실제 성인 관계"이다. 그 관계에서 상담자는, 내담자가 그런 것처럼 진화하는 전이에 영향을 미치는 데 뚜렷한 역할을 한다.

일부 정신분석가들(Blum, 1971; Alexander, 1950)은 "지금 여기에" 상황의 두드러진 관계적 특징들의 하나로 상담자의 성을 인정한다. 그러나 "어머니 전이"와 "아버지 전이"에 대한 언급을 간과하는 것을 넘어 젠더와 연관된 이슈가 미치는 결과를 탐구해온 정신분석가들은 거의 없었다. 이는 사회과학 연구 문헌들이 인간의 상호작용 구조에서 젠더가 "지배적인 변인"(Gore, 1977)이라는 결과를 주기적으로 보고하는 것과 모순된다.

남성과 여성의 차이

수많은 연구 분야에서 여성과 남성이 심리적으로 "분리된 세계"에서 살아가는 주요하고 의미 있는 방법이 있다는 입장을 점점 더 지지하고 있다. 남성과 여성은 도덕적 논리를 구조화시키는 다른 가치를 가지고 있다(Gilligan, 1982). 남성과 여성은 언어적(Thorne, 1975)・비언어적(Henley, 1977)인 두 종류의 의사소통에서 매우 다르다. 남성과 여성은 성공과 성취에 대한 다른 정의와 경험을 가지고 있다(Horner, 1972). 남성과 여성은 가정과 유급 노동력에서 근본적으로 다른 경험을 한다(Bernard, 1972). 여성과 남성은 친밀감과 섹슈얼리티에 대한 표현이 다르다(Safilios-Rothschild, 1976). 마지막으로, 여성과 남성은 심리적 발달에서 근본적으로 다른 발달 경로를 가지고 있다(Chodorow, 1978; Miller, 1976; Gilligan, 1982; 서리가 집필한 이 책의 2장).

경험과 표현의 범위 전역에서 두 가지 공통적인 주제가 젠더의 차이를 규정한다. (1) **지위**가 문제가 될 때, ─ 예를 들면 언어적 의사소통과 비언어적 의사소통에서, 가정과 노동력 역할에서 ─ 남성들의 반응은 지배의 위치를 반영하고 전달하는 반면 여성들의 반응은 종속의 위치를 반영하고 전달한다. 밀러(1976)는 이러한 두 가지 위치와 심리적 결과 사이의 차이를 조명해왔다. (2) **자아감**의 핵심 측면에 의해 직접적 혹은 간접적으로 결정되는 연구 영역(도덕적 논리, 가정과 노동력에서의 역할, 자아 발달)에서 여성들의 반응은 전형적으로 관계적 존재로서 자아를 설명하는 반면, 남성들의 반응은 전형적으로 자율적이고 분리된 자아감을 반영한다(Gilligan, 1982; Miller, 1976).

상담에서의 영향

지위와 자아감에서의 차이가 중요한 영향을 미치는 경험의 범위를 감안하면, 똑같은 차이가 상담 관계에 영향을 미친다고 예상할 수 있다(Kaplan, 1979). 지위와 자아감 양쪽 이슈 모두 매우 중요하다. 내담자와 상담자가 가지고 있는 상대적인 권력과 권위에서 지위의 문제가 불거진다. 차별적 지위에 대해 적절하게 인식하는 것은 실행 가능하고 신뢰할 수 있는 상담 관계의 핵심이다. "자아 특성"은 상담 작업의 중요한 부분이다. 상담자의 자아 구조와 상담자가 가지고 있는 건강한 자아에 대한 개념은 내담자와 있을 때 드러나는 상담자의 모습과 상담 작업의 기본 방향을 형성한다.

가장 일반적인 의미에서 여성들과 함께 작업하는 여성 상담자들은 종속적 지위에 있는 존재로서 겪는 내면화된 경험뿐만 아니라 관계적 존재로서의 핵심 자아감(더 나아가, 그들의 내담자의 자아감)을 자신들의 역할로 가져온다. 반면, 남성 상담자들은 지배적 지위에 있는 존재로서 겪는 외현화된 경험뿐만 아니라 분리되고 자율적인 존재로서의 핵심 자아감(그들과 그들의 내담자를 위한)을 자신들의 역할에 가져온다. 물론 각각 성의 구성원들이 이러한 태도를 가지고 있고 반영하는 정도에는 광범위한 다양성이 있다. 또한 각 성의 구성원이 상담과 임상 훈련을 통해 개인적 위치를 변형하는 정도에도 광범위한 다양성이 있다.

예를 들어, 어떤 여성 상담자는 특히 현재, 즉 임상 작업 안에서 상호작용하는 생각에 대해 인식하고 내담자가 겪고 있는 정서적 경험을 더 잘 수용할 수도 있다. 그녀는 내담자를 더 깊게 이해하기 위해 특히 자신을 공감 도구로서 잘 사용할 수도 있다. 그녀는 독단적이고 변덕스러운 결정을 하는 것에 대해 진지하게 고려하면서 자신이 가진 권위의 경계를 넘는 것에 대한 위험에 특히 민감할 수 있고, 내담자를 위한 결정이 의미하는 바를 점검하거나 결정이 최선이었는가에 대해 의문을 품을 수 있다.

어떤 남성 상담자는 정서적 연결을 덜 맺고 내담자의 말에 질문하거나 해석하는 데 더 주력할 수도 있다. 정서는 진행 중인 치료 관계 안에서 상호적 탐색의 과정보다는 전이를 암시한다는 측면에서 더 다뤄질 것이다. 그는 아마도 상담자 역할이 가지고 있는 지배적인 측면에 편안함을 느끼고, 경계를 넘는 것에 대해 덜 걱정할 것이고, 내담자의 반응에 기반을 둔 의사 결정 과정에 무게를 덜 둘 것이다.

필자는 여성과 남성의 성격 발달에 관한 우리의 지식으로 만들어진 가설의 예로써 이러한 이론을 제안하는 것이다. 이것의 타당성을 평가하기 위한 주의 깊은 연구가 필요하다. 일반적으로 성격 유형에 젠더의 차이가 있다는 증거들이 매우 많이 있다. 그러나 이것들이 상담을 하는 동안에 언제, 어떻게 끼어드는지 여부에 대해서는 상세하게 설명되어야 하는 부분으로 남아 있다. 명백하게 우리는 모든 증거가 제출될 때까지 상담을 잠시 미뤄둘 여유가 없다. 무엇보다 우리의 임상 작업의 대부분은 아직 검증 중인 이론에 기초한다. 만일 남성과 여성 상담자들이 일반적으로 이러한 차이가 있는 방식을 임상 작업에 가져온다면, 여성 내담자들과 함께하는 작업에 쉽게 영향을 미치는 것들을 고려할 수 있다. 상담 결과에 관한 문헌들이 이러한 질문을 규명한다.

상담자의 젠더와 상담 성공률

상담 연구의 다른 영역들처럼 젠더가 결과에 영향을 미치는가에 관한 연구는 모순된 결과, 용어를 조작적으로 정의하는 것에 관한 폭넓은 다양성(가장 중요하게는 "성공"에 대한) 그리고 결과의 유사한 패턴에 기초한 다른 결론들을 생산해왔다. 결정적 진술을 만들 수는 없지만 일정 정도의 일반적 경향이 나타나기 시작하고 있다. 모굴K. M. Mogul은 최근에 상담자의 젠더와 내담자의 만족 혹은 이익에 대한 결과를 요약했다(Mogul, 1982). "특정 환경에서는 여성 상담자와 함께하는 상담에서 내담자가 더 큰 만족과 이익을 얻는다는 것에 대해 일부 논증할 수 있는 경향이 나타나고 있다. 남성 상담자들과 함께하는 상담에서는 이러한 경향을 보인다는 연구가 없다." 이러한 상황은 모든 남성 상담자와 모든 여성 상담자에게 똑같이 적용되지 않는다. 특히, 젠더의 영향은 숙련되지 않은 상담자들보다 숙련된 상담자들에게서 덜 명백하게 나타난다(Orlinsky and Howard, 1979; Kirshner, Genak and Houser, 1978). 여성 외래 내담자에 대한 연구로부터 하워드와 올린스키(Orlinsky and Howard, 1979)가 제시한 자료가 유익하다. 임상 관찰자 두 명이 면접 자료를 보고 독립적으로 내린 평가, 상담자의 상담 기록과 종결보고서에 기초해서, 저자들은 각각의 상담자들을 3점 연속 척도에 등급을 매겼다. (1) 내담자 중 최소한 50%가 상당히 개선되었고, 나머지는 상담 전보다 개선되거나 나빠지지는 않았다. (2) 내담자의 최소한 33%가 상당히 개선되었고, 10% 미만의 내담자들은 더 나빠졌다. (3) 50% 이하의 내담자가 개선되었고, 10% 이상은 더 나빠졌다. 이러한 차이를 사용할 때 상담자의 "질적 평가"에서 적절하게 숙련(2~6년)된 여성 상담자들과 매우 숙련된(7년 이상) 여성 상담자들 사이에 차이는 없었다. 각 집단 모두 매우 숙련된 남성 상담자와 마찬가지로 똑같았다. 이 세 집단은 4%는 더 나빠지고, 41%는 상당히 개선되고, 나머지는 개선되었다는 비율을 보였다. 이 세 집단 ― 적절하게 숙련된 여성 상담자들, 매우 숙련된 여성 상담자들, 매우 숙련된 남성 상담자들 ― 과 대조적으로 적절하게 숙련된 남성 상담자들의 경우 더 악화되고 변화가 없는 내담자가 다른 집단의 최소 두 배의 비율을 보였고, 상당히 개선된 내담자의 경우에는 다른 집단의 절반의 비율을 보였다.

하워드와 올린스키는 "우리가 남겨둔 가장 시급한 질문은 매우 숙련될 때까지 남성 상담자들은 누구를 상담해야 하는가?"라는 것이라고 언급하면서 논문을 끝맺었다. 심사숙고해서 그들의 질문을 다르게 제시해보려 한다. "적절하게 숙련된 여성 상담자들에게만 적합할 것 같은 경험을 통해 남성 상담자들이 얻는 것은 무엇인가?" 여기서 우리는, 예를 들면 버긴과 램버트(Bergin and Lambert, 1978), 덴트(Dent, 1978), 거먼(Gurman, 1977), 하워드와 올린스키(Orlinsky and Howard, 1978), 스트룹H. H. Strupp, 폭스R. E. Fox, 그리고 레슬러K. Lessler(1969)가 작성한 상담 결과에 관한 일반적인 개괄로 돌아가 볼 필요가 있다. 이러한 개괄적 설명들은 하워드와 올린스키가 간결하게 언급한 것처럼 "참여자들의 상호적인 대인 관계 행동에서 예증되는 것처럼 관계 결속의 긍정적 질은 상담자에 의해 사용되는 어떤 특별한 상담 기술보다 내담자의 개선과 더욱 분명한 관계가 있다"라고 결론을 내리고 있다. 특히 관계적 변인들이 결과를 강력하게 예측한다는 일관된 증거가 있다(Dent, 1978; Feifel and Eells, 1963; Gardner, 1964; Sloane et al., 1975; Strupp et al., 1964). 관계 결속의 중심 역할은 정신분석과 행동주의 심리치료 연구 양쪽 모두에서 발견할 수 있으며(Staples et al., 1976; Ryan and Gizynski, 1971), 자료의 출처가 내담자의 서술, 상담자 보고 또는 상담에 참여하지 않은 관찰자에 의한 평가인지 여부에 상관없이 지속적이다.

여성의 심리 발달과 여성 내담자

이제 우리는 중요한 관계 결속에 대해 고찰해보려고 한다. 왜냐하면 관계 결속은 여성 상담자들과 남성 상담자들의 작업 안에 다르게 놓인 두 가지 방식과 상호작용하기 때문이다. 남성 상담자들이 경험을 통해 얻을 수 있는 것과 여성 상담자들이 작업에서 활용할 수 있다고 여기는 것은 상담에서 촉진적 관계를 증진하는 방식으로 작업할 수 있는 더 큰 능력이다. 불행하게도 극소수의 상담자들만이 관계 결속에 의해 영향을 받는 상담자와 내담자 사이의 상호관계의 질을 탐색해왔다. 한 가지 핵심 요소는 확실히 상담자의 공감이다(조던, 서리, 캐플런이 집필한 이 책의 2장). **공감**이라는 용어는 경험을 인지적으로 구성할 수 있는 충분한 자아감을 유지하면서 타인의 정서적 삶을 받아들이고 인식할 수 있는 능력을 시사한다. 이것은 복잡하고 다양한 측면을 가진 경험이다. 이 경험은 적어도 정서적 표현의 뉘앙스를 이해하고, 그 의미를 이해하기 위해 그것을 표현하는 사람의 말을 경청하고, 그녀 또는 그의 경험을 확인하고 풍부하게 할 수 있는 방법으로 그 사람에게 재반영해줄 수 있는 능력을 요구한다.

공감 능력의 발달 또는 관계의 경계에서 겪는 경험을 위한 더 일반적인 능력에 관한 우리의 지식을 위해 발달 이론으로 되돌아간다면 우리를 도와줄 수 있는 것은 없다. 사실 현존하는 모든 "전통적" 발달 이론은 과정으로서 성장과 성숙을 설명하는데, 이 과정을 통해 타인으로부터의 구별과 독립 수준이 높아지면서 자아감은 다른 부분과 깊이 관련을 맺는다. 내가 아닌 것과 비교함으로써 내가 누구인가를 배우고, 자율적으로 기능할 수 있는 정도에 따라 자신감이 늘어난다. 사랑과 친밀감을 위한 능력은 특정한 단계에서 강조되지만, 어떻게 이러한 능력을 발달시키는지 또는 어떻게 관계적 존재가 되는지를 제시하고 있는 이론은 거의 없다.

상담에서 관계 결속을 형성하는 여성의 더 큰 능력의 근원을 이해하기 위해서는, 여성의 경험에서 파생된 발달에 관한 최근 최초의 공식화에 의지할 필요가 있다. 저자들은 — 예를 들면, 밀러(1976), 길리건(Gilligan, 1982) 그리고 조던, 서리와 캐플런(이 책의 2장) — "전통적" 이론들과 대조적으로 여성의 자아 발달과 자아에 대한 명확한 표현은 관계의 그물망을 통해 집중적으로 발달한다고 주장한다. 생의 초기에 딸과 어머니는 서로 긍정적으로 확인하는 방식으로 각자가 상대의 감정과 경험에 반응하는 것에 의해 서로 일체감을 경험하는 과정을 겪는다. 이 과정은 **발달 경로로서** — "분리"라는 목표를 향한 수단으로서가 아니라 — 상호작용의 과정과 특성을 인식하고 유대에 집중하도록 자극한다. 나이가 들어가면서 소녀들은 타인의 정서적 상태에 대한 민감성과 관계 결속을 유지하는 자아 발달이 갖는 가치에 대한 민감성을 지속적으로 획득한다. 이러한 특성들은 타인에 의해 타당하다고 입증되고 지지를 받는다. 그리고 여성들의 자아상과 자아감의 토대가 된다. 그러므로 여성의 핵심 자아는 "관계-속-자아"로 가장 잘 설명할 수 있다(서리가 집필한 이 책의 2장). 이것은 관계와 그것의 내면화된 의미에 의해 그리고 그것을 통해 성장과 발달이 촉진되고 강화되는 자아이다. 학습은 상호적 활동, 관계적 맥락 속에서의 학습, 협력적이고 공동으로 작업하는 방식에 의해 강화된다.

자아가 발달함에 따라 관계 형식의 복잡함과 정교함 또한 발달한다. 자율성이 늘어나기보다는 타인으로부터 **분화되고, 동시에** 자기 자신의 발달을 강화하는 방식으로 타인들과 **더욱 유대를 맺는다.** 유사한 방식으로, **타인의 성장을 촉진하는** 능력이 자신의 자아 발달의 타당한 부분이 된다. 성장함에 따라 관계 형식의 다양성과 뉘앙스가 증가한다. 유년기부터의 관계들이 유지되고 강화되는 동안 다른 관계들 또한 형성되고 발달한다. "관계 목록"은 관계 안에서 존재하는 새로운 방법들이 진화하면서 복잡하고 다양해진다.

임상 훈련을 위한 함의

이러한 구조 안에서, 상담은 좀 더 일반적인 관계-속-자아의 패턴에 대한 특별한 경험이 된다. 여성들을 위한 이 발달 이론이 타당하다면, 여성 내담자는 **관계 안에서** 자아를 경험함으로써 성장을 위한 가장 커다란 자아 인식과 자극을 얻을 것이다. 이것은 상담자가 여성 내담자가 말하는 것을 진심으로 듣고 적절하게 반응함으로써 여성 내담자의 경험을 타당화할 수 있다는 진실한 의미를 담고 있다. 역동적으로 "옳은" 상담자의 설명과 해석도 상담자와 내담자의 경험 사이에 장벽을 만든다면, 거리가 느껴질 수 있으며 심지어 해로울 수도 있다.

우리는 상담자 안에 있는 어떤 특성들이 공감적 경청을 촉진할 수 있는지 모른다. 내담자와 확실하게 진실한 관계를 맺을 수 있는 방식으로 말이다. 그러나 몇 가지 차원은 결정적이다. 모든 상담자가 은연중에 또는 명백하게 자아 특성에 관한 이론을 바탕으로 작업한다고 가정해볼 때, 그 이론이 여성들의 관계적 자아에 관한 설명과 가까울수록, 상담자들은 내담자의 경험이 갖는 두드러지는 특징들을 더 잘 발견할 수 있을 것이다.

이론이 여성들의 경험이 부당하다고 입증하는 정도에 따라 내담자에게 무용하거나 해를 입히는 상담을 할 수 있다. 가장 중요한 것은, 상담자 자신(남성이건 여성이건)이 여성의 삶의 특성을 더 혹은 덜 "수용" — 여성이 매일 겪는 경험의 특성과 이와 연관된 정서 양쪽 모두를 "수용"하는 것 — 할 수 있다는 것이다. 이것은 내담자가 표현하는 것이 무엇이든 간에 부정하거나 부당하다고 입증하고 싶은 욕구로부터 방해를 거의 받지 않으면서 타인의 상태를 수용할 수 있는 능력을 요구한다. 이 현상은 일반적인 역전이 개념 혹은 상담자의 갈등이나 감정에 기반하여 내담자에게 반응하는 것보다 더 광범위한 것이다. 남성과 여성, 그들이 세상을 보는 기본 방식, 적절하고 의미 있는 방식으로 존재하는 것에 관한 기본적 이해에 대해 상담자가 가지고 있는 기본 가정과 예상에 관한 더 큰 개념을 말하는 것이다.

상담자의 이론·태도·믿음이 여성들의 경험을 정당화하는 정도를 판단할 때 우리는 여성 상담자와 남성 상담자 사이에 절대적인 구별을 할 수 없다. 그러나 몇몇 관찰은 언급할 만한 가치가 있다. 여성 심리에 관한 최근 문헌의 대다수는 여성들이 쓰고 읽는다. 그리고 남성들보다 더 많은 여성들이 여성 심리와 관계있는 전문적인 설명을 제출하고 있다. 그러므로 남성보다 여성이 여성 경험에 대한 중요하고도 새로운 이해가 제공하는 상담을 수행할 가능성이 높다. 더 나아가 남성들은 자신의 삶을 직접적으로 참조하여 여성 내담자들의 경험이 갖는 타당성을 확증할 가능성이 여성들보다 적다. 그리고 여성 내담자들은 남성 상담자의 경험에 도전하거나, 맞지 않는 감정이나 사건들을 보고할 가능성이 있다. 이것은 남성 상담자가 상담적 개입의 기초로서 자신의 정서적 삶을 활용하는 것을 어렵게 만들 것이다. 일정 수준에서, 남성 상담자는 친숙하지 않은 정서나 경험을 이끌어내기 위해 노력하면서 경계심과 궁금증을 가지고 ㅡ 그러나 내담자의 상태에 직접적으로 연결되지는 못한 채 ㅡ 이러한 정서나 경험에 접근할 수 있다. 최악의 상황은 남성 상담자가 자기 경험의 관점에서 내담자의 반응을 판단하고, 있을 수 있는 (그러나 다른) 반응을 병리적인 것으로 해석하는 것이다. 상담자의 반응은 내담자가 언급한 것에 대해 내담자의 정서적 경험에 공감적 유대를 형성하기보다는 전통적 혹은 전이적인 암시를 탐색하는 것이 될 수도 있다.

그러므로 남성들은 여성 내담자들과 함께 작업할 준비를 하는 데 있어 추가적인 작업들을 해야 할 것이다. 올린스키와 하워드(Orlinsky and Howard, 1978)가 보고한 결과는 이러한 추측을 지지한다. 이들이 여성 내담자 118명의 상담 경험을 살펴본 연구에서 남성 상담자를 만난 내담자들은 여성 상담자를 만난 내담자들보다 성적으로 자극하는 정서, 분노, 억압, 우울을 더 많이 보고했다. 상담 이후, 남성 상담자와 함께한 여성들은 여성 상담자와 함께한 여성들보다 자기 자신을 덜 침착하고, 덜 개방적이고, 더 비판적으로 보게 되었다. 남성 상담자들의 내담자들은 ㅡ 여성 상담자들의 내담자들이 상담자에 대해 설명한 것보다 ㅡ 상담자가 더 요구가 많고, 덜 격려하며, 덜 너그럽다고 설명했다.

훈련자의 경험

불행하게도 이러한 이슈들은 어떠한 주요 임상 훈련 프로그램에서도 정규적으로 다루어지지 않는다. 표준적인 훈련 교과과정은 내담자의 경험을 공감적으로 이해하고 이에 마음을 여는 능력을 계발하는 것에는 주의를 훨씬 적게 기울이면서도, 정신역동적 사례 개념화와 개입 기술과 같은 인지적 요소를 강조하는 경향이 있다. 물론 좀 더 개념적인 요소들은 교육에서 필요하고 중요하다. 그러나 내담자에게 진심으로 마음을 열고 소통하는 것을 최대한 촉진하여 내담자와 함께하는 방식으로 이러한 이론들을 변환시키려는 지점에서 훈련은 멈추는 것 같다. 초기 훈련 경험에서는 다른 사람의 감정적 경험을 정확히 받아들이는 능력보다는 얼마나 알고 있는가에 의해 훈련자를 평가하는 경우가 많았다. 심지어 경청 능력은 종종 특정한 기법들 — 예를 들면 눈 맞춤 유지하기, 재반영, "경청 기술"을 향상시키기 — 로 전락하기도 한다.

이러한 상황은 진행되고 있는 상담적 상호작용에 대해 가장 철저하게 탐색하는 과정인 슈퍼비전을 통해서만 부분적으로 교정된다. 일반적으로 슈퍼비전 또한 상담시간 동안 접촉의 즉시성보다는 인지적 공식들에 집중하는 경향이 있다. 전반적인 슈퍼비전 시간은 듣고 반응하는 상담적 과정에 대한 탐색 없이 내담자의 역사를 해설하고, 주요한 정신 내적 역동을 확인하고 진단 공식을 발전시키는 데에 쓰인다. 다시 말하지만 실제 상담 작업이 발전하는 것과는 별개로, 진단과 역동은 체계로서 분명 중요하다. 그러나 그것들은 시작점이지 전체 과정이 아니다. 더욱 중요한 것은 인지 공식에 대한 강조가 내담자를 대하는 상담자의 능력을 방해할 수 있다는 것이다. 내담자가 말하는 것을 "개념화"하는 데에 집중하는 상담자는 내담자와의 접촉으로부터, 내담자의 경험이 갖고 있는 뉘앙스에 대한 감수성으로부터, 그리고 정서적 유대로부터 관심을 돌리고 있는 것이다.

슈퍼비전에서 관계적 이슈들이 논의되는 범위를 보면, 관계적 이슈들은 너무나 자주 잠재적으로 부정적 영향을 미친다는 관점에서 평가된다. 즉, 어떻게 하면 상담자가 관계를 잘 맺을 수 있는가보다는 어떻게 하면 상담자가 관계를 잘 맺지 못하게 되는가에 대해 훨씬 많은 것이 알려져 있다. 예를 들면, "과도한 개입"의 "문제들", "의존성 강화" 그리고 "조종당함" 등이 있다. 이 모든 것은 상담에서 일어날 수 있고, 일어나고 있으며, 이에 대한 주의와 교정이 필요하다. 그러나 더 도움이 되는 관계 형태를 알지 못하면 이러한 경향은 더욱 정확한 공감보다는 더 거리를 두는 것으로 보완될 것이다. "부족한 개입", "단절 강화" 또는 "내담자의 요구에 응답하지 않음"에 대해 일반적으로 쓰이는 용어가 없다는 것은 주목할 만한 일이다.

상담에서의 관계적 이슈들

임상 사례들을 통해 여성과의 상담에서 관계-속-자아 이론을 적용하는 것을 자세하게 설명할 수 있다. 이 사례들은 관계적 공식과 일맥상통하는 이론, 대인 관계의 개방성이 어떻게 여성과의 상담을 촉진시킬 수 있는지 그리고 역으로 관계 지향적인 이론과 태도들이 어떻게 상담 작업을 방해할 수 있는지 보여주기 위해 선택한 것이다. 각각은 관계적 틀을 사용하는 것 — 혹은 부족한 것 — 이 상담 과정에 어떻게 영향을 미치는지 설명한다.

내담자에게 믿음을 주는 방식으로 소통하기

스톤이 썼듯이, "나는 아직 '자신의 현실'이 정당하게 인정받지 못했다고 느낀 내담자가 신경증적인 또는 전이를 유발시키는 태도나 행동의 중요성을 진심으로 받아들이는 것을 본 적이 없다(Stone, 1981)". 이것은 내담자의 경험에 대해 말하고 타당화할 수 있는 상담자의 능력 — 정신 건강에 대한 그녀의 혹은 그의 이론적 경향과 가정이 가진 덕목에 의한 — 이 중요하다는 것을 언급하는 또 다른 간단한 방법이다. 여성 내담자와 여성 상담자 양자 관계의 상담에서 부수적인 잠재적 갈등이 일으키는 반향과 결합한 여성의 관계적 발달 경로에 대한 지식은 "신뢰성"으로 향하는 하나의 경로를 제공할 수 있다.

도시에서 자란 중상위 계층 출신으로 박사학위를 취득한 한 여성 상담자가 큰 회사에서 사무원으로 일하는 가난한 시골 출신 여성을 상담하고 있었다. 내담자는 몇몇 상사들의 상습적인 성적·신체적 도발의 대상이었고, 내담자는 여기에 불안과 자기비난, 회피로 대응할 수밖에 없었다. 상담자는 직업 경력에서 공공연한 괴롭힘을 당해본 적은 없었지만, 비슷하게 자신의 능력에 의심을 품게 만드는 차별의 미묘한 사례들을 겪었다. 그 상담자는 자기회의 반응은 "예상할 수 있는 것이다"라는 이론을 근거로 작업했고, 그들이 공유하는 내적 반응에 기반해서 내담자에게 반응할 수 있었다. 두 여성은 각자 강렬한 불안이 분노의 발생이나 표현을 약화시키는 것을 알았고, 그녀들이 마주한 문제가 자신의 책임이라는 기본적인 느낌을 경험했다. 상담자의 관점에서, 작업 동맹을 공고히 하고 긍정적인 변화를 향해 이동하게 한 핵심 요인은 바로 그들이 공유하고 있는 경험에 기반해서 내담자의 반응을 인식하고 타당화했다는 것이다.

내담자보다 내담자의 삶에 있는 누군가와 더 동일시하는 것

여성들과의 상담에서 발생하는 많은 문제는 남성들 — 친구, 연인, 동료, 상사, 부하 직원, 그리고 종종 상담자들 — 과의 관계와 관련되어 있다. 래커H. Racker(1968)는 상담자들이 내담자에 동일시하지 않고, 한 명 또는 그 이상의 내담자의 "내면의 대상"에 동일시할 위험이 있다는 것에 주의를 기울여야만 한다고 제안했다. 이것은 상담자가 내담자의 삶에서의 현재 혹은 과거의 "내적 대상"뿐만 아니라 "외적 대상"과도 동일시할 수 있는 위험을 포함하는 것으로 확장될 수 있다. 만일 상담자가 내담자보다 내담자의 삶에 있는 다른 사람들과 더 많은 공통점을 가지고 있다면, 이것이 일어날 가능성이 높아진다. 이러한 상황이 자신보다 나이가 더 많은 남성 상담자를 찾아온 20대 중반의 여성 내담자에게 일어났다. 그 내담자는 갈수록 헌신적이라고 느낀 남성과 최근에 관계를 맺게 되었다. 그녀가 주요한 장애물의 하나라고 여기는, 그가 그녀를 "정중하게" 대우하려는 경향 — 문을 열어주고, 짐을 날라주고, 그녀를 위해 코트를 들어주는 것 — 을 어떻게 다루어야 할지를 가지고 씨름하고 있었다. 그녀는 그 관계를 깨거나 그에게 상처를 주고 싶지 않았지만, 이러한 행동이 여성들의 종속을 낳는다고 강하게 느끼고 있었으며, 그래서 상징적으로 옳지 않다고 느꼈다. 그녀는 경험을 분명히 보여주는 내용을 보고하는 회기에 다다랐다. 그녀와 남자 친구는 식료품을 사러갔는데 쇼핑을 끝냈을 때 그가 무심코 그녀가 들고 있던 식료품이 담긴 쇼핑백(무겁지 않은)을 가져갔다. 갑자기 그녀는 마치 그녀의 팔이 물리적으로 축 늘어지고 힘을 뺏기는 것과 같은 강렬하고 침습적인 위축감을 느꼈다. 그 감각은 빠르게 사라졌지만 깊은 영향을 남겼다. "처음에는 마음속으로는 느낄 수는 있었지만 머리로는 이해할 수 없었죠. '개인적인 것은 정치적인 것이다'라는 것을." 그녀는 다소 불안하기는 했지만 커다란 자부심을 느끼며 상담자에게 보고했다. "이제 이것을 남자 친구와 논의해야만 한다는 것을 알았어요. 만일 그가 나를 서서히 약하게 만들려고 하는 것이 아니라면, 그는 최소한 이것을 이야기하는 데 있어 열려 있을 거예요." 그러자 상담자가 "당신이 반응할 수 있는 다른 방법이 있다고 생각합니까?"라고 물었다. 따로 떼어서 생각해 보면, 이것은 상담에 방해가 되는 적대적이거나 방어적인 반응이 아니다. 그리고 많은 조건하에서 유용한 탐험으로 이끌 수 있다. 그러나 내담자의 경험에 따르면, 그럴 때가 아니었다. 그 내담자는 자신의 행동이 낳는 **결과**를 걱정하는 것(그가 하는 것이 마음에 들지 않는다는 것을 입 밖에 내면 그에게 상처를 주지 않을까?)으로부터 **자신의 내면 반응**을 명백히 하는 것이 — 심지어 때로 그것이 관계를 위협할지라도 — 매우 중요하다는 것을 강조하는 쪽으로 자신의 생각에서 변화가 일어나고 있음을 주로 전달하고 있었다. 관계적 틀 안에서 이것은 주의와 탐색을 요하는 중요한 깨달음의 순간이다. 반면 그 상담자의 언급은 그녀의 자아 경험 또는 "관계-속-자아"에 직접 주의를 기울이지 않았고, 오히려 그녀의 행동에 대한 외부적인 표현에 직접 주의를 기울였다. 그 내담자는 이 변화를 인식하게 되었고 상담자에게 그녀의 일련의 행동보다는 자신의 반응을 논의하는 것이 더 주요한 것이라고 느끼고 있다는 것을 납득시키려고 노력했다. 그리고 그녀는 상담자의 견해가 자신의 느낌에 정당성을 부여하는 것에 방해가 된다는 것을 경험했다. 그 상담자는 결코 그녀의 경험을 깎아내리려는 **의도**가 아니었다고 반박했다. 그리고 회기는 상담자가 말하려고 의도한 것과 내담자가 듣고 반응한 것에 관한 두 사람 사이의 불일치가 유지된 채로 끝까지 계속되었다.

내담자의 갈등을 상담자의 자아존중감을 위협하는 것으로 경험하는 것

상담자는 내담자가 다른 사람들을 향한 분노와 비난을 표현할 때, 종종 방어적으로 반응하고 그것이 상담자 자신을 향한 비난을 암시한다고 경험한다. 이러한 상황에서 내담자의 말과 몸짓 뒤에 있는 "의미"에 대한 상담자의 민감성은 내담자에게 중요한 것보다 부합하는 것 또는 위협하지 않는 것에 더 영향을 받을 수 있다. 최근의 정신분석 컨퍼런스에서 발표 하나가 "현장 슈퍼비전"으로 구성되었다(Rubinstein, 1979). 지원자는 정신분석 슈퍼비전 이슈를 설명하고 논의하기 위해 청중들 앞에서 슈퍼바이저에게 분석 시간의 내용을 발표했다. 그리고 슈퍼바이저는 실제 슈퍼비전에서 하는 것처럼 반응했다. 지원자와 슈퍼바이저는 남성이었고 의장, 토론 참석자의 비서, 그리고 토론자도 남성이었다. 내담자는 여성이었다. 토론에서 이루어지는 회기는 내담자가 다른 사람과의 갈등을 다루는 것으로 향했다. 첫째로 내담자는 꿈을 보고했고, 내담자가 아닌 청중들은 그 꿈에 숨어 있는 내용이 분석가를 향한 비난의 감정이라고 확신했다. 다음으로 내담자는 그녀가 얼마나 불평을 싫어하는지의 맥락 속에서 불평은 그녀를 "추하고", "마녀처럼" 느껴지게 만든다고 계속해서 보고했다. 상담자는 넌지시 그를 비난한 것에 반응하지도 않았고, 내담자의 불편함을 인정하지도 않았다. 그 대신 그녀의 반응에 맞섰다. "불평하는 게 뭐가 문제죠?", "왜 당신을 추하다고 느껴야 합니까?" 환자가 대답했다. "'불평하는 게 뭐가 문제냐?'는 게 무슨 말인가요?" 그러고 나서 그녀의 연상은 고등 정신건강 교육 프로그램에서 동료 남학생 일부와 겪었던 사건으로 그녀를 이끌었는데, 그 프로그램에서 한 학생이 그녀를 "수업에 대한 히스테리 발작"이라고 불렀다. 그녀는 "그렇다면 넌 수업 강박증이 틀림없어"라고 반박했다. 그러나 그녀는 그런 반응을 한 것에 대해 비열하다고 느꼈고 죄책감을 느꼈다. 상담자의 반응은 비판을 불편해하는 그녀의 계속된 주제나 죄책감과 "추악함"에 대해 그녀가 느끼는 느낌의 강도를 이해하지 못한 것이었다. 그 대신 상담자는 그녀가 말할 때 미소를 짓는 것을 알아차렸고, 그녀가 비판을 하거나 비판을 받는 것으로부터 즐거움을 얻는 것이 틀림없음을 느꼈다고 언급했다. 내담자는 이 언급에 대해 상담자가 이러한 부당한 처사에 응수하지 말고 이를 감내해야 한다고 생각하는 것처럼 느껴진다고 반응했는데, 상담자는 "나는 당신에게 무엇을 하라고 말하는 것이 아닙니다"라고 대답했다. 여기서 상담자는 그녀의 감정을 탐색하는 대신 자기 자신을 보호하는 방어적인 방법으로 자신의 현실을 주고받은 것에 불과했다. 여기서의 결과는 잠재적으로 심각하다. 왜냐하면 상담자는 내담자가 자신의 이기적인 즐거움을 위해 다른 사람들을 비난하며 상처 입히고 있다고 생각하고 있기 때문이다. 누군가의 소망과 행동이 타인에게 상처를 줄 수 있다는 이러한 개념은 여성들의 자기표현을 억압하고 자존감을 좌절시킬 수 있는 자기비난의 정확한 전조가 된다. 상담자가 제출한 자료를 보면, 이 내담자는 이미 타인을 비판하는 것과 관련된 공포와 죄책감이라는 이슈와 투쟁하고 있었다. 상담자의 견해는 내담자가 해결을 할 수 있도록 돕기보다는 이 갈등 영역을 지나치게 쉽게 강화하는 것처럼 보인다.

미래의 훈련을 위한 도전

여성과 남성의 심리적 현실에서의 차이는 여성들의 보고를 통해 여성들의 삶에 대해 배우고 여성들의 정서적 경험에 공감하는 데 장애물을 만들어왔다. 여성 상담자와 남성 상담자 모두 이러한 장애물로 인해 어려움을 겪을 수 있다. 그러나 우리는 남성과 여성을 위해 이러한 장애물들을 이제 더욱 체계적으로 확인할 수 있다. 장애물이 존재한다는 것이 놀라운 것은 아니다. 전통적인 상담 이론과 상담 안에 새겨져 있는 문화적 관습은 남성의 현실을 강하게 지지하고 긍정적으로 확인한다. 남성들은 직업적 삶에서 자신의 경험이 갖는 한계를 고려하고, 현실을 "보류"하고 여성 내담자들이 반영하는 "다른 것"을 수용하고 타당화해야 한다고 격려를 받지 않는다. 많은 여성 상담자들은 자신의 경험보다 현존하는 이론과 그 안에 새겨진 가치를 더 신뢰해야 한다고 격려받게 된다. 그래서 여성 상담자들은 자신의 경험과 모순되는 개념에 직면할 때 자신의 현실을 너무 쉽게 "보류"한다.

그러나 점차적으로 여성들의 말을 경청할 것이 요구되고 있다. 이것은 가족과 직업 생활 그리고 사회 구조에 대한 함의를 가지고 있는 것처럼, 상담에 대한 함의를 갖고 있다. 남성 상담자들은 그들이 이해하는 데 한계가 있는 이러한 영역을 숙고해야 할 필요가 있고, 길잡이와 정보를 위해 여성들이 쓴 저작과 자신들의 삶 안에 있는 여성들에게 의지할 필요가 있을 것이다. 그러나 전형적으로 이러한 입장은 남성들에게 격려되지 않는다. 부분적으로 그것은 겸손한 태도, 즉 타인으로부터 많은 것을 배워야 한다는 것을 인식하는 것을 필요로 한다. 그리고 새로운 학습은 이미 "알고" 있거나 믿고 있는 것을 위협할지 모른다. 부분적으로 이것은 자신의 예측을 멈추는 것과 더불어 타인의 경험에 대한 수용성을 발달시키는 것을 뜻한다. 일부는 이것이 생각에 대한 우리 문화의 역사적 모델의 기본 구조에 대항하는 것이라고 주장한다. 만일 그렇다면 그것은 위협적인 도전을 제기한다.

주류 문화의 일부인, 남성들이 처한 위험은 자신과 다른 경험을 해왔고, 자신의 경험에 직접적으로 이의를 제기하는 사람들에게 방어적인 방식, 즉 무시하는 방식으로 반응할 것이라는 점이다. 남성 상담자와 여성 상담자에게 이러한 패턴은 상담에 대한 여성들의 만족을 손상시킨다는 몇 가지 증거가 있다. 남성 상담자들에게 제시되는 도전은 크지만 개인적이고 전문적인 성장 안에 있는 잠재적 이익은 훨씬 더 크다.

많은 여성들은 - 상담자이건 아니건 - 다른 사람들을 이끌고 공개적으로 정보를 제공하는 것에 아직은 익숙하지 않다. 확실히 문화는 이러한 특성들을 촉진하지 않았다. 이론과 강렬한 정서적 경험이 갈등하는 곳에서 일부 여성 상담자들은 내담자뿐만 아니라 자신에게도 궁극적으로는 해로운 방식으로 갈등을 해결하려고 노력하면서, 이론과 "안전"한 것으로 여겨지는 것을 선택해왔다. 그럼에도 필자가 언급한 연구들은 그들의 사회화와 전문적 훈련에도 불구하고 기본적인 관계적 가치의 일부가 그들의 사무실에서 은밀하게 통한다는 것을 시사한다.

모든 상담 훈련 안에 있는 이러한 이슈를 완전하고 개방적으로 논의하는 것은 여성 상담자와 남성 상담자 모두에게 성장을 향한 주요한 발전을 만들 것이다. 가능하면 상담 훈련을 시작하자마자 이러한 논의를 시작하고, 과정 전체를 통해 계속해야 할 것이다. 이러한 훈련은 자기 탐색을 정당하게 입증하고, 여성과 남성의 경험 안에 있는 차이를 진정으로 이해하는 것을 향한 지속적 작업에 토대를 놓을 것이다. 이러한 관심이 주요 훈련 기관 안의 훈련 과정의 문제로 이야기될 수 있을 때, 비로소 개별적 수련자들은 이 중요하고 어려운 작업에 홀로 착수할 수 있도록 자극과 지원을 받게 될 것이다.[2]

---

2   이 논문은 1892년 12월 스톤센터 콜로키움에서 발표한 것이다.

공감, 상호적 관계 그리고 상담에서의 변화

관계적 모델의 임상적 함의

주디스 조던

관계에 대한 문제는 많은 사람을 － 특히 여성을 － 상담으로 이끄는데, 상담의 주요 목표는 "참자아" 감각이라 부를 수 있는 것에 대한 경험 － 특히 진행되고 있는 관계 속에서 － 을 확장하는 것이다. 온갖 종류의 자아 경험의 왜곡으로 고통받는 개인들은 알려지고 이해되는 방법을 찾고 있으며, 또한 타인들을 위해 그것을 제공하고 있다. 관계의 구성단위에 기여하기도 하는 온전한 느낌을 개인이 경험할 수 있게 하는 접촉감과 유대감을 어떻게 얻고 유지할 수 있을까? 고통을 피하기 위해 차단해왔거나 승인을 얻기 위해 확장시켜왔던 느낌과 행동들이 상담 관계 안에서 새로이 전개될 수 있다. 가장 넓은 의미에서, 상담은 현실감을 제공하고 자신의 내적 경험과 타인의 주관적인 경험에 접촉하도록 촉진하면서 관계적 현존을 확장할 수 있는 기회를 제공한다. 이 변화의 경로는 자신과 타인 모두를 위한 공감을 강화하는 것을 거친다. 많은 여성이 자신의 내적 경험에 주의를 기울이는 것을 다른 사람에게 주의를 기울이는 것과 양립할 수 없는 것처럼 종종 느낀다(그것은 "이기적", "자기중심적", "상처를 주는 것"이

다). 다른 사람들을 돌봐야 한다는 도덕은 자기희생 혹은 자신을 맨 마지막에
두는 것을 함축한다.

상담 목표는 여성이 주의를 관계적 맥락으로부터 벗어나 딴 데로 돌리게 하
는 것이 아니라, 타인의 경험을 인정할 뿐만 아니라 자신의 경험도 인정을 받
으면서 자아와 타인을 경험하는 것에 대한 새로운 통합을 발달시킬 수 있는 기
회를 제공하는 것이다. 이것은 현재 실재하는 관계 안에서, 그리고 관계에 대
한 기억을 조직화하는 데서 일어난다. 자기 자신의 욕구를 인식하는 것 ㅡ 자기
를 예우하는 것 ㅡ 뿐만 아니라 타인에게 반응하는 것이 강화된다. 자기와 타인
을 위한 공감에 주의를 기울인다.

상호작용의 방법으로 공감이 정교화되고 발달하는 것은 상담에서 여성들과
함께하는 작업의 핵심이다. 많은 "현대적인" 여성들은 처음에는 다른 사람들
에게 공감적 조율을 하는 것을 부담스럽게 여긴다. 그들은 자신이 "좀 더 남성
들처럼" ㅡ 외골수에, 논리를 강조하고 감정을 차단할 수 있는 ㅡ 되길 바란다. 여성
들은 삶의 모든 중요한 영역, 특히 사랑과 일에서 서로 너무 연결되어 있고 깊
이 관여되어 있다고 느끼고 싶어 하지 않는다. 그들은 무의식적으로, 때로는
의식적으로 추상성·1차원적 선형성·자율성·구별성에 대한 더 광범위한 문화
적 가치를 채택한다. 불행하게도 많은 상담자들이 이러한 문화적인 편견을 공
유하고 있으며, 공감을 지적 통찰 또는 변화 과정에 대한 명료화보다 덜 유용
하거나 덜 중요한 것으로 평가절하해왔다. 공감과 상담 관계는 양쪽 모두 해석
에 관한 중요하고 의미 있는 작업과 명료화가 일어나는 맥락으로 여겨져 왔다.
스톤센터 모델에서 공감적 조응에 기반을 둔 관계는 그저 상담 과정의 배경이
아니라 사실상 그 관계가 상담 과정의 핵심이라는 것을 제시하고 있다. 우리는
자아에 관한 관계적 모델에 근거한 상담에서 정서와 인지, 자기와 타인의 경계
가 진동하는 것이 상호 침투하는 가운데 온전함이 있다는 것을 보기 시작하고
있다. 우리는 그것이 특별한 긴장과 딜레마를 낳지만, 갈등이 있다는 것이 여
성이 실패했다는 것을 가리키는 것은 아니라는 것을 알고 있다.

여성이 겪는 문제의 일부는 정서적 반응과 대인 관계적 민감성이 생각, 일, 삶의 모든 측면에 중요하게 기여한다는 것을 명확하게 알지 못하는 세계에 살고 있다는 것이다. 정체감이 관계적 맥락에 단단하게 묶여 있는 사람이 되는 것에 대해 느끼는 특별한 긴장을 타당화하는 것은 상담자로서 하는 일의 일부이다. 필자는 필자에게 상담을 받으러 오기 전에 상담을 받은 경험이 있는 수많은 여성들을 상담해왔는데, 이러한 긴장을 인식하지 못하는 상담자와 작업했던 개인 또는 커플이었다. 필자는 상담자가 그것을 인식하지 못했을 때 벌어지는 파괴적인 결과를 보았다. 간단한 일화가 이 지점에 관한 몇 가지를 자세히 보여줄 것이다. C는 활발하고 매력적인, 밝은 성격을 가진 40세의 이혼한 변호사이다. 그녀는 주요하게는 친밀한 관계에서 만족감을 느끼지 못하는 것 때문에 상담을 받으러 왔다. 관계에 대한 그녀의 염려는 널리 침투해 있었고, 그녀는 "그럭저럭 잘해나가고 있는데"도 불구하고 직업적 책임감에 몰두하는 것을 힘들어했다. 그녀는 일과 사랑을 분리하지 못한다고 자신을 비난했다. 그리고 그것을 "제어할 수 없고", "도움이 다급해진" 신호라고 생각하고 있었다. C는 필자에게 오기 전에 함께 사는 남성과 커플 상담을 받았다. 6주 동안의 커플 상담이 끝날 즈음, 그녀는 자신에게 그토록 고통을 주고 만족은 거의 주지 않는 관계를 붙잡기 위해 왜 그렇게 "피학적"이 되는지를 궁금해한 상담자를 따로 만났다. 그녀는 이것에 의해 황폐해진 것을 느꼈고 자신이 이 상담자에게 동의하고 있다는 것을 알았다. 너무 많은 친밀감을 요구하고 자신을 정서적으로나 육체적으로나 혼잡스럽게 한다고 그녀에게 끊임없이 말하는 연인과의 관계에서 느끼는 고통과 함께, 그녀가 자신을 "광분하는 나쁜 년"으로 만드는 극단적인 월경전증후군으로 고생하고 있다고 상담자에게 말했던 것이다. 그녀는 자신이 어쨌든지 간에 이 모든 고통 — 피학적인 — 에 빠지게 되었으니 실패했다고 여기게 되었다. 사실 그녀가 관계에 몰두하게 만드는 것은 친밀감과 공유, 즉 "우리"를 만들어가는 모험을 함께하는 것이다. 불만족과 실망에도 불구하고 그녀는 더 나아지기 위해 연인의 요구에 맞춰줌으로써(그녀가 상당한 죄책감을 느끼는 것에 관해 당연히 내재된 분노를 가지고) 관계를 만드는 "일"을 하려고 노력해왔다. 그녀의 커플 상담을 맡았던 상담자는 관계에 대한 그녀의 헌신, 즉 관계에 대한 동일시와 더 나은 관계를 만들기 위해 내면을 바꾸려는 의지를 피학적이라고 이해했고, 그녀는 상담자가 옳다고 느꼈다.

사랑에 만족하지 못하는 상태에 대한 다른 설명을 찾기 위해 함께 작업하면서, 커플 상담자가 그녀에게 준 비난하는 느낌을 채택하기보다는 왜 그녀가 관계에 머무르려 하는지에 관한 진정한 분석을 상담 작업에 포함시켰다. 그녀는 약간의 안도감을 느끼고 자신의 느낌과 욕구를 이해하기 시작했다. 그렇다. 그녀는 의존적이라고 느꼈다. 그러나 그녀는 또한 신뢰할 수 있고 마음이 넓은 사람이라는 것도 느꼈다. 그렇다. 그녀는 기꺼이 상당한 에너지를 더 많은 상호관계를 만드는 데 쓸 것이다. 그녀는 타인을 돌보고자 하는 타고난 성향이 중요하다는 것을 인정하게 되었다. 그러나 그녀는 친밀감에 대한 연인의 실재 수용력에 한계가 있다는 것도 받아들이게 되었고 결국 관계를 끝냈다. 그녀는 "몇 년을 하수구에 내던졌다"고 느끼는 대신 실제 관계와 관계 안에서 성장할 수 있으리라는 희망 모두를 잃어버린 것에 대한 진정한 애도를 할 수 있었을 뿐만 아니라 관계 속에서의 느낌과 행동에 대한 온전감을 회복할 수도 있었다. 그것은 이례적으로 고통스러운 과정이었지만 끊임없는 자기비난과 전적으로 자신에게 책임이 있다는 느낌, 커플 상담이 끝난 후 그녀가 느꼈었던 패배감은 더 이상 없었다. 이러한 상실을 통해 작업하면서 그리고 관계와 유대감을 추구하는 스스로의 능력을 인식하면서, 그녀는 실제로 힘이 커지고 취약함이 줄어드는 느낌을 경험했다. 그러므로 비록 그녀에게 엄청난 비통함을 불러일으킨 이 특별하고 가치 있게 여긴 관계를 잃어버렸음에도 그녀는 자신이 가진, 관계를 맺는 능력 — 이제는 그녀가 자신이 가지고 있다고 믿을 수 있게 된 — 을 인식하게 되었다. 이것은 그녀가 새로운 관계를 향해 정말로 앞으로 나아갈 수 있게 할 것이다. 그녀는 상담 관계 그 자체에서 이 힘을 알게 되었다.

부분적으로, 이 사례는 필자가 자기공감이라고 부르는 것이 커진 것을 잘 보여준다. "주체"(인식자, 행위자), "대상", "위치"라는 셰이퍼의 세 부분으로 이루어진 자아에 대한 정의를 사용하면, 자기공감이 시사하는 것은 "주체"를 관찰하고 아는 것은(자아를 대상으로 경험하는) 새로운 방법, 즉 공감적 방식 안에서 경험하는 것에 집중하는 것이다(Schafer, 1986). 넓은 의미에서, 우리가 다른 사람과 관계를 맺거나 접촉하는 방법은 내적 경험의 부분들과 연결하기 위한 유용한 모델이라고 제안하고 있는 것이다. 관찰하고 판단하는 자기는 대상으로서의 자기와 공감적으로 조우할 수 있다. 이러한 과정은 자신의 내적 상태가 그 당시에는 받아들일 수 없어서 완전하게 통합하지 못했던 자기 자신에 대한 기억을 떠올리는 방식으로 일어날 수도 있다. 이해할 수 있는 맥락 안에서 이 상태가 미치는 영향력을 관찰하고 감내할 수 있는 것은 정신 내적인 공감의 일종이 되는데, 이것은 실제 관계에 대한 이미지와 자아표상에 지속적으로 구조적 변화를 야기한다. 판단하지 않고 개방적인 데에 대한 동기 부여와 태도, 진지하게 경험을 받아들이는 것, 정서와 이해를 기꺼이 경험하는 것은 불편한 자아상에 대한 내적 경험에 중요한 전환을 일으킬 수 있다.

자기공감이 나타나는 것을 볼 때 상담자로서 종종 감동을 받는다. 한 내담자는 비판적이고 가혹한 아버지와 동일시하며 스스로에 대해 매우 경멸적인 언어로 말했다. 어느 날 그녀는 학교에서의 첫날이 시작되었을 때 도망쳤다는 이유로 자신에 대해 극단적 적개심이 가득 찬 묘사를 했다. 사람들은 모든 단어에서 가혹하고 비판적인 그녀의 아버지의 목소리를 들을 수 있을 것이다. "저는 아주 밉살스러운 어린아이였어요. 모든 사람이 나에게 집중해주기를 바랐어요. 아버지가 그렇게 화가 난 것도 당연한 일이었죠." 그녀가 어쩌면 처음에는 세상의 무서운 부분이기도 한 새로움을 향해 나아감에 따라, 당연히도 그녀가 특별하다고 느끼고 싶어 했다는 것을 짚어주는 상담적 개입은 어떤 영향도 미치지 못하는 것 같았다. 그러나 상담의 후반부에서 우리가 똑같은 사건을 탐색하고 있을 때 이 여성은 갑자기 눈물을 터트리며 "갑자기 나를 그 어린 소녀로 보게 됐어요. 그러자 겁을 먹고 불확실해졌죠. 내 진심어린 마음은 그 어린 소녀에게로 향했어요. 나는 이제 그 소녀에 대해서 … 고통을 느껴요. 나는 이제 나를 위해 그것을 느껴요. 그러고 나니까 더 이상 고통이 느껴지지 않아요. 하지만 내가 왜 그렇게 행동했는지 알았어요"라고 말했다. 이는 그녀가 더 수용적이 되고 특정한 자아표상에 대해 덜 처벌적이 되었다는 것 이상을 보여준다. 그녀는 기억 속에서 양분된 감정에 실제적으로 접촉한 것이다. 대상으로서의 자아와 경험하는 자아 모두는 이러한 주고받음에 의해 변형된다. 비판적인 아버지와의 동일시는 자아에 대한 판단이 덜 처벌적이고 덜 가혹한 방향으로 향하면서 바뀌게 되었다. 거부와 판단이 줄어들면서 자아와의 공감, 어린 소녀일 때의 기억과의 공감은 늘어나게 되었다. 비록 아버지가 가혹하고 비판적으로 여겨질 때는 아버지에 대한 분노가 순간적으로 커졌지만, 공감에 실패한 그 아이가 그 과정의 종착점은 아니었다. 그보다는 작업이 진행됨에 따라 이 여성은 아버지에 대한 더 깊은 공감도 경험하기 시작했다. 그녀가 각 존재들이 있는 곳에 자신을 공감적으로 놓아둠에 따라 그들의 행동과 감정에 대한 수용은 늘어갔다.

자기와 타인의 표상이 변했다. 아버지에 대한 그녀의 실망과 분노 모두 첫 단계에서는 중요한 것이었다. 그러나 그녀가 거기서 탐색을 멈췄더라면 아버지에 대한 부정적인 이미지를 가지고 지속적으로 관계를 세밀하게 만들어나가지 못했을 것이다. 관계로부터 도망치거나 대항하기보다는 공감을 통해 나아가거나 함께하려고 할 때, 아버지뿐만 아니라 다른 사람과도 계속 진행되는 관계를 향해 나아가는 것이 촉진되었다. 자기와 타인에 대한 경계가 여기서 중요하게 변화한다. 타인과 그들에 대한 방어에 의해 자아가 위협을 당하는 것이 아니라 "나"라는 느낌이 "우리"라는 것에 더 스며들고, 관계를 더욱 가능하게 만든다.

상담자는 자기공감 능력을 강화시키는 데 중요한 역할을 한다. 첫째, 내담자가 보고하는 경험에 대한 상담자의 공감적 태도와 반응은 내담자에 대한 거부와 판단이라는 뿌리 깊은 패턴의 일부를 완화시켜준다. 일종의 "교정적인 관계적 경험"은 그 안에서 돌봄, 정서적 현존, 그리고 재연결되는 방식을 통해 수용하지 못하던 것을 수용할 수 있게 하고 반응할 수 있게 한다. 자기 것이라 인정하지 않는 자아의 측면이 감지되고 허용된다. 상담자는 고통스러운 기억 및 느낌과 함께하는 공감적 방식에 대한 모델이 된다. 과거(두려워하고 있지만 밉살스럽지 않은 어린 소녀)를 경험하는 사람에게 그 사람을 이해하고 있다고 전달하는 것을 통해 중요한 가치가 부여된 자아상들을 객관화시키고, 역설적으로 동시에 자아상들과 실제 정서적 연결을 할 수 있도록 상담자는 내담자를 지원한다. 그러나 이제 새로운 정서적-인지적 조직화가 일어나고 있고, 그래서 몸에 밴 오래된 회로(밉살스러운 어린아이와 실망하고 화난 아버지)는 경험을 새롭게 관계적으로 조직(겁먹은 어린아이와 인내심이 없고 공감을 잘 못하는 아버지)하는 데 자리를 내어준다. 내담자는 상대를 새롭게 이해할 뿐만 아니라 새로운 자아상을 갖게 된다. 오래된 관계 모형이 새롭게 이해되고 관계의 기억에 대한 재조직화가 있다. 자기와 타인에 대한 공감은 이러한 상담적 탐색을 통해 증가한다. 어떤 의미에서 이것은 자기와 타인에 대한 연민이 늘어나는 것을 포함한다.

상담자로서의 경험으로 볼 때 상담은 내담자와 상담자 사이에서 공감적 조응이 이루어지는 한에서만 존재한다. 상담 작업은 상호성, 또는 더욱 구체적인 상호주관성, 주관성에 대한 조응과 반응, 상대에 대한 내면적인 경험, 인지적이고 정서적인 수준에 관한 것이다. 상담은 다른 사람의 순간적인 심리 상태에 대한 공유와 이해를 할 수 있는 능력에 의해 일어난다(Schafer, 1959). 이 능력은 그 사람을 더욱 세밀하게 이해하는 것과 순간에서 순간으로 인지적·정서적으로 접촉하는 것에 의존하는 상담자와 내담자 사이의 관계를 더욱 세심하게 이해하는 것을 포함한다. 상담에는 이러한 상호작용에 참여하는 것을 통해 변화에 대해 열려 있는 두 명의 능동적인 구성원이 있다. 우리가 전이에 대해 말하든 그렇지 않든, 존재하는 관계는 이 과정, 즉 "교정적인 정서적 경험" 혹은 공감적 조응에 핵심적인 것이다. 상담자가 관계를 맺는 실제적인 방식뿐만 아니라 관계 모델도 개인의 성장에 영향을 미치는 상담적 방식에 핵심적인 것이다. 인간의 상호 의존에 대한 상담자의 이해는 상담자를 섬세하게 만든다. 그리고 때로는 자아 신뢰와 독립에 대한 궁극적인 상태를 강조하기보다는 지지해주고 지원해줄 수 있는 다른 사람들에게 의지하라고 직접적으로 격려한다.

상담이 대화라는 것을 인식하고 있는 모델은 또한 상호적인 변화가 일어나고 상호적인 영향을 미치는 과정이 상담을 특징짓는다는 것을 인식한다. 상담자와 내담자 양쪽 모두 서로에게 정서적으로 감동을 받고, 관계 안에서 성장하고, 서로에게서 무엇인가를 얻고, 그 과정 안에서 위험을 무릅쓴다. 간단히 말해, 양쪽 모두 영향을 받고, 변하고, 감정과 학습에 관한 개방적인 체계의 일부가 된다. 상당한 상호적 관계가 있다. 이러한 상호작용에 참여하기 위해 양쪽 모두에게 용기가 필요하다. 그러나 그것은 어떤 면에서 완전한 상호관계가 아니다. 상담에서 한 사람은 더 닫혀 있고, 확실히 다른 한 사람이 도움을 준다. 즉, 다른 한쪽이 경청해주고 이해해준다. 판단하지 않고 경청하고 이해하는 맥락 안에서 내담자가 부인당하고 분리된 경험에 대해 자기 노출을 하고 표현하는 것은 이 과정의 강력한 부분이다. 이것을 촉진하기 위해, 내담자의 주관적인 경험을 중심에 놓는 계약을 하고 내담자에게 도움이 되는 한에서만 상담자의 주관적 경험을 합류시키겠다는 합의를 한다. 상담자는 치유에 쓰이기 위해 자기 자신을 제공한다. 그러나 이러한 맥락 안에 양방향으로 일어나는 진짜 돌봄이 있고 상호 존중, 정서적 유용성, 양쪽 모두의 변화에 대한 개방성을 갖고 있는 중요한 상호성에 대한 감정이 있다. 그리고 종종 관계, 즉 상호성 경험이 상담과 함께 성장한다. 일부 상담자들은 내담자와 함께하는 작업을 통해 성장한다는 개념에 불편해한다. 이것이 착취적이거나 지나치게 만족을 주는 것이라고 느낀다. 이것은 만일 내가 이익을 얻는다면, 당신에게는 이익이 되지 않을 거라고 암시하는 오래된 모델 ― 부족하고 권력을 가진 위계적인 모델 ― 과 일치한다. 많은 내담자들의 마음속에 있는 것은 정확히 이 모델이다. 이 모델은 내담자들이 자신의 욕구에 주의를 기울이지 못하게 한다. 우리는 타인에게 헌신하는 것에서 관계와 관계에 대한 이해가 확장되는 것을 느끼는데, 실제로 양쪽 구성원 모두가 풍요로워진다. 우리가 관계적 자아 — 인간의 유대, 상호작용, 상호 의존이라는 세상에 닻을 내린 정체성 — 라는 개념을 예우하고 내담자들이 관계 속에서 개인의 생동감과 전체성에 대한 감각을 확장시키는 것을 지원하기를 원한다면, 상담 관계에서 자신의 인식과 개방성을 기꺼이 확장시킬 수 있어야만 한다.

관계에 가치를 부여하고, 관계를 통해 살아 있음을 느끼고, 관계를 맺을 수 있게 되는 것이 세상 속에서 육체적으로 분리되어 있다는 현실을 바꾸지는 않는다. 그러나 우리 문화는 주도적·개인적·경쟁적이고 외로운 인간 삶의 특성들을 지나치게 강조해왔다. 그리고 관계에 가치를 부여하고 돌봄에 몰두하기 때문에 여성들은 고통을 받아왔고, 관계에 대한 욕구를 드러내는 것은 모욕을 당해왔다. 그렇다. 여성들이 분노를 다루는 것은 중요하다. 그러나 여성들은 타인에 대해 좌절을 느끼는 것이 미치는 영향력에 어떠한 주의도 기울이지 않고 타인에 대한 개인적 좌절을 자동적으로 분출하는 것(어떤 사람들은 분노를 방출하는 것에 관한 남성적 모델이라고 부르는 것)을 배우기보다는 존재하는 분노에 연결된 채 머물 수 있는 것을 배우는 것이 더욱 중요할지 모른다. 물론 여성들은 다른 사람의 이익뿐만 아니라 자신의 즐거움을 위해서도 자유를 즐기고, 발달을 격려받고, 창조적이고 지적이며 자기 노출을 할 수 있는 능력을 경험해야 한다. 그러나 여기에서도 타인의 욕구와 창조성을 냉혹하게 외면하지 않으면서 이것을 할 수 있는 방법을 찾는 것이 더욱 중요하다. 자기표현과 관계의 강화를 조정하는 것은 특히 여성한테 중요한데, 이는 우리 자신에 대한 감각의 대부분이 관계적 맥락에서 형성되기 때문이다. 타인과 접촉하고 관계를 맺고 있다는 느낌은 종종 가장 심오한 개인적 의미와 존재감을 갖게 한다. 그 정점에서 상담은 이러한 관계적 존재를 발달시키고 예우하는 방향으로 작용한다.[1]

---

1   이 논문은 1986년 4월 스톤센터 워크숍에서 발표한 것이다.

참고문헌

Abelin, E. L. 1971. "The role of the father in the separation-individuation process." In J. B. McDevitt and C. F. Settlage(Eds.). *Essays in honor of Margaret Mahler*. pp.229~252. New York: International Universities Press.

Aberle, D. F. and F. D. Naegele. 1952. "Middle class fathers' occupational roles and attitude toward children." *American Journal of Orthopsychiatry*, 22, pp.336~378.

Alexander, F. 1950. "Analysis of the therapeutic factors in psychoanalytic treatment." *Psychoanalytic Quarterly*, 19, pp.482~500.

_____. 1963. *Fundamentals of psychoanalysis*. New York: W. W. Norton.

American Psychological Association. 1975. "Report of the task force on sex bias and sex role stereotyping in psychotherapeutic practice." *American Psychologist*, 30, pp.1169~1175.

_____. 1980a. *A psychiatric glossary*. Washington, DC: Author.

_____. 1980b. *Diagnostic and statistical manual of mental disorders*, 3rd ed. Washington, DC: Author.

Applegarth, A. 1977. "Some observations on work inhibitions in woman." In H. P. Blum(Ed.). *Female psychology*. New York: International Universities Press.

Arieti, S. and J. Bemporad. 1978. *Severe and mild depression: The psychotherapeutic approach*. New York: Basic Books.

Atwood, G. and R. Stolorow. 1984. *Structures of subjectivity: Exploration in psychoanalytic phenomenology*. Hillsdale, NJ: The Analytic Press.

Bakan, D. 1966. *The duality of human existence: An essay on psychology and religion*. Boston: Beacon Press.

Bart, P. 1971. "Depression in middle-aged woman." In V. Gormick and B. K. Moran(Eds.). Women in a sexist society. New York: Basic Books.

Basch. M. 1983. "The concept of self: An operational definition." In B. Lee and G.

Noam(Eds.). *Developmental approaches to the self*. New York: Plenum Press.

Beck, A. T. 1972. *Depression: Causes and treatment*. Philadelphia: University of Pennsylvania Press.

Belenky, M. F., B. M. Clinchy, N. R. Goldberger, and J. M. Tarule. 1986. *Women's ways of knowing: The development of self, voice and mind*. New York: Basic Books.

Belle, D.(Ed.). 1982. *Lives in stress: Women and depression*. Beverly Hills, CA: Sage.

Benedek, E. 1979. "Dilemmas in research in female adolescent development." In M. Sugar(Ed.). *Adolescent development*, pp.3~19. New York: Brunner-Mazel.

Benedek, T. 1959. "Parenthood as developmental phase: A contribution to the libido theory." *Journal of the American Psychoanalytic Association*, 7, pp.339~417.

Bergin, A. E. and M. J. Lambert. 1978. "The evaluation of therapeutic outcomes." In S. L. Garfield and A. E. Bergin(Eds.). *Handbook psychotherapy and behavior change: An empirical analysis*, 2nd ed. New York: Wiley.

Bernard, J. 1971. "The paradox of the happy marriage." In V. Gornick and B. K. Moran(Eds.). *Women in sexist society*. New York: Basic Books.

_____. 1972. *The future of marriage*. New York: World.

Bernardez, T. 1976. "Unconscious beliefs about woman affecting psychotherapy." *North Carolina Journal of Mental Health*, 7(5), pp.63~66.

_____. 1982. "The female therapist in relation to male roles." In K. Solomom and N. Levy(Eds.). *Men in transition*. New York: Plenum Press.

Bernardez-Bonesatti, T. 1978. "Women and anger: Conflicts with aggression in contemporary woman." *Journal of the American Medical Women's Association*, 33(5), pp.215~219.

Bettleheim, B. 1954. *Symbolic wounds*. Gleacoe, IL: Free Press.

Bibring, E. 1953. "The mechanism of depression." In P. Greenacre(Ed.). *Affective disorders*. New York: International Universities Press.

Biller, H. B. 1981. "The father and sex role development." In M. E. Lamb(Ed.). *The role of the father in child development*, 2nd ed. New York: Wiley.

Biller, H. B. and D. L. Meredith. 1974. *Father power*. New York: David Mckay.

Blanck, G. and R. 1979. *Ego psychology II: Psychoanalytic developmental psychology*. New York: Columbia University Press.

Blatt, S. J., J. P. D'Afflitti, and D. M. Quinlan. 1976. "Experience of depression in normal young adults." *Journal of Abnormal Psychology*, 85, pp.383~389.

Block, J. H. 1978. "Another look at sex differentiation in the socialization behaviors of mothers and fathers." In J. A. Sherman and F. L. Denmark(Eds.). *Psychology of womens: Future direction of research*. New York: Psychological Dimensons.

Blos, P. 1962. *On adolescence*. New York: The Free Press.

_____. 1979. *The adolescent passage*. New York: International Universities Press.

_____. 1980. "Modifications in the traditional psychoanalytic theory of female adolescent development." In S. Feinstein(Ed.). *Adolescent psychiatry VIII*. Chicago: University of Chicago Press.

Blum, H. P. 1971. "On the conception and development of transference neurosis." *Journal of American Psychoanalytic Association*, 19(1), pp.41~53.

_____. 1977. "Masochism, the ego ideal and the psychology of women." In H. Blum(Ed.). *Female psychology: Contemporary psychoanalytic view*, pp.157~192. New York: International Universities Press.

Bowlby, J. 1969. *Attachment*. Volume 1 of *Attachment and loss*. New York: Basic Books.

Briscoe, C. W. and J. B. Smith. 1973. "Depression and marital turmoil." *Archives of General Psychiatry*, 29(6), pp.811~817.

Brodsky, A. M. and R. T. Hare-Mustin(Eds.). 1980. *Women and psychotherapy*. New York: Guilford Press.

Broverman, I. K., D. M. Broverman, F. E. Clarkson, P. S. Rosenkrantz, and S. R. Vogel. 1970. "Sex-role stereotypes and clinical judgments of mental health." *Journal of Consulting and Clinical Psychology*, 34(1), pp.1~7.

Brown, G. W., and T. Harris. 1978. *Social origins of depression: A study of psychiatric disorders in women*. New York: The Free Press.

Bruch, H. 1973. *Eating disorders*. New York: Basic Books.

Brunswick, R. M. 1940. "The Pre-Oedipal phase of libidinal development." *Psychoanalytic Quarterly*, 9, pp.293~319.

Bryer, J., B. Nelson, J. B. Miller, and P. Krol. 1986. "Childhood sexual and physical abuse as factors in adult psychiatric illness." *American Journal of Psychiatry*, 144(11), pp.1426~1430.

Buber, M. 1958. *I and thou*. New York: Charles Scribner's Sons.

Burlingham, D. 1973. "The Pre-Oedipal infant-father relationship." *Psychoanalytic Study of the Child*, 28, pp.23~47.

Caplan, P. 1984. "The myth of women's masochism." *American Psychologist*, 39, pp.130~139.

Carmen, E., N. Russo, and J. B. Miller. 1981. "Inequality and women's mental health: An overview." *American Journal of Psychiatry*, 138(10), pp.1319~1330.

Carson, R. 1971. "Sex differences in ego functioning: Exploratory studies of agency and communion." *Journal of Consulting and Clinical Psychology*, 37(2), pp.267~277.

Chasseguet-Smirgel, J. 1970. "Feminine guilt and the Oedipus complex." In J. Chasseguet-Smirgel(Ed.). *Female sexuality*, pp.94~134. Ann Arbor: University of Michigan Press.

Chernin, K. 1981. *The obsession: Reflections on the tyranny of slenderness*. New York: Harper & Row.

Chesler, P. 1972. *Women and madness.* New York: Doubleday.

Chodoff, P. 1974. "The depressive personality." In R. J. Friedman and M. M. Katz(Eds.). *The psychology of depression: Contemporary theory and research.* Washington, DC: Winston.

Chodorow, N. 1978. *The reproduction of mothering.* Berkeley: University of California Press.

Clinchy, B. and Zimmerman, C. 1985. *Growing up intellectually: Issues for college women* (Work in Progress No. 19). Wellesley, MA: Stone Center.

Clower, V. 1977. "Theoretical implications in current views of masturbation in latency girls." In H. R. Blum(Ed.). *Female psychology: Contemporary psychoanalytic views,* pp. 109~125. New York: International Universities Press.

Contratto, S. 1986. "Fathers presence in women's psychological development." In J. Robow, M. Goldman, and G. Platt(Eds.). *Studies in psychoanalytic sociology.* Melbourne, FL: Krieger.

Crandall, V. J., W. Katkovsky, and A. Preston. 1962. "Motivational and ability determinants of young children's intellectual achievement behaviors." *Child Development,* 33(3), pp. 643~661.

Demos, V. 1982. *Varieties of empathy.* Paper presented at Boston Institute for the Development of Infants and Parents. Chestnut Hill, MA.

Dent, J. k. 1978. *Exploring the psycho-social therapies through the personalities of effective therapists.* DHEW Publication No. (ADM)77-527. Rockville, MD: National Institute of Mental Health.

Deutsch, H. 1944. *The psychology of women.* New York: Grune & Stratton.

―――. 1967. "Selected problems of adolescence." *The psychoanalytic study of the child, Monograph,* 3. New York: International Universities Press.

Dickinson, E. 1960. "Why do they shut me out of heaven?" In T. H. Johnson(Ed.). *The complete poems of Emily Dickinson.* Boston: Little, Brown.

Dinnerstein, D. 1976. *The mermaid and the minotaur.* New York: Harper & Row.

Dowling, C. 1981. *The Cinderella complex.* New York: Summitt Books.

Dymond, R., A. Hughes, and V. Raabe. 1952. "Measurable changes in empathy with age." *Journal of Consulting Psychology,* 16, pp. 202~206.

Easser, B. R. 1976. "Womanhood. Reported by E. Galenson in Panel report, Psychology of women: Late adolescence and early adulthood." *Journal of the American Psychoanalytic Association,* 24(3), pp. 634~646.

Edelstein, B. 1977. *The woman doctor's diet for women.* Englewood Cliffs, NJ: Prentice-Hall.

Ehrenberg, D. B. 1974. "The intimate edge in therapeutic relatedness." *Contemporary Psychoanalysis,* 10(4), pp. 423~437.

Erikson, E. 1950/1963. *Childhood and society*. New York: W. W. Norton.

_____. 1968. *Identity, youth and crisis*. New York: W. W. Norton.

Fairbairn, R. 1950/1962. *An object relations theory of personality*. New York: Basic Books.

Fairbairn, W. R. D. 1946/1952. "Object relationships and dynamic structure." In *An object relations theory of personality*. New York: Basic Books.

_____. 1957. "Freud, the psychoanalytic method and mental health." *British Journal of Medical Psychology*, 30, pp.53~62.

Fast, I. 1978. "Developments in gender identity: The original matrix." *International Review of Psychoanalysis*, 5, pp.265~273.

Feifel, H., and J. Eells. 1963. "Patients and therapists view the same psychotherapy." *Journal of Consulting Psychology*, 21(4), pp.310~318.

Fidell, L. S. 1973, May. *Put her on drugs: Prescribed drug usage in women*. Paper presented at the meeting of the Eastern Psychological Association.

Fliegel, Z. O. 1973. "Feminine psychosexual development in Freudian theory: A historical reconstruction." *Psychoanalytic Quarterly*, 42, pp.385~408.

_____. 1982. "Half a century later: Current status of Freud's controversial views on women." *The Psychoanalytic Review*, 69, pp.7~28.

Fliess, R. 1942. "The metapsychology of the analyst." *Psychoanalytic Quarterly*, 11, pp.211~227.

Fraiberg, S. 1972. "Some characteristics of general arousal and discharge in latency age girls." *Psychoanalytic Study of the Child*, 17, pp.439~475.

Freeman, T., J. Cameron, and A. McGhie. 1958. *Chronic schizophrenia*. New York: International Universities Press.

Freire, P. 1970. *Pedagogy of the oppressed*. New York: Seabury Press.

Freud, S. 1905. *Three essays on the theory of sexuality*. Standard Edition, 7, pp.125~243. London: Hogarth.

_____. 1917. "Mourning and melancholia." *StandardEdition*, Vol.14. London: Hogarth.

_____. 1920. "Beyond the pleasure principle." *The Standard Edition*, 18. London: Hogarth.

_____. 1924. "The dissolution of the Oedipus complex." *Standard Edition*, 19, pp.173~179. London: Hogarth.

_____. 1925. "Some psychical consequences of the anatomical distinction between the sexes." *Standard Edition*, 19, pp.243~258. London: Hogarth.

_____. 1931. "Female sexuality." *Standard Edition*, pp.223~243. London: Hogarth.

_____. 1933. "New Introductory Lectures on Psychoanalysis." *Standard Edition*, 21, pp.7~182. London: Hogarth.

_____. 1959. *Collected papers*, Vol.1-5. New York: Basic Books.

Fulmer, R. H., J. Nedalie, and D. A. Lord. 1982. "Life cycles in transition: A family systems perspective on counseling the college student." *Journal of Adolescence*, 5, pp.195~217.

Galenson, E., and H. Roiphe. 1977. "Some suggested revisions concerning early female development." In H. Blum(Ed.). *Female psychology: Contemporary psychoanalytic views*, pp.29~59. New York: International Universities Press.

─────. 1982. "The pre-Oedipal relationship of a father, mother and daughter." In S. Cath and A. R. Gurwitt(Eds.). *Father, child development and clinical perspectives*, pp.151~162. Boston: Little Brown.

Galenson, E. 1976. "Panel report, Psychology of women: Late adolescence and early adulthood." *Journal of the American Psychoanalytic Association*, 24(3), pp.631~645.

Gardner, G. G. 1964. "The psychotherapeutic relationship." *Psychological Bulletin*, 61(6), pp.426~437.

Garner, D. M., and P. E. Garfinkel. 1979. "The eating attitudes test: An index of the symptoms of anorexia nervosa." *Psychological Medicine*, 9(2), pp.273~279.

Garner, D. M., P. E. Garfinkel, D. Schwartz and M. Thompson. 1980. "Cultural expectations of thinness in women." *Psychological Reports*, 4(2), pp.483~491.

Gearhart, S. M. 1982. "The future — if there is one — is female." In P. McAllister(Ed.). *Reweaving the web of life: Feminism and nonviolence*. Philadelphia: New Society Publishers.

Gill, M. M. 1979. "The analysis of the transference." *Journal of the American Psychoanalytic Association*, 27(Suppl), pp.263~288.

Gilligan, C. 1979. "Woman's place in man's life cycle." *Harvard Educational Review*, 49(4), pp.431~444.

Gilligan, C. 1982. *In a different voice: Psychological theory and women's development*. Cambridge: Harvard University Press.

─────. 1989. "Preface: Teaching Shakespeare's sister." In C. Gilligan, N. Lyons, and T. Hanmer(Eds.). *Making connections: The relational worlds of adolescent girls at Emma Willard School*. Troy, NY: Emma Willard School.

Gilligan, C., N. Lyons, and T. Hanmer(Eds.). 1989. *Making connections: The relational worlds of adolescent girls at Emma Willard School*. Troy, NY: Emma Willard School.

Gilligan, C., A. Rogers, and L. Brown. 1989. "Epilogue: Soundings into development." In C. Gilligan, N. Lyons, and T. Hanmer(Eds.). *Making connections: The relational worlds of adolescent girls at Emma Willard School*. Troy, NY: Emma Willard School.

Giovacchiru, P. L. 1976. "Symbiosis and intimacy." *International Journal of Psychoanalytic Psychotherapy*, 5, pp.413~436.

Gleason, J. B. 1975. "Fathers and other strangers: Men's speech to young children." In Daniel P. Dato(Ed.). *Georgetown University roundtable on language and linguistics. Developmental psycholinguistics: Theory and applications*. Washington, DC: Georgetown University Press.

Gove, W. R. 1972. "The relationship between sex roles, marital status and mental illness." *Social Forces*, 51(1), pp.34~44.

Greenson, R. 1960. "Empathy and its vicissitudes." *International Journal of Psychoanalysis*, 41, pp.418~424.

Greenson, R. R. 1968. "Disidentifying from mother: Its special importance for the boy." *International Journal of Psychoanalysis*, 49, pp.370~374.

Grinker, R. R, J. Miller, M. Sabshin, R. Nunn, and J. C. Nunnally. 1961. *The phenomena of depression*. New York: Harper.

Guntrip, H. 1973. *Psychoanalytic theory, therapy and the self*. New York: Basic Books.

Gurman, A. S. 1977. "The patient's perception of the therapeutic relationship." In A. S. Gurman and A. M. Razin(Eds.). *Effective psychotherapy: A handbook of research*. New York: Pergamon Press.

Halmi, K. A. 1983. "Psychosomatic illness review: Anorexia nervosa and bulimia." *Psychosomatics*, 24(2), pp.111~127.

Halmi, K. A., J. R. Falk, and E. Schwartz. 1981. "Binge-eating and vomiting: A survey of a college population." *Psychological Medicine*, 11, pp.697~706.

Hammen, C. L., and C. A. Padesky. 1977. "Sex differences in the expression of depressive responses on the Beck Depression Inventory." *Journal of Abnormal Psychology*, 86, PP.609~614.

Heilbrun, C. 1979. *Reinventing womanhood*. New York: W. W. Norton.

Henley, N. M. 1977. *Body politics: Power, sex, and nonverbal communication*. Englewood Cliffs, NJ: Prentice-Hall.

Hennig, M., and Jardim, A. 1977. *The managerial woman*. Garden City, NY: Doubleday.

Herman, J. 1984. *Sexual violence*(Work in Progress No.83-05). Wellesley, MA: Stone Center.

_____. 1981. "Cited in Chernin, Kim." *The obsession: Reflections on the tyranny of slenderness*. New York: Harper & Row.

Herman, J. L. 1981. *Father-daughter incest*. Cambridge, MA: Harvard University Press.

Hoffman, L. W. 1972. "Early childhood experiences and women's achievement motives." *Journal of Social Issues*, 28(2), pp.129~155.

Hoffman, M. 1977. "Sex differences in empathy and related behaviors." *Psychological Bulletin*, 84(4), pp.712~722.

_____. 1978. "Toward a theory of empathic arousal and development." In M. Lewis and L. Rosenblum(Eds.). *The development of affect*. New York: Plenum Press.

Homer, M. S. 1972. "Toward an understanding of achievement-related conflicts in women." *Journal of Social Issues*, 28(2), pp.157~175.

Horner, M. 1972. "The motive to avoid success and changing aspirations of college women."

398

In J. Bardwick(Ed.). *Readings in the psychology of women.* New York: Harper & Row.

Homey, K. 1924. "On the genesis of the castration complex in women." *International Journal of Psychoanalysis,* 5, pp.50~65.

_____. 1926. "The flight from womanhood: The masculinity complex in women as viewed by men and by women." *International Journal of Psychoanalysis,* 7, pp.324~339.

Houck, J. H. 1972. "The intractable female patient." *American Journal Psychiatry,* 129, pp.27~31.

Howard, K. I., and D. E. Orlinsky. 1979. *What effect does therapist gender have on outcome for women in psychotherapy?* Presentation at the conference of the American Psychological Association, New York City.

Jacobson, E. 1964. *The self and the object world.* New York: International Universities Press.

Janeway, E. 1980. *Powers of the weak.* New York: Knopf.

Josselson, R. 1973. "Psychodynamic aspects of identity formation in college women." *Journal of Youth and Adolescence,* 2(1), pp.3~51.

_____. 1980. "Ego development in adolescence." *Handbook of adolescent psychology.* New York: Wiley.

Kagan, J. 1981. *The second year: The emergence of self-awareness.* Cambridge: Harvard University Press.

Kaplan, A. G. 1979. "Toward an analysis of sex-role-related issues in the therapeutic relationship." *Psychiatry,* 42(1), pp.112~120.

Kaplan, M. 1983. "A woman's view of DSM III." *American Psychologist,* 38, pp.786~792.

Kestenberg, J. S., and A. Buelte. 1977. "Prevention, infant therapy and the treatment of adults. 1: Toward understanding mutuality." *International Journal of Psychoanalytic Psychotherapy,* 6, pp.339~367.

Kirshner, L. A., A. Genak, and S. T. Hauser. 1978. "Effects of gender on short-term psychotherapy." *Psychotherapy: Theory, Research and Practice,* 15(2), pp.158~167.

Kleeman, J. 1977. "Freud's views on early female sexuality in the light of direct child observation." In H. P. Blum(Ed.). *Female psychology: Contemporary psychoanalytic views,* pp.3~17. New York: International Universities Press.

Klein, D. 1972. "Drug therapy as a means of syndrome identification and nosological revision." In J. Cole, A. Freedman, and A. Friedhoff(Eds.). *Psychopathy and psychopharmacology.* Baltimore: The Johns Hopkins University Press.

Klein, G. 1976. *Psychoanalytic theory: An explanation of essentials.* New York: International Universities Press.

Klein, M. 1950. "A contribution to the psychogenesis of manic-depressive states." In

Contributions to Psychoanalysis 1921-1945. London: Hogarth.

_____. 1953. *Love, hate and reparation*. with Joan Riviere. London: Hogarth.

_____. 1975. "The origins of transference." In *Envy and gratitude and other works 1946-1963*. New York: Delacorte Press.

Kohlberg, L. 1966. "A cognitive-developmental analysis of children's sex role concepts and attitudes." In E. Maccoby(Ed.). *The development of sex differences*, pp.82~173. Stanford, CA: Stanford University Press.

Kohut, H. 1959. "Introspection, empathy and psychoanalysis." *Journal of the American Psychoanalytic Association*, 7, pp.459~483.

_____. 1971. *The analysis of the self*. New York: International Universities Press.

_____. 1978. "The psychoanalyst in the community of scholars." In P. Ornstein(Ed.). *The search for the self: Selected writings of Heinz Kohut*, Vol.2, pp.685~724. New York: International Universities Press.

_____. 1983. "Selected problems of self psychological theory." In J. Lichtenberg and S. Kaplan(Eds.). *Reflections on self psychology*. Hillsdale, NJ: Analytic Press.

_____. 1984. *How does analysis cure?* Chicago: University of Chicago Press.

Lamb, M. 1981. "Fathers and child development: An integrated overview." In M. Lamb(Ed.). *The role of the father in child development*, pp.1~70. New York: Wiley.

Lampl-de Groot, J. 1927. "The evolution of the Oedipus complex in women." In R. Fleiss (Ed.). *The psychoanalytic reader*, pp.180~194. New York: International Universities Press.

Lampl-de Groot, J. 1960. "On adolescence." In *The psychoanalytic study of the child*, Vol.15, pp.97~103. New York: International Universities Press.

Landis, B. 1970. *Ego boundaries*. New York: International Universities Press.

Langs, R. 1973. *The technique of psychoanalytic psychotherapy, Vol.1: The initial contact, theoretical framework, understanding the patient's communications, The therapist's interventions*. New York: Jason Aronson.

Lenrow, P. 1965. "Studies of sympathy." In S. S. Tomkins and C. E. Isard(Eds.). *Affect, cognition and personality*. New York: Springer Publishing Co.

Leonard, M. 1966. "Fathers and daughters: The significance of "fathering" in the psychosexual development of the girl." *International Journal of Psychoanalysis*, 47, pp.325~334.

Lerner, H. 1977. "The taboos against female anger." *Menninger Perspective*, 8(4), pp.5~11.

_____. 1983. "Female dependency in context: Some theoretical and technical considerations." *American Journal of Orthopsychiatry*, 53(4), pp.697~705.

Lester, E. P. 1976. "On the psychosexual development of the female child. *Journal of the American Academy of Psychoanalysis*, 4, pp.515~527.

Levinson, D. 1978. *The seasons of a man's life*. New York: Alfred A. Knopf.

Lewis, H. B. 1976. *Psychic war in men and women*. New York: New York University Press.

Lewis, H. B., and J. L. Herman. 1986. "Anger in the mother-daughter relationship." In T. Bernay and D. W. Cantor(Eds.). *The psychology of today's woman: New psycho-analytic visions*. Hillside, NJ: Lawrence Erlbaum.

Lifton, R. 1979. *The broken connection*. New York: Simon & Schuster.

Locksley, A. and E. Douvan. 1979. "Problem behavior in adolescence." In E. S. Gomberg and V. Franks(Eds.). *Gender and disordered behavior*. New York: Brunner-Mazel.

Loewald, H. 1979. "The waning of the Oedipus complex." *Journal of the American Psychiatric Association*, 27, pp.751~775.

Luria, Z. 1981, October. "Presentation at the Dedication Conference." Stone Center, Wellesley College, Wellesley, MA.

Machlinger, V. J. 1981. "The father in psychoanalytic theory." In M. E. Lamb(Ed.). *The role of the father in child development*, pp.113~153. New York: Wiley.

MacLean, P. 1958. "The limbic system with respect to self-preservation and the preservation of the species." *Journal of Nervous and Mental Diseases*, 127, pp.1~11.

_____. 1967. "The brain in relation to empathy and medical education." *Journal of Nervous and Mental Diseases*, 144, pp.374~382.

Macy, J. 1983. *Despair and personal power in the nuclear age*. Philadelphia: New Society Publishers.

Mahler, M. 1972. "On the first three subphases of the separation-individuation process." *International Journal of Psychoanalysis*, 53, pp.333~338.

Mahler, M. S., and B. J. Goslinger. 1955. "On symbiotic child psychosis: Genetic, dynamic, and restitutive aspects." *The Psychoanalytic Study of the Child*, 10, pp.195~212.

Mahler, M., F. Pine, and A. Berman. 1975. *The psychological birth of the human infant: Symbiosis and individuation*. New York: Basic Books.

Mahler, M., F. Pine, and A. Berman. 1975. *The psychological birth of the human infant: Symbiosis and individuation*. New York: Basic Books.

Margolin, G. and G. Patterson. 1975. "Differential consequences provided by mothers and fathers for their sons and daughters." *Developmental Psychology*, 11, pp.537~538.

Maslow, A. 1954. *Motivation and personality*. New York: Harper.

McClelland, D. 1979. *Power: The inner experience*. New York: Irvington.

Melamed, E. 1984. "Reclaiming the power to act." *Therapy now*.

Miller, J. 1978. *Living systems*. New York: McGraw-Hill.

Miller, J. B. 1972. "Sexuality and inequality: Men's dilemma." (A note on the Oedipus complex, paranoia and other psychological concepts.) *American Journal of Psychoanalysis*, 32, pp.47~155.

_____. 1976. *Toward a new psychology of women*. Boston: Beacon Press.

_____. 1981. "Intimacy: Its relation to work and family." *Journal of Psychiatric Treatment and Evaluation*, 3, pp.123~129.

_____. 1986. *What do we mean by relationships?* (Work in Progress No.22). Wellesley, MA: Stone Center.

_____. 1987. *Toward a new psychology of women*, 2nd ed. Boston: Beacon Press.

Miller, J. B.(Ed.). 1973. *Psychoanalysis and women*. New York: Bruner/Mazel.

Miller, J. B., J. Zilbach, M. Notman, and C. Nadelson. 1981a. *Aggression: A reconsideration*. Unpublished manuscript.

Miller, J. B., J. Zilbach, M. Notman, and C. Nadelson. 1981b. "Aggression in women: A re-examination." In S. Klebanow(Ed.). *Changing concepts in psychoanalysis*. New York: Gardner.

Millman, M. 1980. *Such a pretty face. Being fat in america*. New York: W. W. Norton.

Modell, A. H. 1976. ""The holding environment" and the therapeutic action of psychoanalysis." *Journal of the American Psychoanalytic Association*, 24(2), pp.285~307.

Modell, A. (Chairman) 1985. "The Oedipus complex: A re-evaluation." (Panel, presented at Annual Meeting of the American Psychoanalytic Assoc., May 1983). *Journal of the American Psychoanalytic Association*, 33, pp.201~206.

Mogul, K. M. 1982. "Overview: The sex of the therapist." *American Journal of Psychiatry*, 139(1), pp.1~11.

Moore, B. E., and B. D. Fine. 1968. *A glossary of psychoanalytic terms and concepts*. New York: American Psychoanalytic Association.

Moss, H. 1967. "Sex, age and state as determinants of mother-infant interaction." *Merrill-Paimer Quarterly*, 13(1), pp.19~36.

_____. 1974. "Early sex differences in mother-infant interaction." In K. Friedman, R. Reichert, and R. Vandeweile(Eds.). *Sex differences in behavior*. New York: Wiley.

Moulton, R. 1973. "A survey and re-evaluation of the concept of penis envy." In J. B. Miller(Ed.). *Psychoanalysis and women*, pp.207~230. New York: Brunner-Mazel.

_____. 1977. "Some effects of the new feminism." *American Journal of Psychiatry*, 134(1), pp.1~6.

Nadelson, C., M. Notman, J. B. Miller, and J. Zilbach. 1982. "Aggression in women: Conceptual issues and clinical implications." In M. Notman and C. Nadelson(Eds.). *The woman patient, Vol.3: Aggressions, adaptations, and psychotherapy*. New York: Plenum.

Nielson Survey. 1978. *Who's dieting and why?* Chicago: A. C. Nielson.

Nylander, I. 1971. "The feeling of being fat and dieting in a school population." *Acta Sociomedica Scandinavica*, 1, pp.17~26.

402

Oetzel, R. 1966. "Annotated bibliography and classified summary of research in sex differences." In E. Maccoby(Ed.). *The development of sex differences*, pp.223~321, 323~351. Stanford, CA: Stanford University Press.

Olden C. 1972. "On adult empathy with children." *Psychoanalytic Study of the child*, 8, pp.11~126.

Orbach, S. 1978. *Eat is a feminist issue*. New York: Paddington Press.

Orlinsky, D. E., and K. I. Howard. 1978. "The relation of process to outcome psychotherapy." In S. L. Garfield and A. E. Bergin(Eds.). *Handbook of psychotherapy and behavior change: An empirical analysis*, 2nd ed. New York: Wiley.

————. 1980. "Gender and psychotherape outcome." In A. Brodksy and R. Hare-Mustin(Eds.). *Women and psychotherapy*. New York: Guilford Press.

Oxford English Dictionary, Compact Edition 1976. Oxford University Press.

Padesky, C. A., and C. L. Hammen. 1981. "Sex differences in depressive symptom expression and help-seeking among college students." *Sex Roles*, 7, pp.309~320.

Parens, H., L. Pollack, J. Stem, and S. Kramer. 1977. "On the girl's entry into the Oedipus complex." In H. P. Blum(Ed.). *Female psychology: Contemporary psychoanalytic views*, pp.79~107. New York: International Universities Press.

Pederson, F. A. and K. S. Robson. 1969. "Father participation in infancy." *American Journal of Orthopsychiatry*, 39, pp.466~472.

Piaget, J. 1928. *Judgment and measuring in the child*. New York: Harcourt Brace.

————. 1952. *The origins of intelligence in children*. New York: W. W. Norton.

Pleck, Joseph. 1981. *The myth of masculinity*. Cambridge, MA: MIT Press.

Polivy, J., and C. P. Flerman. 1983. *Breaking the diet habit: The natural weight alternative*. New York: Basic Books.

Pollack, S., and C. Gilligan. 1982. "Images of violence in Thematic Apperception Test stories." *Journal of Personality and Social Psychology*, 42(1), pp.159~167.

Pollack, W. 1982. *"I"-ness and "we"-ness: Parallel lines of development*. Unpublished doctoral dissertation, Boston University.

Pope, H. G., J. I. Hudson, and D. Yurgelun-Todd. 1984. "Anorexia nervosa and bulimia among 300 suburban women shoppers." *American Journal of Psychiatry*, 141, pp.292~294.

Post, R. D. 1982. "Dependency conflicts in high-achieving women: Toward an integration." *Psychotherapy: Theory, Research, and Practice*, 19(1), pp.82~87.

Racker, H. 1968. *Transference and counter-transference*. New York: International Universities Press.

Radloff, L. S. 1975. "Sex differences in depression: The effects of occupation and marital status." *Sex Roles*, 1(3), pp.249~265.

Radloff, L. S. 1986. "Risk factors for depression. What do we learn from them?" In M. Guttentag, S. Salasin, and D. Belle(Eds.). *The mental health of women*. New York: Academic Press.

Radloff, S. S. 1975. "Sex differences in depression: The effects of occupation and marital status." *Sex Roles*, 3, pp.249~265.

Rappaport, J. 1984. "Studies in empowerment: Introduction to the issue." In J. Rappaport and R. Mess(Eds.). *Studies in empowerment: Steps toward understanding and action*. New York: Haworth Press.

Reik, T. 1986. *Sex in man and woman: Its emotional variations*. New York: Farrar, Strauss & Cudahy.

Rich, A. 1983. "Compulsory heterosexuality and lesbian existence." In E. Abel and E. Abel(Eds.). *The signs reader: Women, gender and scholarship*. Chicago: The University of Chicago Press.

Rickies, N. K. 1971. "The angry woman syndrome." *Archives of General Psychiatry*, 24, pp.91~94.

Ritvo, S. 1976. "Adolescent to woman." *Journal of the American Psychoanalytic Association*, 24(5), pp.127~137.

Rochlin, G. 1980. *The masculine dilemma*. Boston: Little Brown.

Rogers, C. 1975. "Empathic: An unappreciated way of being." *The Counseling Psychologist*, 5(No.2), pp.2~10.

Roiphe, H., and E. Galenson. 1972. "Early genital activity and the castration complex." *Psychoanalytic Quarterly*, 41, pp.334~347.

Rosenbaum, M. -B. 1979. "The changing body image of the adolescent girl." In M. Sugar(Ed.). *Female adolescent development*. New York: Brunner-Mazel.

Rothenberg, A. 1979. *The emerging goddess: The creative process in art, science, and other fields*. Chicago: University of Chicago Press.

Rubenstein, K. 1979, August. *Sex differences in identification processes in psychotherapy supervision*. Paper presented at the conference of the American Psychological Association, New York City.

Rubin, J., Provenzano, F., and Z. Luria. 1974. "The eye of the beholder: Views on sex of newborns." *American Journal of Orthopsychiatry*, 44, pp.512~519.

Rubin, L. B. 1976. *Worlds of pain*. New York: Basic Books.

Ryan, V. L., and M. N. Gizynski. 1971. "Behavior therapy in retrospect:Patients' feelings about their behavior therapies." *Journal of Consulting and Clinical Psychology*, 37(1), pp.1~9.

Safilios-Rothschild, C. 1976. "Dual linkages between the occupational and family systems: A macrosociological analysis." *Signs: Journal of Women in Culture and Society*, 1(3, part 2), pp.51~60.

Sagi, A., and M. L. Hoffman. 1976. "Empathic distress in newborns." *Developmental Psychology*, 12, pp.175~176.

Salzman, L. 1975. "Interpersonal factors in depression." In F. F. Flack and S. C. Droghi(Eds.). *The nature and treatment of depression.* New York: Wiley.

Sander. L. 1980. "Investigation of the infant and its caretaking environment as a biological system." In S. Greenspan and G. Pollock(Eds.). *The course of life: Vol.I.* Washington, DC: US Government Printing Office.

Sander. L. W. 1964. "Adaptive relationship in early mother-child interaction." *Journal of the American Academy of Child Psychiatry*, 3, pp.231~264.

Sassen, G. 1980. "Success anxiety in women: A constructivist interpretation of its sources and its significance." *Harvard Educational Review*, 50, pp.13~25.

Schafer, R. 1959. "Generative empathy in the treatment situation." *Psychoanalytic Quarterly*, 28(3), pp.342~373.

_____. 1960. "The loving and beloved superego in Freud's structural theory." *Psychoanalytic Study of the Child*, 15, pp.163~188.

_____. 1964. "The clinical analysis of affects." *Journal of the American Psychoanalytic Association*, 12, pp.275~299.

_____. 1968. *Aspects of internalization.* New York: International Universities Press.

_____. 1974. "Problems in Freud's psychology of women." *Journal of the American Psychoanalytic Association*, 22(3), pp.459~485.

Schaffer, H. R., and P. E. Emerson. 1964. "The development of social attachments in infancy." *Monographs of the Society for Research in Child Development*, 29(3).

Scherfey, M. J. 1973. "On the nature and evolution of female sexuality." In J. B. Miller(Ed.). *Psychoanalysis and women*, pp.115~129. New York: Brunner Mazel.

Schwarz, J. C., and D. C. Zuroff. 1979. "Family structure and depression in female college students: Effects of parental conflict, decision-making power and inconsistency of love." *Journal of Abnormal Psychology*, 88, pp.398~406.

Searles, H. 1975. "The patient as therapist to his analyst." In P. Giovacchini(Ed.). *Tactics and techniques in psychoanalytic therapy: Counter-transference*, Vol.2. New York: Jason Aronson.

Seligman, M. E. P. 1975. *Helplessness.* San Francisco: W. H. Freeman.

Seligman, M. E. 1974. "Depression and learned helplessness." In R. J. Friedman and M. M. Katz(Eds.). *The psychology of depression: Contemporary theory and research.* Washington, DC: Winston.

Shem, S. 1978. *The house of God.* New York: Marek.

Simner, M. D. 1971. "Newborn's response to the cry of another infant." *Developmental*

Psychology, pp.136~150.

Slaff, B. 1979. "Adolescents." In J. Noshpitz(Ed.). *Basic handbook of child psychiatry.* New York: Basic Books.

Sloane, R. B., F. R. Staples, A. H. Cristol, N. Yorkston, and K. Whipple. 1975. *Psychotherapy versus Behavior Therapy.* Cambridge: Harvard University Press.

Spitzer, R. 1980. *Diagnostic and statistical manual of mental disorders.* third edition. Washington, DC: The American Psychiatric Association.

Stangler, R. S., A. M. Printz. 1980. "DSM-III: Psychiatric diagnosis in a university population." *American Journal of Psychiatry*, 139, pp.937~940.

Staples, F. R., R. B. Sloane, K. Whipple, A. H. Cristol, and N. Yorkston. 1976. "Process and outcome in psychotherapy and behavior therapy." *Journal of Consulting and Clinical Psychology*, 44(3), pp.340~350.

Stechler, G. and S. Kaplan. 1980. "The development of the self: A psychoanalytic perspective." *Psychoanalytic Study of the Child*, 35, pp.85~106.

Steiner-Adair, C. 1986. "The body politic: Normal female adolescent development and the development of eating disorders." *Journal of the American Academy of Psycho-analysis*, 14(1), pp.92~114.

Stern, D. 1980, October. "The early differentiation of self and other." In *Reflections on self psychology.* Symposium at the Boston Psychoanalytic Society, Boston, Massachusetts.

_____. 1983. "The early development of schemas of self, other and "self with other."" In J. Lichtenberg and S. Kaplan(Eds.). *Reflections on self psychology.* Hillsdale, NJ: Analytic Press.

_____. 1986. "The interpersonal world of the infant." New York: Basic Books.

Stoller, R. J. 1968. "The sense of femaleness." *Psychoanalytic Quarterly*, 37, pp.42~55.

Stone, L. 1981. "Some thoughts on the "Here and Now" in psychoanalytic technique and practice." *Psychoanalytic Quarterly*, 50(4), 709-731.

Strupp, H. H., R. E. Fox, and K. Lessler. 1969. *Patients view their psychotherapy.* Baltimore: Johns Hopkins University Press.

Strupp, H. H., M. S. Wallach, and M. Wogan. 1964. "Psychotherapy experience in retrospect: Questionnaire survey of former patients and their therapists." *Psychological Monographs*, 78(11), Whole No.588.

Sugar, M. 1979. *Female adolescent development.* New York: Brunner-Mazel.

Sullivan, H. S. 1953. *The interpersonal theory of psychiatry.* New York: W. W. Norton.

_____. 1953. *Conceptions of modern psychiatry.* New York: W. W.

Norton. Surrey, J. 1982. *Survey of eating patterns at Wellesley College.* Unpublished research report, Wellesley College.

Tessman, L. 1982. "A note on the father's contribution to the daughter's ways of loving and working." In S. Cath and A. R. Gurwitt(Eds.). *Father-child development and clinical perspectives*. Boston: Little Brown & Co.

Thompson, C. 1942. "Cultural pressures in the psychology of women." *Psychiatry*, 5, pp.331~339. Reprinted in J. B. Niller(Ed.). *Psychoanalysis and women*. New York: Brunner-Mazel and Penguin Books, 1973.

_____. 1943. ""Penis envy" in women." *Psychiatry*, 6, pp.123~129.

Thompson, M., and D. Schwartz. 1981. "Life adjustment of women with anorexia nervosa and anorexic-like behavior." *International Journal of Eating Disorders*, 2, pp.47~60.

Thorne, B., and N. Henley(Eds.). 1975. *Language and sex: Difference and dominance*. Rowley, MA: Newbury House.

Ticho, G. 1976. "Female autonomy and young adult women." *Journal of the American Psychoanalytic Association*, 24(5), pp.139~155.

Trevarthan, C. 1979. "Communication and cooperation in early infancy: A description of primary intersubjectivity." In J. M. Bullowar(Ed.). *Before speech: The beginning of interpersonal communication*. New York: Cambridge University Press.

Vaillant, G. 1978. *Adaptation to life*. Boston: Little Brown.

Webster's New Collegiate Dictionary. 1971. Springfield, MA: MerriamWebster.

Webster's Ninth New Collegiate Dictionary. 1984. Springfield, MA: MerriamWebster.

Wechsler, H., M. Rohman, and L. Solomon. 1981. "Emotional problems and concerns of New England college students." *American Journal of Orthopsychiatry*, 51(4), pp.719~723.

Weissman, M., and E. S. Paykel. 1974. *The depressed women: A study of social relations*. Chicago: University of Chicago Press.

Weissman, M. D., and G. L. Klerman. 1977. "Sex differences and the epidemiology of depression." *Archives of General Psychiatry*, 34, pp.98~111.

Weissman, M. M., and G. L. Klerman. 1977. "Sex differences and the epidemiology of depression." *Archives of General Psychiatry*, 34(1), pp.98~111.

Willi, Jurg. 1982. *Couples in collusion*. New York: Jason Aronson.

William, J. 1974. *The psychology of women: Behavior in a biosocial context*. New York: W. W. Norton.

Winnicott, D. 1963. "The development of the capacity for concern." *Bulletin of the Menninger Clinic*, 27, pp.167~176.

_____. 1965. "The theory of the parent-infant relationship." In *The maturational processes and the facilitating environment*. New York: International Universities Press.

Winnicott, D. W. 1971. *Playing and reality*. New York: Basic Books.

Wooley, S. C., and O. W. Wooley. 1980. "Eating Disorders: Obesity and anorexia." In A. Brodsky and R. Hare-Mustin(Eds.). *Women and psychotherapy*. New York: Guilford.

Zeldow, P. B. 1978. "Sex differences in psychiatric evaluation and treatment." *Archives of*

General Psychiatry, 35(1), pp.89~93.

Zilbach, J., M. Notman, C. Nadelson, and J. Miller. 1979, August. *Reconsideration of aggression and self-esteem in women*. Paper presented at the meeting of the International Psychoanalytic Association, New York City.

옮긴이의 글

여성에 대한 전통적인 이론들은 늘 불편했다. 여성이라는 정체성은 나에게 가장 중요한 부분이었기에, 여성에 대한 이론을 공부하면 나를 잘 이해할 수 있을 거라는 기대를 가지고 있었다. 그러나 그 이론들은 나의 경험과 잘 맞지 않았고, 여성에 대해 공적으로 설명하는 이론이라는 것도 여성에 대한 진실을 알려주는 게 아니구나 싶어 분노와 좌절감을 느끼곤 했다. 또한 오랜 시간 학문적 권위를 가지고 존재한 철학적 관점에 근거하여 소위 전문가가 만든 이론에 내가 잘 맞지 않는구나 싶어 내가 어딘가 잘못된 것이 아닌가 하는 부적절감을 느끼기도 했다.

그러다가 여성학을 만났고, 여성주의상담을 알게 되었다. 여성주의 관점에서 쓰인 책들을 읽으며 여성을 설명하는 유명한 이론들이 부족하거나 잘못되었고, 여성에 대한 오해와 편견을 담고 있다는 것을 알게 되면서 불편한 감정들이 아주 조금은 잦아들었다. 또한 상담학을 전공하면서 여성의 심리에 대해 여성주의 관점으로 설명하는 이론들을 더 알고 싶었는데, 여기에 딱 맞는 자료는 많지 않아서 늘 아쉬움을 느꼈고, 솔직히 자주 좌절했다. 그러던 중, 당시 여성심리학회의 여성주의상담연구회 회장이셨던 김민예숙 선생님의 제안으로 『Women's growth in connection(관계 속 여성의 성장)』이라는 책으로 연구회에서 스터디를 하게 되었고, 번역본이 없었기에 나와 이주연 선생님이 스터

디 일정에 맞춰 번역을 했다. 이 책의 저자들은 여성의 심리 발달, 더 나아가 인간의 심리 발달에서 서구의 주요 심리학 이론들이 개별적이고 독립적인 인간을 발달의 목표로 삼는 것과는 대조적으로, 중요한 관계 속에서 서로의 성장을 촉진하는 상호작용을 하는 인간을 목표로 상정하고 있었다. 더 나아가 여성이 이 책의 저자들이 추구하는 성장의 방식에 더 유리하도록 조건화되어 있음에도 불구하고 이를 장점으로 삼지 못하는 지점과 이와 관련된 사회적 조건과 개인 내적 기제에 대해 깊이 있게 파고들고 있었다. 내가 여성주의를 만나고 나서 가장 좋았던 것은 나의 경험을 잘 설명할 수 있는 새롭고 혁명적인 관점을 가질 수 있었던 것인데, 이 책 역시 나에게 그럼 기쁨을 안겨주었다. 또한 스터디에서 다른 사람들과 이 책을 함께 읽고 토론하면서 앎의 기쁨은 배가 되었다. 이제는 이 책을 출판함으로써 그 기쁨을 이 책을 읽게 될 국내 독자들과 함께하게 될 것이라는 생각이 들어 가슴이 뭉클하다.

이 번역본이 나와 이주연 선생님의 손에서 자라나 세상에 태어나기까지 이 책의 원제목인 '관계 속 여성의 성장'처럼 관계 속에서 받은 격려와 지지가 있었다. 우선 이 책의 감수자인 김민예숙 선생님은 매우 큰 역할을 맡아주셨다. 국내 여성주의상담의 2세대이신 선생님은, 1세대 학자 및 상담자들이 국내에 이론적으로 소개한 여성주의상담을 실제로 어떻게 상담에 적용할 것인지 고민하고, 구체적인 방안을 지속적으로 개발해나가고 이를 가르쳐 오신 분이다. 내가 여성주의상담을 찾아 헤맬 때, 너무 진부한 비유지만 사막의 오아시스처럼 찾게 된 스승이 김민예숙 선생님이었다. 이 책이 여성주의심리학 및 상담에서 차지하게 될 이론적 중요성을 강조하고 후학들이 참여해 번역이 완성될 수 있도록 격려하고 이끌어주셨다. 함께 번역을 한 이주연 선생님에게도 감사의 말을 하고 싶다. 둘이 함께했기에 마지막까지 올 수 있었고, 다재다능한 분이다 보니 내가 더 기댈 수 있어 좋았다고 이 기회를 빌려 고백하고자 한다. 그리고 2013년 여성주의상담연구회 스터디 참여자들은 번역 원고를 같이 읽고 토론하며 번역이 어색하거나 잘못된 부분을 수정할 수 있도록 의견을 주었다. 그리고 내가 유학을 가게 되면서 번역이 많이 지체되자 이 책을 꼭 다시 읽고 싶다는 말을 해주어 번역이 완성될 수 있도록 동기부여를 해주었다. 이러한 관계속에서 심리적이고 물질적 지지를 받았기 때문에 이 책이 이 시점에 세상의 빛을 보게 되었다. 또한 편집을 맡아주신 한울의 조인순 선생님이 마지막 산고에 큰 힘을 보태주셨다. 이 책을 둘러싼 공동체 안의 모든 이들에게 감사와 사랑의 에너지를 보낸다.

마지막으로 제목에 대해 설명하고자 한다. 여성주의적 관점에서 볼 때, 여성의 심리는 가부장제로 대표되는 다양한 억압적인 사회적 조건하에서 형성된다. 그래서 억압적인 사회적 조건이 바뀌게 되면 여성 심리의 내용도 결국바뀌게 될 것이다. 그런 의미에서 여성도, 여성의 심리도 고정 불변의 것은아니다. 여성 억압의 정도가 다른 현재와 과거, 혹은 동시대의 두 사회에서여성의 심리를 비교해보면 쉽게 이해할 수 있을 것이다. 그럼에도 현재 여성들이 보여주는 어떤 심리적인 특징이 있는 것은 부정할 수 없는 사실이며, 이책『'여성'의 자아: 관계-속-자아』에는 오늘날 여성들이 보이는 심리적 특성이 잘 드러나고 있다. 이처럼 여성을 강조하면서도 여성에 관한 많은 설명이결국 긴 인류 역사에서 볼 때 잠정적인 것이라는 점을 설명하기 위해 책 제목의 여성에 작은따옴표를 붙였다. 여성주의상담자인 파멜라 리머 선생님은 나에게 여성주의상담자가 된다는 것은 사회의 규칙을 우선 따라가면서도 동시에 여성주의 관점으로 새로운 규칙을 만들어나가는 복잡한 길이라고 하셨다. '여성'은 현재의 틀을 인정하면서도 우리가 만들어나가고자 하는 규칙을 보여주는 시도이다.

또한 이 책의 부제인 '관계-속-자아'가 한글의 문법과는 맞지 않기에 어리둥절해하는 독자들이 꽤 있을 것이라고 생각한다. 이는 self-in-relation을 글자그대로 직역한 것이다. 처음에는 이를 관계적 자아로 번역하는 것이 우리말에맞아 더 적절할 수 있겠다고 생각했으나, 감수자인 김민예숙 선생님의 의견을받아들여 다소 어색하더라도 '관계-속-자아'로 표기하기로 결정했다. 이러한 결정을 내리게 된 가장 큰 이유는 '관계적 자아'라고 표기했을 때, 자아의 여러 영역 중 사회적이고 관계와 관련되는 자아만을 설명하는 것으로 오해하는 것을 피하기 위해서이다. 위에서 언급한바와 같이, 이 책의 저자들은 인간의 심리 발달은 중요한 관계 속에서 서로의 성장을 촉진하는 상호작용을 통해 이루어진다고 설명하고 있다. 따라서 관계는 단순히 자아 형성의 한 요소가 아닌 핵심적인 부분이며, 이 내용을 강조하기 위해 문법상 무리가 있더라도 '관계-속-자아'로 표기하기로 했다.

이 책을 통해 국내의 많은 독자들이 자기를 이해하고 자신에게 중요한 여성들을 이해할 수 있는 기회를 갖기를 기원한다. 물론 이 책은 1991년에 미국에서 백인 연구자들이 중심이 되어 쓰인 것이므로 현재 대한민국에 살고 있는 독자들의 경험과 맞지 않는 부분이 있을 것이다. 이 부분을 채워나가는 것이 나를 포함하여 국내에서 여성주의상담을 발전시켜 나가고자 하는 사람들에게 주어진 역할이라고 생각하고 맡은 역할을 잘해낼 수 있도록 더욱 정진하겠다는 마음으로 서문을 마무리하고자 한다.

2018년 여름
역자 대표 **홍상희**

지은이

주 디 스 조 던 Judith V. Jordan 박 사

맥린병원 여성연구 책임자. 하버드대학교 심리학과 조교수. 웰즐리대학교 스톤센터 객원
연구원. 하버드의과대학교 정신의학과 심리학 전임강사.

알 렉 산 드 라 캐 플 런 Alexandra G. Kaplan 박 사

웰즐리대학교 스톤센터 상담지도자 및 프로그램 감독원. 캠브리지병원, 하버드의과대학교
정신의학과 전임강사.

진 베 이 커 밀 러 Jean Baker Miller 의 학 박 사

보스턴의과대학교 정신의학과 임상 교수. 하버드의과대학교 전임강사. 웰즐리대학교 스톤
센터 교육책임자.

아 이 린 스 타 이 버 Irene P. Stiver 박 사

매사추세츠주 벨몬트의 맥린병원 심리학과장. 하버드의과대학교 및 하버드대학교 교수.
웰즐리대학교 스톤센터 객원연구원.

재 닛 서 리 Janet L. Surrey 박 사

매사추세츠주 벨몬트의 맥린병원 성인외래진료과 심리치료과장. 웰즐리대학교 스톤센터
프로젝트 컨설턴트 및 연구원. 하버드의과대학교 정신의학과 조교수. 매사추세츠주 캠브
리지 성공회신학교 외래교수.

옮긴이

홍 상 희
이화여자대학교 영어영문학과 졸업
이화여자대학교 심리학과(상담 전공) 석사
미국 켄터키대학교(University of Kentucky) 교육대학 상담심리학 박사 수료
한국여성심리학회 산하 여성주의상담연구회 이사

이 주 연
연세대학교 심리학과 졸업
홍익대학교 교육학과(상담심리 전공) 석사
홍익대학교 교육학과(상담심리 전공) 박사과정
한국여성심리학회 산하 여성주의상담연구회 회원

감수

김 민 예 숙
김민예숙여성주의상담연구실 운영
춘해보건대학교 부교수
한국여성심리학회 산하 여성주의상담연구회 이사
저서:『왜 여성주의상담인가』(2005, 공저),『여성주의상담 구조화모델 워크북』(2013)
역서:『여성주의상담의 이론과 실제』(2004, 공역),『여성주의와 상담』(2009, 공역),『여성
　　　주의상담의 전복적 대화』(2012, 공역)
논문: 미국과 한국의 여성주의상담 역사 비교 분석(2011)

한울아카데미 2112

'여성'의 자아

관계 - 속 - 자아

지은이 ㅣ 주디스 조던·알렉산드라 캐플런·진 베이커 밀러·
　　　　아이린 스타이버·재닛 서리
옮긴이 ㅣ 홍상희·이주연
감　수 ㅣ 김민예숙
펴낸이 ㅣ 김종수
펴낸곳 ㅣ 한울엠플러스(주)
편　집 ㅣ 조인순

초판 1쇄 인쇄 ㅣ 2018년 10월 5일
초판 1쇄 발행 ㅣ 2018년 10월 10일

주소 ㅣ 10881 경기도 파주시 광인사길 153 한울시소빌딩 3층
전화 ㅣ 031-955-0655
팩스 ㅣ 031-955-0656
홈페이지 ㅣ www.hanulmplus.kr
등록번호 ㅣ 제406-2015-000143호

Printed in Korea.
ISBN 978-89-460-7112-4 93330(양장)
　　　978-89-460-6549-9 93330(학생판)

※ 책값은 겉표지에 표시되어 있습니다.
※ 이 책은 강의를 위한 학생용 교재를 따로 준비했습니다.
　　강의 교재로 사용하실 때에는 본사로 연락해주시기 바랍니다.